· 互联网政治社会学译丛 ·

任孟山 · 主编

混合媒介系统

政治与权力

（第一版）

[英] 安德鲁 · 查德威克（Andrew Chadwick）/ 著

武 闽 / 译

THE HYBRID MEDIA SYSTEM

POLITICS AND POWER

FIRST EDITION

中国传媒大学出版社

· 北京 ·

目　录

CONTENTS

致 谢

写这本书的想法由来已久，可能要追溯到1993年，当时我还是伦敦政治经济学院的一名研究生，主修了玛格丽特·斯卡梅尔和汤姆·诺斯特的政治传播课程。2008年2月，我参加了在伦敦大学皇家霍洛威学院举行的一场名为“互联网与电视之死？”的研讨会，这对我近期的研究大有裨益。那天晚上，专家讨论小组的成员和在场观众进行了热烈交流，这让我意识到我们有必要打破这种“筒仓效应”，认真研究新旧媒介逻辑之间的互动是如何塑造政治生活的。我要特别向那些在我写作过程中通过各种方式向我提供帮助的各位人士表示感激之情，他们对我这部著作提出的批评、建议和鼓励让我受益匪浅，他们是：C.W.安德森、尼克·安斯特德、艾米丽·贝尔、查理·贝克特、尤查·本科勒、兰斯·本内特、布鲁斯·宾伯、鲍勃·博因顿、罗宾·布朗、艾瑞克·布西、安德里亚·卡尔德拉罗、克雷格·卡尔霍恩、巴特·卡墨茨、曼纽尔·卡斯特、莎拉·蔡尔兹、莉莉·朱利亚拉基、克里斯汀·克里斯坦森、西蒙·卡利斯特、尼克·库德瑞、阿伦·戴维斯、迈克·X.戴利·卡皮尼、詹姆斯·戴尼斯、比尔·达顿、乔斯林·埃文斯、斯蒂文·菲尔丁、迪恩·弗里隆、R.凯利·盖瑞特、米莉亚·乔治欧、雷切尔·吉布森、约翰·格雷森、奥利弗·希斯、理查德·霍夫曼、马修·辛德曼、沙拉·赫伯特、菲利普N.哈佛、奥利弗·詹姆斯、玛利亚·克布斯、迈克尔·J.詹森、安德里亚斯·荣格勒、大卫·卡普夫、阿纳斯塔西娅·卡瓦达、丹尼尔·克瑞斯、拉斯姆斯·克莱斯·尼尔森、史蒂文·利文斯顿、罗宾·曼塞尔、海伦·马吉茨、阿里斯特·米斯基蒙、卡琳娜·纳翁、莎拉·奥茨、本·奥拉夫林、兹兹·帕帕克瑞斯、芭芭拉·普费奇、依昂·普里查德、特希·兰塔宁、亚历克萨·罗伯逊、劳拉·罗塞尔、克里斯·拉姆福德、亚历山德拉·赛格贝里、詹姆斯·斯坦尼尔、达米安·谭毕尼、克里斯蒂·安瓦卡里、卡琳·瓦尔-约根森、西尔维奥·威斯博德、内森·韦德和安迪·威廉姆森。 ix

我尤其要感谢本·奥拉夫林，他非常热心地阅读了几乎整本书稿，并对此提出了机智幽默的建议。我还要感谢布鲁斯·宾伯、安吉拉·查纳普科和菲利普N.哈佛对本书初稿所提出的建议，以及C.W.安德森、兰斯·本内特、大卫·卡普夫、丹尼尔·克瑞斯和拉姆斯·克莱斯·尼尔森对一些早期材料草稿所作的细致评论。我在推特上 x
与各种各样的学者和从业者进行交流互动，这一直是我灵感和洞察力的源泉。

我非常感谢那些为此书接受我采访的来自英国媒体和政界的人们。这些人不仅同意与我见面，而且还非常慷慨地花时间和我在一起探讨，尽管他们的工作日程通常安排得很紧张，工作任务的截止日期也很紧迫。我想补充说明的是，本书提到的个人和组织不用为我的论述或者结论承担任何责任，我在这里所表达的任何意见并不代表任何组织或组织的官方政策或意见。

我所在的伦敦大学皇家霍洛威学院慷慨地为我提供了完成这本书所需要的时间。在担任系主任一段时间后，我申请了学术休假，这段时间对我这项研究的完成非常有帮助。我要感谢皇家霍洛威学院、伦敦大学的研究战略基金和政治与国际关系学院提供的财政援助，如果没有这些资金支持，本书中的田野调查工作就无法实现。我还要感谢花园之家的日间托儿所，没有他们这本书就不会写成：我通过一己之力清晰地证明了时间作为一种社会资源的重要性，这也是我的分论点之一。我还要感谢以下机构：贝德福德和伦敦大学皇家霍洛威学院图书馆、伦敦经济学院的英国政治和经济科学图书馆、伦敦大学在布卢姆斯伯里参议院的图书馆以及大英图书馆。

本书中的许多观点我以前都曾经在会议、研讨会和专题讨论会上提出过。按时间顺序，这些包括：2010 年 8 月在波士顿举行的美国政治科学协会年会，2011 年 2 月皇家霍洛威学院举办的政治与国际关系研究研讨会，2011 年 2 月威斯敏斯特大学传播与媒体研究所举办的研讨会，2011 年 8 月在冰岛雷克雅未克举行的欧洲政治研究联盟会议，2011 年 11 月由英国经济和社会研究理事会/汉萨德学会/曼彻斯特大学联合举办的在英国议会召开的以社交媒体和社会运动为主题的圆桌会议，以及 2011 年 11 月伦敦经济学院传媒与传播学系研究对话研讨会。最后但同样重要的是，2012 年 6 月我在挪威卑尔根召开的霍尔伯格国际纪念奖研讨会上向与会者展示了这本书的概览，对此我深感荣幸，当时在场的还有尊敬的获奖者曼纽尔·卡斯特和参加研讨会的专家学者比尔·达顿、海伦·玛格丽特、特希兰·塔宁、安娜贝拉·斯瑞伯尼和戈兰·瑟伯恩。

一直以来，来自纽约的牛津大学出版社专业团队的奉献精神和专业精神给我留下了深刻的印象。每个与安吉拉·查纳普科共事过的人都知道，没有比她更好的委托编辑了。安吉拉的热情、勤奋、机智、正确的判断以及对她所从事领域的了解是无人能及的。我还要感谢那些不知姓名的同行审稿人：他们改进了最初的提议，解决了这本书中的一些争议问题。我还要向一位特别重要的审稿人表达特别的感谢，他对整部手稿进行了详细审查。

第四章中的一些材料出现在安德鲁·查德威克（2011）《混合新闻系统中的政治信
xi 息周期：英国首相和“霸凌门”事件》，国际新闻/政治期刊 16(1)，3-29；安德鲁·查德威克（2011）《英国首次电视直播政党领袖辩论：从新闻周期到政治信息周期》，议会事务 64(1),24-44。

最后，我把这本书献给我的妻子山姆和我们的女儿凯蒂。凯蒂似乎经常担心我的书里没有很多图片。她出生的时候正好是本书第六章和第七章主题所记录的重大事件——选举巴拉克·奥巴马为美国总统的竞选——达到了历史的高潮。

导 言

"你不妨还是回家观看天空新闻台吧"

伦敦，2010 年 5 月 8 日，星期六。两天前英国大选(British general election)结果 1
所带来的不确定影响——36 年来出现的第一个"无多数"议会——让各方高层政治人物突然莅临威斯敏斯特。保守党(Conservative Party)和自由民主党(Liberal Democrats)达成协议，组成联合政府。随着闭门联合谈判的开始，电视记者们一下子因这场选举获得了权力(Power)，他们聚集在威斯敏斯特政府大楼的大门口，对英国首相辩论进行了历史上的首次电视直播。

精英媒体的报道越来越疯狂。自由民主党同意组成联合政府，条件是双方需要就建立一个更公平的选举系统进行谈判。随着谈判的展开，一个由 1,000 多名抗议者组成的游行队伍从特拉法加广场一路走到史密斯广场交通大楼，而自由民主党领袖尼克・克莱格(Nick Clegg)正在那里与高级幕僚提前商讨第二天与保守党领袖大卫・卡梅伦(David Cameron)会谈时所要采取的策略，抗议者大多来自一些政治运动的激进团体——夺回议会(Take Back parliament)、权力 2010(Power 2010)和 38 度(38 Degrees)，他们身着紫色衣服，总在想方设法地搞清楚政界人士的秘密会谈地点。

当身着紫色衣服的游行队伍路过史密斯广场时，激进团体 38 度的主管大卫・巴布斯(David Babbs)接到一个电话。英国 24 小时电视新闻频道天空新闻台希望他能够接受主持人凯・伯利(Kay Burley)的现场采访。巴布斯同意了并且转身来到一片草地，这是来自全国最重要的广播电视媒体的新闻工作人员安营扎寨的地方，从这里可以俯瞰威斯敏斯特宫，人声鼎沸的抗议者也近在咫尺。巴布斯做好了采访准备，然而就在他和伯利出镜之前，伯利问道："你能让这些人闭嘴吗？""不，这就不是抗议本来的样子了。"巴布斯回答道(Interview 15 May 2010)。[1] 采访开始了，在几秒钟内伯利就显现出不友好的姿态。当巴布斯试图解释他和 38 度成员都希望英国公众能够知道他们正在为建立一个更加民主的选举系统而努力的时候，伯利不断打断他的讲话，针锋相对地表达了他认为这种观点是徒劳的看法："它不会起作用……""你们抗议什么？""你们为什么需要抗议？"然后伯利亮出了他的撒手锏："你不妨还是回家观看天空新闻台吧……"

* * *

2 在威斯敏斯特这场政治大戏的背景下，当我们奔向 21 世纪第二个 20 年的时候，这一场景可以算是政治传播重要事件中的一个简短的插曲。

谈一下我在这些事件中的媒介化体验。当这一现场采访进行的时候，我并没观看天空新闻台。我是第二天在视频分享网站 YouTube 上观看的转播，确切地说，我是在 iPhone 手机上的 YouTube App 上观看的，和其他成百上千的受众一样，我被凯・伯利在采访大卫・巴布斯时所表现出的情绪化的态度所震惊。当采访视频的剪辑经由电视、网站、推特（Twitter）、脸书（Facebook）、博客（Blog）、个人电脑、智能手机、平板电脑、微软游戏机、任天堂游戏机以及支持上网的蓝光播放机等任何你目前可以想到的互联网"观看"方式流传出去后，我和成百上千的受众到底观看到了什么？

事实上，我在 iPhone 上的 YouTube App 观看的是一段网络视频里的手机播放的广播电视视频：一段视频的视频的视频。YouTube 上一个网名叫"Lanerobertlane"的人曾坐在家里观看电视中的现场采访，可能从采访的最初几分钟里他就感觉了现场气氛的不同，他很快掏出智能手机，一边对准电视屏幕打开摄像机，一边用遥控器调高了电视音量。因此，正当你刚准备集中精力观看晃动着的画面时，突然就被遥控器随意放到咖啡桌上产生的声响吓了一跳。这位自始至终处于镜头之外的"Lanerobertlane"随即将该视频文件上传到了 YouTube。大约 1 个小时左右，成千上万的人观看了该视频，一时间在推特和脸书上汇集了一场在线快闪（flash）运动，并很快延续到现实空间（real space），抗议者们聚集到威斯敏斯特大楼门口天空新闻台的工作地点，面对摄像机高举标语牌并高呼"解雇凯・伯利"的口号，希望通过这种方式中断伯利的后续采访。伯利的这一政治采访是近期历史上最令人难以容忍的糟糕案例之一，他因此入选了 YouTube 名人堂。正如我今天所提到的，"Lanerobertlane"的这段视频的视频的视频已经在 YouTube 上被观看了 383,783 次，并引发了 2,098 条评论（Lanerobertlane，2010）。

19 天后为了撰写本书，我采访了大卫・巴布斯，他冷静而又体面地回顾了当天的情形。最令 YouTube 用户"Lanerobertlane"和广大抗议者感到愤怒的是伯利对巴布斯"回家去观看天空新闻频道"的建议。和美国的前进（MoveOn）、澳大利亚的斗志（GetUp!）以及跨国运动组织阿瓦兹（Avaaz）一样，38 度是新生代政治组织的重要代表，它很聪明地将新媒介逻辑、旧媒介逻辑与现实事件结合在一起来动员活跃分子，同时还经常会在各种不同进步团体向政治精英施压的过程中扮演某种角色。例如，38 度组织经历过的活动涉及从政治改革到环境问题，从媒介管制到贫困问题，从反对减少对英国国民医疗保健制度的公开资助到反对将国家公共森林私有化等。凯・伯利说让他们回家并坐在沙发上观看电视播放的竞选大戏，这是 38 度成员最不愿意听到的。尽管如此，38度的领导人还是出现在天空新闻频道的现场直播中，因为他意识到电视作为一种媒介所拥有的权力和即时性。同时，如果支持者“Lanerobertlane”没有坐在沙发上“观看”电视，就不会引发YouTube视频的上传与传播，也不会有很多人意识到巴布斯接受采访时所遭到的不公平待遇，主流媒体也不太会关注自由民主党是否将违背它一直以来要对选举制进行改革的誓言。

与此同时，凯·伯利也是一位资深广播电视记者，他服务的英国天空广播公司 3
(BSkyB)隶属于鲁伯特·默多克(Rupert Murdoch)经营的新闻集团(News Corporation)，新闻集团在长达30多年的时间里，一直将广播电视和新闻报刊置于其发展的战略核心地位。可能伯利最不想听到的就是在支持巴布斯领导这一运动的成千上万的民众中，大部分人明确拒绝在电视时代的政治传播中继续扮演被动旁观者的角色，而这又恰恰是天空新闻广播公司在工作实践中最希望看到的。与此同时，巴布斯和他的支持者们人声鼎沸的场景恰恰又能够提供某种鲜明的戏剧性和真实的现场感(Liveness)，即全国各地都在围绕竞选这一主题展开讨论和辩论——事实也是如此。对所有专业广播电视记者来讲，一部正在上演的大戏是一种珍贵的资源。伯利也不例外，他清楚地知道抗议者的出现完全符合电视媒介的逻辑。

这可能也是中间偏左的渐进主义和右翼传媒集团之间的一场意识形态的碰撞。面对一项针对旗下英国《世界新闻报》(*News of the World*)进行大规模电话窃听的指控，作为回应默多克被迫停办了这家报纸，自此新闻集团开始走向衰落。默多克的儿子詹姆斯·默多克(James Murdoch)被迫辞去英国天空广播公司主席一职。从那之后，38度的成员人数不断扩大至百万以上，为了抗议英国保守党领导的联合政府颁布的一些关键政策，他们还成功组织了一些动员活动。

从更广阔的视角来看，围绕伯利采访的抗议活动以及双方的调解，涉及了新旧媒介逻辑，并且在政治表达的组织层面和传播层面都出现了融合的迹象。可见，不仅说什么很重要，由谁来说以及如何说同样重要。谁在政治媒介化过程中拥有权力，这是关键问题。以上所述只是处于正在建设中的混合媒介系统(hybrid media system)众多的插曲之一。

混合媒介系统

新传播技术的快速扩散迫切需要我们对复杂而多相的各种力量进行再思考，这些力量对重建西方民主政治传播环境产生了重要影响。我们是否能够经受住数字传播的颠覆性影响给政治生活带来的根本性变革，这一点至关重要。在新语境下，谁将成为最具权势的人？本书试图在掌握大量信息的基础上，对处于英国和美国政治传播环境下的系统变革的关键方面进行经验性的阐述。为了实现这一目的，我通过一种新的方式来探究政治传播学中的经典问题：政治行为体、媒介和公众之间的互动。我认为英国和美国最具混合媒介系统的特质。

4 尽可能对新旧媒介在政治生活中所扮演的角色进行整合分析，是这本书论证的前提。对信息和传播在政治生活中的角色，我们需要采用一种整体的分析方法，这样可以避免只关注所谓的“新”媒介（newer media）或者所谓的“旧”媒介（older media），我们需要描绘出新旧媒介之间的区别在哪里，这些区别将会在哪里消融。新和旧都是具有相对性的术语。我们需要了解的是新媒介如何参与到媒介和政治相互渗透的领域，以及它是如何适应旧媒介并将旧媒介的实践逻辑整合进来的。我们也需要了解旧媒介是如何参与到媒介和政治相互渗透的领域，以及它如何适应并整合新媒介的实践逻辑。这都需要对政治传播的系统性特征进行讨论，但我认为对政治传播系统性的讨论不应该建立在结构性的抽象预判上，而是应该紧紧扎根于对这些变动力量进行经验性证明和具体性解释的基础之上。这是一个比较重要的任务，因为当前英国、美国以及全世界的媒介系统（media system）正处于由数字媒介崛起所引发的混沌变革时期。

论证混合媒介系统的关键是对权力的概念化理解，但同时它也需要辅以经验性的案例。混合性媒介系统是基于新旧媒介逻辑（media logics）的相互作用而建立起来的，它体现在媒介和政治的交汇领域，在这里逻辑主要被界定为技术、类型、规则、行为以及组织形式。系统中的行为体被一种复杂而又不断演变的关系所连接，这种关系是建立在权力的相互适应、相互依赖以及集中与分散同步基础之上的。行为体可以采用一些适当的方法，既符合自身目标同时也可以促进其他机构调整、赋予其他机构权利或者使其丧失权力，在一系列新旧媒介设置之中去创造、利用或引导信息流。结合当代各种“专业”和“业余”的新闻制作、政党和竞选运动、激进分子运动和政府沟通等政治传播语境，本书梳理了一系列混合性系统的动态案例。我认为混合性为思考媒介和政治的关系提供了一个强有力的模式，因为它将复杂性、相互依存以及变革置于突出位置。混合性思维抵制了简单的二分法，让我们摆脱了“非此即彼”的思维模式而走向“即此即彼”的思维模式。它将注意力转向了变迁、居中、间质性和阈限性。它揭示了新旧媒介逻辑如何在媒介和政治领域混合、重叠、互相啮合以及共同演进。因此，混合性思维为研究政治行为体、公众和媒介之间如何进行各种互动提供了有益的分析方式。

从 20 世纪 90 年代早期开始，丹尼斯·麦奎尔（Denis McQuail）在他的名著《媒介行为》（*Media Performance*）中，简洁却很有启发性地将媒介系统称作“仅指所有相关媒介”（McQuail，1992：96）。麦奎尔书写了一个不同的时代，后代们将站在 20 世纪顶峰的“大众传播”时代回顾过往。然而当这一语境发生戏剧性转变的时候，我们仍会沿用麦奎尔这一极为简洁的公式来指导我们理解今天的政治传播。“混合媒介系统”用自己特有的方式试图超越新媒介与政治之间现存相处方式的限制以及旧媒介与政治之间现存相处方式的限制。这两大阵营的学者们谈及彼此时经常停留在过去。更糟糕的是，他们有时还会完全忽视彼此的主要观点和贡献。当然，这是一个宽泛的概述，只是在最近几年，数字媒介和互联网才开始引起那些致力于研究"具有历史意义的主流学科"的政治传播研究人员的关注（Chadwick& Howard，2009）。另外，许多关于网络和政治研究的工作还面临一些悬而未决的问题。他们经常会对一些非网络的媒介形式熟视无睹，同时又过于频繁地被"革命性"变革的相关假设或者"政治如常"的狭隘框架所支配。我认为，对原有和新生媒介逻辑之间相互关系的忽视，会让这一领域的研究错失政治传播发展中的一些重要研究成果。本书用一种方法——但绝对不是唯一的方法——探讨这些新的发展状况。

本书概要

在本书中，我的整体目标是讨论并分析流动中的混合媒介系统理论的概念和实践，具体展开如下：

第一章就混合性的本体概念进行论述，这一过程将沿用一种"即此即彼"而非"非此即彼"的社会学研究思路。我将从社会学的领域多学科、多角度地论证混合性这一概念的由来，通过恰当的理论和实证方法来论证这一主题的研究倾向，进而为政治传播中的某些经典问题提供新的解决思路。混合性思维也为理解这本书的其他三个核心概念——权力、系统和媒介逻辑提供了平台，这些概念都将在这一章中被讨论。

第二章探讨了混合性在整个媒介发展历史中的实践内涵。这段内容要追溯到很久以前，但主要聚焦从15世纪开始的几个关键发展阶段。我之所以关注这些易被忽略的媒介混合性的发展史，不仅仅是觉得新旧媒介之间早先借助自身独特性进行的互动非常有趣，更重要的是希望从历史角度提供一些重要的概念指向，进而为当代研究提供信息，这些研究构成了本书的其余章节。第二章的写作不是着眼于一部包罗万象的传统叙事史，而是对混合媒介的一些有趣情节做出修正主义的解释。它展示了新旧媒介在技术、类型、规则、行为和组织形式方面频繁深入的相互交融，展示了重要变革时期是在过去的基础上延续而成的。这些历史时刻所体现出来的社会和技术的动力机制对于理解当前这个时代的混合媒介系统极具启发性，这一点我将在第三章中提及。

第三章是在第二章主题的基础上展开论述的，但又超越了第二章并为分析紧接着的第四章到第九章的政治传播建立了当代语境。本章主要聚焦受众（audience）的变化本质，媒介使用的转变模式，广播电视、报纸和在线媒介的显著结构特征以及媒介混合新形式的出现。

6 第四章重点转向了研究那些能够体现流动着的混合媒介系统的关键事件和过程，提出了研究政治新闻生产的一种新方法，这就是我所定义的政治信息周期。这一章主要考察了 2010 年英国大选中两件非同寻常的新闻事件的媒介化过程："霸凌门"（Bullygate）丑闻和英国历史上第一次首相辩论的电视直播。我重点阐释了政治信息周期是以融合新旧媒介逻辑的新闻生产集团为基础建立起来的。他们由多样的松散耦合的个体、群体、网站以及多元却高度相互依赖的新闻生产者组成，这些新闻生产者在新闻制作过程中可以经常即时参与和抽离。我在这两个时间段集中进行了现场的定向研究，利用收集到的原始数据去论证现代政治的混合媒介化如何为非精英行为体开展动员活动以及参与新闻生产过程提供了新的机遇，这一过程是通过非精英行为体的即时（real time）介入以及他们与专业记者们一对一微观直接互动的方式来实现的。我还将论证为什么这些新的权力关系需要置于政治家和专业新闻记者现有的地位、声望、权利、专业知识和影响的语境下进行分析。

第五章的内容涵盖了第四章对新闻生产过程阐释时涉及的几个主题。尽管如此，我还采取了不同的策略，对 2000 年底到 2010 年初这段时间维基解密（WikiLeaks）重要性凸现的过程进行了考察。这一章将讲述维基解密、它的网络支持者以及对 2010 年战争日志和大使馆电报"大量泄密"事件起着关键作用的专业记者以及他们之间的共生关系。当然这一章也不仅仅聚焦维基解密在新闻制作中所扮演的角色，更需要思考的是维基解密的社会技术模式所具有的优劣势以及它对政治组织、政治动员以及新闻议程设置的影响。在这个案例中，我将证明混合媒介系统中有效的行动资源是如何从关系性权力、维基解密、新闻报刊和广播电视媒介之间的相互依存以及在线积极分子分散式的网络中产生的，美国政府在 2010 年底到 2011 年初对互联网进行了史无前例的审查，其间这些网络积极分子获得了维基解密和专业记者们的双重支持，不间断地组织动员活动。

考虑到美国大选最新发展，第六章和第七章对政治组织管理这一主题做了进一步拓展。第六章中，我重新阐释了传说中的奥巴马参加美国总统竞选的活动并且说明了它是在美国媒介和政治中构建混合媒介系统的决定性时刻。我认为奥巴马的竞选活动为总统竞选构建了一个成功的新模式，它的重要意义不在于它对互联网的运用，而是在于它是如此简单果断地将在线和离线交流、草根活跃分子与精英掌权者以及新旧媒介逻辑整合在一起。奥巴马竞选美国总统这一事件展示了一个强烈同时迄今为止又被人忽略的现象，那就是旧媒介逻辑在选举活动中发挥着持续性的作用。

第七章延续了第六章的修正主义方法，并在一个更为广阔的视野下对 2008 年美国总统选举进行论述。通过对媒介化竞选活动中关键事件的详细分析，我认为有候选人现身的大场面能够持续为广播电视和报刊提供重要的新闻报道素材，这些报道在向候选人施加影响以及向激进分子和非激进分子传达热情、行动、真实性和共同目标方面仍旧发挥着非常关键的作用。

我也讨论了当前电视景观中体现出来的数字收集、在线捐赠、追踪、监控以及对志 7
愿服务管理等方面的新媒介逻辑。贯穿全章的核心主题是总统选举活动中所体现出的正在发展的互联网和电视的系统性融合。的确,尽管传统的新闻机构仍旧发挥着重要作用,但这一领域最重要的发展还是电视和在线视频之间充满张力但又不断融合的双头垄断格局,这一点我在对共和党副总统候选人萨拉·佩林的报道框架进行修正式地重新解读时有所论述。第七章也揭示了混合媒介系统是如何对选举结果产生影响的,这一运作方式主要表现为对那些能够为竞选活动创建和控制混合媒介系统的候选人提供新的权力资源,而那些无法做到这一点的竞选人则会面临失败的危险。同样的混合系统也可为那些力图挑战竞选活动并试图究责的新闻记者提供大量资源,同时也会为那些公民活跃分子提供相应支持,他们有时会被新媒介赋权,并按照自身的意愿参与其中,他们远离正式的政治和媒介框架,采用了受娱乐化和调查性新闻影响的传播方式进行表达。

在第八章和第九章中,我将从另外一个视角对这本书的主题进行考察,并采用民族志方法对正在演进的混合媒介系统规范标准进行更为具体的探讨。这里要将语境重新调整回英国,我所搜集的证据主要来自在 2010 年、2011 年和 2012 年所完成的内部访谈,这些访谈的受访者都是来自英国伦敦媒介——政治关系核心机构的工作人员。第八章关注的是新闻和新闻业领域,第九章关注的则是政治激进主义、竞选活动和政府传播。在进行田野调查期间,我遇到了政党传播的工作人员,记者,在广播、电视、报纸、杂志和新闻组织机构工作的节目制作人和编辑,独立博客撰写人,知名公共关系公司的董事,英国通信管理局和新闻投诉委员会的高级管理人员,政府部门和唐宁街 10 号首相办公室从事传播沟通的工作人员,著名进步政治激进组织网络 38 度的成员。通过民族志的研究方法,我在研究新旧媒介逻辑互动、竞争和共同演进中提出了划定边界(boundary-drawing)、模糊边界(boundary-blurring)和跨越边界(boundary-crossing)的说法。我展示了这种划定边界的工作创造出令人瞩目的新的混合标准(hybrid norms),这一标准是为专业新闻记者和“业余”博主的新闻生产行为以及政治激进主义、竞选活动和政府传播行为量身定制的。我论述了这些领域的行为体在日常工作中进行的有关新旧媒介实践的整合性劳动分工,不同类型的整合有时会支持、有时会削弱那些掌握着广播电视和纸媒这些传统媒介的人手中的权力。

最后我将混合性、权力、系统和媒介逻辑等主要内容都放在这本书的结论中进行了总结。

第一章　混合性的本体论

8 对于研究政治和社会问题的人来讲，混合性(hybridity)是一种非常有用的思维方式，它为观察错综复杂、相互依存并正在经历过渡转型的当今世界提供了一种重要的视角。混合性既抓住了那些不能以相同本质进行简单归纳的事物之间的多相性，也避免了简单的二分法，它让我们注意到那些新旧交替之时所产生的不同寻常的事物。在古希腊文中，混合性的本意是对常识和固有秩序的质疑，象征着我们对一些固有观念的动摇。它经常与变迁、中间性、间质性和阈限性相关，并认为熟悉的过去和即将拥有的未来是同步的，这种思维方式为研究政治传播提供了一种非常有价值的研究路径。

混合性的起源

根据牛津英文字典，hybridity 一词起源于拉丁文(古希腊)。最初这个词具有不同寻常、奇特怪异的内涵。在 19 世纪后期，大英百科全书指出 hybridity 在希腊文中是指“对自然的暴行”(Warren，1884)。在 17 世纪早期，拉丁文版的 hybridity 开始用于英语语境中，1601 年的《自然历史》(*Natural History*)一书的英译本是迄今为止出现的对此最早的记录。这本书最早是由古罗马政治家和哲学家老普林尼(Pliny the Elder)在公元 79 年公开出版的。老普林尼这一厚达 37 册的鸿篇巨制记载了一系列分布在世界各个遥远角落的奇形怪兽和半人半兽的生物，这些都来自他在旅行中与沿途所遇之人交谈的记载。老普林尼认为混合性是一种非同寻常的事物，他的这一想法一直到中世纪后期都发挥着重要影响。至今，这一含义仍然沿用。

17 世纪的时候，混合性具备了种族层面的意义，并成为种族混合遗传的特征。更为重要的是，在这段时间里这个词的含义开始发生变化，它被经常用来象征性地描述那些源自“不同物种”或“具有混合特征”的生物体。在 1775 年，混合性这个词被正式编纂，并具备了现代意义上的科学内涵，约翰・阿什(John Ash)在其英文字典中将这个词定义为“源于不同物种杂交的动物或由不同物种生成的植物”。时任美国总统托马斯·杰弗逊(Thomas Jaefferson)曾在1801年就使用此类含义。1828年美国词典编纂家诺亚·韦伯斯特(Noah Webster)在其著名的《美国英语字典》中也提到过混合性的植物学含义。

随着混合性这个词渐渐向当时影响不断壮大的遗传学靠拢,其含义变得更为中性,并在19世纪中期很快流传开来,当时几位科学家的著作都对此词有所提及,其中就包括最著名的生物学家查尔斯·达尔文(Charles Darwin)。

这个词的两种用法被广泛使用,一种是在科学领域最为常用的专业术语,特别是在遗传学领域;另一种是在文学、艺术和日常话语中的隐喻含义,这两种用法一直沿用至当代。在20世纪50年代,一些具体相关的含义例如"混合式计算机"(hybrid computers)被用于描述那些将刚刚兴起的数字技术和建立在水力学、机械学和简单电子学基础上的老一代模拟计算机联系在一起的设备。

虽然混合性一词词源有限,但这一简短的历史回顾为我们理解混合性在政治和社会领域的引申含义提供了多方面有用的初步线索。有趣的是,这个词的比喻最早出现在英语中,这表明用混合性来隐喻和突出异质性的做法在西方国家很受欢迎。混合性让我们重视那些不同寻常的事物,这些事物是由不同种类的实体一同创造出来却依然保持了某些原有特征的新事物。

社会科学领域中的混合性

近几十年来,混合性广泛应用于多种学科领域以及更广阔的社会和政治思想范畴。它是为数不多的真正的跨学科趋势之一。这一理念与一系列社会领域研究中松散却鲜明的主题息息相关。也就是说,用混合性的方式思考问题属于本体论的范畴。本体论被认为是能让我们提出和解答一些与当代社会本质相关的各式各样问题的理论。混合性本体论的重心在于能够抓住并解释那些被一分为二的、本质主义的或简单但缺乏灵活性的重要过程。

这里指的是最为普遍意义的本体论(ontology)。作为一个哲学术语,它来自形而上学,用丹尼尔·钱德勒(Daniel Chandler)和罗德·芒迪(Rod Munday)的话来说是"指对存在和现实本质的假设,是关于'真实世界是什么?'的主张"。本体论通常包含着一些"层次关系",也就是作为"某些实体可能会被赋予优先存在、更高级形态或者是一些其他的特权地位"(Chandler&Munday,2011),就像约翰·斯科特(John Scott)和戈登·马歇尔(Gordon Marshall)认为的,本体论是必要的,因为"对整个世界以及部分世界的任何理解方式"都必须要以这一领域存在的事物和他们存在的条件以及相互依存关系等为基础做出(可能是含蓄的或者是明确的)假设(J.Scott&Marshall,2009;

531)。

在政治科学领域，比较学派最近开始关注“混合体制”(hybrid regimes)这一概念，正如理查德·斯科拉(Richard Sklar)(1987:714)所主张的，民主政治是“一个越来越复杂的政治组织形式。从这个角度讲，最好的情况是每一个国家的民主政治都是混合构成的。不管在哪个地方，民主政治都在建设之中”。因此，政治科学开始对民主转型中不可避免的技术性假设提出质疑。渐渐地，作为“新型的有弹性”政体的混合性开始成为关注焦点(Brownlee，2009:517;see also Dkman，2009)。

10 这些文献包含了几个与研究媒介和政治紧密相关的重要假设。那些曾经在冷战期间占据主导、对制度和系统类型进行静态和普遍化分析的框架已经开始被废弃，取而代之的是更复杂的、有区别的研究方法。混合体制理论揭示了政治实践是如何相互结合以及同步演变的。这种转变的重要性就是突出强调如何进行体制转型，如何对新旧制度形式和行为进行混搭，如何抛弃固定的抽象标准去判断混乱的转型期。混合系统概念关注变化和变迁，即原有文化和制度规范的过时以及新规范的逐渐形成。但是，混合系统也不总是体现为无所不在的转型状态。在民主化进程中，当某个环节出现停滞的时候，混合状态便会变为常态，因为这种状态会提供一个享受广泛合法性的长久解决方案，或者在不同社会团体之间实现具体的权力平衡。另外，基于对“保留领域”(reserved domains)生产和延续的考量也会导致混合性的存在。这些领域中既有精英有能力对维持权力和影响力的至关重要的资源保持战略性控制，也有精英自愿对资源控制实施战术性放弃(Valenzuela，1992)。在这本书中，我们将试图为创造一些“保留领域”而努力，它们将是与新旧媒体逻辑密切相关的重要地带。

非线性(nonlinearity)是一个重要的原则。就像一些比较政治学者所认为的，通往混合体制的路径不止一个，在一定程度上依赖于先前的制度性安排。简单的威权体制可能基于内部压力、危机或外部刺激做出微小让步，例如这种情况会发生在撒哈拉沙漠以南的非洲。新型选举体制脱胎于旧有的威权制度但也会保留着过去深深的痕迹，例如产生强势的管理者。有时候民主主义可能会向威权主义妥协，在保留像选举机制这样民主因素的同时，不断受到治理权力扩张的威胁，例如一些拉丁美洲国家。

在类似的社会科学治理和监管领域，以研究政权制度为分析单元的方法也开始出现新的变化。这一领域的学者强调复杂性、多样性和一些看起来相互矛盾的社会、文化、经济和政治实践。经济地理学家阿什·阿敏(Ash Amin)写过“微观世界”的新规则，这一规则中信息流和网络构成了“逐渐展开的分层递进的政权机制，这种政权机制的运行过程具有拓扑性、混合性、去中心性和联盟性”(Amin，2004:217;see also Bulkeley，2005)。国际关系学者亨利·法雷尔(Henry Farrell)对政治治理混合形式的出现进行追踪，发现国家会单独或一同寻求制定跨国私人行为体在执行政策和解决纠纷时所须遵守的一般规则或原则(Farrell，2003:278)。卡琳·巴克斯特兰(Karin

Backstrand)认为,原先建立在多元利益相关者进行谈判并在达成一致基础上进行治理合作的模式,会朝着"混合的、分歧的、多边的、多层次的、复杂的模式"进行总体转变(Backstrand ,2006: 468;see also Risse,2004)。马克·艾伦·艾斯纳(Marc Allen Eisner)将美国的环境治理描述为一种"传统的命令控制型规则、官办的自我调节和强化市场及采购的公司唯意识论的混合体制"(Eisner,2004:161; see also Lockwood&Davidson,2010)。同时,政治理论家特里·麦克唐纳(Terry McDonald)勾勒了一个民主监管治理的模型,它的合法性来源于国家制定的相关准则与非国家制度的混合,来源于没有任何部门有能力提供一个整合系统的假设(see also P.S. Berman,2007;Macdonald,2008)。最后,诺贝尔奖得主、政治学家埃莉诺·奥斯特罗姆(Elinor Ostrom)在其著作中提出,针对稀缺公共资源的混合治理办法,就是把集中实施社会规则和私有化竞争结合起来。奥斯特罗姆的著作强调了特定语境的复杂性以及主体之间形成权力关系过程中的混合激励机制(Ostrom 1990;Sandler,2010)。

混合性也会在与治理和规则相重叠的组织学领域发挥重要作用。这涉及了对组织内部生存本质转变以及组织之间不断频繁互动的解释。这是一种跨学科的发展趋势,来自管理学、社会学、政治学、信息科学和传播学等各行各业的专家学者越来越专注于解释这种辩证性的共存或者大量变量的整合。例如,分层次网络化的协调模式(Fimreite& Lagreid,2009)、精英控制和个人自治(Clegg&Courpasson,2004;Courpasson&Dany,2003;Hodgson,2004)、中心化和去中心化(Ashcraft,2001)、技术工件和组织规范及程序(Bloomfield&Hayes,2009)、唯意志论和指令计划(Langlois&Garzarelli,2008;Shah,2006)、官僚主义和以市场为基础的组织之间和组织内部的关系(Foss,2003)、正式和非正式的劳动分工(Ashcraft,2006)、专业和外行知识(Bjorkan&Qvenild,2010)、理性和情感(Ashcraft,2001)、在线和离线的动员体验(Chadwick,2007;Goss&Heaney,2010)、"企业"和"机构"的参与模式(Bimber,et al.,2009)、集体行为的"抗议"和"公民"形式(Sampson,et al.,2005)、新闻生产的"替代"和商业模型(Kim&Hamilton,2006)、广告资助和国家管制的广播节目(Born,2003)、制度同构和个性化进程(Pedersen&Dobbin,2006)、"美国化"的选举活动和全国范围内的具体方法(de la Torre&Conaghan,2009;Nord,2006;Plasser&Plasser,2002)。这些多元化和令人印象深刻的研究都体现了混合性的思维方式。

要想在地域—跨地域和国家—跨国家这些新的混合领域中创建复杂的新型的相互依存关系,媒介和文化的转型是非常重要的。因此,在文化研究(cultural studies)领域探讨混合性这一概念应该不足为奇。其中的核心问题包括对媒介文本的生产、传播和竞争性的解读(Gilroy,1993)以及近年来数字技术带来的跨国传播。混合性在后殖民研究(postcolonial studies)领域又称为杂糅性,这一领域是对"文化帝国主义"(Cultural Imperialism)支配地位的一种批判性回应(Holton,1998:161-185)。

“文化帝国主义”认为将西方文化价值观输出到非西方文化语境中是一件相对轻松的事情，而秉持文化杂糅观点的学者则认为现实的情况是散乱复杂的(Kraidy,2005)。杂糅这种用法的核心是文化抵制，通过“无厘头”文化(“庶民”文化)运动的讽刺颠覆，对处于支配性的文化类型在各个方面进行有选择的整合和接受，目的是钝化后者潜在的文化霸权(Bhabha，1994;Said,1994)。还有一些学者探讨了在后殖民语境下的侨民区如何通过媒介传播建构种族和民族身份(Arnold&Schneider，2007;Gillespie,1995;Shome,2006)。当前越来越多的著作开始研究混合性的媒介产品类型，例如世界音乐、拉美电视剧、宝莱坞的电影工业和地方性电视节目，这些媒介产品被进行了重要的改造，进而成为全球娱乐产业的重要组成部分，可以举《英国偶像》和《谁想成为百万富翁》两个节目为例。

这些文化杂糅的研究往往关注有关意识形态和权力的基本问题。由于不同的群体都在致力于自身权力和自主性的争夺，因此杂糅性的建构经常被描绘成一个在历史关键时刻具有浓厚政治色彩的竞争互动过程。文化杂糅性的研究也揭示了文化权力很少是单向流动的(Glynn&Tyson,2007;Shim,2006;Wang&Yeh,2005)。某些文化杂糅被视为建立“战略性伪装”的过程，文化创造者有意用吸收外来文化类型作为在各自文化领域挑战主流或刻板印象的手段(Luvaas,2009;Taylor,1997:125-146)。在更广泛的意义上讲，文化研究的杂糅性转向是基于针对静态社会现象的反向作用分析提出的挑战。我这本书的目标既不是要证明这些具体事例的重要性，也不是要论证文化解读本身的特殊性，而是要针对系统的潜在动力机制建立一种普遍的权力变化的研究转向。令我印象深刻的是，这些对于权力、占用以及反占用的研究正在为新旧媒介逻辑之中纠结的政治传播系统提供了一些有用的概念资源。

随着媒介类型的本质不断变化，有关文化杂糅性的这部分文献被广泛关注。例如，政治传播中有关“硬”新闻和“娱乐”元素之间不断渗透的现象越来越成为关注的热点(Williams&Delli Carpini,2011)。这一转变最具代表性的就是美国脱口秀(talk shows)节目《每日秀》(*The Daily Show*)这样的政治脱口秀节目的流行(Baym,2005:262)。脱口秀，特别是那些以观众参与为特色的脱口秀，经常会将新闻和娱乐元素混搭在一起(Livingstone& Lunt,1994;see also Wadensjo,2008)。但《每日秀》将脱口秀这种形式发挥到了极致，它通过高度娱乐化的讽刺性的镜头语言，将幽默与严肃的政治讨论、媒介偏见以及政治虚伪联系在一起。正如杰弗里·贝姆(Geoffrey Baym)写道，“新闻话语、政治、娱乐以及营销越来越密不可分，它们各自的语言和实践已经失去了独特性，以前所未有的程度融合在一起”(2005:262;see also)。曾经很长时间，纪录片(documentary films)被认为是一种严肃的政治媒介形式，最近几十年纪录片也在经历着转型，像虚构的或半虚构的“仿制纪录片”“纪实性肥皂剧”“纪实性游戏”以及“传记电影”等混合节目类型越来越多(Kilborn,2003;Mast,2009)。电视编剧经常会将近期的政治事件进行改编，一个很好的例子就是BBC在2010年播出的电影《开支》(*On Expenses*)，离2009年英国议员开支丑闻曝光不到一年，这可算是英国议会历史上最大的危机之一。同时，像HBO的喜剧《副总统》(*Veep*)和BBC的《幕后危机》(*The Think of It*)等一些虚构的电视节目也开始将越来越多的真实或半真实的当代政治事件的具体细节和情境融入其中，凯·理查森(Kay Richardson)、凯迪·帕里(Katy Parry)和约翰·科纳(John Corner)将其称为政治的"二次再现"(Richardson, et al., 2012:19)。同时，随着公共健康事件和政治动员开始出现在新旧媒体易于混合的网络空间，例如烹饪秀(cookery shows)这样的节目也开始从资讯类型转向了娱乐资讯(infotainment)类型，但绝不会由像杰米·奥立弗(Jamie Oliver)这样的高调"名人厨师"来主勺。

当然，互联网和数字媒介在这些过程中扮演了非常重要的角色。在创建新节目类型过程中，互联网和数字媒介混搭并整合了大量原有节目类型(C. R. Miller&Shepherd, 2004)。互联网和数字媒介也鼓励用户和受众参与到克莱·斯皮纳兹(Clay Spinuzzi)所称的"颠覆性的互动"中，即将熟悉的类型和惯例融入完全陌生的新信息环境中(2003:3)。记者们经常将之前一直沿用的常规化的专业实践运用到社交媒体网站中。然而，新媒体的强大不仅仅体现在这里，旧媒体也在不断重塑自我。目前在节目类型混合方面，电视应该收获颇多，特别是自20世纪90年代所谓的"真人秀"(reality shows)出现以后(wood,2004)。此外，现在的电视从头到尾贯穿着数字化风格。为顺应潮流，各种各样的概念也被相继提出，从最先起源于社会语言学(Kress, 2010)、后来在曼纽尔·卡斯特尔(Manuel Castells)的"大众自我传播"(Mass Self-Communication)(Castells, 2009)理论指引下沿着新的更富成果的"多模态"方法，到"再媒介化"(Bolter&Grusin,1999)，到"话语间性"(Fairclough,1992)，到"交互实践"(Erjavec,2004)再到"融合文化"(Jenkins,2006)。

最后，科学技术社会学引发了对混合性最透彻的理解：行动者网络理论(actor-network theory)。这一理论大多数时候都会与哲学家布鲁诺·拉图(Bruno Latour)联系在一起，他的主要论点是现代性本体看似基于自然过程但实则是人为治理。这一本体区分了"自然"和"社会"或者"人类"和"非人类"。行动者网络理论假定世界建立在一个"混合网络"中，由人类和非人类混合在一起组成主客体。从这个角度来看，非人类"行为体"是以组织机构形式出现的，它与非人类事物进行单独行动的本质能力无关，主要来源于这些事物在一个给定的社会技术系统中与其他资源——包括技术和人力——的相互依赖和相互作用。为了更好地理解技术和社会行为体之间的互动，这些混合网络需要进行整体的分析(Latour,1993:10-11;see also Latour, 2005)。

行动者网络理论非常依赖于混合性理念。行动者网络理论把我们从非此即彼的思维模式中解脱出来，它通过在人与物之间创建一种广义的对称性原则，使我们能够

更好地认同社会技术系统，这一系统的功能取决于社会和技术的混合机构。事实上，
14 拉图的假设认为“社会”和“技术”术语仅仅是可提供方便的标签而不持有任何实质性的意义。他生动地描述道：“当我们发现周围被冷冻胚胎、专家系统、数字计算机、装备传感器的机器人、杂交玉米、数字银行、精神治疗药物、配备雷达探测设备的鲸鱼、基因合成器、受众分析等充斥着的时候，当每天的新闻报纸一页一页地向我们展示这些怪兽的时候，当这些怪物无法在客体或主体或主客体之间找到合适的位置时，我们就应该开始做一些事情了。”(Latour，1993：49-50)

行动者网络理论中有关机构和权力的关系理论具有争议性，这主要源于对混合性的理解，这一方法来源于科学社会学，现在开始影响到许多不同的研究领域，包括人类学、政治理论、组织社会学、社会心理学、传播学和文化研究(Saldhana，2003)。它在人文地理方面有着特别强的影响力(Lulka，2009：Thompson&Cupples，2008；Whatmore，2002)，现在也开始渐渐对信息系统研究产生影响(Heeks&Stanforth ，2007；Ranerup，2007)。近来，一些学者开始将行动者网络理论的一些主题与更广泛的后结构主义哲学思想和政治传播中的经验主义发展相结合。我将在第四章讨论最为重要的聚合体理念。聚合体理念最初是由吉勒斯·德勒兹(Gilles Deleuze)和菲力克斯·瓜达里(Felix Guattari)提出的(Deleuze&Guattari，2004)，通过现象看到这一理念的本质要素，并把它作为掌握新闻生产和政治竞选中集体行为在社会和技术方面异质性的重要工具(Chadwick，2011a，2011b；Kreiss，2012；R.K.Nielsen，2012)。将权力和机构置于人和技术既融合又充满冲突的系统中，这一做法为媒介和政治研究提供了一个具有创新性的方向。

混合性分析的挑战

尽管提供了这些丰富的理论资源，混合性这一本体也面临着诸多挑战。混合性能够在多大程度上理解具有独特本质的新物质？混合性整个概念是否从逻辑上依赖之前具有连续性的固定范畴？它是否总是扮演着矛盾最终解决方案的角色？解决这些问题的一种方式就是区分混合性的两种基本模式。在一定意义上，混合性可能被视为对原有特质的一种淡化和稀释。尽管如此，更具建设性的方法是将混合性视为一种物质构成的微粒混合，它将物质原先所具备的特点通过一种全新的方式有选择地进行重新组合(Wade，2005：609)。微粒混合使新物质既具有一定的传承性，同时又生成了新特质。它的新颖之处来自对之前物质微粒的重新组合。

尽管我在之前论证互联网对政治组织的影响时没有用“稀释”和“微粒”这样的词汇，但是混合性的这两种形式对其都具有重要意义。原来的组织形式——政党和利益

集团——将它们自身一直沿用的组织风格与社会运动组织(organizations)所采用的动员类型混合在一起。微粒混合组织,例如美国的政治运动组织前进(MoveOn),就是有选择地将政党、利益集团和社会运动的动员类型混合在一起的产物(Chadwick,2007)。

这种微粒混合理念与文化学者爱德华·赛义德(Edward Said)借鉴音乐理论提出的"对位阅读法"非常相似。就像赛义德所说的,"在西方古典音乐的对位中,不同的旋律保持相互独立,根据一定的规则以音对音,然而最终形成的复调音乐却是一致的、有序的,这种融合的技术来自旋律之间的相互作用,而不是单独音符之间的和弦或来自作品外的形式原则"(Said, 1994: 59-60)。对位是一种有趣的音乐技术,在巴赫的著名作品《戈登堡变奏曲》(*Goldberg Variations*)中有最生动的表现。它不依赖于那种相容音节步调一致、中规中矩的和谐,而是将非常不同的曲调在某个点交织在一起,进而创造出一种大量但又短暂的和谐。正如马文·克莱蒂(Marwan Kraidy)令人信服的论证,对位阅读法思维是"非常适合理解混合性关系层面的,因为它是强调了参与主体之间进行交流的构成角色"(Kraidy,2005:13)。

因此,混合性是一个兼顾整合和碎片化的过程。具有相互竞争和相互矛盾特点的元素之间可以构成一个有意义的整体,但它们各自的含义并没有被淡化或被完全覆盖。微粒混合就是在不同寻常的转型、应急和协商时期,组织进行权力斗争和优势竞争的结果。经过一段时间,这些混合实践开始修复并固定下来,它们慢慢沉淀,曾经被认为是不寻常的、过渡性的东西开始被视为新方案的一部分,但新方案从来不会完全固定。

社会科学可以说是扬·皮埃特斯(Jan Pieterse)所称的"边界拜物教"(2001: 220)。混合性本体构成了对这种思想重要的暗示性的批判。我认为这种本体论可以为理解当代政治和社会中新旧媒体逻辑的互动提供富有成效的方法,同时它也能帮助我们进一步看到媒介系统中相对的主体权力。控制、监督和重新划定边界的尝试以及纵横交错的权力斗争都是界定当代政治传播的重要特征。在每一个有关政治传播中新旧媒介边界的案例中,总能找到一些破坏边界的例子。在这本书中,我将重点论述混合性本体是如何对英美媒介系统演化的重要方面产生作用的。

权力和系统

现在我将开始用混合性本体来论证本书的三个核心主题。第一,政治行为体、媒介行为体和使用新旧媒体的公众之间的权力关系。第二,系统的理念。第三,媒介逻辑的理念。

权力和社会系统都是社会科学的核心概念，一直以来大家也都对此达成了共识。16 我在写这本书的过程中凭借直觉不断推进对论据和理论的研究，最重要的是，提出了一个非常有用的理论假设。在本书的最后一章，我将通过案例重温这些想法和理念。

正如我在之前的章节中说到的，丹尼尔·麦奎尔将媒介系统定义为“仅指所有相关媒介”（McQuail，1992：96），这一容易令人误解的简单定义是我们研究媒介和政治非常有用的起点。我之所以说“容易令人误解的简单”是因为，在20世纪末大众传播后期，麦奎尔的定义可能会不证自明，然而处在当前如此多样化的媒介系统中，我们发现“仅指所有相关媒体”这一概念已经站到了更具挑战性的边缘。

对权力的任何理解必须涵盖对社会行为体之间关系的考察，然而它显然还应包含社会行为体和技术之间的关系，因为技术能够促进和约束以混合网络和行为体网络理论为代表的社会技术系统中的组织机构，就像我之前探讨的那样。正如韦伯式的传统社会科学家所提及的，权力的实践必须包含某种互动的社会关系。尽管如此，史蒂文·卢克斯（Steven Lukes）认为，这些互动会在广义上被理解为能够创造文化和观念语境的社会关系，这种语境是权力的重要前提——意义建构——得以产生的场所（Lukes，2004）。但是，仅仅通过探讨社会行为体之间的互动和交流，以及媒介如何被用来形塑这些互动和交流，我们能否抓住特定环境中发挥主导作用权力关系的本质？（Blumler& Gurevitch ，2005）正如大卫·伊斯顿（David Easton）在政治科学中提到的重要方法，他认为社会行为体之间多样化的大量互动不断聚合构成了系统（Easton，1957，1965）。

不能将社会生活视为建立在系统上的僵化、机械的事物。没有必要和泰可特·帕森斯（Talcott Parsons）这样的功能主义社会学家一样，认为只有一个包罗万象的社会制度，且这种制度融合了所有的社会功能，并形成稳定的秩序（1951）。也没有必要假设社会生活的方方面面都遵照一个单一的“系统层级”。事实上，和社会科学中普遍存在的相关概念不同，“社会制度”系统可能意味着灵活性、适应性和来自社会互动总和的渐进性演变。……另外，社会制度意味着等级制度、固定性以及社会关系中权力的不对称性。系统经常展现出上述特征，但它们同时也具备水平状态、流动性和平等性。同时，就像曼纽尔·卡斯特尔所说的，当建立在网络化传播基础上的社会运动挑战国家和公司机构越来越多时，制度化的权力关系经常会遇到“反向权力”的挑战（Castells，2007）。

我们可以将这一分析进一步向前推进。沿着布莱恩·麦克奈尔（Brian McNair）的思路，我认为所有的系统都具有不同程度的内在复杂性、不稳定性和混乱性。系统包括许多非线性因素并且经常会经历长期的、无法预测的和混沌的变化阶段。正如麦克奈尔所说，系统“展现出的是一种不规则的结构。传播系统从来不会在完全相同的地方发生两次”（McNair，2006：xiv）。系统建立在竞争、对资源的争夺和渴望卓越的基础上,但是系统分析也秉持主导行为体之间存在大量相互依赖关系这样的假设。行为体之间相互竞争,有一些占了上风,产生了罗伯特·基欧汉(Robert Keohane)和约瑟夫·奈(Joseph Nye)所命名的"不对称的相互依赖"关系(Keohane&Nye,1989)。但是,为了追求集体目标,甚至系统中最强大的力量都必须要和那些相对弱小的力量合作。某种合作对于系统的维持、有用社会产品的生产和资源的权威性配置都是必要的,尽管这些资源是被规定好的(Easton,1957:386-387)。有时候这就会赋予那些明显缺乏资源的行为体以权力,迫使那些看似拥有强大资源的行为体在具体互动开始之前适应他们的行为方式。同时,正如罗伯特·达尔以及其他学者坚持的多元方法一样,有些在某一领域非常强大的行为体,不一定在所有社会领域都保持强大(Dahl,1961)。

最近有关建立和相互依赖的理念出现了一些转变,这就是大卫·辛格·格雷瓦尔(David Singh Grewal)提出的"互联网权力"理论。格雷瓦尔认为权力可以建立在韦伯模型中简单的主权国家基础之上,这种权力可以被理解为单独个体或集体为了和其他行为体竞争而去做一些自身不情愿做的事情。这种权力经常但不总是受集体决策的合法形式支持。另外,权力也可能会建立在格雷瓦尔所认定的"社交关系"基础之上,"社交关系"被定义为"将分散的、个体的决定聚集起来,形成一种能够对整体产生影响的情形"(Grewal, 2008: 9)。这些社交关系会越来越多地存在于网络形式之中,然而这些网络不都是杂乱无序和自发存在的。经过一段时间,网络开始依赖于自然而然形成的规则(Norm),这些规则属于可以促进合作共享的规范和实践。如果我们假设在任何具体的社交领域,网络的价值直接与它的规模相关联(因为较大的网络可以带来更多像资金、通信、受众、社会支持或者与之相关的资源),那么我们可以得出社会行为体也想融入这些更大的网络中的结论(在一些特定的社会领域,相关的网络可能比较大一些或者比较小一些——规模大小不是一个绝对的而是一个相对的概念)。在这些较大的网络中,规范和实践的社会价值是促使单个行为体想要加入的重要因素。通过加入网络,行为体可以获得资源或者是从不同规范和实践形成的合作关系中获得"互联网权力"。这就是为什么单个行为体经常调整他们的规范和实践进而加入那些能够为他们提供各种利益的网络中。本书有许多关于这一过程的例子。行为体经常会动员并且穿梭于新旧媒体逻辑之间实现提升自身价值和利益的目的。

设想行为体能够凭借相互依存和相互依赖进行一系列互动交流并产生不断演变的相关权力,这能够让我们摆脱一些针对强大或者虽不够强大但却总能发挥特殊作用的特定人群所做出的抽象的结构性预判和概括。它也能够使我们超越那些用来分析媒介系统的抽象的统计方法。取而代之,它认为我们应该关注动力机制的多样性以及在离散语境下产生权力的行为(Reese,1991)。从这层意义上讲,这本书中我所提到的系统理念也包含"实践"的理念,最近媒介学者尼克·库尔德利(Nick Couldry)已经对

18

此进行了阐述。库尔德利认为:"实践方法的起点不在于媒介文本或者媒介结构,而在于媒体相关实践的宽松和开放。问题很简单:在一系列情况和背景下,人们(个人、群体、组织)都做了与媒介相关的哪些事情? 反之,人们与媒介相关的实践如何与更加广泛的组织机构相联系?"(2012:37.原文中的重点)媒介系统中的权力在非还原和多面向意义上可以理解为对各种资源的运用,这种资源能使个人或集体在特定依存和相互依赖的语境中追求他们与媒介不同却又相关的价值和利益。

系统是建立在社会差别之上的。劳动分工(division of labor)存在于行为体之中,特别是在像政治、媒介或者商务这样重要的大型社会项目中,对目标的追求只能一定时期在有规则的嵌入式结构中得以实现,而这种结构主要是用于管理合作与冲突的。构成系统的这些结构可以采取组织机构的形式,但在数字媒介时代更多时候会采用传播和组织机构的形式。这些用来合作的社会结构可能相对宽松、自然、顺从,同时也可以根据所追求的目标不断进行调整和再调整(Bennett,2003;Bennett&Segerberg,2012;Chadwick,2007,2012)。

在任何系统中,将规范内化并按照规则行事都是权力运用中的重要部分。然而区别于按规则行事,见机行事也非常重要。时机(timeliness)和把握时间的节奏是非常关键的社会力量但却又经常会被人忽略(But see Adam, 1990;Gershuny,2000;Goodin,etal.,2008;Rifkin,1987)。因此,重视信息并能够及时根据信息采取行动的能力关乎传播的成败。行为体试图根据自身观念和利益形成的社会理解来管理时间。为了能够出其不意,在博弈中占得先机,行为体经常会轻视规律性的东西。在这本书中多处地方都会提到暂时性的这些方面以及它们如何产生、如何被不同的媒介所制约。

系统中更加关键的因素是不断的再建过程。社会行为体必须建构系统,为系统颁布规章制度,不断地重新制订新规则并进行大量修改。随着时间的推移,根据行为体之间互动产生的修正行为会促使系统进行决定性的重塑。正如迈克尔·曼恩(Michael Mann)对社会力量的宏观历史性描述的那样,对权力关系的重塑可能源于对现存制度形式所面临的直接挑战的应对,或者也可能来源于新的实践无法完全融入现有的制度安排,却在现存制度的边缘以及不同制度之间的边界空间(boundary space)中产生(Mann,1986: 15)。

由于行为体创造和调整的同步进行,系统总会处在形成的过程中。就像库尔德利所说,在总结皮埃尔·布尔迪厄(Pierre Bourdieu) 社会理论的基础上,系统产生了"能够使自身实践顺利进行的客观条件"。它们无法产生于抽象的统计数字中,但可以在正在进行的具体案例中得以体现。这本书将分析与新旧媒介相关的技术、类型、规范、行为和组织形式是如何形塑政治的。

从媒介逻辑到混合媒介逻辑

对新旧媒介如何形塑政治的认识涵盖了一些关于媒介与其他社会领域如何进行互动实践的基本假设。这里一个富有成果的概念是“媒介逻辑”。媒介逻辑这一概念最初是由社会学家大卫·阿尔赛义德(David Altheide)和罗伯特·斯诺(Robert Snow)(1979)提出的,它原本是为了证明媒介假设、规范和现存成品,例如模板、格式、类型(genres)、叙事和修辞,如何渗透到社会、经济、文化和政治生活当中。皮特·达尔格伦(Peter Dahlgren)将媒介逻辑这一概念有效地提炼为“特定媒介甚至特定媒介类型形成自身具体属性和做事方式的必然规则”。他认为这“具体体现在选择、形成、发展速度、信息密度、审美、内容、谈吐以及生产进度表等流程中”(Dahlgren,2009:52)。 19

从媒介逻辑角度看,媒介逻辑是用来塑造媒介场域之外各种工作实践的,媒介和非媒介场域的边界在经过一段时间之后会开始相互渗透。这里,我借用皮埃尔·布尔迪厄所描述的“场域”(fields)概念,即在具体和日常语境下行使权力的社会范畴,这种社会范畴具有自身的规范和实践准则,能够提供文化、专业、官僚、情商或审美等方面的资源(或者“资本”)。场域具有渗透性,媒介逻辑经常渗透到其他场域。例如,体育、宗教、政治和恐怖主义等各自领域的行为体经过一段时间对媒介的使用,他们所进行的实践活动以及行为方式都会发生重要转变,媒介和非媒介之间的边界逐渐变得模糊起来。例如,在政治领域,阿尔赛义德和斯诺就认为来自娱乐化形式的实践已经越来越多地融入政治新闻的生产中,因此有了“娱乐信息节目”这种混合性表述方式(Altheide &Snow,1992:466)。兰斯·班尼特(Lance Bennett)也注意到了戏剧性的配乐以及电视在报道战争时使用“动作片剪辑”(Bennett 2005:175)。久而久之,其他场域的一些工作实践开始越来越依赖于媒介逻辑,并为了获得媒介提供的资源而去遵循它。这种资源就是与公众沟通的能力。就像阿尔赛义德和斯诺所认为的,“今天,所有社会组织都是媒介组织”(1991:ix)。

媒介逻辑提供了一种理解媒介权力以及理解与媒介相关权力关系的非常有用的方法。它使我们摆脱了那些最初将媒介系统和政治系统在某种程度上相互隔离以及用政治系统特征最大限度地去解释媒介系统的论述(尽管 Hallin&Mancini,2004;Siebert,et al.,1956 的描述方式很微妙)。媒介逻辑给我们指出了一条不同寻常的道路,它的研究聚焦于媒介精英、政治精英和公众之间如何通过具体互动创造出对公开传播的有价值信息的共同理解和期待。涉及政治和媒介行为体实践的问题,如谁、什么时候、如何以及为什么,经过一段时间演变就形成了暗含媒介逻辑在内的共同媒介文化(Altheide,2004:294)。这种媒介文化形成了公众对什么是“政治”的期待。从长远来看，这意味着那些力求影响公众话语的行为体，必须调整它们的传播策略进而适应并遵循作为主导模式的媒介逻辑。

20 媒介逻辑可以解释为什么政治行为体和公众能够将媒介领域的规范和期待内化到自身行为方式中的原因。脑海中呈现出经过新闻报道精心设计出的伪事件就是媒介逻辑的典型案例(Boorstin，1964)。另外，关于对什么是“好故事”或“令人兴奋的视觉效果”的构成要素，什么对电视来讲“太冗长”或者什么“对互联网不起作用”这些问题的普遍共识也是媒介逻辑存在的重要证明。媒介逻辑理论认为，“有效的”的政治传播是在承认媒介间“超优势竞争”语境下，将“具有吸引力”的媒介报道的构成要素输入并内嵌到社会期望中。上述的所有一切都是在一个商业化的媒介环境中发生的，而这一环境是政治信息生产和传播的主要背景。因此，媒介逻辑理论认为我们应该尝试去理解媒介和政治场域中实践活动的意义建构过程，去理解为解决在媒介政治话语建构中出现的问题所进行的决策，就是这些决策规定了媒介逻辑的产生和发展演变。

然而，尽管媒介逻辑方法具备明显的优势，但它还是具有某些局限性。它产生在大众传播时代，与今天相比，大众传播时代是电子广播媒介牢牢占据优势的时期。它也赋予了正式的媒介机构以巨大的权力。当阿什德和斯诺研究印刷媒介和广播媒介如何影响非媒介领域的差别时，他们脑海中出现的只有渗透在社会和政治生活中的单一的媒体逻辑。

今天，媒介环境十分多样化、碎片化和多中心化，数字传播的兴起带来了新的社会实践。兰斯·班尼特用了一个特色鲜明的术语描述上述现象：理论的挑战开始于“我们所说的‘媒介’这个核心问题”(Bennett，2003a：18)，呼吁对媒介逻辑概念重新评价以及对存在竞争又相互依存的逻辑进行解析。例如，提到新闻，马克·德鲁士(Mark Deuze)认为，在 21 世纪 00 年代早期出现了一种新的逻辑“多媒介新闻”(Deuze，2004)，并进一步论证，像政治这样非媒介场域的形成可能会一直受到媒介逻辑的影响，同时作为相互适应和相互依赖这一持续过程的一部分，它们也会反作用于媒介场域。阿尔赛义德和斯诺坚持认为，媒介和文化具有自反性(1992：466)，但这些相互适应的过程在媒介逻辑的论述中可以说是被忽视了。因此，当媒介逻辑对政治行为产生影响时[相关文献已经证明了“媒介化”(Mazzoleni&Schultz，1999)]，最好将这一逻辑视为由媒介、政治行为体和公众力量共同作用的结果，而不单单是媒介力量对政治作用的结果。

最近，山姆·波普金(Sam Popkin)从一个令人信服且耳目一新的角度理解上述问题。波普金认为，政治行为体为更好地应对媒介变化而展开竞争，同时媒介行为体也为更好地应对政治变化而展开竞争。他又进一步论证，媒介和政治行为体的实践变得越来越相互渗透，同时他们之间的联系也非常强大以至于新媒介出现造成的混乱对媒介和政治精英的权力和地位都产生了重要影响。也就是说，新媒介技术不单单是现有媒介精英用来对政客进行有效问责的新工具，也不仅仅是为现有政治精英提供打败媒介的新机遇(Popkin,2006:336)。相反，现存媒介和政治精英在新媒介兴起中失去了很多。他们应该广泛地去适应这种情况，否则将亲眼见证他们权力的衰退，新媒介技术时常会创造出新的精英。

因此，这本书起步于一个更为宽泛的媒介逻辑概念。它不仅要去探索对能够决定媒介内容建构的互动关系的理解，而且还要研究在不同的新旧媒介之间这些互动是如何发生的。相互矛盾和相互抵触的媒介逻辑的出现，打破了之前占据主导地位的媒介逻辑。今天媒介逻辑仍旧来自20世纪后半期对政治传播的形成产生决定性影响的大众广播媒体吗？阿什德和斯诺认为随着时间的推移，公众渐渐熟悉了媒介逻辑，期待着将其模式特征应用到包括政治在内的所有领域。但在21世纪的早期，媒介系统更加具有流动性并充满了争议。信息源的范围以在广播为主导的时代无法想象的方式不断扩大。虽然观众对媒介的熟悉仍旧是媒介逻辑的一个重要方面，但现在的媒介逻辑来自网络并且已被分化，它会根据自身利益和价值运用人类之前无法拥有的数字传播工具对政治生活进行再现。这在大众广播时代占据主导的媒介逻辑之外，创造了可供选择并具有竞争性的信息来源，这种信息来源应该是可靠的，被观众所熟悉的。

考虑到目前有一整套政治传播的新方式，因此我们不再仅仅停留在阿尔赛义德和斯诺所指出的受商业化和娱乐化双重价值观驱动的包罗万象的媒体霸权逻辑上，这是非常有意义的。今天，我们可以设想政治和社会将被更多的具有竞争性和重叠性的媒介逻辑之间复杂的互动所左右，这些媒介逻辑中的一部分与商业主义很少有关联，或者没有关联，甚至与其相对抗。确实，考虑到英美媒体在提供公共服务方面的悠久传统，先前的媒介逻辑方法可能在广播媒介鼎盛的时代就已经被夸大。

另外非常有意义之处还在于，人们开始摆脱那种认为受众感知框架严重依赖于主导媒介逻辑的被动受众理念，进而转向一种新模式，这种模式的发展前景不仅依赖于受众认知框架来源的多元化，而且还与一些——虽然不是全部——积极受众不断提升自身能力有关，他们有时候能够决定性地介入到媒介内容生产中，发挥着直接和具体的协助作用。因此使用复合媒介逻辑或者是达尔格伦所定义的“同步推进的媒介逻辑的总和”(Dahlgren,2009:54)的描述更为准确。

在这本书中，我们对政治和新旧媒介的定义都来自我早先章节中对混合机制理论以及行为者试图捍卫和保护内在预留实践领地的讨论。与此同时，尽管新旧媒介的边界很模糊，但由新媒介出现而导致媒介逻辑的分裂，这种分裂逐步在印刷和广播媒介系统占主导的组织机构中显现。重要的是，混合媒介系统经常需要去判断哪个媒介最适合传播政治事件或政治过程，并对其进行干预。政治行为体和媒介行为体如何影响新旧媒介逻辑或者被新旧媒介逻辑影响，他们在运用权力的时候能够多大程度上对这些逻辑进行动员和整合。正是这本书要探讨的。

作为一种分析方法的混合媒介系统

22 关于构思这本书的最后一些想法。在这本书中，我将分析置于英国和美国的语境之下。这样做不仅仅是实用主义的原因——我发现这两个国家所取得的最令人瞩目的成就可以服务于这方面的研究，并且能够为我之前的研究提供重点支持——也因为它们是历史上重要的自由民主国家。因此，这些国家发展的趋势和模式应该对那些通常关心政治传播的人来讲更有兴趣和更具意义。因此，在这本书中我没有对除了美国和英国之外的其他国家的媒介系统做任何分析。

另外，我没有选择沿用跨国比较的传统模式来进行这一研究。在政治传播的运作现状以及将来如何发展方面，英国和美国两国之间存在巨大不同，这一点是无可否认的，也有各种方法对这些不同进行研究。然而，我认为这本书以英国和美国共同拥有足够多的基本相似性为起点进行研究非常重要，这是一个不可避免存在争议却可为其辩护的前提。这一前提是如此可能实现并令人满意，以至于能够解答一些对此问题持久关注的读者心中的疑问。

因此，本书的目标是提出混合媒介系统作为一种普遍的分析方法，并且证明这种方法根植于我所关注的两个国家的经验性案例中。这并不是说，混合媒体系统的想法不会扩散。它会被用来研究其他自由民主系统以及威权或者半威权系统。的确，对任何通过研究新旧媒介逻辑间的互动来理解政治传播的人来讲，他们都有希望从这种方法中受益。

第二章　所有媒介系统都具有混合性

新技术是一个具有历史性的相对概念。

——卡罗琳·马文(Carolyn Marvin)[1]

中介过程需要修复，这似乎是必需的。

——杰伊·大卫·博尔特(Jay David Bolter)
和理查德·格鲁辛(Richard Grusin)[2]

媒介即讯息。

——马歇尔·麦克卢汉(Marshall McLuhan)[3]

所有旧媒介都曾经是新媒介，而所有新媒介最后都会变成旧媒介。然而旧媒介很少完全被新媒介取代。例如，电报信息和盒式录音带现在还会和新媒体一起出现，共同发挥着再现和传播的功能(affordances)，但除了小部分收藏爱好者外，目前它们所发挥的作用不再受到社会的广泛认可。一旦新形式继续合并产生新的功能，那么新媒介的不断演变就会使事情变得越来越复杂，一个很好的例子就是在21世纪前10年移动电话惊人地蜕变成了多功能数字产品。 23

当取得成功的新媒介开始走向衰退的时候，它的物理特征和围绕其产生的社会规范也开始逐步淡出人们的视线。曾经令人尴尬和质疑的东西都将被视为习惯并被固定下来。焦点开始从物理设备——"技术"向最初与媒介使用有关的社会习俗上转移。经过一段时间后，对媒介运行工作的热切关注就会让位于对表征事件从容不迫的关注，同时我们也会忽视那些使媒介变得如此重要的东西。然而，媒介的技术层面和最初建立起的社会规范从来不会完全消失，仍然继续塑造特定媒介的使用模式以及它区别于其他媒介的特殊之处。

正如卡罗琳·马文所讲的，新媒介的发展历史"与其说是传播技术的功效演进，不如说是在局内人和局外人、滔滔不绝的人和缄默不言的人、拥有权威的人和被信任倚重的人之间，用来对一系列事关社会生活行为的重要问题进行协商的竞技场"(1988：4)。重温我在前一章讨论过的布鲁诺·拉图的理念，这一理念涉及由社会和技术实体构成的混合网络，这些实体不断相互作用进而生成权力和机构。曾广为人知的丽莎·

吉特尔曼(Lisa Gitelman)对媒介的定义在这里也有特殊意义。在她看来,“媒介是最
24 应该被视为社会传播的现实结构,它是由技术形态以及与其相关的规则组成的,传播在这里被理解成一种文化实践,是处于相同精神文化版图下的不同人群之间分享或参与、对受关注本体进行再现的一种仪式化配置”。回顾历史,媒介倾向于被认为是“一大堆围绕着技术核心的规范性规则和默认条件模糊不清地聚集、黏着在一起”(2006:7)。新媒介技术吸引着对新媒介感兴趣的公众,但是最好将这些公众视为混合型公众,他们中的一部分和先前与旧媒介相关的群体、组织以及社会规范和实践有着密切联系。社会团体将某种媒介既视为工具,同时又视为能够通过像专业技能、资源掌控、精通媒介及其组织惯例等这些动力机制对权力进行运作的领域。新媒介可以对现有媒介精英、政治精英和公众在社会、经济、政治方面的时空关系进行重新配置。他们主要是通过提供不同的规范语境以及团体之间相互作用的约定条件来实现这种重新配置。

将媒介置于与其他媒介相互依赖的关系系统中是这本书的研究起点。在或大或小的程度上、或多或少的时间内,所有的媒介系统都属于混合媒介系统,即使如此,这种混合性也很容易被忽略。因此,阿萨·布里格斯(Asa Briggs)和彼得·伯克(Peter Burke)给我们带来了灵感,他们在其经典的关于媒介史的书中这样论述“非常有必要将媒介视为一个整体,审视所有不同的传播手段,将它们视为相互依存的集合、整体和系统,按照媒介系统方法来思考意味着强调对现有传播手段进行劳动分工”(Brigg& Burke,2009:19)。确定谁能够在政治传播中使用权力的有效方法就是关注新旧媒介逻辑之间不断演进的相互关系。

媒介和“新颖性”

新媒介一直被认为是在其前身基础上的提升,媒介理论家杰伊·大卫·博尔特和理查德·格鲁辛将有关媒介的传播能力定义为“即时性”:这是一种类似穿越透明窗户观察“真实世界”的感觉。例如,早期最著名的印刷工人当属古登堡,在沿用手写文稿习惯的同时,他通过提升油墨的处理能力来增强文本的易读性。早期的摄影师受其启发,提升了描绘镜的透视功能。照片比绘画看起来更具即时性,电视则比电影看起来更有即时性。

然而每种新媒介的优势都会不断地与旧媒介产生竞争和冲突,结果新媒介与旧媒介之间的区别就越来越明显。博尔特和格鲁辛认为这是媒体崛起带来的第二个重要方面,他们称之为“超媒介”(hypermediacy)。超媒介是指新媒介在透明性和即时性方面远远不如它和其他媒介相互修复和混合的产物。历史上这样的案例举不胜举,像蒙

太奇照片、华丽的巴洛克风格的橱柜、中世纪的手抄本以及18世纪以人物漫画语言为特色的印刷物。

但是,由于存在多样性的视觉类型和界面以及对文本、形象、视觉和听觉的同时重组,互联网和数字媒介成为正在运行的超媒介的极致形式。

一种新媒介的“新颖性”并不是源于自身技术的创新,而是来自新媒介“对旧媒介重塑的方式以及旧媒介为了回应新媒介挑战而对自身的重塑方式”(Bloter&Grusin,1999: 15)。如果我们以这种方式来看待媒介,就会发现媒介及其用途之间的模糊边界与将媒介区别开来的清晰特征一样重要。一种持续的、战略性的、经常给人带来惊喜的混合化过程正在发挥作用。查尔斯·洛克·伊斯特莱克先生的妻子伊斯特莱克女士是英国皇家摄影学会的第一任主席,她在19世纪中期的时候意识到了用恰当的混合性术语来描述摄影(photography)的重要性。她说摄影既不是“艺术领域也不是文字领域,而是一种人与人之间沟通的新形式——既不是书信、消息,也不是图片——它能够愉悦地将人们之间的空间填满”(引自Briggs&Burke,2009:162)。20世纪20年代早期的广播系统被称为“无线电话”。查尔斯·詹金斯(Charles Jenkins)将他在20世纪20年代晚期的第一台机械电视机称作“无线电视”(Wu,2010:38,142)。早期的电影相当重视摄影、小说、戏剧以及各类马戏表演和魔术节目。电影放映的最初地点是在音乐大厅和游乐场。杂技演员和特技演员的名字出现在1896年伦敦莱斯特广场帝国音乐厅举办的路易斯·卢米埃尔(Louis Lumiere)电影展览的节目清单上。另一个有影响力的早期电影制作人乔治·梅里爱(George Melies)则是以魔术师身份出道的(Briggs&Burke,2009:164)。后来,在20世纪10年代,专门的电影院(cinema)才开始出现。而剧院(theater)一直盛行到20世纪中叶,其间精力充沛的钢琴家和风琴手一直是以新“梦想宫殿”著称的电影院的表演常客。早期的电视专门用于实况转播,它吸收了19世纪后期传统的电光秀、杂耍剧和广播连续剧(早期电视也同样吸引着19世纪通常在期刊上连载的小说)(Briggs&Vurke,2009:2)。当英国的电影院、广播(radio)和电视在20世纪20年代到60年代处于繁荣发展之际,令人意想不到的是印刷媒体(print media)也同样经历了一个繁盛时期,这其中最主要的原因是大众教育水平的提高以及印刷纸张生产和分发成本的降低。在1920年,大约有一半的英国成年人每天要阅读新闻报纸(newspapers)。到1947年时,这一数字已经达到了83%(Briggs&Burke ,2009:223)。即使在美国,虽然1959年时90%的家庭已经拥有电视,但直到20世纪70年代早期,电视才开始代替报纸成为公众主要的信息来源(Williams&delli Carpini,2011:61)。令人惊讶的是,电视成为拥有绝对优势媒介的时代来得很晚。

因此,在某个具体时间,新媒介的构成最好被视为新旧媒介的混合体。罗杰·费德勒(Roger Fiddler)在20世纪90年代早期担任奈特—里德尔新闻机构的顾问时,就

曾预测平板电脑的兴起，他是这样定义“媒介形态变化”(mediamorphosis)的，“由被感
26 知的需求、竞争性的政治压力和社会技术创新引起的，并为此不断进行改造和调整的统一联合体”(Filder，1997:16,23)。随着新媒介的不断出现，它们将正在演进的新旧媒介混合过程演绎得更加引人注目。然而媒介的演进很多时候被认为是一种线性历史过程，即一种媒介取代另一种媒介，或仅仅被满足社会需求的另一种媒介所取代(see for example Levinson,1998)，这种线性过程无法充分地捕捉到媒介转型过程中的混乱性、复杂性和持续性。旧媒介在实践中会不断更新自己来应对新媒介的出现。技术所具备的有用的社会功能能够使它们持续存在。通常认为在20世纪50年代，当电视在美国逐渐普及的时候，电影院的上座率开始大幅度下降，在不到10年的时间减少一半(Briggs&Burke，2009：212)。但是尽管面对来自电视的威胁，广播借助电子晶体管的使用经历了一段调整和扩展的重要时期。广播电台数量激增和广告收入增加造成了美国联邦通信委员会(Federal Communication Commission)在1962年决定限制新广播电台执照的发放(Briggs&Burke，2009:209)。显而易见，广播给受众提供的功能与电视、电影和报纸不同。广播虽然可以像电视一样，是可以实时监控的媒介，但与看电视相比，听广播是一种更为私人的个体经历，广播内容的制造成本会比电视内容便宜。这促成了20世纪40年代美国商业电台的利益集团为了捍卫自己的媒介地位对联邦通信委员会进行游说，强调电视的发展势头压低了广播的存在感，即便如此，鉴于广播拥有大量受众，当时针对这种游说观点，整个社会还是存在着一种普遍的怀疑态度。我在本书后面章节中详细论证了，为回应数字媒介在实践中的发展，为巩固在再现和塑造公众观点方面的合法性和突出作用，广播媒介和新闻报刊正在经历着调整和同步演进的关键时期。

权力和新媒介的协商性崛起

透过历史，如果媒介被视为是由大量文化、社会、经济和政治实践构成的话，那么这些实践的形成又会与许多行为体在不同场景或跨不同场景中展开的相互竞争但又相互依赖的混合化过程息息相关。在一种媒介兴起的过程中，它与特定媒介形态相关的其他行为群体之间在权力、权威以及声望方面的协商关系至关重要。这本书将探讨最近几年这些过程的运行状态，尽管媒介系统的混合化过程会在不同的时间、不同的地点，通过不同的方式展开，但它已不是一个新现象。有许多先例可以为理解当前现象提供有意义的指导。

口语—印刷媒介

在15和16世纪期间,手抄员曾经攻击过印刷媒体,原因是这些新技术威胁到了 27
他们的生存。教会主教也害怕一旦普通人能够自己阅读宗教文本,他们就会失去对普通人的掌控力。从15世纪中期开始,随着口头表达不断融入印刷文化的发展中,口语文化也经历了历时三个世纪的自我坚守、自我调整和自我重建的过程(Briggs&Burke,2009: 15,25-26;zaret, 2000)。英国内战(English Civil War)时期被描述为独立小报、手册和请愿书不断涌现的繁盛时期,同时也不乏存在像1647年帕特尼辩论这样重大的集会。随着1660年英国君主制的恢复以及新兴新闻自由遭到镇压并被官方《公报》(*Gazette*)所取代,口语文化(oral culture)承担着新的重要意义。

在新旧空间面对面的交流中,例如在酒吧、俱乐部、学术团体、咖啡馆、书店以及教堂中(Zaret,2000),口语传统重新焕发了活力。到18世纪早期,伦敦已经拥有大约3,000个咖啡馆,例如巴顿咖啡馆、劳埃德咖啡馆、斯劳特咖啡馆和加勒韦咖啡馆。这些咖啡馆就像巴黎最古老的LeProcope咖啡馆一样扮演了用来激发灵感的物理发动机的角色,另外它们也被视为一种混合空间,在这里新闻报纸、小册子和书籍可以被公开阅读和讨论。正如尤尔根·哈贝马斯(Jurgen Habermas)指出的,存在一种使"文学本身合法化"的空间(Habermas,1989:33)。

公共仪式、演出、游戏、节日和各式各样的展览是现代欧洲早期混合媒介系统的重要组成部分。宗教和政治的街头游行将音乐、图像、文本和对话沟通的口头语言结合起来,这种运行良好的状态将统治者和被统治者进一步联系在一起。这些仪式也曾被精心安排用来对现有秩序进行批判。在16世纪晚期,秩序良好的公共剧场开始将不同的媒介形式融入其中,并赋予它们一种娱乐化的倾向,后来在18世纪晚期,剧场开始在法国大革命(French Revolution)的前期酝酿中扮演重要角色,与之一同发挥作用的还有例如色情文学、喜剧和乌托邦文学等媒介形式和类型(Briggs&Burke, 2009: 36,83;Darnton,1995)。

印刷书籍和小册子的出现是促成新教改革(Protestant Reformation)的一个主要原因,但口语文化和视觉媒介也在其中起到了重要作用。马丁·路德(Martin Luther)版的《圣经》译本在新教革命中毫无疑问做出了巨大贡献,而有关他的赞美诗、许多描绘宗教场景、路德和他妻子形象的油画以及带有图标的木质印刷品也发挥了重要作用。在16世纪早期,卡尔文主义者领导的捣毁圣像主义席卷欧洲,天主教会不情愿将宗教故事进行视觉化的传播,他们害怕这样做会赋予信徒以权力进而挑战到宗教精英的权威性(Grabe&Bucy,2010:31),为了反驳新教对他们的批判,他们重新强调伟大而神圣的圣像的重要性。可见,宗教改革可以视为一种权力斗争,这种斗争是在充满竞争的媒介模式中，围绕哪种媒介可以充分代表神圣性展开的。

口语文化的空间特点影响到那个时期正在兴起的宣传册、新闻报纸和期刊的类型，也有助于政治传播在合法性和意见一致方面形成新的实践规范。1711—1712 年出版的《旁观者》杂志包含了一个以伦敦的真实俱乐部为模型的虚拟“俱乐部”。其特点是成员来自多样化的社会群体，包括商人、乡绅、牧师以及“浪子”。第一个有重要意义的大众化新闻期刊——《雅典信使杂志》（*Athenian Mercury*，British newspaper，1691—1697）刊登了大约 6,000 多个读者提出的问题。牧师们会将他们喜爱的布道词印刷出版，反过来，他们也会受到其他牧师布道词以及在 15 世纪早期兴起的宗教指南的影响。表演者会在街道和市场广场上转售他们已经背诵过的印刷书籍。在新教革命期间，主要用来批判天主教正教会的流行民歌被印刷成歌单，在英国和德国的一些酒馆中出现，鼓励当地民众咏唱。在 1688 年英国的光荣革命（Glorious Revolution）期间，街头游行不断增多，具有象征意义的商品例如扑克牌、纪念章、盘子和茶壶供销两旺（Briggs&Burke，2009：39-79）。在 1789 年法国革命期间，印刷媒体发挥了巨大作用，仅仅那一年就新增大约 250 家新闻报刊，与政治有关的出版物也非常盛行。然而，除了旧有传统像捣毁圣像运动、节日和游行等之外，当时法国社会大量文盲的存在也提高了政治俱乐部里面对面交流的重要性。可见，进行口头交流和身体互动的场所被新兴起的印刷文化所熏染，同时印刷文化自身又作用于口语文化，并在形象塑造方面发挥了部分作用。

因此，印刷文化需要经历几个世纪来和前印刷媒介时代的事物打交道。直到 18 世纪，手稿一直被用于公共文件的流通。一些作者有意避开印刷书籍，而是喜欢将他们的著作限制在朋友以及文化政治精英圈子中流通，以此作为构建思想社区或者是逃避宗教和政治审查的手段。这种做法对于像俄国（Russia）那样印刷机安置在修道院的国家来讲非常重要，然而这种情况在 18 世纪的法国也非常普遍，因为法国拥有高度组织化的抄写行业，生产大量批判路易十四（Louis XIV）的地下文本（Briggs&Burke，2009：37-38）。手写的新闻通讯在印刷新闻纸出现后仍旧流通，这是因为它们可以根据上层读者的兴趣进行个性化的设计。

对视觉图像的重视持久不衰也指出了媒介混合历史中的一个深层次的话题：信息和娱乐的融合。印刷媒体的发展历史经常被描述为以擅长引经据典的理性辩论和在 20 世纪众所周知的“硬新闻”的最终胜利而告终。但现实是更为复杂的。英国和美国的印刷媒介系统总是以信息和娱乐的混合为特色。就像布鲁斯·威廉姆斯（Bruce Williams）和迈克尔·德利·卡皮尼（Michael Delli Carpini）所说的，早期的美国报纸像《美国极光》（*American Aurora*）（Williams&Delli Carpini，2011：22-23）就是包含政治辩论、性丑闻和讽刺文学的奇异组合。关于新闻和娱乐之间以及生产者和消费者之间的监管边界在哪里，对这一问题在 18 世纪晚期以及 19 世纪末、20 世纪初并没有形成连贯一致的理解。美国的《太阳报》(*Sun*,1833—1950)在具备娱乐特点的同时也报道政治和公共事务,包括1835年出版的一系列含有丰富插图的描述月球生活的虚构故事。伦敦的《贝尔周刊信使报》(*Bell's Weekly Messenger*,1796—1896)刊登卡通画和耸人听闻的内容以及与赛马、医疗和法院报告相关的信息。1850年由英国宪章运动的强烈支持者乔治·威廉·麦克阿瑟·雷诺兹(G.W.M.Reynolds)创办的《雷诺兹新闻报》(*Reynolds' News*)将新闻、激进自由观点、短故事和插画结合起来。英国的《每日邮报》(*Daily Mail*)创建于1896年,它在很大程度上是19世纪晚期开始的新闻商业化模式转型的产物,并且是第一份拥有"女性版面"的日报(Briggs&Burke,2009:181-195)。

19世纪,美国新闻业借鉴了口述传统中的谈话模式,鼓励媒体通过活泼、多元方式来再现公众舆论。美国新闻业建立在包括虚构故事和具有轰动效应的新闻等多样化类型基础上,19世纪80年代能够提升照片和插画真实再现程度的印刷方法的出现又给它注入了新的动力。

直到20世纪早期,随着以新闻机制化而闻名的美国进步时代(Progressive Era)的到来,口述文化和印刷文化造成的影响才开始褪色,与此同时新闻报道中讲求"客观性"的信息模式也开始取代老式"讲故事"模式。在这个过程中,人们学会了从现代"科学"角度来理解美国新闻媒体所扮演的角色。

其中最有影响的当属沃尔特·李普曼(Walter Lippmann)的思想。李普曼认为,在市民只能有限参与政治的语境下,专家媒体和政治精英的联合是大众民主社会最优的一套运行规则。20世纪中期的媒介社会责任理论(social responsibility theory of media)强化了这些理念,与此伴随的是新闻和娱乐的分离、事实和观点的分离以及生产者和受众的分离,这些最初来自印刷业所有权不断集中时代的准则也开始适用于一个权力更为集中的结构——美国广播业的运作基石(Williams&Delli Carpini,2011:25,32,40-49,57-60)。

与李普曼理念相似的原则也被生动地体现在英国广播公司(British Broadcasting Corporation,BBC)的运作实践中。英国广播公司(company)成立于1922年,在1927年转型为非商业化的英国广播公司(corporation)。它的第一任总经理约翰·瑞斯勋爵(Lord John Reith)认为,让广播完全屈服于娱乐利益等同于"卖淫",他曾将BBC的使命描述为著名的"告知、教育和娱乐"。他期望广播媒介能够提供公正的公共服务,这种崇高愿景很大程度上决定了英国广播和电视的播放内容,保证了BBC成为受世人普遍爱戴、由公共资金垄断的广播,直到1955年,一个依然受到严格监管的商业选择——英国独立电视管理局(Independent Televison Authority)成立。在美国,广播和电视沿着更加商业化和娱乐化的方向发展并拒绝由完全成熟的公共资金垄断资助,成立于1934年的美国联邦通讯委员会虽然因具有许可证的发放权而对广播电视拥有重要的监管职能，但其活动范围仍然受限。1949 年提出的“公平原则”(fairness doctrine)一直作为确保公共事务的报道以及持反对意见的人能够被公平对待的手段，直到 1987 年被废除。1967 年公共广播服务(PBS，Public Broadcasting Service)的引进赋予信息和教育节目在美国媒介系统中更加重要的角色，但如果与娱乐相比，其地位仍旧岌岌可危。

印刷—音频媒介

30 19 世纪晚期录音音频的兴起——第一个真正意义上摆脱印刷技术至上的大众媒介——为新媒介混合性形成过程中的权力斗争提供了一幅特别生动的图景(Gitelman，2006：25-86)。1878 年，爱迪生的锡纸留声机(phonographs)首次出现，在当时教育学术中心举办的一系列展览中，它被作为一种用来储存和复制演讲的工具展示给公众。19 世纪的公众对发条音乐盒非常熟悉，同时使用电话(Telephone)传递声音的首次展览早在 1876 年和 1877 年就出现过。早期留声机很少用来听音乐演奏，更多的是用于公开演讲和朗读印刷文本的发声训练。表演者和听众将他们自己的声音录下来，包括对莎士比亚诗歌和流行诗歌的朗诵，也包括像咳嗽和打喷嚏这样身体发出的日常声响。这些节目展现了真正互动的场景。这种新媒介形式的混合状态被犬牙交错的锡箔碎片准确地表现出来，而这种锡箔碎片经常被参观者带回家作为他们参加录音后的印刷纪念品。锡箔纪念品成为爱迪生“会说话的机器”展览这一共享仪式的重要组成部分，有助于围绕新生技术的出现建构新一代公众，直到锡箔被更高级、固定的蜡缸代替。

随着这些会说话的机器作为装置设备用于商业贸易，爱迪生自己预测留声机将标志着印刷书籍时代的结束。尽管如此，在 19 世纪 80 年代后期以及 90 年代初期，为了尝试推广这一设备，电池驱动的电动留声机开始被安装在像饭店、酒吧和专门设计的公共空间中，它们装有预先录制好音乐的蜡缸，并且需要付费收听。此时，这些公共设施的教育功能被淡化并且没有提供自我录音的装置。由于早期设备的音质非常差，这意味着用户不得不用头戴式耳机或“听力管”单独收听。房间中通常包含 16 套的头戴耳机，它们连接到一个单独的机器上。这通过收费进行收听的公共留声机很大一部分是建立在旧有公共印刷文化实践基础上的。不仅每个录制的音乐在开始会插播录制声明，而且载有收听内容的促销卡片也被置于设备之中，听众在设备播放音乐的时候可以边听边阅读。个体可以在一个公共－私人混合的空间中独自收听，这已经展现出稍后出现的媒介所具备的一些征兆，特别是电影院，还有收音机、电视和互联网。因此，录制的音频最初就被认为是具有“公共性”(“半公共性”)的媒介，而不是私人的或家庭的媒介，留声机的设计以及它的社会形态很大程度上受到印刷媒介公共文化以及维多利亚时代晚期实践的影响。

当留声机(gramophone)公司开始出售唱片给当地商店时,这对于进一步构建基于共享音乐基础上的公共身份很有帮助。但是到了20世纪,事情开始发生变化。竞争对手——来自柏林的留声机开始越来越流行,由于留声机渐渐成为在家中用于私人消遣的娱乐设备,所以之前仅限于简单“教化”功能的录制音频在文化和经济方面也开始发生变化。其结果就是录音制品作为新型大众媒介开始兴起。这代表了音频媒介与印刷媒介的决裂,但在它最初发展的几十年中,印刷媒介的运作对音频媒介的形成还是很有帮助的。

在新媒介兴起的历史过程中,有一种反复循环的模式对当前数字媒介时代产生了强烈影响。早期,新媒介不管对技术而言还是对与之相关的社会精英和大众而言,都是待价而沽的。针对媒介的谈判和界定需要一系列的技术创新、竞争性介入以及对早期用户范围的划定,因此这时生产者和消费者之间的边界还很模糊(Gitelman,2006:15)。留声机从锡箔到蜡缸再到唱片的转型就是一个很好的案例。一种技术通过在办公室录制口头演讲的方式影响日常生活,并不断累积在公开、半公开和私人场合一系列的社会实践。随着期刊、邮购目录以及销售新唱片给公众的百货商店的流行,理想化的家庭生活概念逐渐形成并反映在正在兴起的消费文化中,因此可以说中产阶级妇女是早期录音工业形成的主要塑造者。

早期录音行业的商业模式是建立在对唱片单独进行分门别类地收集、存储、展示和重复播放基础上的(大多数是公共演出的摘抄版本),同时带有浓厚印刷文化痕迹,而印刷文化又是在以书籍为中心的社会实践中建立起来的。家中所听音乐的种类代表了一定的社会地位,这种社会地位一般伴随着文化物品收集和组织仪式的民主化过程。媒介早期阶段所呈现出的读写特征和用户主导特征随着它走向家庭开始慢慢褪色,录音开始演变为所有大众广播媒介的重要组成部分。 31

“电子”媒介

19世纪末、20世纪初见证了其他重要新型传播媒介的诞生和相互间的竞争性协商:电话、无线传输设备(wireless transmission)以及最令人感兴趣的电灯(electric light)(Marvin,1998)。新旧媒介的混合重组再一次变得显而易见。

这些新媒介的社会性嵌入来自大众对电力的广泛使用,同时这一过程也受到来自新技术和专业精英(科学家、发明家、工程师和商人)的双重驱动,他们渴望定义新媒介、增强与之相关的地位并将其威望合法化。和我在这本书的其他章节所讨论的现象一样,这些新的电子媒介是集大成者。它们涵盖了例如发电机、电线、开关、电池和手机等技术因素;在创新型技术精英和例如电话接线员和维修人员等操控新通信基础设施的相关工作人员之间进行等级性的劳动分工；与旧媒介相关的社会团体，例如新闻报业业主、新闻记者、戏剧艺人和那些寻求适应和利用新媒介为自身服务的政治家。

32 电子媒介的兴起引起了新的文化焦虑、社会抱负、社会控制模式以及未来乌托邦等一大堆问题，与此同时，19 世纪社会中旧媒介仪式化的许多方面也分别被赋予了新功能。20 世纪 80 年代早期，伊契尔·索勒·普尔(Ithiel de Sola Pool)在其出版的著作《展望电话的未来》(*Forecasting the Telephone*)中提到许多非常重要的研究，这些研究记载了 180 多个有关电话将在文化、社会和政治的不同方面如何改变美国(和全球)的预测(Pool,1983a)。这里对电话日益扩散的影响以及利用技术进行社会联通所带来的便利都给予了很大的关注。但在一些富人中，他们经常会对电话表现出厌恶之情，因为这意味着存在社会身份低下的人可以毫无障碍地和他们进行沟通的可能性。另外，还存在着一些政治层面的公开含义。例如，在 1899 年到 1911 年间，美国参议员琼西·迪普(Chauncey Depew)就受到"狂热分子"的困扰，这个狂热分子非常渴望就参议员在报纸上发表的一篇最新文章与其本人进行探讨。1889 年，有人坚持从纽约州锡拉丘兹的长途电话办公室直接给著名的百万富翁范德比尔特夫人在纽约的寓所打电话，基于这一愚蠢的行为，这个人最后被捕入狱。医生和其他的专家也抱怨他们经常受到渴望获得具体建议的病人的电话骚扰(Marvin,1988:67,86-88)。

还有很多有关电话能够侵蚀隐私以及危及国内中产阶级社会地位稳定的顾虑。新闻报纸和期刊刊登过一些令人惊慌失措的报道，例如通过电话展开异地恋的仆人夫妇私奔和骗子用电话敲诈有钱人家。电话公司人员，例如维修人员和接线员——"24 小时电话女孩"——能够窃听到私人谈话。那些经常有 10 个或更多家庭共享的合用线意味着偶尔能够偷听到邻居们的谈话。国内抢劫案的发生经常被报道是小偷通过合用线进行窃听的结果。很多饭店和商店都会提供公用电话给顾客使用，顾客只需要花费少许费用或者将其包含在他们所花钱享受的服务中。在美国，根据新通过的窃听法成功起诉的第一个案子就是 1891 年涉及基于拦截电话传送赛马结果的赌博诈骗案(Marvin, 1988:69)。

政府和法律用同样的技术手段进行反击。波士顿警察局早在 1878 年就开始使用电话。到 19 世纪 80 年代晚期，伦敦警察也配备了独立的电话系统，这一电话系统含有连接高级警察和议会的专线——军事办公室和消防队。由于期望能够对帝国外围国家保持控制，英国成了电子媒介的大用户并且首先对电话大众普及的民主化进程进行抵制，英国认为电子媒介应成为他们自己的保留地，将电子媒介开放使用将会危害政府机构服务的质量(Marvin,1988:98-101)。与此同时，新闻业和科学评论中开始大量出现对电话使用所产生的教育和"教化"效应的思索，人们认为与印刷文化相比，电话的使用能够将世界上各种迥然不同的社会连接起来。当电话被当作一种理想手段去倾听公众人物极具说服力的演讲以及去了解文学作品、博物馆和画廊展品时，这意味着它有可能帮助人们通过了解其他文化的丰富多彩，来实现自我发现的精神追求(Marvin，1988：204)。这一状况与20世纪90年代到21世纪初互联网被接受的过程具有惊人的相似。

这些社会期待和担心围绕着对电话媒介新颖性的理解而展开，它们模糊了个人和职业的边界，打乱了权力和影响力之前所存在的关系，进而颠覆了对社区、家庭、社会层级以及政治的已有的理解。电话的出现重新配置了有关保密性、公开性以及接近权的传播规则和社会协商。

随后出现的广播也起源于电话系统对活动进行现场直播的早期实验。尽管比赛、音乐会、戏剧甚至还有宗教活动都是富人的专属，但在19世纪80年代的伦敦和巴黎，这些活动都可以从剧院和教堂现场传递到遥远的拥有多个头戴式电话耳机的专属电话亭(Briggs&Burke，2009：145；Marvin，1988：209)。在接下来的30年间，用来“广播”戏剧、音乐和体育的“剧院电话”(theaterphone)已经扩展到美国几个主要的城市，包括纽约、波士顿、费城和芝加哥。互动式的掌声跨越了党派界限。

政治竞选也通过剧院电话进行。在19世纪90年代竞选期间，电话作为一种连接政治家、新闻记者和公众的手段起到了重要作用。真实空间中的集会和演讲是在房屋前的现场进行的；听众通过耳机收听同时他们的评论也会重新传回候选人和集会群众中。在1892年竞选期间，由于电话的出现，新闻工作者把它作为一种媒介选择，希望在最短的时间内将选举的结果发送给编辑，电报(Telegraph)机开始被放置到一边。要将消息传递给居住在美国主要城市俱乐部和饭店的精英客户时，电话是一个更好的方式。这段时期，美国贝尔电话公司(American Bell Telephone)经常扮演着集报道收集员、编辑和广播员于一身的综合角色。贝尔将印有选举结果的印刷卡片收集起来提供给订阅人群，它还对从地方报纸、警察和地方官员那里收集到的报告进行编辑，并将最新的竞选结果通过电话线打包传递给热切的听众。当时100多位工作人员管理了涵盖记者、酒店、俱乐部、室内电话局以及听众的用户专用线网络，人们通过这些网络来收听接线员公布的选举结果，在1896年大选期间，位于纽约的美国电话电报公司(AT&T)对这种创新的组织形式进行了改进。对于那些无法用电话联系到的人们来讲，竞选结果可以被大型电灯投放到城市景观中，并进行实时更新。

在19世纪晚期，电话和录音是电子媒介时代的重大成果，这段时间也被视为公告、新闻以及电子广告的大繁荣时期(Marvin，1988：152-190)。这是大众广播的典型形式，它的表现为身处城市巷井中的听众凑在一起收听信息，这非私人空间，而是属于公共空间。1892年，巨大的探照灯被安放在了纽约曼迪逊广场花园和约瑟夫·普利策世界大楼的屋顶，用来播放即将到来的总统选举结果，这种再现是通过不同颜色的光线透过云流投射到附近的建筑物而形成的(Marvin，1988：186)。由于颜色代码被提前几天公布在纽约主要的报纸上，这样公众就能够在选举当晚实时地对信号进行解码，稍后我将在本书中讨论这个历史上有关媒体混合的很好的例子。

20 世纪最初几年，电话和技术进步带来了对即时性需求的增长，这使得通信行业系统越来越值得信赖。这些典型的广播新闻制作组合也越来越专业化。然而，对于使用合用线的非专业人士来说，他们在收听和传播新闻时也有自己的竞技场域。这些早期的案例几乎总是围绕事件的现场直播展开，但是没有多久，将各种各样的娱乐和新闻内容按计划进行编排的想法（一些是内部提供的，一些来自对新闻报纸和杂志的综合摘抄）就出现在电话“广播”“渠道”中，例如匈牙利布达佩斯的一家名为 Telefon Hirmondo 的电信运营公司和它在美国新泽西的“孪生兄弟”《电话先驱报》（*Telephone Herald*）（Marvin，1988：218-218）。尽管 20 世纪早期公共电话亭开始普及，然而以电话为中介所开展的广播商业投机活动毫无疑问还是一些少数富人的专属。尽管如此，它们的重要意义是多方面的。它们是口语文化和视觉文化混合的产物，是新闻报纸和电话混合的产物，同时它们也预示着在不久的将来广播电视的兴起，尽管电话广播在公共和半公共场合提供了一对一和多对多的互动，但传统的一对多、按既定要求进行广播的模式还是占据了根深蒂固的地位。

同化和寄生

媒介混合性的产生来自新媒介被同化或寄生到旧媒介赖以生存的机构系统中。

例如，早年间，英国电报机的诞生主要归功于在铁路网络中产生的信号技术。铁
34 路公司（railroad companies）是电报的早期投资者，根据 1868 年电报法案的条款，他们与其他私营公司一起被全部收购并置于美国邮政局的管理之下（Briggs &Burke，2009：133）。这一法案为众所周知的“电信政策”奠定了坚实的基础，并为理解电报信息提供了新的视角，而之前对电报信息的理解主要基于邮政服务的观念。从那时起，20 字的电报开始统一收费，这一发展让新闻界非常高兴，他们开始越来越依赖于电线来传播新闻。英国电话系统也是按相似的模式发展起来的。1880 年，英国邮政局接手了电话网络，并依靠许可证和皇室的威望运行，直到 1912 年所有的公共管理都建立起来。1904 年，《无线电报法案》（Wireless Telegraph Act）指定英国邮政局作为发放新兴无线电广播执照的主体机构，英国邮政局开始进入监管系统的核心。

在美国，电报公司和铁路公司也结成了紧密的联盟。西部联合电报公司（Western Union）利用它与铁路利益集团的联系，到 19 世纪 90 年代的时候已经承担了发送美国 80%的电报内容的任务。尽管有很多人呼吁美国邮政局接管该公司，但私人垄断的捍卫者成功地证实了对于消费者和未来发展来讲由私营部门运营的大型综合系统是一个更好的选择。电话的发展采取了相似的路径。1885 年成立的美国电话电报公司发展得非常迅速，到 1909 年其收购了西部联合电报公司。由于受到 1921

年的反托拉斯《格雷厄姆法案》(Graham Act)的豁免，美国电话电报公司到20世纪30年代末掌控了全美83%的电话业务(Briggs&Burke，2009：145-146)。提到无线广播，美国的邮政业并不享有英国同行相等的权力，但是在现有机构模式方面还有很多相似的地方。例如，20世纪20年代早期是美国广播最盛行的年代，许多广播电台都是从新闻报纸、大学、都市甚至地方商店发展起来的。

同样的，美国全国电视网络最初也是依靠长途电话的基础设施发展起来的。在有线电视(cable televison)和卫星出现之前，美国电话电报公司的线路和微波塔是大规模传播节目唯一可信赖的方式。当有线电视在20世纪晚期出现时，它的一部分革命性本质就体现在可以摆脱长途电话基础设施而独立存在。有线电视是一个将卫星、接收天线、有线电缆配送和地方以及全国内容生产聚集在一起的混合体，它能够将像美国有线电视新闻网创始人泰德·特纳(Ted Turner)这样的商界先锋成就为全国免费电视网络的重量级玩家。1976年，特纳的第一个“特大功率电台”——特纳通信集团电视台(WTCG)先将内容传送到亚特兰大区域，再轻轻按动开关通过卫星在全美播放。尽管美国电话电报公司最初在20世纪60年代拒绝使用对网络传播发展至关重要的包交换技术(Wu，2010：174)，但阿帕网(ARPANET)在从贝尔系统中分离出来之前，也就是20世纪80年代早期是非常依赖美国电话电报公司电话网络的。

从20世纪60年代到90年代，家用计算机(home computing)的命运和以信息为基础的计算机网络的理念通常更依赖于电视的发展，这一点经常被人忽略。有线电视刚刚出现的时候就经常被描述为一个能够提供大量互动信息的媒介，特别是在1969年美国联邦通信委员会规定美国有线电视公司必须为地方提供节目之后。

到20世纪80年代中期，有超过一半的美国家庭安装了有线电视，有线电视对一 35
个“被电线布满的国家”来讲可以算是最初的“融合”媒介，记者拉尔夫·李·史密斯(Ralph Lee Smith)在1970年为《民族周刊》撰文，将美国称作“被电线布满的国家”，这篇文章随后被出版成书(R.L.Smith，1972)。早期有线电视行业的价值观与现在的自助(do-it-yourself)以及黑客价值观有很多相似之处，而这些价值观在20世纪70年代互联网开始发展的过程中发挥了非常重要的作用。

激进的广播从业者会大力推动有线电视在公众中的普及，并希望电缆管道能够为政治报道和公共辩论做出贡献，弗雷格·弗兰德利(Fred Friendly)就是其中之一，此人后来为美国公共广播公司的成立发挥了重要作用(Wu，2010：183)。在20世纪70年代，伴随着像哥伦比亚特区和俄亥俄州这样的地方启动双向有线电视系统(QUBE)，双向交互式电视开始慢慢渗透到生活中，这种电视是以互动民意调查(opinionpolls)为主要特色。在先进的工业经济体中，像电子文本(teletext)或可视文本(videotext)等一些所谓的“可视数据”系统(viewdata system)开始启动。可视数据服务主要目的是通过电话线、有线电缆或者无线广播在电视屏幕上传播和展现文本和简单图表。1979 年，英国邮政局设立了快速电视电话咨询服务（Prestel：来自“Press telephone”的混合术语），当时有几家新闻报纸选择使用快速电视电话咨询服务向读者提供信息，而绝大多数对此还是持敌对态度。法国的互联网应用先锋——小型电传（Minitel）系统比较成功，一直运营到 2012 年。

电视、通信和电脑之间的相互关系远远没有结束。早期的家用计算机像康懋达个人电子处理器和辛克莱光谱就是设计在电视上观看的。它们受欢迎的原因在于将游戏以适当的混合方式通过音频磁带播放器加载到数字内存中，并通过容易识别的界面被家庭成员所熟悉。电视媒介的利益很快也被置于这种新的环境下进行考量。例如英国广播公司在 1981 年推出了微型计算机（BBC Micro computer）。然而，这个行业在拥抱电视作为数字传播媒介的时候也是有选择的。在 20 世纪 80 年代后期，英国广播公司拒绝了英国政府允许有线电视进一步扩张的提议，无独有偶，从 20 世纪 50 年代末到 20 世纪 70 年代，美国广播电视网针对有线电视公司也提出了一系列法律问题。

因此，电视在许多方面扮演了家庭电脑和数字新媒介助产师的角色。媒介和公众之间竞争、冲突和相互依赖——混合媒介系统的特征——再一次显而易见，就像之前追溯到印刷媒体兴起的时候一样。

保留领域

36 到目前为止，我们回顾历史可以非常清楚地看到，一种新媒介的勃兴从来都不是一种革命性新技术迸发生机并毫不费力地找到市场从而对文化、社会和政治进行重新配置这么简单的事情。但也不是新技术创造者和早期使用者所想象的那样是一种简单地、不可避免地对革命性变革的背叛。它是这两种过程的结合体。即使是最具明显优势的媒介，在强大利益集团寻求淡化它们的影响力时，也会在几年甚至数十年间沉寂下来。这里存在着偶然性、竞争性和对抗性；借口托词和赤裸裸的利己主义；拖延和阻塞。那些曾经凭借旧媒介走上权力位置上的人会尝试创造一些能够维持权力的保留领域，至少等到他们能够按照自己的想象去塑造新媒介的时候（针对保留领域的讨论请参照第一章）。这些力量通常会产生消极影响，进一步造成系统的混合性。美国电视出奇缓慢的发展以及调频广播（FM Radio）的曲折前行（Wu，2010：125-135，136-156）都为旧媒介维持权力并创造保留领域提供了最好的例证。

由理想主义发明家艾德温·阿姆斯特朗（Edwin Armstrong）最初在公开场合实验的调频广播，是在调幅（amplitude modulation，AM）技术基础上的一个重大进步，它推动了 20 世纪 20 年代美国广播产业的巨大发展。调频具有更高的信噪比和更好的音质。与调幅不一样，调频需要低功率发射机，在运行上效率更高且成本更低。20 世纪 30 年代早期，调频有潜力带动第二波广播创新，但它并没有这么做。艾德温·阿姆斯特朗在 20 世纪 20 年代受雇于大卫·萨尔诺夫(David Sarnoff)，他是阿姆斯特朗的老朋友，同时也是一位业余的广播爱好者。到 20 世纪 20 年代末，萨尔诺夫已经成为美国无线电公司(RCA，Radio Corporation of America)具有传奇色彩的董事长以及美国全国广播公司(NBC，National Broadcasting Company)的领导人。到 1934 年，虽然阿姆斯特朗的调频技术已经非常成熟，但是萨尔诺夫和由一个名为“广播信任”(Radio Trust)的行业机构支持的美国无线电公司担心已经建立在调幅技术基础上的商业模式会被削弱，因而故意拖延调频技术的进一步发展。萨尔诺夫解散了阿姆斯特朗在帝国大厦的实验室，同时又用 20 年时间通过各种方法来减缓调幅技术被更为高级的技术所取代的步伐。

到 20 世纪 30 年代，美国广播产业已经建立起一个大型的、政府批准的商业模式，它的收入来源是覆盖调幅网络的广告。萨尔诺夫和“广播信任”这一机构举办了一场公共活动，对调频技术取代调幅的可能性提出质疑。这些争论将一些人聚集起来，他们关注电视并将其视为这个时代最具前途的新媒介，同时这一活动也得到了美国无线电公司和美国全国广播公司这两大 20 世纪 30 年代垄断巨头的大力支持。调幅广播产业的成功也有效推动了美国联邦通信委员会在 1934 年到 1940 年期间对商业调频广播电台禁发执照的做法。美国无线电公司也拒绝转向生产调频收音机。二战结束后监管规范开始解冻，调频广播在新的媒介结构中的地位也被削弱了。美国联邦通信委员会对调频发射机设置了严格的权力限制，要求调频广播台购买新的设备，并且责成 40 万消费者立马将其原有收音机报废。在最初的 20 年间，调频广播深受打击，直到 20 世纪 70 年代才慢慢恢复过来。调幅广播依然盛行并运行良好，继续主导美国广播事业数十年。

类似的权力也影响着美国电视行业的早期发展过程。到 20 世纪 20 年代末，机械 37
电视被视作技术脆弱性的一个佐证。尽管如此，一个独立的新兴产业正在酝酿之中。多位发明家例如约翰·贝尔德(John Baird)、查尔斯·詹金斯(Charles Jenkins)和菲罗·法恩斯沃思(Philo Farnsworth)之间的竞争成为电视早期发展阶段的主要特征。但是强大的广播行业利益集团——美国无线电公司和美国全国广播公司的大卫·萨尔诺夫再一次冲在前面，希望按照商业广播的模式来塑造电视。萨尔诺夫想推动新媒介按照与调幅广播相吻合的广告和大众娱乐模式进行发展。不仅如此，按照萨尔诺夫的理解，广播节目的模式可以直接简单地转化到电视新媒介上，他认为在当前的监管环境中，美国联邦通信委员会可以批准进行垄断经营，广播产业中的成员可以去经营电视台。就像他曾经处理广播业务一样，萨尔诺夫成功地游说美国联邦通信委员会接受了他的建议，因为美国联邦通信委员会也希望看到这样有价值的全国性资源能够被他们认为有责任感和经验丰富的产业领导人来管理。萨尔诺夫让美国联邦通信委员会相信电视是一种不成熟的技术，因为它并没有做好向公众销售的准备，所以应该被推迟推广。结果，美国联邦通信委员会严格限制了对运营商进行实验操作的许可证的发放，十多年来拒绝支持商业电视的发展。同时，萨尔诺夫厚颜无耻地偷走了菲罗·法恩斯沃思的电视技术，并在1939年纽约举行的世界博览会上发布了美国无线电公司的电视系统，继续保持其决定性的优势。毫无悬念，美国无线电公司电视的发展非常像商业调幅广播，只不过这次带图像而已。

对保留领域的建立和保护也影响了美国有线电视的发展。20世纪40年代，有线电视的先驱建立起简单却有效的系统，不管是在设置物理电缆的地方还是信号微弱的地方都能进行免费的电视转播。随着转播技术的发展以及有线电视运营商开始对其他领域内容的引进，免费电视网络开始认为有线电视会威胁到其对那些能够带来广告收入的忠实观众的吸引力。针对有线电视转播的内容是否侵犯了知识产权而展开的争论使有线电视产业面临一系列法律挑战。这个问题导致1968年最高法院做出了一项具有里程碑意义的决定，这一决定认为有线电视运营商没有法律责任，但要求美国联邦通信委员会出台一项规定禁止有线电视公司在美国数百个大城市和地区使用，并作为推动超高频电视（UHF，ultra-high frequency）繁荣发展的部分努力成果——这一规定严重阻碍了有线电视的发展，直到20世纪70年代，一系列法律规定解除了对有线电视的限制并且为其制定了现行版权规则（Wu，2010：180-181）。在那个阶段，有线电视被像CNN创始者泰德·特纳这样的企业家改造成商业订阅模式或者是以娱乐和小广告为基础的模式。然而源于这一媒介的互动和数据服务模式可以一直延续到地方有线卫星公众事务网络（C-SPAN）和有线卫星电视网络中，同时它也被视为在推动当前宽带网络基础设施过程中承担着重要角色。有人会认为有线电视在推动美国民主进程方面不合格，但最终伴随着它逐步松动了哥伦比亚广播公司、全国广播公司和美国广播公司的控制地位，有线电视改变了美国广播媒体的整体面貌，并将许多能够推动互联网普及的价值观念渗入其中：个人控制、小众内容、信息服务、用户化、多样化，虽然这些观念仅适用于一定范围内。

数字新媒介

38 数字新媒介和互联网又是如何延续媒介混合的发展简史呢？

与之前的新媒介相同，数字媒介很大程度上借鉴了印刷媒介的传统规则。我们熟悉的最基本的“页面”对大量在线资料进行编辑，离开这种比喻很难理解互联网络。自20世纪50年代早期人机界面出现以来，现代组织机构中用来整理印刷材料的物理空间和对象——桌面、文件、文件夹等——与数字用户界面中的各种相关称呼同义。

有关书目卡片的比喻以及图书馆和出版社等社会公共机构的相关实践在形成20世纪50年代互联网规范建设方面发挥了重要作用，至今依旧如此：2012年，谷歌(Google)的研究仍旧将互联网的所有对象称为“文件”。早期关于计算处理(computing)的有创见的经典文本，像万尼瓦尔·布什(Vannevar Bush)的《诚若所思》(*As We May Think*)和约瑟夫·立克里德(Joseph Licklider)的《未来的图书馆》(*Libraries of the Future*)，它们寻求建立一种能够将社会从僵化官僚的信息束缚中解脱出来的系统，但这些文本最终都为互联网来自印刷文化提供了证明。档案、文件、橱柜、桌面、书架、卡片、微电影和纸张，这些词汇在描述后来出现的互联网构成要素中都发挥了重要作用(Gitelman，2006:98-121)。

在1945年之后的研究热潮中，立克里德研究方法的提出是基于国际科学界对越来越多已公开信息的关注。这份按书目形式整理构成的文件被人们视为权威，它为如何将政府和公司产生的堆积如山的文件进行有效储存和检索提供了解决之道。信息越来越被视为精神商品，它是由能被明确量化处理和测量的数据源构成。不言而喻，信息被看作是一种能够开发并不断增长的资源。20世纪60年代早期的美国，弗里茨·马克卢普(Fritz Machlup)的“知识生产和销售”经济学开始取代旧有信息观念并在离散社会语境下的个体之间传递和交流，“信息社会”(information society)的观念也开始兴起，而旧有观念则是将信息视为社会关系中可转换的原生态资源(Craford，1983)。

然而，如果数字新媒介可受印刷媒体影响，那它们也会受到大量其他形式媒体的 39
影响，并且与之共同进化。在列弗·曼诺维奇(Lev Manovich)令人信服的论述中(2001)，今天的数字媒介(digital media)最好被看作视觉媒介与计算机相伴而生的产品。为了证明这一观点，需要追溯到19世纪30年代现代摄影发展到银版摄影法(Daguerreotype)时期。摄影一直影响着广播媒介的录音、制作和声像展示。19世纪30年代也见证了现代计算机——查尔斯·巴贝奇(Charles Babbage)解析机(Analytical Engine)的诞生，这一机械计算机的原型在理论上是能够进行数学运算的。电子计算机代表了20世纪的发展水平，并在二战后快速发展，它在人工媒介中引入了数字化原则进而促使这些媒介可以进行数字操作。基于这种解释，数字新媒介的发展的确是“机械媒介”和“计算机”共同发展的结果。毕竟，在19世纪90年代，当照片被爱迪生和卢米埃尔兄弟转化为动态图像时，美国的人口普查方式也被霍尔瑞斯发明的电穿孔卡片制表机所改变。在1936年，当康拉德·楚泽(Konrad Zuse)制造出第一台可操作的数字计算机时，他用来记录二进制指令的首选媒介是已经在使用的35毫米电影胶片(Manovich，2001:25)。

虽然看似令人惊讶，但数字媒介和网络很大程度上受惠于电影和电影院的发展(Manovich，2001:78)。数字化依赖对样点的及时采集，目的是随后可以对这些关键时刻进行操作。电影的录制、编辑和放映也都依赖于同样的原理，这个原理自现代电影放映装置出现以来就一直在实践中被遵循，其中由埃德沃德·迈布里奇(Eadweard Muybridge)所发明的久负盛名的动物实验镜(Zoopraxiscope，1879)第一次可以通过摇动静态摄影机从不同角度捕捉运动并将其传播出去。数字媒介界面通常将动态形象与音频、文本结合起来，自 19 世纪末电影诞生开始，以文本为基础、中间穿插标题和音乐场景就成为电影的主要构成方式。电影依赖于框架、屏幕和隐语窗口，几乎所有的计算机设备都是如此。例如摄像机移动、追踪和视点等电影视觉技术就被运用到许多在线界面中。计算机游戏就是一个明显的例子，它依赖于电影(和小说)类型取得现实和梦幻的效果，但同时也依赖于对“增强现实技术”的运用来营造玩家的周边环境。来自视频共享网站(video sharing sites)例如 YouTube 和 Vimeo(高清视频播客网站)的视频被视作 20 世纪早期先于叙事电影出现的“景观电影”(cinema of the attractions)(像描述一辆火车在快速运行这样的简单电影)的衍生品(Rizzo，2008)。数字媒介之所以经常被认作新媒介，主要是因为它们具有互动性(interactivity)和参与性，但埃里克·布西(Erik Bucy)令人信服地提出，互动性远远不是这么简单的：它可能是技术的产物，可能是传播语境的产物，还可能是个人认知的产物(2004：376)。例如，20 世纪 20 年代之后，“现代”电影风格主要受到强意识性技术的主导，例如蒙太奇和快速剪切编辑等，这些技术主要目的是为了提高观众的认知参与以及通过视觉来再现人们的想法。互动性也不仅仅停留在像点击超链接那样对媒介对象进行的物理接触。

40 数字新媒介的混合发展同样受到一个非同寻常的中介的影响，这个中介也同样影响过电视：这就是雷达(radar)。在 20 世纪 30 年代和 40 年代期间，雷达使得根据监控数据对荧屏节目进行及时更新的理念深入人心。这一点是数字新媒介和摄影以及电影之间最大的不同，摄影和电影都是建立在对已发生事件的记录和储存基础之上的，它们可以按照一个可预测的发展脉络进行重放，也不会受到来自受众的进一步干预。数字媒介不断地将摄影和电影的功能吸收进来，但同时也大量使用雷达带来的“即时屏幕”作为界面，这个界面中的要素可以被控制，有助于我们更好地对信息做出反应。显示当前状态这一概念促使用户参与进来，这一点是新媒介相比于旧媒介来讲一个重要的突破(Manovich，2001：99-103)。它加速了媒介化的进程并能够在远距离情况下做出即时反应(Manovich，2001：169)。詹姆斯·贝尼格(James Beniger，1986)在对技术演化的论述中表示，在现代社会走向可控的功能性融合过程中，随着各种各样的传播和信息流越来越处于中心地位，这种监控技术正在将一种不断发展的“系统性”展现在世人面前。

建立在连续装配、拆卸的模块化数据机理上的互联网在上述方面对数字媒体进行重新构建。互联网的读写环境以对文本、静态图像、音频和视频的分类为基础，一些属于最初的拟态物，另一些属于数字原生品，它们由人们和软件代理商从分散的数据库中提炼出来并实时加以运用。如大卫·温伯格(David Weinberger)所提出的，互联网创造了新的“规则中的规则”，这些规则适用于那些对信息进行分类和组织的系统，并帮助它们跨越前数字领域中的门槛(Weinberger，2007)。互联网中的各式硬件，例如图表和声音处理器、监控器和通信网络，也有助于其自身形成一种深度融合的媒介。20世纪90年代在网页发展的早期阶段，它们相对来讲比较简单，但是从那时开始，互联网越来越依赖于不断变化的应用软件以及按照预先编辑好的脚本及程序即时产生的其他事物，更不用说对大量的多样化的事物实时进行人工干预了。现在回想一下，对网页无法进行修改就变得非常荒谬了。静态网站，像曾经在20世纪90年代盛极一时的地球城主页，现在已经成为被怀旧和模仿的事物了。我们可以借用系统理论的术语换一种方式进行阐述。互联网与其说是自创性系统(autopoietic systems)，不如说更像是异创性系统(allopoietic systems)。自创性系统是封闭的、有边界的和通过内部互动而进行的自我再生系统。这一概念来自尼古拉斯·卢曼(Niklas Luhmann)的研究成果，它最近在那些主张新网络媒介、具有文化独特性的人中间很有市场(Deuze，2006，2007)。与此相比，异创性系统是开放的、接收各种输入并产生各种输出，同时由系统的外部力量和资源共同构成的系统(Kickert，1993)。这看似更能够抓住互联网的混合本质。

然而这里也存在着悖论。大量的极速的瞬间——计算机化的媒介设备界面带来的即时传播流动和多重任务同步进行——无处不在，同时伴随着大量可以通过档案形式得以永久保存的文件，这在20世纪40到50年代立克里德和布什的最初理念精髓中得以充分体现。像早期的电视和广播相对比较缺少事先安排和提前录制一样，互联网鼓励菲利普·奥斯兰德(Philip Auslander)所称作的“现场感”(2008:11-24)，这不仅仅是因为其建立在即时中介基础上，还考虑到了它的互动性。今天混合性即时传播流动中的现场感本质是在本书中反复出现的一个主题。但是对每一个与现场感或暂时不确定性相关的例子而言(比如没有日期的网页或者不断更新的推特和脸书信息)，还存在一些我们可能称之为“被时间封印的文化”。虽然即时信息流比以前更为流行，但在相比广播有重大突破的在线网络中，还存在对流动和瞬时的抵制以及对文档这种形式的强烈拥护。采纳以元数据为基础的全球标准，这种转向意味着许多数字产品，从网页到数码照片到数字视频文件都被标明了出处来源，便于追踪。能够根据恰当时间做出及时更新，这对于博客以及一些专业的新闻从业者来讲已经成为一件值得骄傲的事情。互联网正在成为一种出类拔萃的文档(Archives)。这是因为对例如视频、音频、图像和储存在数据库中的文本等离散数字产品的处理，目前已经成为——从报纸到广播——所有媒介内容生产中的规范和标准，新闻记者、政治家和一些公民通过现成信息源能够迅速创建和发布新故事，这种模式使得可重复使用的大量信息在媒介之

41 间流动。甚至像街头艺术(street art)那些最短暂、最具有本土特点的媒介都被互联网赋予新的长久稳定的特征,正如班克斯(Banksy)和谢帕德·费尔雷(Fairey Shepard)所发现的,他们的作品在通过在线传播获得大量观众后,其艺术家的身份也被认可了。获得现存媒介产品并将其重新目的化的能力依赖于网络数据库的存在,这种网络数据库允许内容自由流动并且被筛选、被储存、被贴标签和不断被扩充。数字产品鼓励解聚和分离,同时也鼓励重新聚集和组合。对事件模块化再现的解析伴随着网络视频以及例如像数码录像机这样具有硬盘储存功能的技术的扩散,进一步推动了文档储存的民主化进程。

第三章　混合性的现代语境

在这一章中，我将基于对过去和现在的持续性考察，建立起混合媒介系统在当代 42
英国和美国社会中的大致轮廓。我的目标是为之后从第四章至第九章更加详尽地分析变化中的混合媒介系统奠定一些语境基础。在本章中，我重点关注四个主题：观众的特点，媒介使用模式的转变，广播、报纸和网络媒介的结构以及新的媒介混合形式的兴起。虽然证据来源有些不同，但从许多方面可以看出，本章是关于我在第二章所研究的媒介混合性发展史的最新研究。

我将首先对英国进行考察，原因是在第四章对新闻制作的分析以及第八章和第九章对媒体和政治领域意义建构的讨论都是在英国这一社会语境下进行的。同时英国也是我在第七章中对维基解密进行解读的重要背景。

英　国

到 21 世纪 00 年代后期，已经有 80％以上的英国家庭拥有了多频道数字电视。在英国的一些地区，比如苏格兰和英格兰西北部，多频道数字电视的渗透率甚至比普通电视还要高[1]（U.K. Office for National Statistics，2009：4）。电视新闻频道的数量不断增加，大量不同种类的新闻形式也存在于当前的广播电视环境中，这其中就包括新闻简讯、娱乐频道的软新闻内容、英国广播公司 4 台比较注重细节的“严肃”新闻报道，以及在天空新闻台、BBC 新闻频道、欧洲新闻电视台甚至 BBC 国会频道播放的 24 小时全天候新闻报道。英国当代社会中并不缺乏政治新闻，但观众越来越多地分散在不同频道、不同时刻，以及由数字录像机、BBC 多平台播客（iPIayer）和移动视频应用程序所提供的拟定的时移环境中。作为不断演进的适应和更新过程中的一部分，广播电视系统已经越来越重视向观众提供可定制的、个性化的消费和互动模式。

无论按照何种标准，过去 20 年来，英国公众对互联网的使用都以惊人的速度增长。现在约有 73％的家庭获得了网络接口，而 2003 年这一数字为 58％（Oxford Internet Survey，2011）。同样重要的是，96％有网络接口的家庭都使用了宽带连接

43 (Oxford Internet Survey, 2009: 4)。个人在线访问信息的手段也有所增加,并日益多样化。互联网不再是基于计算机的媒介,移动接入越来越受到欢迎,并在不断增长。到 2009 年,20%的互联网用户拥有移动智能手机(如苹果 iPhone)或可以插入笔记本电脑的移动宽带设备(Oxford Internet Survey, 2009: 9)。在英国,移动手机的普及率越来越高。2008 年,在拥有 6,000 万总人口的英国,移动手机数量达到了 7,400 万(U.K. Office of Communications, 2008)。

对于拥有多种网络接入方式的家庭来讲,这些新的多样化机会在创建多重任务处理的生活方式中发挥了重要作用。大约 1/4 的家庭使用卫星或有线电视来接入互联网。大约 1/3 的家庭使用移动设备在家中访问互联网——这一数字在 2005 年至 2009 年间增长了 3 倍,反映了无线手持设备的高普及率,这些手持设备里有内置网络浏览器、电子邮件、消息传递软件以及由大型在线社交网络提供商提供的应用程序。混合消费模式在一些公众消费中突出显现。在 21 世纪 00 年代后期,有 71%的互联网用户表示"在网上进行多项活动,例如听音乐、看电视或使用电话"(Oxford Internet Survey,2009:12,36)。iPad 从 2009 年推出以来已经销售了 5,500 万台(统计数据截止到 2012 年秋——译者注),反映了顾客对平板电脑的热衷,这一转向更是促进了混合消费模式的建立(Associated Press,2012)。

自 21 世纪 00 年代中期以来,最令人吃惊的变化在于大众参与到在线内容创作这一形式当中,因为网络 2.0 时代和社交媒体浪潮已经席卷全球,英国媒体和公众同样也无法逃脱。这种转变发生得如此之快,转眼即逝。博客、脸书和推特等在线社交网站,维基百科等网站,掘客(Digg)、红迪(Reddit)、雅虎(Buzz)这样的新闻聚合和讨论网站以及英国广播公司听众互动节目(BBC's Have Your Say)等,这些可以想到的新事物的繁荣发展都加速了这种转变。到 21 世纪 00 年代末,英国几乎一半(49%)的互联网用户都在网络社交网站上注册了账号,超过 1/5(22%)的互联网用户定期更新博客,超过 1/4(27%)的互联网用户参与在线讨论。即时通信(64%的用户)和电子邮件(97%的用户)等较早的在线通信形式,目前在英国社会中简直无处不在(Oxford Internet Survey, 2009: 21)。

有一些迹象表明,英国公众正在用以前使用其他媒体所花费的时间来使用互联网,尽管如此,但这种模式的典型性并不明显,电视新闻在一些关键领域仍然保持着主导优势。2009 年,非互联网用户每周平均花费 25 小时观看地面电视,但互联网用户每周只花费 15 个小时。同样重要的是,面对互联网和电视存在两种不同的使用模式。在"什么媒介是最重要的信息来源"这个问题中,30%的互联网用户认为是互联网,而有 11%的互联网用户认为是电视,7%的互联网用户认为是报纸,6%的互联网用户认为是收音机 (Oxford Internet Survey, 2009: 33)。根据《2007 年牛津互联网调查报告》,在英国互联网用户中,将互联网作为第一信息源的用户人数要多于将电视和报纸

（Oxford Internet Survey，2007）作为第一信息的人数。然而英国电视新闻节目的旗帜作用仍然非常强大。在 20 世纪 90 年代经历了一段衰落之后，2004 年至 2009 年期间，英国广播公司一台（BBC 1）、独立电视台（ITV）、第四频道（Channel 4）和第五频道（Channel Five）等一些主要的地面电视频道的整点新闻简讯只失去了 20 万观众。由于年轻人不太可能观看电视新闻，不免让人质疑最终这些年轻人是否会延续父母的习惯？但总体上看，从 2000 年初开始，英国电视观众数量并没有出现戏剧性的下滑（U.K. Office of Communications，2010）。电视已经适应了互联网所带来的冲击。我们也需要进一步斟酌 2007 年关于将互联网作为信息源的统计数据，毕竟在过去 15 年间，英国广播公司作为拥有极高信任度的公共服务媒体组织已经建立了其强大的网络系统。

尽管如此，有一点还是比较清晰的，那就是电视新闻的传统垄断地位正在被打破， 44
这不仅仅是因为新闻网站更愿意冒险去发布一些未按专业记者要求去进行核查的报道，还因为社交媒体的横向传播特性使得正式新闻稿在发布之前，消息就会在人际网络上广泛传播。现在，一些大型政治新闻报道的突破口首先会出现在网络上，然后才被那些痴迷于通过电子邮件、推特、脸书和博客来寻找新闻线索的电视和报纸的记者发现。我在本书后面详细介绍了这些动态机制。

不过与此同时，来自英国主要电视和报刊媒体的记者们，像是英国广播公司的政治编辑尼克·罗宾逊（Nick Robinson）和英国独立电视台（ITV）的商业编辑劳拉·昆斯伯格（Laura Kuennsberg），已经开始适应这种变化，并且常常在正式发布新闻报道和录制晚间新闻之前，抢先在网上发表“独家报道”。还必须指出，大型的专业新闻机构特别是英国广播公司，在其网络和电视部门内部分享了大量的内容。这使得在涉及突发新闻的时候，它们具有持续报道的结构优势。虽然英国的报刊和商业广播公司一直面临压力，但英国广播公司的广播电视却一直处于强势发展地位，这得益于公共资助的许可证费用。尽管遭到不公平竞争的投诉，英国广播公司仍然继续建立广泛的网络系统，到 2011 年平均每月已经能吸引超过 4,000 万个独立访问者（Shearman，2011）。英国广播公司的网络系统采用了许多其他新闻机构也在使用的功能，如在新闻后设有评论、留言板和聊天室版块，还在新闻叙事中吸收了公民拍摄的视频，尤其是特殊活动期间，如 2005 年伦敦地铁爆炸事件和 2009 年 G20 伦敦峰会抗议活动。英国广播公司还拥有非常成功的 iPlayer 播放器，它可以在电脑、手机和平板电脑上运行。但现在更多是被运用到新式电视、卫星和有线电视机顶盒以及像微软 XBox 和任天堂的 Wii 等游戏设备中。此外还被运用到诸如 Slingbox 或 Apple TV 等一整套设备中，使得用户可以将电脑或智能手机上的视频传到电视屏幕上。

因此可以看出，电视媒体韧性十足并且还成功地创造了可保留的权力领域。而英国印刷媒体的情况则更为复杂，可以说，在不断变化的媒介系统环境下，英国报业承担了最大的压力。报纸发行量的减少,网络读者人数的不断增加,源于免费报纸、网络新闻提供者、博客的竞争以及不断紧缩的报纸广告市场,再加上 20 世纪 00 年代后期的经济衰退,这些都给英国传统报业带来了负面影响。但是,即使这样,英国报业同样经历了一个调整和保留权力的重要过程。

英国印刷媒体所面临的压力和美国同行出奇的相似。当前,英国印刷媒体正在经历向组织、生产和分发的新模式转型的痛苦之中。其中的部分过程世人已不陌生。几十年来,电视带来的竞争使得所有印刷报纸的读者数量一直在下降。互联网加速了这一趋势,并引进了新的力量。同美国一样,在 20 世纪 90 年代,英国报业认为互联网只是一时的狂热,完全忽视了它所带来的影响。不久之后,报业开始转变策略,为吸引足够的"眼球"带来广告收入,许多报纸纷纷开始建立自己的网站,并把印刷版的内容放在网站上。一些报纸,如《金融时报》(*Financial Times*),较早地试验了网站订阅模式。结果由于缺乏订阅者以及受 21 世纪 00 年代初经济繁荣时期广告模式的诱惑,不得不缩减这一计划。到了 21 世纪 00 年代后期经济衰退、广告收入锐减,这些报纸又再一次尝试了付费浏览模式。许多地方和区域报纸要么缺乏资源来开发自己的网站,要么担心电子版会蚕食掉其印刷版而置身事外。1989 年至 2009 年期间,英国地方和区域印刷报纸的发行量下降了近 40% (U.K. Office of Fair Trading, 2009: 12)。

现在似乎很清楚,正如《金融时报》和《华尔街日报》(*Wall Street Journal*)一样,付费浏览模式可以在网络上推行,从而获得独特商机。截至 2012 年 4 月,近一半(47%)的《金融时报》的读者付费订阅了数字版(*Financial Times*, 2012)。这种模式是否能适用于更多的新闻媒体还有待观察。2010 年 6 月,默多克新闻集团旗下两张报纸《泰晤士报》(*Times*)和《星期日泰晤士报》(*Sunday Times*)都安装了"付费墙",对在线内容实行付费阅读。截至 2012 年 1 月,《泰晤士报》的数字用户达到 119,255,其中约一半为 iPad 用户,报纸发行量则为 405,113。虽然报纸发行量仍远远高于数字用户订阅量,但也应看到,自从数字订阅模式开始以来,《泰晤士报》的发行量急剧下降。在 2011 年 9 月至 2012 年 1 月的 5 个月内,报纸发行量下跌了 5.7%,减少了 24,441 份。在英国,很多报纸都尝试了付费模式,但却没有人效仿默多克报业的做法。以《每日邮报》为例,近几年,其网站新闻在国内外广受欢迎。到 2012 年,每月访问者数量已经超过 5,000 万。但《每日邮报》仍然以印刷版为中心,并坚持实行通过免费新闻吸引读者进而获得广告收益的传统网站赢利模式,尤其是在网络版只占其总收入的 2.6 %的情况下(Economist, 2012)。

目前,谷歌主宰着网络广告市场,但网络广告的收入远远少于传统印刷分类广告。放弃自身在广告市场的优势地位,而让谷歌凭借在市场上的垄断地位来控制广告机制,对于报业的所有者和编辑人员来说也没有吸引力。在区域和地方层面,报纸收入的 80%都来自广告,报业长期以来一直依赖于分类广告维持生计。但是自 20 世纪 90

年代后期起，由于 eBay 和 Craigslist 等网站广告的竞争，他们的收入几乎减少了一半（U.K. Office of Fair Trading，2009：10）。

然而，有迹象表明，通过吸引读者眼球进而获得广告收益的这种新闻网站盈利模式可能很快就会有回报。到 21 世纪 00 年代中期，花在互联网广告上的总体费用削弱了其对印刷媒体广告的投入。

到 2011 年，这也使得其在电视广告上的投入黯然失色（Sweney，2011）。与此同 45
时，英国公众的新闻消费习惯也在改变。报告显示，2007 年互联网用户在线看新闻的比例达到 30％。在短短两年的时间里，这个数字几乎翻了一番，达到 58％（Oxford Internet Survey，2009:32）。也就是说，到 2009 年，有 75％的互联网用户会在线阅读新闻，尽管这其中还包括阅读像博客这样的非报刊来源的用户。最引人注目的是，报纸电子版的增长与其印刷版的下降形成鲜明对比。英国公平贸易局的数据显示，从 1987 年到 2007 年，英国报纸的年销售额下降了近 1/3。而在 1998 年至 2007 年期间，除《每日星报》（*Daily Star*）和《每日邮报》外，所有报纸的发行量均大幅下滑（U.K. Office of Fair Trading 2008）。从 21 世纪 00 年代初开始，英国报纸网站数量大幅度增长，在 2008 年至 2010 年间仅两年的时间里，《每日邮报》和《每日电讯报》（*The Daily Telegraph*）月访问人数翻了一番，《卫报》（*The Guardian*）的网络读者数量也呈强劲增长趋势（Chadwick&Stanyer，2010）。现在，约 1/5 的《卫报》收入来源于其网络新闻。且在其 3,200 万的月访问者中，有 2/3 的访问者来自英国以外的地区，其中就有 1/3 居住在美国。许多报纸都开始适应并巩固它们在网络新闻中的影响力（Economist，2012）。

最能反映出传统报刊权力的持久性以及如何在混合媒介系统下发挥作用的案例是 2009 年英国议会支出门丑闻（Parliamentary expenses scandal），可以说这是自英国民主制度出现以来威斯敏斯特议会所面临的最严重危机。大量国会议员报销津贴的数据被刻在光盘上从议会泄露出去。《每日电讯报》首先采取行动，用 15 万英镑购买了光碟并从 2009 年 5 月初开始，通过报刊和网站持续近三周披露国会议员滥用特权报销津贴（BBC News online，2012）。《每日电讯报》雇用了一组研究人员，他们利用十天的时间来筛选数据，并提取出其中最具破坏性的文件。此外，报纸也小心翼翼地编排每天进展的最新报道，这也对其他媒体产生了巨大的影响力。《每日电讯报》的政治专栏作家本尼迪克特·布罗根（Benedict Brogan）通过频繁的电视出镜和发表博文在其中起了关键作用。由于广播电视新闻和政治博客日复一日地持续地爆料，英国议会支出门事件成为所有新闻媒体的头条新闻。这是一个拥有丰富消息来源的“老式”调查性新闻案例，但有所区别的是，混合媒体系统会加速新闻传播，放大新闻效应，并实现横跨所有平台的信息发布。随着《每日电讯报》在其网站和报纸上不断发布新闻，其他新闻机构便能基于这些新的线索撰写自己的报道。几个星期后，议会正式发布了

45.8 万页的数据。此时,《卫报》开始象征性地向《每日电讯报》发出挑衅,通过启动自己的新闻“群众外包”活动,收集更多的新线索。作为对议会审查档案的回应,《卫报》
46 在其网站上公布了整个数据库,并邀请普通读者查明、记录和讨论议员的津贴支出。截至 2009 年 11 月,读者共审阅了 22.5 万页(Guardian, 2009)。因此,除了揭示旧媒体逻辑的持续影响之外,这一事件也揭示了互联网日益增长的重要性,其不仅仅作为信息传播的渠道,而且也可构建新闻制作过程中组织和网络集体行动的机制。

这是我对媒介系统混合性进行探索的关键方面之一,我将在本书其余部分进行论述。

为应对博客和社交媒体所带来的威胁,老牌英国新闻机构也借助互联网来培养受众的忠诚度。最关键的一步即发展在线社交互动。尽管在 20 世纪 90 年代和 21 世纪 00 年代早期互动性的评论空间曾遭受过抵制,但在过去的五年它却在网络新闻中蓬勃发展。现在,所有英国主流新闻网站都具有完善的互动版块,如评论栏、留言板和博客等。现在留给读者参与的空间受到的限制越来越少,在几乎所有的在线新闻平台上都可见到读者的观点。一些主流报纸和英国广播公司的留言板每月会收到数十万条意见。此外,读者可有偿地向新闻网站提供视频或是其他用户生成的信息资料。通过推特、脸书和网络相册(Flickr)等平台,职业新闻记者可以找到视频和图片的来源。许多新闻机构也试图将自己定位为在线社交网络中心,除了报道新闻和讨论政治发展外,读者也还可以在其平台上发布图片,进行社交甚至约会。2010 年,《每日快报》(*Daily Express*)、《每日星报》和《每日电讯报》的网站都开始让读者自行设置博客。新闻机构为适应数字媒体环境所采取的种种举措正在为公民提供参与政治辩论的机会,公民可以在诸如博客、脸书和推特等新环境中表达意见,但应该看到,在这些平台中,传统新闻媒体机构仍然占据主导地位,有的平台甚至直接由新闻媒体机构所提供。

这并不是说替代性的在线新闻网站不会吸引大量的观众或行使有意义的权力。一些高调的英国博客吸引了相对较大的读者群,例如保罗·斯特斯(Paul Staines)的博客“吉多·福克斯”(Guido Fawkes)每月能吸引大约 35 万名独立访问者,平均每天浏览次数达 10 万次。2008 年,斯特斯在英国的整体博客访问量中占比 2.3%,另一位保守党人莱恩·戴尔(Lain Dale)的博客访问量则占有 1.9%的份额。在同一时间,《卫报》和英国广播公司的博客访问量占据了 33%的份额,虽然与之相比,保罗·斯特斯和莱恩·戴尔等的访问人数相对较少,但事情总是出奇地保持着平衡。如果我们先将英国广播公司和《卫报》放到一边,替代性在线新闻看起来是非常有竞争力的,因为从访问数量来看,戴尔和斯特斯的博客与主流报纸《泰晤士报》和《每日电讯报》的博客相差无几(Goad, 2008)。

另外一个深层次的因素是降低成本导致专业的广播电视和新闻报刊的权威性被

削弱。要知道，生产及时、相关和具有挑战性的新闻是一项昂贵的业务，特别是如果一条新闻需要进行深入调查时。然而，支持这项业务的财政拨款已经连续几年在下降。几乎所有的商业新闻机构以及英国广播公司都经历了业务支出的大量削减以及员工 47
和财政的彻底重组（Davies，2008）。《观察家报》（*The Observer*）、《星期日泰晤士报》等报纸曾以深度报道和评论见长，那些为它们打工的作家和编辑现在与新兴的个人或团体博客们并驾齐驱，这些博客中的大部分都有着敏感的商机意识并且保持着较短的新闻制作周期。英国顶尖的政治博主经常发表一些文章，这些文章与报刊上公开发表的文章并无太大区别。博主所需要的开销较低，有些博主还拥有庞大的读者群体、稳固的广告收入以及凭借他们在混合媒体系统中的角色得到的收入，如出镜和演讲等其他收入来源。一些博主可以摆脱专业新闻编辑室的官僚作风，开展背景调查并周旋于政治和媒体精英之间，这本书的多处都对此有很好的阐释。保罗·斯坦尼斯（Paul Staines）就是一个例子，2008 年他对前劳工部长彼特·海恩（Peter Hain）进行了长期的系列报道，揭露了海恩在竞选工党（Labour party）副领导人时竞选基金的献金来源。这最终对海恩辞去部长职务的决定产生了重要影响，被认为是英国“博客圈”的第一场胜利。

然而，把这一事件的发生仅仅归功于网络媒体的革命性力量是有局限性的。2009 年春天，工党博主德里克·德雷伯（Derek Draper）将一封戈登·布朗（ Gordon Brow）政府特别顾问达米安·麦克布莱德（Damian McBride）和前布莱尔（Blair）顾问之间的电子邮件泄露给了斯坦尼斯，这对唐宁街管理媒体的方式产生了一些不良影响。据了解，“诽谤门”（Smeargate）揭示了麦克布莱德要建立一个名为激怒（Red Rag）的独立网站计划，该网站将发布一些针对保守党政治家及其家属的攻击性内容。这起事件是在新、旧媒体逻辑的相互作用下共同塑造的。它涉及一位右翼博主斯坦尼斯，他的网站“圭多·福克斯”（Guido Fawkes）模仿英国经典的小报新闻，混合了无数影射、八卦和谣言。但是，斯坦尼斯的“独家新闻（scoop）”则依赖于两家传统的英国报纸的支持，因为斯坦尼斯并没有在他的博客上发表德雷伯与麦克布莱德之间电子邮件的内容，而是把它们交给了《每日电讯报》和《星期日泰晤士报》的记者，由他们妥善报道新闻，分享信息。

认为博主只是“业余爱好者”，缺乏职业记者的专业精神和职业道德的质疑声屡见不鲜（参见基恩的例子，2017）。博主还被指责发表不确定的内容，并且把一些无根据的政治八卦新闻（tabloid news）当作真正的政治新闻进行传播。然而，一些在英国受欢迎的博主现在已经沿袭美国《赫芬顿邮报》（Huffington Post）开创的路线向混合型、半专业组织模式靠拢（下文将讨论），或者为专业新闻提供服务。2011 年，成功的保守派博主莱恩·戴尔（Iain Dale）成立了一个拥有近 70 位作家的“时事大潮博客”。而在 2012 年，保罗·斯坦尼斯开始为现有报纸《每日星报》的印刷版编写专栏。

尽管互联网的发展带来了上述变化，但传统的新闻媒体组织依然继续在英国政治中发挥关键作用。这些组织中心的媒体专业人士都有自己的权力领域，正如我们将在
48 第八章和第九章中看到的，他们已经深深地嵌入英国议会、英国政府和主要大都会的例行事务和内部网络中。他们每天在威斯敏斯特中央大厅与政治家和高级公务员互动，而这种互动本质上具有排他性——也就是把博主排除在外。政治家们很大程度上仍然对媒体进行干预，进而协调广播电视和报刊的新闻编辑室的节奏，因为这些仍然是接触大量受众和进行最大限度宣传的重要途径。传统的媒体组织拥有集中的财务和组织资源来实现网络崛起，并通过推出重金打造的新措施，实现新媒体的跨越式发展，如创造像 iPlayer 这样的在线电视传送平台，以及适应将编辑权限和大众参与结合得更复杂的网络环境。第八章和第九章将会在这方面进行更全面的分析，政治工作者、记者和活动家的意义建构模式表明，在这种混合系统中，旧的媒体逻辑与新的媒体逻辑越来越多地相互依赖并发挥作用。专业新闻机构越来越多地利用新媒体作为资源，利用在线内容的病毒式传播，编织成它们自己的新闻类型和制作技巧，同时定期与新媒体从业人员互动。

美国

类似的混合性力量同样塑造了当代美国的媒介系统，这也是我在第五章和第六章中阐释竞选活动以及在第七章中讨论维基解密和新闻制作的重要背景。

为了下一步的深入讨论，首先需要来看一下布鲁斯·威廉姆斯（Bruce Williams）和迈克尔·德利·卡皮尼（Michael Delli Carpini）对美国社会现状做的非常有说服力的简要总结，这些结论基于他们从美国人口普查局、媒体动态公司和皮尤研究中心（Pew Research Center）互联网和美国人寿计划收集到的数据，值得在这里被详尽引用：

> 回顾过去 25 年来在通讯领域的最新进展，更能使人意识到 21 世纪初的媒体环境与之前相比已截然不同。例如，在 1982 年，当仙托·艾扬格（Shanto lyengar）和唐纳德·金德（Donald Kinder）在《重要新闻》（*News That matters*）一书中对电视新闻议程设置功能进行开创性研究时，美国电脑的销售量还不到 200 万台；平均每个家庭大约能收到 10 个电视频道；只有 21%的美国家庭有录像机；无论出于何种实际用途和目的的互联网和手机都还没有出现。但到了 21 世纪 00 年代末，美国的电脑年销量已经增长到 2.5 亿，有超过 3/4 的美国人购买了电脑，也就是说每个家庭至少有一台个人电

> 脑；平均每个家庭接收到的电视频道也已经增加到130多个；超过90%的家庭拥有录像机与DVD播放器；超过3/4的美国家庭有互联网连接（其中超过50%的为高速连接）；网站数量从1993年的约100个增加到超过1.6亿个；超过3/4的成年美国人拥有手机或个人数字化设备；将近1/3的家庭拥有数字录像机（DVR），如TiVo。
>
> 试想在2009年12月的某一天，每10名成年人中有7人在上网，那么他们在做什么？由于互联网用户可以在网络上从事相当广泛且多样的活动，所以他们可能会：发送或阅读电子邮件（90%）、寻求方向（86%）、寻找医疗信息（80%）、购买一个产品（75%）、寻求新闻（72%）、访问政府网站（66%）、观看视频（62%）、寻求政治信息（60%）、社交网络（47%）、阅读博客（39%）、玩网络游戏（35%）、捐赠慈善事业（19%）。虽然总体规模仍然很小，但这些"在线"成年人可以集合起来成为信息生产者，他们通过发送电子邮件（90%）、发送即时消息（39%）、上传照片（37%）、发送短信（35%）、评价产品（31%）、标记在线内容（28%）、共享文件（27%）、向新闻组或博客发布评论（22%）、参加聊天室讨论（22%）、共享他们创建的在线内容（21%）、专门为互联网创建内容（19% ）、创建自己的网页（14%）、在别人的网页上工作（13%）、创建自己的博客（12%）、重组现有的网络资料（11%）和/或创建在线头像（6% ）等方式生产信息（Williams & Delli Carpini，2011：77，84-85）。

这些发展既塑造了媒体使用模式的变化，也被媒体使用模式的变化所塑造。过去 49
30年来，美国电视观众呈现分散化趋势。在广播电视的全盛时期，即20世纪60年代中期，平均每个家庭只能看到6.8个电视台和大量重复节目（2007年以前）。与之形成对比的是，到了21世纪初，85%的美国家庭可以有几百个让人眼花缭乱的有线电视频道进行选择。同时大约78%的公众还可以访问大量在线内容（International Telecommunication Union，2011）。虽然美国人依旧钟爱电视，但他们的注意力正越来越多地从几个通用频道转移到更为广泛的迎合小众兴趣的频道和平台。基于此，广告商和电视节目策划者开始创作更多差异化的内容。2009年，美国观众平均每周观看的电视频道数量为16个，也就是说，每周每个频道的收看时间仅仅只有2.2个小时。在这种情形下，从20世纪80年代初到21世纪初，美国广播公司（ABC）、哥伦比亚广播公司（CBS Broadcasting Inc）和全国广播公司这三大广播网大约流失了1/3的观众份额。在电视新闻方面，21世纪00年代中期，美国全国观看有线电视新闻的观众数量超过了夜间网络新闻的观众数量，同时广告收入的下滑也导致本地电视新闻节目受到威胁。虽然有线电视的发展势头十分强劲，2008年11月，选举夜有线电视观众为2,720万，已经接近网络新闻的3,290万观众人数，然而网络新闻在一些重大事件诸如选举以及“9·11”恐怖主义袭击和“卡特里娜”飓风等天灾人祸中，依然保持着主导地位。同时，新闻节目在过去十年里也发生了重大变化，因为竞争的加剧以及成本的削减，基础的调查性新闻数量不断减少，而由“名流”新闻主播推动的脱口秀节目却像雨后春笋般不断涌现。与此同时，还出现了诸如深夜喜剧、真人秀、社交电视剧以及电影和音乐等其他替代性新闻源，这些来源模糊了新闻与娱乐之间的界限，还经常会在与政治相关的方面吸引和教育观众。所有这些趋势在年轻人中表现得更为强劲，但随着年龄的增长，他们会将这些习惯带到今后的人生中（Williams&Delli Carpini，2011：78-79，82）。

50 尽管如此，在阐释这些趋势时，我们需要更加注重平衡。观众可能更加分散，媒体类型可能更多，但电视仍然在美国公众的娱乐活动中占据主导地位。事实上，美国人现在比以往任何时候都有更多媒体可以选择，与此同时，他们现在花费在观看电视上的时间也比这个国家历史上任何时候都多。

对这些情况进行衡量就像闯入雷区一样，业内具有一定知名度的尼尔森市场调研公司的数据显示，2011 年美国电视的受欢迎程度依然是互联网的 6 倍，大约 2.89 亿美国人每月平均观看 159 小时的电视，而只有 1.91 亿人平均每月会使用互联网 26 小时（Nielsen，2011a）。

然而，在视频领域依然存在着一些有趣的趋势。到 2011 年，约 1.42 亿美国人每月平均观看互联网视频 5 小时，而其中有 2,900 万人每月平均观看手机视频 4 小时（Nielsen，2011a）。这些数据与传统电视的收视时长相比可能很小，但仍然非常重要，而且在 21 世纪 00 年代后期，这些数据大幅增长。在 2008 年至 2011 年间，使用电脑在互联网上观看视频的时间增加了 80%，而在手机上观看视频的时间增加了 20%。而在 21 世纪 00 年代后期，美国公众越来越多地通过使用像 TiVo 这样的数字视频录像机来实现电视时间转换的增长，这也是重要的一种趋势。从 2008 年至 2011 年，使用这种模式的人数增加了 66%（Nielsen，2011b）。早在 2009 年，尼尔森市场调研公司就发现，每个月大约 60% 的电视观众在观看电视时同时使用互联网（Nielsen，2010）。和英国（及其他地方）一样，美国也有新的机顶盒技术，可实现将电视、电影、音乐、游戏和互联网视频融为一体的功能，如 Apple TV 和 Boxee Box。甚至还有一些证据表明，在线流媒体电视开始对有线电视订阅产生负面影响（Nielsen，2012）。正如我们将在第六章和第七章中看到的那样，在线视频正在改变美国总统竞选的一些权力结构，但是情况还不是很明显，尤其当前在线视频还处于与电视相互依赖的发展阶段。

当我们考虑政治新闻使用模式时，也需要寻求平衡，特别是在 2008 年美国总统竞选期间，这一领域发生了重大转变。报告显示，这一年 56% 的公民在网上接收竞选新闻，比 2000 年增长了 26%，比 2004 年增加了 15%。将互联网作为“竞选新闻的主要来源”的人数也急剧上升，而早在 2000 年，这一数据的比例只有 11%；到了 2004 年，

已经上升到21%；2008年，则已达到36%（比报刊的比例还高，2008年报刊比例为
33%）。如果我们按年龄划分这些数据，结果更令人吃惊。在30岁以下的人群中， 51
58%的人表示，2008年互联网是他们获得竞选新闻的主要来源，而电视节目则占
60%。换句话说，对年轻人来讲，在获知2008年总统竞选动态方面，互联网与电视一
样重要（Pew Research Center，2008a）。

这些趋势无疑是十分重要的，一些学者包括我和菲利普·N. 霍华德（Philip N. Howard），已经对数字发布的兴起和通过各种平台获取新闻的政治“杂食动物”群体不断壮大的现象进行过讨论（Howard&Chadwick，2009）。自20世纪90年代后期以来，一系列次媒体对政治信息的重要性日益突出，这已成为既定趋势（Massanari&Howard，2011）。但是，我们对这些数据进行了部分解压，并将其作为探索新旧媒介逻辑之间复杂互动的一种手段。

当调查结果显示“通过互联网获取竞选新闻的人数在增加，而通过报纸获知竞选新闻的人数在减少”时，我们还需要意识到其中有不少网络竞选新闻实际上是来源于报刊。截至2008年，所有的美国主流报刊以及广播电视公司已经不再仅仅依靠印刷和广播电视发行，而是开始涉足各种各样的在线发行模式。来自“报纸”、“广播”和“电视”的竞选新闻现在可以通过至少四个主要机制在互联网上传播：这些组织自身的网站；它们在脸书、推特、网络相册等社交媒体网站上的官方账号；各大网站的新闻栏目，如谷歌新闻（Google News）、微软服务网络（MSN）和雅虎（Yahoo）；以及YouTube这个巨大的视频和音频内容中心。考虑到报纸和广播机构对互联网的适应以及现在大量可用于在线消费的印刷和广播消息，了解“报纸”和“电视”受众数量下降的真正意义是非常困难的。但2008年皮尤研究中心的调查仍然提供了一些有趣的线索。

如表3.1所示，美国传统主流广播电视和印刷新闻机构如美国有线电视网（CNN）、福克斯新闻网（Fox News）、《纽约时报》（*The New York Times*）和《华盛顿邮报》（*Washington Post*）的网站在竞选新闻的顶级网站中地位突出。和我之前讨论过的英国同行一样，这些消息来源已经开始与新兴媒介——也就是诸如《德拉吉报告》（Drudge Report）和《赫芬顿邮报》等半职业博客合作，这些博客在2008年的时候已经拥有了大量受众。然而雅虎、MSN、微软（Microsoft）和美国在线（AOL）才是这些新媒介中的佼佼者。这些门户网站和新闻聚合商对大型新闻品牌（如美国有线电视新闻网和《纽约时报》）的内容大多做了重新调整，而这些新闻品牌自身的网站已经堪称最流行的新闻来源。换句话说，电视、报刊以及它们的受众以各种形式很好地存在于在线状态中，因此应该警惕关于传统新闻媒体衰落的简单论述。

互联网已经成为竞选信息的重要来源，没有人可以否认这一点。但同样重要的 52
是，电视的影响力并没有减弱，它仍然是2/3的美国选民在竞选时最为看重的新闻媒
介。在30岁以下的人中，有60%的人仍然把电视列为2008年大选的主要消息来源。

与此同时，那些将电视作为最主要的竞选消息来源的观众数量比例从 2004 年的 76% 下降到 2008 年的 68%，这应该被看作是建立在坚实基础上出现的波动，因为 1996 年电视数量所占比例是 72%，而到了 2000 年则为 70%。类似趋势在广播的发展中也可见一斑(Pew Research Center，2008a)。

53 **表 3.1 参与 2008 年美国总统竞选新闻报道的顶级网站(百分比)**

美国有线电视新闻网	27
雅虎	17
微软全国有线广播电视公司/美国全国广播公司	13
候选人网站	13
福克斯	11
微软网络服务/微软公司	9
谷歌	7
《纽约时报》	6
地方报纸/电视/广播	5
美国在线	5
其他保守派的博客/网站	5
政治党派/组织	4
德拉吉报告	4
投票站点和聚合器	3
《华盛顿邮报》	3
YouTube(视频网站)	2
赫芬顿邮报(博客)	2
其他自由派博客/网站	2
英国广播公司	2
美国广播公司	2
其他博客	2
政客	2

注释：这些回收的反馈是来自那些声称通过网络在线了解竞选新闻的选民。这些受访者会列出三个选项。

来源：(皮尤研究中心，2008a)

当然，我们也需要考虑不同媒体在竞选活动中的重要性。目前格局是比较清晰的，电视比较强势，印刷新闻则比较弱势。正如我所说，我们需要知道，虽然许多报刊通过调整内容迎合在线发行来维护自身影响力，但 2008 年，印刷媒体却不改颓势，发行量继续下滑，这在年轻选民中尤为如此。电视和互联网才是获取有关竞选信息的最重要媒体。因为皮尤研究中心经常要求受访者列出两个主要的竞选信息来源，新的双雄格局开始浮出水面。未来，电视和互联网将会蓬勃发展，而新闻报刊的前景会更为黯淡。

在线新闻消费的新兴模式也增强了电视非凡的生命力。在 2008 年的竞选活动
中，阅读博客和访问候选人网站的方式颇受人们欢迎。大约 1/4 的选民以这种方式获 54
取竞选信息。然而，观看视频是目前为止最流行的在线活动形式，据报道有 39%的选民已经观看了与竞选相关的在线视频。年龄问题再次凸显出来：30 岁以下的选民中有 65%观看在线视频，在 36 至 44 岁的选民中，这一数字则下降到 38%，虽然比例有所下降，但人数依然很多。此外，通过对皮尤研究中心数据进行分析，杰夫·古拉蒂(Jeff Gulati)认为，在所有的选民中，28%的人在线观看过候选人的演讲，27%的人在线观看过一次采访，23%的人至少在线观看了一场候选人辩论，21%的人至少在线看过一则广告(Gulati，2010)。2008 年，大量来自演讲、访谈、辩论和广告的内容是只在线发布的，但大多数这些重要的竞选活动都是先通过电视录制，之后再在网络媒体上发布。

也就是说，当代美国总统竞选的一个基本背景是，公众热衷于观看在线视频，而大量视频实际上并不是在线生成的。所以在这里我们看到与英国情况非常相似的两个趋势：首先，传统媒体总体上已经适应当前形势并且成长为在线新闻的强大玩家。其次，美国公民越来越多地使用数字媒体获取竞选内容信息，而这些内容在某种程度上是通过电视产生的。随着葫芦(Hulu)和 iTunes Store 等新型互联网视频平台的不断拓展，这个趋势可能会持续下去。正如第六章和第七章所揭示的，如果我们将分析的焦点从民意调查转移到思考竞选团队、媒体和公众之间的实际互动，那么事情就会变得更加混杂。

自世纪之交以来，博客以及各种各样由用户生成的内容不断发展，这方面美国比在英国呈现出更显著的增长趋势。但是，事情往往比其刚出现时更复杂，这一点与英国的情况很一致。美国广播和报刊媒体正在经历一段适应与变革时期，它们开始对互联网进行资本化运作，通过收集、编排和分发信息来实现自己的目的。理查德·戴维斯(Richard Davies)对专业记者、竞选官员和精英博主之间的互动情况进行案例分析，阐述了这些团体所遇到的所有机遇与挑战(R. Davis，2009)。马库斯·梅斯纳(Marcus Messner)和玛西娅·迪斯塔索(Marcia DiStaso)2008 年对《纽约时报》《华盛顿邮报》和 120 个最受欢迎的美国博客的内容进行分析，发现了“媒体间议程设置”的现象。换句话说，即博主从报纸上获取新闻来源，而记者则从博主那里获知新闻线索。在美国，最能反映美国博客力量的典型案例，无疑是其在 2003 年曝光了特伦特·洛特(Trent Lott)参议员在政治晚宴上的争议性言论，这使他未能成为参议院多数党领导

人。这可以被视作是对博主与广播、报刊精英记者之间的冲突、竞争和相互依赖的最好阐释(Drezner&Farrell,2008)。

这起事件同样也反映了自21世纪00年代中期经历第一次勃兴以来,美国博客圈已经发生重大变化。虽然博客依然受欢迎,但大量原来在博客中生产的在线内容,现在更多地出现在了像脸书这样的社交网站上,2012年中期,超过1.55亿美国人在脸书上发布消息,占整个美国人口的50%(Socialbakers, 2012)。

55 与此同时,美国一些成功的博主已经走向了半职业化。他们开始在竞选团队、利益集团、政府机构和传统媒体中担任顾问。博客和其他互动网络媒体不再是背道而驰。在美国,它们被从事大众传播的精英部门所占用,如政治家、政府官员、专业记者和广播电视节目主持人。博客开始越来越转向专业新闻机构的组织模式,出现了由博客群组构成的《赫芬顿邮报》。《赫芬顿邮报》是由阿里亚娜·赫芬顿(Arianna Huffington)于2005年创立的,阿里亚娜·赫芬顿是前专栏作家,加利福尼亚州州长候选人,也是一名美国国会议员的妻子。《赫芬顿邮报》很快就吸引了风险投资资金,并演变成为一个博客群组和专业新闻组织的混合体 (for Huffington's vision see Huffington, 2007)。它将来自知名公众人物的文章与学术界的评论文章,甚至调查性文章相结合。由于在线发行,它的运行费用非常低,更不用说拥有一群由数百名无报酬志愿者作家构成的团队。到2011年被美国在线以3.15亿美元收购时,"赫芬顿邮报"每月访问量超过《纽约时报》官网,可以说它是一个低成本运营的独立博客世界,远离陈词滥调,勇往直前。

集体行动的新数字网络阵容现在也在美国的政治景观中不断扩散。网络行动主义最早发生在20世纪90年代后期,2011年和2012年威斯康星州的劳工抗议和占领运动(Occupy movement)可以说是网络行动主义(networked activism)最新的重要体现。(Bennett, 2003; Bimber, 2003; Castells, 2004; Chadwick, 2006: 114-143; 2007)兰斯·本尼特(Lance Bennett)和亚历山德拉·塞格伯格(Alexandra Segerberg)通过分享集体行动模因,展示了占领运动如何从地方扩展到国家范围,然后以极快的速度跨越国界(2012)。不过,占领运动还试图通过专业媒体重新配置协调力。占领运动者借鉴了2011年初聚集在开罗塔里尔广场的埃及亲民主暴动的经验教训,将现实空间的物理存在与自身的即时社交媒介资源和出版渠道混合在一起传播相关信息。这些信息流会被那些热切希望对他们的抗议活动进行真实再现的专业记者监测到并重新编排组合形成新闻报道。

同样值得注意的是,数字网络不再只是这些运动激进主义的保留地,电视人物为了提升自身形象并推动保守派和自由派议程,也开始涉足其中。在这方面,英国和美国有一些重要的不同之处,因为英国的公共广播模式限制了广播新闻的编发。在美国,由于受到的管制较弱,广播和互联网最近在这一领域发生了一些有趣的互动。

2010年8月,备受争议的保守党广播电台和福克斯新闻主持人格伦·贝克(Glenn Beck)在华盛顿特区的国家购物中心组织了一个10万人的"恢复荣誉"集会(Restoring Honor rally)。贝克加入由自由共和派茶党运动(Tea Party movement)所建立的横向在线网络,这使得他的支持者不断增多,但是这一事件本身的发展也受益于贝克作为电台和电视节目主持人的信誉。几个月后,由于听取了新闻聚合网站红迪网一位普通用户乔·劳克林(Joe Laughlin)的建议,乔恩·斯图尔特(Jon Stewart)和斯蒂芬·科尔伯特(Stephen Colbert)从自由活动分子网络中动员了大约20万人参加了再次在国家购物中心举行的他们所宣称的"恢复理智和/或恐惧的集会"(Rally to Restore Sanity and/or Fear)。通过集会,为一个教育慈善网站"捐助者的选择"(Donors Choose)募款的想法也是来自乔·劳克林和他在红迪上的伙伴(Adams,2010)。虽然风格诙谐讽刺,乔恩·斯图尔特仍多次在公开场合表示,他的目标是唤起大众对美国新闻媒介中缺乏合理辩论以及党派极化对公共话语的影响力的注意(Agence France-Press, 2010)。

混合媒介性

在英国和美国,混合化的过程远远超出了对多种设备和媒体渠道的简单适应。专 56
业媒体生产者现在可以更容易地操纵媒体资源,但是由阿克塞尔·布鲁斯(Axel Bruns)首创的公民"生产者"(produsers)一词(2008),正越来越多地发挥作用。

当政治家和报纸杂志、广播电视的记者都开始采用与互联网相结合的媒体实践时,媒体资源也就随之不断扩大。随着20世纪90年代互联网的扩散,其形态、类型和接入方式都在影响其他媒介。这个过程在电视新闻领域体现得尤为明显,为了让广大受众能够接受"硬"新闻,电视新闻已经开始依赖复杂的视觉技术,编辑们已将例如数字动画、剪接、叠加和数字视觉化等技术应用到新闻制作中。而现在所有现场活动的广播都依赖于一系列试图故意营造实时感的做法(Auslander,2008:15-22)。这些做法包括不断变化的新闻滚动条、实现影像画面和解说同步的分屏以及在现场直播工作室召集观众,更不用说同步进行推特推送和脸书状态更新。这些技术本身就是电视即时性的象征并代表了它可以将分散的实时事件进行整合并再现的力量(Bolter&Grusin,1999:188)。但是这些关于电视媒体的可见性功能现在越来越被数字新媒体所放大。定制、搜索、过滤、复制和粘贴已成为新闻编辑室、政治激进活动和竞选活动中的常态。与此同时,互联网促进了将计算机作为办公设备理念的转变,实现了笔记本电脑、智能手机、平板电脑等各种数字设备的发展,还为消费和生产各种形式的媒介奠定了技术基础。

在 1996 年的美国大选中，美国有线电视新闻网在其网站上实时公布了所有的结果。这是广播的即时性——即它作为告知美国公众大选结果的即时性媒体的地位——第一次受到挑战。美国有线电视新闻网的网站几次由于访问人数过多而崩溃，但这也暗示了在未来的选举之夜，可能会出现某种电视屏幕和电脑屏幕的整合。时间快进到 2012 年，当时有 11%的美国观众通过双屏(dual-screening)收看了第一场总统电视辩论(televised debates)的直播。也就是说，他们通过电视观看辩论的同时，也通过社交媒体跟踪相关信息，并且在许多情况下，对这一辩论进行了实时评论(Pew Research Center，2012)。

57 通过电脑界面，电视往往为观众提供的只是虚幻的互动感。但最近为适应互联网的发展，电视互动性发生了很大的变化。现在电视新闻经常通过电子邮件、短信、推特或网络摄像头等一部分数字剪接方法再现和展示观众的评论。而半岛电视台(AL Jazeera)的新闻节目《河流》(*The Stream*)进一步扩展了这种方式，通过将 Skype 视频通话、脸书帖子、推特更新和传统广播新闻主播等形式混合在一起，来模仿在线交流的界面。重要的是，新闻节目仍然受到编辑把关的影响，但观众有时可以遵循新媒介逻辑，在实时电视新闻播放时实施更大的影响力。因此，在流媒体上播放的电视节目赋予了观众一种控制感。我们可能会选择停止流媒体视频，浏览到其他网站，将流媒体视频与网络聊天、脸书帖子或推特推送放在一起，实时观看这些不同但互补的内容。如果数字新媒体将用于再现、传播和监控的媒体混合在一起的话，我们在观看电视节目的同时能够参与推特上一个相关节目的在线讨论，这样的现代体验会进一步重组这些联系，鼓励我们实现从被动消费向主动生产转变。

现在电视节目制作者在制作内容时都尝试建立起媒体间的这种联系，其中心目的是希望能促进在线社区和网络形成，从而实现那些拥有一定观众忠诚度和喜爱度的内容进行生产和再循环。即使节目制作者没有有意识地去做，但大量业余在线内容往往可以通过谷歌搜索以这样或那样的方式与电视内容发生关联。一些娱乐媒介不仅在建立品牌联系时使用这种方式，而且也将这种方式用于亨利·詹金斯(Henry Jenkins)所称的“跨媒体讲故事”中。好莱坞电影《黑客帝国》三部曲(*The Matrix Trilogy*)是詹金斯的经典电影，电影中他将那些经过专业制作并有意进行整合的跨媒介(transmediality)故事混合在一起，这些故事分布在电影、蓝光光碟、网络下载以及相关的电脑游戏中，所有这些都引发了在线社区对电影的意义和吸引力的探讨。这个过程超越了早期只把电影角色作为“基础”产品简单复制的方法(2006:95-96)。

但是，“融合”(convergence)一词是否充分地捕捉到这些过程？“融合”一词在 20 世纪 70 年代第一次兴起，是对承载图像、声音和文本的电脑、广播和电信系统整合过程的一种描述。尽管现实总比设想的更复杂，但 40 年来业界和学界一直在持续关注“融合”这一观念。“融合”的核心问题在于它对所有媒体将不可避免地汇集到单一分发平台的潜在假设。实际上，正如詹金斯本人所承认的那样，不同媒体之间存在着部分和不断变化的联盟，此外新旧媒体之间还存在着竞争和抵触。有关媒体和信息生产和分发过程中的圈地争夺战总是冲淡了融合的趋势。融合总是部分地、局部地发生在媒介中相关的部门之间。从整体上讲，它并没有像如伊契尔·索勒·普尔这样有影响力的学者原本预计的那样发生(1983b)。数字技术的扩散和分配推动了媒介生产的民主化进程，这要求我们超越融合理论的观点，即通过一个等级分明的单一组织渠道来制作和传播内容。

“融合文化”的一个问题是将“在线”等同于“草根”行动主义。网络媒体精英的兴起，传统媒体工作中对网络媒体逻辑的运用，以及非精英对政治新闻和信息生产方面 58
的持续干预，都使得这种二元论遭遇质疑。当这么多的博主现在被整合到专业化或半专业化的新闻生产中的时候，当公民活动家像博主或推特、脸书用户一样参与并融入新闻制作组合中的时候，当绝大多数的旧媒介组织开始在网络环境下运作的时候，将在线参与文化与自上而下集中制的广播媒介文化对立起来并不总是正确的。

另外，随着电视与新的在线社交媒体结合所形成的新的节目形式越来越受到关注，跨媒介性得以继续发展。2009年，尼克·安斯特德(Nick Anstead)和本·奥洛克林(Ben O'Loughlin)在英国广播公司的著名的政治讨论节目《提问时间》(*Question Time*)中对实时推文的开创性分析也揭示了同样的逻辑，同时他们也对除类型以外的其他话题进行拓展分析。安斯特德和奥洛克林认为，那些“观看广播电视的同时使用在线交流平台和社交工具来对这些节目进行解读、公开评论和讨论”的政治参与性公众的出现，会产生“将完全不同的、保持距离的个人吸引到主流政治事件中的向心机制”(Anstead&O'Loughlin,2011:441; 457)。正如我们在这本书的许多地方所看到的一样，这些正在成为竞选传播和新闻建设的重要方面。詹金斯认为，在线粉丝社区的兴起意味着电视的主要动力正在“从实时互动转向非同步参与”(Jenkins,2006:59)，但事实上，相反的情况似乎正在发生，随着电视节目的播出，推特和脸书上就会出现与之相呼应的特定的在线社区。在20世纪90年代和21世纪00年代互联网发展的早期阶段，都没有出现这方面的迹象。但是当到了21世纪00年代中期，社交媒体实时传播功能的突然出现，推动了事情向不同的方向发展，同时提高了网络和广播这两种媒介形式的流行度和合法性。

最后，互联网用户现在也在尝试通过一些方式将跨媒介内容结构化，这些方式与专业媒体创立“buzz”网站的尝试有所不同。举个例子，有一些人使用推特来扮演政治剧《白宫风云》中的虚构人物。虽然他们与节目并没有任何联系，但他们的语言风格与原始人物的风格非常相似。但是，他们的表达不仅仅是模仿，而是在虚构的电视娱乐节目和网络政治行动主义之间巧妙地构建了混合政治空间。在他们以及他们成千上万的追随者中，美国现任总统不是巴拉克·奥巴马(Barack Obama)，而是马修·桑托斯(Matthew Santos),而"前总统"杰德·巴特利特(Jed Bartlet)则从一个高度知情和高度参与的半退休状态下继续发布推文(作者写作此书的时间为2012年秋——译者注)。最关键的是自《白宫风云》(*The West Wing*)演员们的推特账号发表的评论几乎完全针对当前的政治事件。"巴特利特"的推特账号花了大量的时间迷惑现实生活中的共和党人,并且还经常详细地评论华盛顿政治的日常工作(Bartlet,2011)。正如账户背后的匿名作者所说:"我们宁愿大家在阅读推文时看到的是杰德·巴特利特,而不是我。"他说,"他的做法是每天早上阅读一些加了政治标签的推文,挑选出今天要发布的内容,然后考虑巴特利特总统会怎么说"(Pappas,2010)。当剧中的角色与那些最近正热情观看"真正"电视节目重播的粉丝们进行互动的时候,角色扮演的面具有时会被揭下。在恢复正常状态之前的短暂时期,原创节目的这种跨媒体修复就会显现出来。

59 结　论

回顾我在第二章开头使用的语句,所有的旧媒介都曾是新媒介,而所有的新媒介也最终会转化为旧媒介。媒介和媒介系统总是在不断变化的过程中。媒介间的权力关系——媒介被理解为技术、社会实践和公众共同影响的结果——也会随着时间的推移而不断变化,并形成重要影响。但是,新旧媒介之间也在相互适应、相互作用并共同演进。这一过程充斥着巨大的变化、激烈的竞争和权力。媒体实践相互交融与竞争,但在某些方面,也会通过划定边界和保留领域免受外界的影响。

正如本章阐释的,这本书所关注的媒介系统——主要来自英国和美国——是杂交的、矛盾的,是新旧媒介的混合体,也是安德鲁·霍斯金斯(Andrew Hoskins)和本·奥劳林(Ben O'Loughlin)所称的"更新媒介"(renewed media)(Hoskins&Loughlin,2010)。考虑到受众规模及其在公共生活中的中心地位,我们将主要包括电视、广播和报纸的旧媒体称作"主流媒体"(mainstream media),这种说法依然正确,但主流媒体的性质本身也正在发生改变。虽然旧媒介组织一直在适应并不断开发和更新分发渠道、工作实践和观众,但新媒体也正变得越来越普及并成为新主流的一部分。当前电视在政治调解方面依然保持着首要地位,虽然现在出现了许多在线媒介活动,但其中一些本身就是由广播电视机构所推动的。政治家、记者和公众创造出了这些新的复杂关系以适应这种变化。政治传播当前正面临转型。虽然广播电视仍然占据着公共生活的中心,但媒介化政治的性质也正在迅速演变,它被多个行为体朝多个方向推动和拉动。有些力量是相互矛盾的,有些力量是综合性的,所有的这些生成了系统的混合性。

政治精英、媒体精英和公众对政治信息进行生产和消费的方式正在发生变化。随着互联网和移动技术应用越来越多，这些媒体成为那些创造和消费政治新闻的人的重要空间。通过各种各样的新闻媒体，公众接触到的政治信息从未像现在这么多。数字技术为公众以前所未有的方式参与政治活动、表达政治意见提供了新机遇。在某些方面，互联网正在为社会运动学者所提出的政治机会结构（political opportunity structure）提供更大的流动性和开放性，能够实现和约束集体行动和动员的政治制度图谱（Kitschelt，1986）。越来越多的公众能够通过使用新媒体逻辑来施加影响力，并被政治家和媒体纳入议程。所有这些都表明，采用新媒介，公众的数量可能会持续增长下去，但是这种增长将发生在旧媒介权力和旧媒介逻辑不断演变的背景下。

这本书的其余部分更详细地介绍了当代英国和美国的媒介系统中的流动混合性的例子。我在下一章开始将会围绕 2010 年英国大选分析其中的一些重大事件。

第四章　政治信息周期

通信手段是文明最高形式的体现，它在电力技术的支持下趋于完美，原因很简单，就是因为电力技术实现了即时性，没有什么能与即时性相竞争。

——加拿大西北电报公司总裁埃拉斯图斯·威曼(Erastus Wiman)，1899 年

60 在 2010 年 2 月 19 日星期五开始的那个周末，即 2010 年英国大选开始之前的几个星期，工党党魁戈登·布朗(Gordon Brown)被推上了舆论的风口浪尖，媒体纷纷跟进报道，呈现出一幅非同寻常的媒介景观。英国首屈一指的政治记者安德鲁·罗恩斯利(Andrew Rawnsley)在当时还未出版的一本书中最先曝光了此次危机，没过多久这次危机就被贴上了“霸凌门”(Bullygate)的标签(Rawnsley，2010a)。尽管来自安德鲁·罗恩斯利这本书中的一些内容早在三周前就被透露给了新闻界，2010 年 2 月 20 日星期六下午它再一次遭到泄漏，英国历史最悠久、最受尊敬的报纸之一——《观察家报》的纸质版刊登了这本书的部分节选，作为其“重新启动”版本的一部分，这些详细摘要在安德鲁·罗恩斯利的书正式出版的前一周发布，无疑将影响扩大到了极致。这些内容指控首相对在唐宁街 10 号办公室内工作的同事进行了心理和生理的虐待。

“霸凌门”事件可能对布朗整个政治任期的发展产生了潜在的、最具破坏性的影响，不仅是因为其发生的时机正好临近英国大选，还因为这起事件极具震撼性和个性化。这些内容可能是有史以来关于英国在任首相个人行为的最具破坏性的指控。“霸凌门”事件也成为一个全国性和国际性的新闻事件，它占据英国所有新闻媒体的头版头条，并且美国有线电视新闻网、福克斯新闻网、美国广播公司和哥伦比亚广播公司以及全球数千个新闻媒体也对其进行了报道。

但是从 2 月 20 日后的那个周末一直到下一周的初期，“霸凌门”事件经历了几次重大转折。新角色开始加入这场争论中，其中最引人注目的是一家名为“全国霸凌服务热线”(National Bully Helpline)的机构，它的负责人发表了一份重要声明，声称该组织已经接到唐宁街 10 号工作人员的求助电话。这一信息在危机发生期间创造了一

个强有力的新框架，随着事件的推进，政治家、非营利组织领导者、专业记者、博主和在推特上活跃的公民积极分子之间的协调互动最终对事件发展起到了决定性的作用。

全国性报纸发表的看似内容准确翔实的揭发性报道成为大家激烈论辩的焦点，其中涉及广泛的行为主体和多样媒介环境之间的竞争和冲突、党派争斗以及相互依存的过程。经过几天的时间，对“霸凌门”事件揭露性报道的真实性提出的质疑导致整个故事的崩溃。

就在几个星期后，2010 年 4 月 15 日，英国进行了历史上第一次首相辩论的电视 61
直播。可以说，这场辩论是自 1959 年电视竞选报道开始以来，英国媒介发展中最重要的一步，是我们现有记忆中最有趣、最激烈的大选辩论之一。三场辩论中，尽管其他两场并没有产生巨大的影响，但第一场辩论却改变了选举的进程，它推动第三方政党——自由民主党领袖尼克·克莱格成为媒体焦点，这得益于他在辩论中的优异表现，从而使自由民主党在民意调查中的支持率迅速上升。辩论期间，网络、报纸和广播电视等媒体针对三位首相候选人表现的新闻报道和评论进行了实时策划、生产、合作生产、编排和传播，而这些新闻和评论也被整合到后期的媒体报道中。新闻框架（newsframes）是在实时互动中产生的，随后又被鼓动和放大，最终成为右翼新闻界与在推特和脸书上活跃的中间派和左派人士激烈争论的主题。这个混合媒体风暴的震中是一个专门组建的大型脸书团队，它是在辩论后由一些支持克莱格的政治活动家自发建立的，与此同时，一些右翼新闻报纸表示了强烈反对，其中由一贯支持保守党的《每日电讯报》推出的独家调查报告声称，克莱格把他从三名商人那里获得的政党捐赠直接打到自己的个人账户。克莱格否认了这则报道，但更为重要的是，它很快成为被广泛传播的网络焦点，最终迫使《每日电讯报》副主编在文章发布几个小时后在该报的博客上为自己辩护。不久之后，与几周前的“霸凌门”事件一样，关于克莱格政党捐款的故事彻底崩溃了。

这两起事件——“霸凌门”事件和英国首场首相辩论，为人们观察英国混合媒介系统打开了一扇令人信服的窗口。本章则分析了这些事件是如何被媒介化的。它很大程度上依赖于我们所谓的“生活民族志”方法：通过密切及时观察与记录大量的报纸和广播内容以及在线资料，包括通过社交网站所表达出来的公众舆论（for a discussion of the emerging practice of“live”research see Elmer，2012）。在“霸凌门”事件中，这一观察贯穿于事件爆发、演变和平息的全过程，大约是从 2010 年 2 月下旬开始这一爆炸性新闻持续的 5 天时间内。而在首相辩论事件中，我的工作涵盖了对事件发生之前、期间和不久之后的媒介化过程进行的研究，但比预料时间延长了一周，因为这段时间深受克莱格在即时媒体上所引发的不确定性的波动影响。在整个过程中，我重建了政治家、广播电视人、新闻报刊以及主要在线媒介人员之间的重要互动，并对其进行了详细叙述。

本章为今天政治新闻生产日益混合化的本质提供了证据。但是,它又将分析和证据来源从通常被视为新闻制作场所的组织环境中扩展了出来。本章阐述了塑造这一领域的权力平衡所发生的微妙但重要的转变。现在这种权力平衡所发挥作用的关键领域就是我所说的"政治信息周期"。政治信息周期正在成为重要政治事件媒介化过程中的系统性规范,它们是混合媒体系统的基本要素。

从新闻周期到政治信息周期

62 最初的"新闻周期"(news cycle)仅仅是指报纸最新一期和下一期之间可预测的天数,涵盖了对近期报道最新资料或最新发展进行收集、撰写、编辑、汇编、选择和呈现的时间。然而,"新闻周期"虽已经成为广泛使用的概念,但却很少被理论化,事实上许多早期有影响力的关于报纸与广播电视新闻生产的社会学著作都直接或间接地描述了循环性工作流程和时间的重要性(seeforexampleGaltung& Ruge, 1965;Gans, 1979;Golding & Elliott,1979;Molotch & Lester,1974;Roshco, 1975;Schlesinger, 1978;Tuchman,1978)。菲利浦·施莱辛格(Philip Schlesinger)曾写道,"时间概念是如何嵌入他们的生产程序中的",甚至更进一步把新闻媒介命名为"时间机器"(1977:336)。

这些新闻生产的探索性研究展现出了即时性、及时性、对截稿时间的专业化把握以及不同媒体间关于新闻来源与角度竞争等新闻生产的特征。但是,没有人预见到20世纪90年代至21世纪00年代期间新闻业发生的剧烈变化。"滚动"广播报道和互联网的出现引起了对所谓的"24小时新闻播报"的热烈讨论。新技术,例如卫星、电子邮件以及数字内容管理系统,导致了新闻时间的压缩,单个每日新闻周期变得越来越短。政治家们越来越多地从战略上意识到,对收集和生产新闻的某些阶段进行及时干预更有可能产生有利的结果(see, for example Barnett&GaGber,2001;Sellers, 2010;So Young,2009),广播电视的时间节奏越来越多地渗透到政治和新闻精英们的实践中(Barnett&2001:42G46)。但是,一些重要的批判性研究在论述新闻周期这个主题时(Oavies,2008; Kovach&Rosenstiel,1999; Rosenberg&Feldman, 2008),"24小时"只是作为前缀简单地被顺带提及,更多提到的是对记者们争抢新闻所带来的负面效应、不断制造新的角度以防止新闻变成"旧文"、监测和"搅乱"其他新闻机构的内容或公关稿从而导致"内容同质化"以及对缺乏足够信息来源的新闻报道进行简单的规范性分析。(Bell,1995; Boczkowski& DeSantos,2007;Davies,2008; GarciaAviles,etal,2004;Jones,2009; Klinenberg,2005;Kovach&Rosenstiel,1999; Patterson,1998;Redden&Witshge, 2010)

然而,不管他们的具体做法如何,那些迄今都在探讨新闻周期的专家学者们都基于一个共同的基本假设,即政治新闻的生产是一个被严格控制的过程,涉及少数精英的相互作用和干预,这些少数精英包括:政治家、官员、通讯人员、专业新闻工作者以及少数的精英博主(Barnett & Gaber,2001;Callaghan & Schnell,2001;Davies,2008;R,Davis,2009;Gans,1979:116—146;Golding & Elliott,1979;Messner & DiStaso,2008;Molotch & Lester,1974;Patterson,1998;Roshco,1975;Schlesinger,1977,1978;Sellers,2010;Stanyer,2001;Tuchman,1978;So Young,2009)。虽然政治传播由精英驱动的这一特征仍然很明显,但我想阐明的是,最近该领域发生的一些转变需要我们对时间的重要性、即时性以及塑造新闻生产权力关系的周期性过程进行重新解读。这即是说,最终,现在的新闻生产研究可能需要一套与之前完全不同的假设和观察。

政治信息周期(political information cycles)具有某些区别于“新闻周期”的特征。政治信息的生产是一个复杂的聚合体,它混合了所谓“新”的网络媒体逻辑和“旧”的报 63
纸和广播电视媒体逻辑,这些逻辑涵盖了技术、类型、规范、行为和组织形式等方面。这种混合化过程塑造了不同参与者之间的权力关系,最终影响到新闻的流动和意义建构。当我在这里使用聚合体(assemblage)这一概念时,它是建立在近期对政治竞选和动员进行研究的基础之上并进行了拓展。拉斯姆斯·克莱斯·尼尔森(Rasmus Kleis Nielsen)在对国会竞选的民族志研究中写道,聚合体的概念让我们看到了竞选活动中的“关系特质,明白了相互依赖且松散的组合要素之间是如何能够生成具有个性化的政治传播能力的。在它们避开正式组织、无法固化成任何一个被认为是单一实体或机构的存在时,始终保持其独特的个性”(RK Nielsen,2012:28)。同样,C. W. 安德森(C. W. Anderson)在关于美国都市新闻业发展的书中也探讨了数字技术如何将长期存在的地方新闻机构与邻里博客、公民媒体协会、地方慈善机构和活动家等其他领域与新闻有关的实践主体相结合的案例(C. W. AnG derson,2013)。

聚合体的概念起源于吉勒斯·德勒兹(Gilles Delueze)和菲力克斯·瓜达里(Felix Guattari)的社会学理论,德勒兹和瓜达里认为,聚合体可以被理解为许多不同种类的特殊“机械”力量,如技术、语言、建筑、仪式、信息流甚至身体功能,不断汇聚在一起的表达(Deleuze & Guattari,2004)。这个观点对混合网络中的行动者网络理论思想有着重要影响,这一点我在第一章中已经讨论过。但是,我的观点更多来源于曼纽尔·德兰达(Manuel DeLanda)所采用的聚合体观点,德兰达认为这一理念在社会科学领域具有更加广泛的价值,他提出了一个很重要的假设,任何集体行为中的不同模块单元之间存在可渗透的边界,任何单个模块单元的意义和力量——无论是技术、框架还是信息等——只能从与其他模块单元的关系中来理解。德兰达写道:“我们可以认识到,一个实体的属性可以从它与其他实体之间的互动关系来定义,这些互动关系首先意味着聚合体的组成部分可以与之分离，并且可以根据不同的互动关系形成不同的聚合体。”那么，聚合体就是“以外部关系为特征的整体”(De Landa，2006：10；emphasis inoriginal)。德勒兹和瓜达里以书为例，认为“书”只有通过与一系列其他概念，如技术、文化形式和社会行动者之间的关系才能发挥作用。这是通过书的外部关系来定义其功能(Deleuze & Guattari，2004：4)。类似的，威廉姆·伯加德(William Bogard)写道：“聚合体现了界面的多样性。”(2009：17)正如本章所示，我理解的聚合体也是一个同时进行的过程和事件，是由多个松散组合的个人、群体、网站和他们之间具有互动关系的时间交互实例构成的，这些实例涉及多元化但高度相互依赖的新闻创作者以及能够使他们实时参与和抽离新闻生产过程的媒介技术。

在聚合体概念化的过程中我们认识到，政治信息周期较之传统理解的新闻周期可
64 能涉及更多样化的角色和更广泛的互动范围，这不仅仅是速度的加快，也不仅仅是减少一个议题的投入时间，而是政治信息周期具有更复杂的时间结构特征。它包括许多草根参与者，他们中的大多数专门从事在线互动，从而提出具体的新闻框架甚至整个故事并与其他形式展开竞争，有时这种互动不仅仅指实时交流，还会延续到新闻周期的后续阶段，继续关注一个重大政治事件或突发事件。正如之前我在第二章中论述数字媒体和动员时提到的(Chadwick，2007)，大量可搜索的在线新闻内容文档的存在意味着事件或事件片段在它们被曝光并被整合到政治信息周期之前可以潜伏数周甚至数月之久。同时这些信息的来源也是非常多样化的。

现在，广播公司和新闻报刊将一些草根行为和在线信息都融入自己的生产实践和工作惯例中。通过使用数字技术，草根活动家在政治报道时有时可能会在与广播电视和报刊的竞争中成功胜出。广播电视和报刊的专业媒体工作者使用如推特和脸书这样的数字化服务越多，广播电视和报刊媒体就越有可能会受到同样使用这些工具的活跃人员的影响。然而，电视台和新闻报刊的记者们在自己的报道中也力求有选择性，因为他们试图在持续不断又实时进行的权力斗争中超越新媒体人员，这种斗争以竞争和冲突为特征，同时又充满相互协商和相互依存。与之前关于新闻周期的观点相比，现在大部分情况是发生在公开或半公开的在线环境中。

政治信息周期是基于跨平台不断更迭和循环来运行的，这有助于网络公民活动家扩大进行及时干预的领域，创造出更具有流动性的机会，进而削弱新闻业和政治精英的绝对掌控力。其中一些及时在线干预措施产生于人际关系层面，在旧媒介和新媒介环境中经常被新闻研究所忽视。在政治信息周期的多个时间点，新闻专业人员的主导地位与草根阶层对新闻构建和竞争的参与日益融合在一起，这成为当代政治传播的重要特征。这里的总体目标是探索新旧媒体逻辑之间持续的互动，这些互动是如何在一个重要事件发生前后的一段时间内对其进行塑造的，以及在精英内部和/或精英与草根之间的新闻生产集合中新闻框架和阐释是如何创造、凸显或竞争的。

“霸凌门”事件

“霸凌门”事件的政治信息周期实际上是从现在政治新闻环境中常见的动态开始的：一本“泄密”书中的泄密内容（Rawnsley，2010a）被刊登在 2010 年 1 月 31 日《星期 65
日邮报》（*Mail on Sunday*）的头版上，这比《观察家报》在 2 月 21 日星期日发布这本书的详细摘要早 3 个星期，比这本书 3 月 1 日正式出版早 4 个星期。据《星期日邮报》的文章报道，罗恩斯利书中记载了三个关于首相对唐宁街 10 号工作人员霸凌行为的具体指控。这指的就是布朗，“他打了一个高级助手，因为在他赶往唐宁街 10 号接待处时这个助手挡了他的道”“他在给秘书口述备忘录时，暴力地把秘书从她的椅子上拉起来”“当新闻报道他遭到奥巴马总统冷落之后，他在美国旅馆房间里半裸着身子对两个助手破口大骂”（Walters，2010a）。尽管它出现在《星期日邮报》的头版，但这篇文章并未引起任何反响。这期间，主要支持保守党的博客——“保守党家园”（Conservative Home）发布了这条新闻链接。英国最受欢迎的政治博客作者、右翼自由派的盖多· 福克斯（Guido Fawkes）专栏发布了一个关于此事件简短的帖子（Fawkes，2010；Montgomerie，2010c），但是直到 2 月 20 日周六之前，此次事件一直处于潜伏期。

准备在 2 月 21 日星期日出版罗恩斯利一书摘录的时候，《观察家报》正在为“重新启动”一事进行广泛宣传，想借此扭转读者数量长期下滑的现状。因此，这在一定程度上是《观察家报》与它此类周末版报纸对手之间的媒介竞争问题。罗恩斯利一书的摘要为《观察家报》重新启动后的第一版提供了增加曝光率、扩大读者群的机会。实际上，从报纸特意在纸质版发行两天后，才将摘要放到免费电子版中的做法就可以看出这一策略，然而就像我们所看到的，由于这个故事在网站上进行了广泛的循环传播，这个策略失败了。

英国媒体上的日常政治消息、评论和观点的传播周期一般会随着报纸周末版的发行和星期日政治电视节目的播出达到高潮。星期日版报纸通常会包含英国政治新闻中的重量级评论和专栏内容。然而，“星期日版报纸”现在基本上会提前发行网络版，其会在星期六晚上就被发布到网站上。结果导致星期日报纸的内容对同样有影响力的星期日早上的电视政治节目发挥着越来越重要的影响，特别是英国广播公司早上 9 点的节目《安德鲁 · 玛尔》（*Andrew Marr*）、天空新闻频道上午 11 点半亚当 · 博尔顿（Adam Boulton）的节目以及英国广播公司中午的《政治秀》（*Politics Show*）。

当意识到揭露首相霸凌同事的内容即将被公布之后，英国工党政府在 2 月 19 日那个周末之前，就采取了三步骤来抢占主要新闻议程。首先，一个星期前，布朗出现在了独立电视台备受欢迎的《皮尔斯·摩根的生活故事》(*Piers Morgan's Life Stories*)这一档电视谈话节目中,接受了涵盖广泛话题以及高度个性化的采访。这次亮相被认为是首相在被批评过多隐藏私生活以及缺乏对选民的密切接触后,所开展的"人性化"策略的一部分。第二步,布朗接受了布莱恩·布雷迪(Brian Brady)的独家深入访谈,布莱恩是一位《星期日独立报》的白天编辑,并且也是一位对工党内部政治问题进行长期报道的记者。这次访问对首相极为有利,并且与《观察家报》发布详细摘要的时间相吻合。在访谈中,布朗否认了他虐待工作人员的指控。第三步,布朗出席了华威大学的工党集会——这是多场预选集会中的一场,在这次集会中,他面对来自广播电视和新闻报纸的专业记者发表了一场主题性演讲,这场演讲也被视为工党启动主题是"为了所有人未来的公平"官方选举的一部分。

66 在华威大学演讲结束后不久(大约是周六中午),布朗就接受了著名的第四频道新闻节目主持人克里希安·古鲁-穆尔蒂(Krishnan Guru-Murthy)的独家采访,这一独家采访将在当日下午7点10分的晚间电视新闻中播出。古鲁-穆尔蒂特意质疑首相是否"打"了职员。布朗强烈地否认了这一点,他说:"在我的生活中,我从来没有打过任何人。"(Channel 4 News,2010b)采访一结束,第四频道新闻节目编辑奥利弗·金(Oliver King)就在推特发文,称首相接受了该频道"唯一的网络电视采访",而且将在当晚电视上播放(King,2010)。实际上,采访视频是在下午4点上传到第四频道新闻网站上的,比在电视上播出的时间大概早了3个小时(King,2010)。该采访视频是由第四频道的另一位新闻编辑艾德·弗雷泽(Ed Fraser)在推特上更新了一条指向采访视频的链接来发布的(Fraser,2010a)。因此,首相首次公开驳斥霸凌指控的消息是在电视独家报道之前3小时以及星期天《观察家报》发行之前就首先在网络上爆发。

星期六下午第四频道播的在线视频播出不到20分钟,《每日镜报》(*Daily Mirror*)、《每日星报》和《每日快报》(*Daily Express*)的网站上就出现了三个基本相同的新闻故事。这些新闻故事重复了1月底在《每日邮报》(*Daily Mail*)中泄漏的指控内容,但补充了当日早些时候布朗在接受第四频道采访时对此的驳斥(Daily Express,2010;Daily Mirror,2010a; Daily Star,2010c)。因此,当傍晚古鲁-穆尔蒂与首相的采访在第四频道的新闻节目中播出时(Channel 4 News,2010b),"霸凌门"事件的势头已经开始形成,而布朗决定正面回应这些指控所提供的新视角也刺激了这一事件的发展。在第四频道的采访中,布朗还继续给那些在为午夜前发布星期日报纸在线版本做准备的记者提供素材(News of the World,2010)。

但是早在星期日之前,《观察家报》摘要中一些更重要的细节就开始出现在微博和博客上,第四频道新闻节目编辑艾德·弗雷泽在下午9点33分发布了一条推文,据称布朗因为其行为受到内政部长兼公务员事务主管格斯·奥唐纳(Gus O·Donnell)爵士"前所未有的谴责"(Fraser,2010b)。此信息尚未公开,但弗雷泽拿到了《观察家报》"预发布"的摘要,并决定在推特上发布这些新信息——在一段时间内,它可能会产生最大的影响,而且肯定是在《观察家报》公开发行之前(Fraser,2010c)。10 分钟之内,弗雷泽的推特被大量转发,并且深受欢迎的"保守党家园"博客也转发了相关内容(Montgomerie,2010a)。一则具有进一步潜在破坏性影响的信息——即据称英国最高公职人员对布朗的行为进行了内部调查——首先在推特上广泛传播,现在正在推动这个故事继续发展,并迫使唐宁街和内阁办公室晚上 10 点 27 分向记者发表否认声明[声明并未公布,确切的说是由英国广播公司政治编辑尼克·罗宾逊在 2010 年 2 月 22 日英国广播公司星期一 10 点新闻上透露的]。

事情发展到这一步,推特上的互动开始在信息流中起到更重要的作用,晚上 11 点 67
14 分,工党新媒体发言人、布里斯托尔东部议员凯里·麦卡锡(Kerry McCarthy)开始使用她推特发布带有"#rawnsleyrot"标题的推文。她的目的是让此标题广泛传播,在霸凌指控发布之前进行否认(McCarthy,2010b)。在那个阶段,麦卡锡是社交网络服务中最受欢迎的议员之一,她拥有超过 6,000 名关注者(截至发稿,她有 14,500 名关注者)。尽管发布时间接近星期六午夜,但是,#rawnsleyrot 的标题却在她的关注者中迅速流传。

星期日报纸会在星期六午夜和星期日凌晨 3 点之间发布它们的完整网络版,这是英国新闻界的惯例之一。几小时之后,印刷版将会在全国发行。《观察家报》在其网站头条只是刊登了一则简短的"预告",希望想要了解更多内容的读者会在报摊上购买重新发行的纸质版,但在这些摘要中已经有足够的细节使公众了解到这个故事耸人听闻的特质。该文章包含了几个重要的信息。除了现在的公开指控,即内阁秘书长格斯·奥唐纳爵士调查了首相的行为,并警告他改变这种行为方式,该文章还记录了一系列其他所谓的情节。这些情节包括:据称一名助手担心布朗即将"打他脸";据称,布朗抓住副幕僚长加文·凯利的夹克,对着他的脸"咆哮";据称布朗粗鲁地推开并咒骂外交事务高级顾问斯图尔特·伍德(Stewart Wood)(Helm & Asthana,2010a)。持广泛中间派立场的《星期日独立报》刊登了布莱恩·布雷迪对布朗的采访,布朗否认了这一指控。支持保守党的《星期日泰晤士报》和《星期日电讯报》在最后一刻发表了已经更新的文章,其中包括所谓虐待的细节、周六下午布朗在第四频道的采访(《星期日电讯报》只是嵌入了第四频道的视频)和唐宁街晚上的否认声明(Oakeshott,2010;Sunday Telegraph,2010c)。

周日上午,媒体铺天盖地地报道此事,各大新闻机构争相报道这起"霸凌门"事件,唯恐错过周末的重要新闻。广播新闻与新兴的新闻制作集合在一起。上午 9 点 41 分,为了试图在当天余下的时间里塑造这起事件,高级政府官员曼德尔森爵士(Lord Mandelson)、当时的商业和创新部长以及 20 世纪 80 年代以来工党媒体战略的重要设计师都出现在英国广播公司《安德鲁·玛尔》的节目中,他们表示要为首相辩护,否认霸凌的指控。曼德尔森认为,《观察家报》的重新启动和即将出版的罗恩斯利的书已经为作者和报纸创造了完美的宣传机会,而且这个故事本质上是一个夸张的版本(BBC,2010a)。政治人物的出场对政治信息周期产生了直接的影响,几个小时之内,《星期日电讯报》(*Sunday Telegraph*)、《星期日独立》(*Independenton Sunday*)、《星期日镜报》(*Sunday Mirror*)、英国的《太阳报》(*Sun*)、《星期日泰晤士报》(*Sunday Times*)都报道了曼德尔森爵士这次电视采访。当时的工党副领袖哈里特·哈曼(Harriet Harman)在上午 11 点 30 分与亚当·博尔顿(Adam Boulton)一起参加天空新闻(Sky News)的周日直播节目,与此同时,当时的内政大臣艾伦·约翰逊(Alan Johnson)和安德鲁·罗恩斯利(Andrew Rawnsley)也一同出现在英国广播公司的午间政治秀上,这反过来又进一步强化了曼德尔森所发表的辩护(BBC,2010c, Churcher; 2010; Coates,2010b; SkyNews; Sun,2010; SundayTelegraph,2010d)。正如人们对内阁同僚所期望的那样,哈曼和约翰逊都发表了强烈声明支持首相。因此,主要的新闻框架从布朗个人的否认霸凌行为转向内阁对布朗的支持上。晚上 12 点 30 分,英国广播公司最资深的政治记者、政治编辑尼克·罗宾逊在他的博客上发表了一篇被形容为最严谨的文章,不久后,约翰逊和罗恩斯利离开了英国广播公司电视台。在缺乏新信息的情况下,罗宾逊有效地规避了自己的赌注:"这里没有争议的是对首相行为的描述,"他写道,但他接着表示,"我们不知道,可能永远也不会知道"是否对布朗的行为进行了内部调查(Robinson,2010a)。尽管事情处于微妙的平衡状态,但政府及其支持者成功地反驳了这一说法。在这个阶段,显而易见的是,这可能是数年来最重大的政治新闻,正在所有平台上得到充分报道,包括 24 小时电视台、英国广播公司新闻台和天空新闻台,然而它还取决于谁更可信:罗恩斯利还是布朗和政府。这一不确定性反映在星期天下午的报道中,很多报纸的文章报道了这些指控和曼德尔森爵士早期的驳斥(Barker,2010;Brogan,2010)。总之,到星期天下午,这个故事似乎要失败了。

走进全国霸凌服务热线

68 正是在这一点上,政治信息周期发生了显著的变化,网络和广播电视这两个交互模块的组合推动了新闻生产过程。

随着议员凯里·麦卡锡深夜在推特上发动 # rawnsleyrot 的标题运动,一个由政治活动家组成的在线社区迅速在推特上形成,他们渴望捍卫或攻击《观察家报》的爆料。他们使用了各种各样的标题,其中包括 # rawnsleyrot、# bullygate 和 # rawnsley-right。精英博主们也加入了这场论战中。例如,保守党支持者伊恩·戴尔(Iain Dale)

和蒂姆·蒙哥马利(Tim Montgomerie)在整个星期日下午一直在更新博客,并通过推特链接到最新进展(Conservative Home,2010b)。许多专业记者也加入了这场推特争论中,并在星期日晚间的电视新闻发布之前不断浏览推特最新消息,从中寻找线索。

但是在下午 4 点 52 分,独立电视台新闻频道电视政治记者露西·曼宁(Lucy Manning)在推特发布了以下信息:“全国霸凌服务热线告诉独立电视台新闻频道,他们曾经接到过唐宁街工作人员的几起电话,抱怨霸凌文化。”(Manning,2010)这是这条爆炸性新信息第一次被公开。虽然后来英国广播公司声称它最先在电视上报道了此次事件(BBC News,2010c),但如果以第一次将这则故事公开作为报道的话,那么的确是曼宁首先报道了全国霸凌服务热线这一故事——在推特上。曼宁的推特发出去 56 秒后,第一个转发该条信息的人就是泄密书的作者安德鲁·罗恩斯利(Rawnsley,2010b)。在 30 分钟内,曼宁的推文已被其他 28 位推特用户转发。这些人包括:保守党主席埃瑞克·皮克尔斯(Eric Pickles)、保守党议员大卫·琼斯(David Jones)和保守党博客作者伊恩·戴尔(Iain Dale)。通过对推特上的个人资料进行分析可以看出,其余的转发用户还有记者、地方政治活动家、博主以及来自全英国对政 69
治感兴趣的人,这些人都因为在推特上关注了记者露西·曼宁而聚集在一起(Google Replay Search, 2010b)。在一小时内,有 60 位推特用户转发了有关全国霸凌服务热线的这则推文。虽然目前还没有这些推特用户名下具体关注者数量的数据,但可以肯定的是,这些数据因大量个体追随者的存在而有所偏差(第四频道新闻主持人克里希安·古鲁-穆尔蒂就有超过 2 万推特关注者)。在这些信息出现在电视屏幕里的滚动新闻之前,有可能接触到这些信息的推特用户数量达到数十万。此外,正如我们将看到的,职业记者和这些来自网络的不同“业余”群体之间的互动对事件产生了决定性的影响。

全国霸凌服务热线的这条信息至关重要。现在这一事件不再仅仅是布朗和政府与罗恩斯利之间的言论对抗,而是出现了一个完美独立的第三方,这是一个为慈善事业工作的慈善信托机构,据推测它保存了一份可以追踪到唐宁街 10 号的电话记录。这足以使这一事件发生轰动性的发展。

在独立电视台记者露西·曼宁发布有关全国霸凌服务热线消息后的第一个小时内,推特上关注她的 60 位粉丝中的大部分只是转发了她的消息。尽管如此,随着谈话的深入,几个人开始上传他们自己的信息和评论。下午 5 点 27 分,推特用户莎拉·纳托尔(Sarah Nuttall),她不是记者,而是在东约克郡古尔工作的广告撰稿人,她评论道:“亲爱的,全国霸凌服务热线的赞助人……正在等待……安·维特库姆(Ann Widdecombe),害怕,非常害怕,布朗先生!”(Nuttall,2010)。安·维特库姆当时是一位著名的保守党议员(2010 年退休)以及电视节目主持人、作家以及前内政部部长。莎拉·纳托尔的消息很快被其他几个人转发,其中包括下午 5 点 30 分转发该条信息的卡罗尔·本森（Carole Benson），她是一位来自英国东北部蒂赛德大学思想成熟的历史专业学生。本森的消息发出9分钟后，第四频道新闻电视节目主持人克里希安·古鲁-穆尔蒂发推文称："在关于唐宁街的指控公布后，我一直都在调查全国霸凌服务热线，发现在他们的网站上有两个保守党的赞助人以及卡梅伦的言论。"（Guru-Murthy，2010）

从表面上看，这些事件之间似乎是毫无关联的。东约克郡的广告撰稿人、蒂赛德
70 大学的一名学生与第四频道的资深记者之间有什么共同点？答案是：莎拉·纳托尔是第一个指出全国霸凌服务热线似乎与保守党有联系的人。卡罗尔·本森转发了纳托尔的消息，克里希安·古鲁-穆尔蒂在推特上关注了卡罗尔·本森，并阅读了她的更新（Doesfollow，2010）。几分钟后，古鲁-穆尔蒂向他的两万名关注者发布了一条具有推测性的推文，推断全国霸凌服务热线与保守党之间有联系。由于古鲁-穆尔蒂庞大的粉丝群，随后一阵舆论风暴在推特上掀了起来，曼宁发表的有关全国霸凌服务热线的原始推文以及古鲁-穆尔蒂关于"保守党赞助人"的推文被大量推送和转发。随后，一名来自英国北部且支持工党的项目经理萨夏·扎布（Sacha Zarb）提出，全国霸凌服务热线可能已经违反保护客户机密的规定，这也成为重要的一点（Zarb，2010）。因此，新的角度和信息很快被引入政治信息周期。

在接下来的几个小时里，随着全国霸凌服务热线的新闻成为主流，并成为周一早上的头条新闻，这样的事情不断发生。

在英国广播公司和英国独立电视新闻公司（ITN）的新闻编辑室里，记者们一直在考虑：如何、何时报道这一全国霸凌服务热线的新信息。全国霸凌服务热线的负责人克里斯汀·普拉特（Christine Pratt）在当天早些时候联系了英国广播公司和英国独立电视台新闻频道（BBC News，2010c）。由于露西·曼宁最先在推特上公布了这条消息，而且现在英国广播公司的主要对手英国独立电视台新闻也正等着在下午6点新闻节目上发布这则消息，为了抢占露西·曼宁这条独家新闻，英国广播公司在下午5点48分发布了一个在线视频，视频中克里斯汀·普拉特宣称，唐宁街10号的员工已经打电话给她的组织了（BBC News Online，2010b）。两分钟后，英国广播公司的政治推特账号发布了英国广播公司新闻网站上的普拉特采访视频链接。在同一时刻，英国广播公司电视台新闻频道通过更新屏幕下方的滚动新闻播出了该消息："英国广播公司了解到首相办公室的工作人员向反霸凌慈善机构抱怨他们所受到的待遇。"这是英国广播公司"首次发布"全国霸凌服务热线这一事件，而此时新闻频道正在现场直播影视明星们在伦敦举行的英国电影和电视艺术学院颁奖典礼上走红毯的盛况。（BBC；2010b；BBC News，2010a）

下午6点04分，英国独立电视台新闻频道将露西·曼宁的"霸凌门"事件作为头条进行了专题报道，演播室节目主持人在唐宁街10号外面进行现场采访，在这里，曼

宁透露了全国霸凌服务热线负责人克里斯汀·普拉特(Christine Pratt)的声明。声明如下:"我们接到的电话显示唐宁街存在霸凌文化,不管戈登·布朗(Gordon Brown)是否是施暴者,我们不得而知。我们知道的是在唐宁街10号工作的人请过病假,因为这对他们的健康有影响。"(ITV News,2010c)

英国广播公司和英国独立电视台是因为足够信任全国霸凌服务热线声明的准确性,才将这条消息作为晚间新闻主要内容进行报道的。然而,第四频道却采取了不同的方法。回想一下,他们的主持人克里希安·古鲁-穆尔蒂在与推特用户的互动中意识到,著名的保守党议员——安·维特库姆(Ann Widdecombe)是全国霸凌服务热线的赞助者之一。第四频道新闻台也将"霸凌门"事件作为报道头条,并对罗恩斯利进行了专访,但是他们也并没有在节目中提及全国霸凌服务热线,尽管第四频道的报道团队知道这一信息(Channel 4 News,2010c)。显然,第四频道新闻台是知道这些细节的,因为它和英国独立电视台都从母公司独立电视新闻公司(ITN)获知了消息,尽管它们来自不同的部门。因此,由于新闻源的不确定,第四频道做出了相关的编辑决定,延缓对全国霸凌服务热线做进一步报道。虽然不能肯定地说,记者在推特上的互动促成了这个决定,但我们可以推断这是一个重要因素。

当全国霸凌服务热线的新闻刚刚出现在英国广播公司新闻频道屏幕下方的滚动新闻以及英国独立电视台下午6点的电视新闻中时,报纸立即对此进行了跟进报道。 71
下午6点29分,《星期日电讯报》成为第一份在其网站上报道全国霸凌服务热线事件的报纸(Sunday Telegraph,2010b)。直到下午7点02分,英国广播公司才第一次对其进行了全面的新闻报道,包括对全国霸凌服务热线负责人克里斯汀·普拉特的视频采访,以及英国广播公司政治新闻的副编辑詹姆斯·兰德勒(James Landale)在现场的补充性评论(BBC News,2010b)。兰德勒的报道还包括对布朗霸凌行为的第二次否认,这次是来自内阁办公室,内阁办公室表示内阁秘书长格斯·奥唐奈爵士并没有和首相谈论过他的行为。詹姆斯·兰德勒的报道刚刚结束,他的资深同事尼克·罗宾逊就更新了他在英国广播公司的博客,认为当天早些时候,曼德尔森勋爵为首相辩护的言论"事与愿违",但这篇博客文章再次没有提及"全国霸凌服务热线"的事情(Robinson,2010b)。这一新闻框架正在转变,这是一个充满不确定的时期。两分钟之后,《星期日电讯报》在下午6点29分的报道之后又补充了更多的材料,充实了关于服务热线的说法(Sunday Telegraph,2010a)。随后,报纸争相整合新信息,大量的新文章相继发表。在接下来的4个小时内,《每日星报》(7:19pm)、《星期日镜报》(7:30pm)、《星期日邮报》(8:31pm和10:46pm)、《太阳报》(9:19pm)、《金融时报》(10:27pm)和《泰晤士报》(11:18pm),所有这些报道都增添了关于普拉特和全国霸凌服务热线的消息。然而,这些在线报纸的文章中没有一篇提到该组织备受争议的起源和地位问题(Barker,2010;Coates,2010a;Daily Star,2010b;Sun,2010;Sunday Mirror,2010;

Walters,2010b)。

出于对全国霸凌服务热线身份的怀疑,维哥·辛格·瑞亚特(Vijay Singh Riyait)通过自己的博客(www.sikhGgeekecom)在下午 9 点 16 分向第四频道的克里希安·古鲁-穆尔蒂发送了一条推特信息,他不是记者,而是一位 IT 工程师和工党的积极支持者。瑞亚特指出,6 个月前一个匿名的博客成立,它为那些对全国霸凌服务热线不满的人士提供了渠道。一篇标题为"霸凌服务热线:如果你被霸凌了,你最不需要的东西"的博客,对该组织的工作实践提出了质疑,尤其是它与一家名为人力资源和多样性管理(HR & Diversity Management)公司的关系,这家公司的老板是克里斯汀·普拉特和她的丈夫(Anonymous,2010)。这个无名博客的链接是由琼·安妮·布朗在当天晚上早些时候发布在推特上的,她是一家名为"尊严工作"(Digity Works)公司的负责人,"尊严工作"是一家管理咨询公司,也是全国霸凌服务热线的竞争对手,专门从事工作场所的"欺凌和骚扰"救助(Brown,2010)。该链接已经在新兴的推特风暴中被广泛传播,现在的焦点集中在所谓这条热线与保守党的联系,它的慈善地位、工作实践以及其负责人的公关行为上。IT 工程师和业余博主瑞亚特已经选择了琼·安妮·布朗的链接,并决定通过古鲁-穆尔蒂将其转发给第四频道新闻频道。

72 在几个小时之内,全国霸凌服务热线的动机就被质疑了。来自慈善和管理咨询部门的一系列新的角色正在加入新闻生产聚合体中。这些人正在寻求将"霸凌门"事件作为宣传自己工作的手段,以及用来批评竞争对手涉嫌违反客户保密的道德规范 。推特使这些角色能够干预和塑造新闻的流向,因为他们表达的怀疑态度有助于提高关注此事的记者和博主对全国霸凌服务热线组织地位的认识。推特使这些行动者能够干预和塑造新闻流,因为他们所表达的怀疑态度有助于提高记者和博主们对全国霸凌热线组织地位的认识,这些记者和博主们正在监控他们的推特反馈动态。

这种不断增长的质疑很快就开始反映到"主流舆论"中。第一个迹象出现在星期日晚 9 点 35 分,英国广播公司政治编辑尼克·罗宾逊发表了一篇言语谨慎的博客文章。罗宾逊报道了对全国霸凌服务热线的质疑之声,并且提到保守党领导人大卫·卡梅伦在热线服务网站上发表的一项支持性声明。他也报道了唐宁街已经对全国霸凌服务热线的指控做出的回应,声称他们从未与该组织联系过。另外据透露,工党议员安妮·斯内尔格罗夫(Anne Snelgrove)在热线成立时也帮助其宣传过,但是当她意识到有人抱怨该组织将求助电话转给克里斯汀·普拉特丈夫经营的私人咨询公司时,她便与其断绝了联系。罗宾逊继续说:"我们同事调查了慈善机构的基本状况,并对普拉特女士的说法提出了质疑。当然,我们不能确认她的指控的真实性——只能对其进行报道,并报道唐宁街对此的回复。"(Robinson,2010c)

在罗宾逊的博客文章发布不久,另一个反霸凌的慈善机构"霸凌在英国"(Bullying UK)也介入了此次事件。它在其网站上发布了一份措辞强硬的新闻稿,批评全国霸凌服务热线违反了保密规定，并向尼克·罗宾逊的推特账户发送了一条信息，提醒他发布这一消息（Bullying UK，2010a，2010b）。与此同时，读者们在罗宾逊的博客上发表了大量评论，指出克里斯汀·普拉特作为消息来源的可信度存在问题。

尽管如此，在这一点上，依然没有专业记者愿意公开质疑普拉特的证词。当晚接近尾声，第二天的报纸正在最后定稿的过程中，随着政治信息周期进入周一上午，全国霸凌服务热线的声明似乎将占据头条。新闻框架得以很好地平衡。

谁是全国霸凌服务热线?

不过星期天晚上 11 点 28 分，还是发生了另一件具有决定性转变意义的事件。一位左派的业余博主亚当·比恩科夫（Adam Bienkov）在他著名的政治博客“保守党的巨魔”（Tory Troll）上发表了一篇文章。该文章的标题是：“谁是全国霸凌服务热线？”比恩科夫写道，整个故事“立即有股奇怪的味道”，他批评英国广播公司没有核查事实。此外，他整晚都在研究公开的在线资源，例如慈善委员会网站和互联网的 Whois 数据库，它可以列出网络域名的所有者。这些消息来源显示，一些资深保守派人员与热线有关联，而且它与保守党控制的斯温顿地方议会有一些非正式联系，该热线提交账目的时间较晚，而且“自成立以来仅登记了 852 英镑的支出”。（Bienkov，2010）比恩科夫随后在推特上发布了一条链接，几分钟后，工党议员凯丽·麦凯锡（Kerry McCarthy）将亚当·比恩科夫的博文转发给了她的 6,000 名关注者，而这条推文在深夜又被转发了数百次（McCarthy，2010a）。比恩科夫的博客文章以可读的形式汇集了推特上分散且支离破碎的正反两方面的信息。

在 2 月 22 日星期一凌晨，随着政治信息周期进入最后的决定性阶段，报纸的数字版也被上传。关于全国霸凌服务热线的不确定性持续存在，并表现为主流报纸对此缺乏共识。英国的《独立报》（*The Independent*，British newspaper）和《卫报》仍然没有提到克里斯汀·普拉特的指控，尽管它们也发表了罗恩斯利书上的某些章节（Anderson，2010；Ashley，2010；Guardian，2010）。直到上午 7 点，《卫报》才发表了由乔纳森·弗里德兰（Jonathan Freedland）所写的评论文章，文中提到了全国霸凌服务热线，即使是这样，它依然坚持中立立场（Freedland，2010）。然而，到目前为止，关注重点再一次转移到广播电视的演播室。为了辩护自己的主张，普拉特出现在早间播出的两个重要全国性电视节目中：英国的早安电视台（GMTV）和英国广播公司的早餐节目（BBC Breakfast）。更重要的是，她也和工党议员安妮·斯内尔格罗夫一起出现在英国广播公司第四频道极有影响力的节目《今天》（*Today*）上。作为采访的一部分，《今天》的主持人约翰·汉弗莱斯（John Humphrys）宣读了那些对热线组织心怀不满的客

73

户发来的电子邮件摘要，认为普拉特丈夫的公司过去一直在向被称为慈善组织机构的联系人“争取业务”。这些电子邮件是由安妮·斯内尔格罗夫转交给汉弗莱斯的（BBC Radio 4，2010c）。很明显，新闻框架现在转向对全国霸凌服务热线的全面怀疑。

克里斯汀·普拉特在电视和广播节目中的露面又为报纸提供了新素材。《每日星报》和《每日电讯报》都对普拉特的采访进行了简单报道（Daily Star，2010a；Irvine，2010）。尽管如此，从背景上看，事情正在发生转变。上午9点29分，英国广播公司的政治记者劳拉·昆斯伯格在推特上发布了热线组织的一个赞助人凯里·库珀（Cary Cooper）教授已经从热线组织董事会辞职的消息。库珀是管理和职业研究领域的著名学者，多次在媒体上露面。他的辞职是对整个“霸凌门”事件新闻框架的一个重大打击。

也许感觉到这个故事的影响力已经开始减弱，保守党领导人大卫·卡梅伦现在试图抓住这个主动权。在上午10点45分，在伦敦东部的一场预选会议讲话时，卡梅伦在提问环节建议应该针对唐宁街霸凌问题的指控展开一场官方的调查。他建议由前议会标准委员会委员菲利普·莫尔（Philip Mawer）爵士负责推进这项调查。很快，保守党家园网站的编辑，也是这场会议的参会者蒂姆·蒙哥马利（Tim Montgomerie）就在推特上首先公布了这一信息。半小时后，英国广播公司的劳拉·昆斯伯格也在推特上发布了卡梅伦要求进行正式调查的消息（Kuenssberg，2010a；Montgomerie，2010b）。可以理解的是，卡梅伦的干预对新闻议程产生了巨大的影响。在40分钟之内，《泰晤士报》发表了一篇文章，声称该报在前一天晚上与普拉特联系，当时她告诉记者：“他们（唐宁街10号的工作人员）已经通过电子邮件和电话联系了他们（全国霸凌热线组织），而且他们（全国霸凌热线组织）可以看到用于下载他们文献的电脑。”（Coates，2010c）

这个不断发展的故事现在几乎被媒介实时干预着。两分钟后，上午11点36分，劳拉·昆斯伯格发布推特说，劳工部长曼德尔森爵士曾指责保守党“指挥”了克里斯汀·普拉特的行动。上午11点47分，《泰晤士报》记者珍妮·布思（Jenny Booth）报道，卡梅伦和现在的英国反对党自由民主党领导人尼克·克莱格都呼吁对此进行官方调查。5分钟之后，劳拉·昆斯伯格（Worner Kuenssberg）发布推文报道，保守党“完全拒绝他们与慈善机构有任何关系的说法”，很明显她已经与保守党联系了，并要求他们确认或否认曼德尔森爵士的指控（Jo Booth，Kuenssberg，2010b，2010e）。

74 焦点再次转回到了广播电视领域。英国广播公司第四频道有影响力的午间新闻节目《同一个世界》（*The World at One*）从上午10点左右开始播放曼德尔森勋爵的讲话，同时又报道了保守党强烈否认对他们与克里斯汀·普拉特有联系的指控。该节目主持人玛莎·卡尼（Martha Kearney）采访了前工党总书记彼得·瓦特（Peter Watt），他谈到布朗偶尔会脾气暴躁。卡尼还采访了凯里·库珀教授，他表示他已经从全国霸凌服务热线辞职了,原因是该热线违反了客户机密。竞争对手“霸凌在英国”机构的负责人丽兹·卡内尔(Liz Carnell)也接受了采访,据报道她已经要求英国慈善委员会(U. K. Charity Commission)对普拉特的组织就涉嫌违反保密规定进行调查(BBC Radio4,2010d)。

下午2点04分,克里斯汀·普拉特出现在天空新闻台(Sky News)上,这是她对霸凌门事件的最后一次电视直播采访,距离她最初的介入只有大约22小时。下午3点25分,唐宁街发表了第三次否认声明。下午4点24分,劳拉·昆斯伯格发布推文称,行政部门负责人格斯·奥唐奈爵士再次证实,他从未就布朗提过任何担忧 。下午4点37分,安德鲁·罗恩斯利在推特上直接回应了这一否认:“格斯·奥唐奈爵士对首相谈到过他的行为,我的消息来源不能再可靠了。”他说。然后,戈登·布朗接受了《经济学人》杂志的采访,进一步否认这些指控(BBC News;2010c; Economist,2010; Kuenssberg,201Cd;Rawnsley,2010c;Sky News,2010b)。

与此同时,全国霸凌服务热线机构正在分崩离析。它剩下的三位赞助人都宣布从董事会辞职:电视节目主持人莎拉·卡伍德(Sarah Cawood)、保守党议员玛丽·奥康纳(Mary OConnor),更重要的一位是,保守党议员安·维特库姆(Ann WiddeG-combe),正是她与该组织的联系导致了人们对该组织与保守党结盟的怀疑,这首先引发了推特用户和博主亚当·比恩科夫对其的调查。到了星期一傍晚,报纸网站开始报告热线组织赞助人的辞职,而不再是普拉特对罗恩斯利书中所谓的事实的确认(Daily Mirror,2010b)。

当英国最受关注的电视新闻节目,英国广播公司《十点新闻》在周一晚间播出时, 75
“霸凌门”事件实际上已经接近尾声。英国广播公司主导了这一事件。虽然重申了卡梅伦和克莱格要求进行官方调查的呼吁,但它也报道了英国慈善委员会目前正在调查全国霸凌服务热线的消息。英国广播公司派出一名记者约翰·凯(John Kay)到热线组织在斯文顿的总部,以此证明其办公室就在当地保守党办公室的隔壁。尽管英国广播公司没有给出自己的结论,但它的报道很大程度会增加人们对克里斯汀·普拉特可能存在某种政治动机的猜测。英国广播公司的政治编辑尼克·罗宾逊指出英国广播公司“爆料了”服务热线机构的事情,但严格意义上讲实际并非如此。面对镜头罗宾逊最后说,“现在正式官宣了。在我后面的这栋房子里(唐宁街10号)没有霸凌行为,不会再有任何调查,至少在内阁大臣的最新声明中, 他也没有发出任何警告”(BBC News,2010c)。罗宾逊接着说,这个故事引起了公众对首相性格的广泛关注,但是事实是他以官方否认作为这场报道的开场,这意味着最初的故事框架在三天之内发生了如此快的变化。

最后,英国慈善委员会在2月25日召开了记者招待会发表了声明,表示他们正在对针对全国霸凌服务热线机构工作情况的160起投诉进行正式调查。该服务热线停止了相关业务(U. K. Charity ComG mission,2010)。

现在我转向几个星期后的事件,也就是本章的第二个案例研究:2010 年英国首次对首相辩论的电视直播。

英国大选首相辩论的首次电视直播

融合与抢夺先机

76 大选辩论第一阶段的政治信息周期在辩论开始之前早早就开始酝酿了,并且通过对事件形式和时机的独特把握,整合和抢占潜在的实时反馈。在经过政党战略家、记者和电视制片人参加的无数次会议,制定了 70 多项独立规则之后,参与大选辩论的规则条款在 2010 年初出台。(ITV,et al.,2010)这些规则在第一场辩论中几乎没有被提及,但却在独立电视台综合辩论网站的显著位置上被展示出来。这些达成共识的规则要求:不得在辩论开始之前将问题透露给候选人;观众不得鼓掌欢呼、喝彩以及起哄;节目制作人不会使用特写镜头来特别关注观众对候选人陈述的反应以及辩论主持人不会介绍观众提问范围以外的内容。甚至在观众是否被允许因笑话而发笑的问题上也存在一些模糊性;他们确实笑了的话,则被视为一种暴露了不确定性的矜持。

我们非常清楚地看到英国广播公司对之前美国总统大选辩论的形式和基调给予非常密切的关注。电视辩论的形式人们已经非常熟悉。3 位候选人并排站在各自的讲台后,面向主持人以及英国独立电视台在曼彻斯特格拉纳达电视演播室里精心挑选的一小群观众。候选人的开场和结束发言都要按照稿子严格控制在 1 分钟内进行,随后回答观众的一系列提问。再次是领导人之间的直接交锋,在此期间的时长会有不同的变化。辩论的前半段都被指定一个明确的政治主题:国内事务、国际事务以及经济问题。这些规则成为媒体报道的主题,在第一场辩论前一天,保守党领袖卡梅伦在英国广播公司电视采访中表明,他担心这种形式可能会被证明是无效的,而且观众们可能会被这种体验"欺骗"。这一动向立即遭受其他党派的强烈谴责,原因是卡梅伦团队既然已经同意规则,却又发表这一声明,这样会体现出该设计形式在很大程度上被政治化了(Stacey & Pickard, 2010)。这一规则还成为英国广播监管机构——英国通信委员会(Office of Communications)接到的 700 个投诉的主要对象(Sweney,2010)。

就像在美国一样,竞选活动在开始阶段,广播和全国性报纸大大落后于电视对辩论的报道。人们一再提到电视在告知公众舆论方面的"历史性"作用。工党竞选活动经理道格拉斯·亚历山大(Douglas Alexander)预言,这场辩论将在一段较长时间内给选举媒体的报道带来影响，可能会占用多达 9 天的竞选时间——每场辩论 3 天。(Wintour，2010)。这被证明是个保守的估计。媒体预告片在竞选正式开始前数周就发布了，在竞选正式开始的第一周，报道逐渐增多，经过电视和主流报纸两天的预热报道后最终达到高潮。在第一场辩论之后的整个星期很大程度上依赖于媒体对在曼彻斯特进行的前 90 分钟辩论的报道，这为随后的两场辩论的报道奠定了基础。

这些提前播放的专题片会关注从美国竞选候选人成功和失败中“吸取的经验”。
1960 年肯尼迪与尼克松那场著名辩论的历史性镜头被一遍又一遍地播放，被反复播 77
放的还有在 1988 年副总统辩论中劳埃德·本特森(Lloyd Bentsen)那句令丹·奎尔(Dan Quayle)颜面扫地的名句“你不是杰克·肯尼迪”(You're no Jack Kennedy)，而人们通常会忘记奎尔最终获胜这一令人不快的事实。电视节目中充斥着各种各样的“肢体语言专家”“语言专家”和民意调查公司的评论。

辩论的日程安排对辩论也会产生至关重要的影响，它为新闻报道和评论的良性综合循环创造了完美条件。所有三场辩论都被安排在周四晚上 8 点到 10 点这一黄金时间段的电视节目中播出。这样的日程安排确保了大选过程与英国精英媒体进行的常规政治报道、发表评论和观点的周期节奏紧密结合，正如我在上面解释的那样，现在伴随着报纸周末版和周日政治电视节目的出现，这一周期达到了高潮。两大最主要的电视新闻机构，英国广播公司和英国独立电视台，每天晚上 10 点都会播放晚间新闻节目，这样的安排意味着他们可以保证将辩论后的报道放在常规时间段进行，从而影响报纸的编辑截止日期。英国最具影响力的政治讨论节目“提问时间”(Question Time)也被安排在周四晚上这一最受欢迎的播出时段，该节目在每次辩论结束后像往常一样很快就会在英国广播公司播出。因此，将辩论安排在周四，与传统的政治广播时间结合起来，是广播公司努力扩大受众数量以及将其权力最大化的一部分。收看第一场电视辩论的观众是 940 万人，约占英国人口的 16%，对于这类节目来说，这是一个巨大的数字。(BBC News Online，2010a)

实时策划

政治信息周期的第二阶段最好被称为实时策划，它涉及以下几个方面：在英国独立电视台和主要报纸的网站上进行的快速、非典型的、自我选择的在线投票；由市民组成的小型工作室使用情绪刻度盘生成了进行实时反馈的“蠕虫”图表(wormcharts)，并将其放在英国独立电视台网站的直播视频上；主要通过推特和脸书进行的公众舆论表达；在整个事件中专业新闻工作者撰写的实时直播博客。

独立电视台的网站会对电视报道进行直播，还安装了由加拿大公司 CoveritLive 提供的滚动评论工具。这使得公众可以在事件发生的同时在视频下方发布消息。独立电视台的网页上还出现了一个可以实时反馈的蠕虫图表，它覆盖了这场辩论的流媒体视频。这是一张动态更新的折线图，它是由在附近的博尔顿西北和博尔顿东边缘选区的房间里配备的拨号盒绘制的，展示了一个选民小组在观看电视辩论时所表现出来的支持和反对意见的变化，这一小组是由 20 名尚未决定投票的选民组成的。(ITV News，2010a，2010b)

《泰晤士报》《每日电讯报》《卫报》、英国广播电视台和微软网络服务都拥有实时博客，而天空新闻、第四频道新闻节目、《泰晤士报》和《镜报》则在其网站上补充了由 CoveritLive 提供的嵌入式即时消息服务的文本评论。(Belam，2010；Collins&Blake，2010；Metcalfe，2010；Sparrow，2010；Times，2010)。由 Tweetminster 网络公司提供的推特“情感追踪器”对带有＃领袖辩论、＃英国选举或＃ge2010 等标题的推特信息进行实时文本内容分析并导入独立电视台网站。总之，在 90 分钟的辩论期间产生了 21.1 万条独立推文，网友们也使用共同的标题发表评论和看法。平均大约每 39 秒就发出一条推文，47，420 的个人推特使用者参与实时讨论(O’Loughlin，2010)。这巩固了推特和脸书所扮演的角色，它们是那些对政治感兴趣的人围绕重要的电视直播事件形成特定话语社区的重要渠道。

一些记者，尤其是英国广播公司的政治编辑尼克·罗宾逊，在辩论刚结束也就是晚间 10 点电视新闻节目之前，就在自己的博客和推特上发文表达了对辩论的初步看法。尽管第四频道没有晚间新闻，但第四频道新闻频道的克里希安·古鲁-穆尔蒂却急于介入，他加入了其他数百名英国记者的行列，在推特上发布实时评论。(Google Replay Search，2010a)

讲到这里，有个问题是：推特用户和电视用户的对比。推特的设计是不对称的，一些知名人士聚集了庞大的追随者大军。一些不大知名却非常重要的人士，特别是那些在威斯敏斯特“村庄”内部或边缘的人拥有的追随者也已经达到数千人。这 47，420 名活跃的辩论推特用户仅占 940 万电视观众的 0.5％。但重要的是这些 47，420 名活跃推特用户所拥有的粉丝数量，换句话说，就是那些潜在的可以接触到涉及竞选辩论相关评论的人数。需要注意“潜在的”：在这种情况下，我们没有办法核实实际接触的人数。不幸的是，这些关于关注者数量的数据是不可能获得的，所以这个假设是建立在对保守估计和从推特上大规模传播的消息得出的推断进行综合考量基础之上的(Kwak，et al.，2010；Ye&Wu，2010)。在辩论期间，工党的阿拉斯泰尔·坎贝尔拥有 4.4 万关注者，喜剧演员克里斯·艾迪森拥有关注者 2.4 万，第四频道新闻的克里希安·古鲁-穆尔蒂拥有关注者 2.7 万。以上三位都是首相辩论进行中的推特活跃分子。当然，这些都是名人，尽管不是大名人，而且我们知道，推特作为一个整体，有很多粉丝相对较少的用户；2009 年 6 月，该公司自己透露，每个用户的平均粉丝数是 126 位(Weaver，2009)。还有一些重要的不可知因素，特别是 47，420 名活跃在推特上的讨论者在网络内相互关注的数量，以及活跃在网络外的个人关注该网络内的多个个人的程度。了解这些，让我们可以人为保守地假设 47,420 名参与讨论的活跃推特用户平均只拥有 50 位“独特的”关注者。这意味着将产生 240 万潜在的受众。然后内容进一步被传播，要么通过推特的转发功能，要么通过选择性地重复他人的消息，通过这种方式，关注者的关注者也有可能被发现。因此，“47,420”名推特用户发布的关于这场辩论的基本统计数据只是事件的一部分，也就是说，由于自身的设计，推特可以迅速扩大规模，让数量惊人的潜在受众接触到政治信息。

因此，各政党急于在推特和脸书这样的社交媒体上找到可以代表自己参与到辩论幕后环节中的人，也就不足为奇了。这样做是为了通过构建一种现场感来制造兴奋情绪和参与积极性，但也试图影响广播公司和报纸的报道。例如，工党在其网站主页上分享了三个实时的推特动态，分别来自“政治家”、“博客作者”和“推特上的工党”(The Labour Party，2010 年)。这些都是精心挑选出来的，对工党有着高度的认可。保守党网站则设置了 CoveritLive 的实时文本评论功能。(Belam，2010)

独立电视台新闻频道和天空新闻台网络主页上有一个脸书链接小工具，可以实时 78
从脸书的“民主英国”页面上抽取评论(Facebook，2010)。《卫报》的网站有一个实时动态，可以不断地更新消息，内容来自本报记者的推文，在线民意调查以及一个比较原始的“情绪追踪器”所提供的信息，个人在观看辩论时可以通过点击“情绪追踪器”上的“＋”按钮或者“－”按钮分别表达对这三个政党的态度。(Sparrow， 2010)。这至少具有透明度的优点，不像几个推特情绪追踪器，它们的文本挖掘算法没有公布。这一事态发展应该表明，如果这类设备的使用成为发达民主国家进行竞选报道的固定特征的话(这似乎是确定无疑的)，那么将存在巨大的问责和透明度问题。《卫报》的跟踪调查存在严重缺陷，据报道，自由民主党中央办公室的工作人员通过自动加载页面的方式操纵了调查结果。在辩论中一旦有活动被发现，《卫报》的在线编辑珍妮吉·布森就会禁止他们使用 IP 地址(Gibson，2010)

在辩论真正结束之前，天空新闻台忍不住开始“分析”候选人的表现。“实时调查公司”Fizzback 对 1,608 名观众进行了短信实时跟踪调查，天空电视台使用了它的中期“结果”，宣布保守党的大卫·卡梅伦为“赢家”，这时 90 分钟的节目才进行了三分之一。Fizzback 分别在 30 分钟和 60 分钟的时候提供了两套中期结果，30 分钟的结果页面一直在天空新闻台的主页上，直到当晚晚些时候完整的结果出炉，结果显示自由民主党领袖克莱格以巨大优势赢得了辩论。Fizzback 使用的是短信民意调查的样本，这些样本来自天空新闻台网站声称的由 1 万人组成的小组，同样是通过短信它还跟踪了他们对具体政策问题的实时反应，范围从－10 到＋10，(Chung，2010)。早些时候，天空新闻台在新闻发布会上表示，Fizzback 的小组成员将来自“超过 6,000 名的选民”，这将是“预先确定代表整个英国的人口”，而“严格的配额抽样和权重结果将由

Futuresight(另一家市场调研公司)提供,以确保结果是可靠有说服力的”。尽管提到了被称为“独特的 Fizzback 人工智能引擎”,但精确抽样和方法并没有公布。(Sky News,2010a)

广播电视公司和报纸试图为数字媒体构建一个特殊的角色。脸书和像 CoveritLive 和 Tweetminster 这样的小众机构被整合到新闻制作中,以增加电视观众的体验价值。他们做的事情是电视媒体本身难以做到的:实时处理大量在线社交网络数据,进行情绪分析,以及将引人注目的结果进行可视化处理。这在本质上创造了一种与以往不同的混合直播模式,一种不依赖于传统的政治广播和报纸类型的活动,而传统的类型——除了实时博客以外——是保守和循规蹈矩的。类似的象征性直播在互动性“真人秀”和喜剧娱乐的节目形式中也曾被使用过(Levine,2008;Ytreberg,2009)正如尼克·库德瑞所说,现场直播现在通常是一种“跨媒体构建”(2002:286)。网络媒体在领导人辩论的电视化呈现方面所发挥的作用,取决于技术专长和对海量数据流的有意“极客”化关注。独立电视台的网页是这种混合式整合的缩影,它的直播视频直接来自电视演播室,与各种跟踪社交网站数据的互联网小工具放在一起。独立电视台主持人阿利斯泰尔·斯图尔特在辩论一开始就直接将注意力转向了网站的功能支持上,他要求观众不仅要跟得上电视报道的节奏,而且还要“登录”网站。(ITVNews,2010a)

79 但这里的问题在于,这种更广泛的整合策略有时会削弱数字媒体在事件即时框架中呈现更多意见表达的功能。数字播放端最终会以符合广播公司和报纸编辑要求的方式定制他们的产品。在线文本的实时情感分析所涉及的精确方法几乎没有透明度,这远非一门精确的科学,但这些数据经常被电视和报纸网站,以及网络公司自己作为社会事实呈现出来。因此,这些实时的数字材料往往只会加强旧的规范性问题,这些问题一般与通过民意调查获取“公众意见”的仪式性途径相关(Herbst,1993)。他们为公众提供了一种净化过的、象征性的存在(Bennett, 1994),这本质上是一种精心策划的、一对多的广播环境。他们的实时操作使问题更加复杂,因为记者解释关键问题的空间更小,比如样本大小、方法、自我选择偏差,以及与用于文本挖掘的未发布算法相关的任何数量的问题。

尽管如此,广播公司本身还是能够利用数字媒体工具,将政治传播专家数十年来常用的、但通常不为公众所知的一些技巧公之于众。后台流程的描述就是一个很好的例子。在辩论开始前的几小时和几分钟里,包括时任英国广播公司首席政治记者劳拉·昆斯伯格(Laura Kuenssberg)在内的几位专业记者用他们的照相手机发布了一些照片,捕捉到了“旋转巷”的一些特征。这里展示的是一个后台空间,专门为辩论后的记者、政治家和各政党的新闻官员准备的,有一个巨大的屏幕和一排排桌子,上面摆满了笔记本电脑、智能手机和笔记本电脑(Kuenssberg, 2010f)。辩论期间,独立电视台拥有其拍摄的后台照片的独家版权(Rogers, 2010),所以对旋转巷的描述大多出自博客作者,尽管是精英人士,比如“保守党家园”的蒂姆·蒙哥马利,他在推特上发布了手机拍摄的照片,这些是保守党资深成员杰里米·亨特,前自由民主党领袖帕迪·阿什当和工党的彼得·曼德尔森在辩论实际结束前向记者介绍情况的照片(see for example Montgomerie,2010 年)。这些半非法的照片显然影响了主流报道。《泰晤士报》的竞选博客在接下来的日子里设法偷偷流出一些照片(Rogers, 2010),那时电视新闻正在报道一些幕后材料,显示政党的沟通团队正和许多记者聚集在一起。这样的报道成为剩下的两场辩论的组成部分,并说明了专业记者如何使用数字媒体的逻辑来颠覆旋转巷的企图(see for example Kuenssberg,2010)。

因此,“过程”和“元覆盖”非常明显(Cappella &Jamieson,1997;Esser ,et al。,2001;Patterson,1993)。然而,这里的含义是模糊的。类似的,如果一些非正式场合,记者、政治家和传播工作人员会聚在一起谈论像一年一度党派会议上领导人讲话这样的重大事件从而形成共识,这些场合在英国几十年来都是被报道的主要政治事件的重要组成部分。(Stanyer, 2001)然而,由于在首相辩论中存在了实时反馈框架,“旋转巷”具有了新的意义。一些记者和博主偷偷拍的手机照片,以及推特上谴责党内工作人员和记者在辩论结束前聚在一起的文章更新,都让公众看到了这些阴谋。这也是元游戏的一部分:新旧媒体逻辑之间同时存在竞争和合作的互动。

实时动员

首相辩论政治信息周期的第三个阶段包括:记者的评论,一系列深入即时的民意 80
调查报道(这次是由已成立的民意调查公司进行的),以及对三个主要政党的代表进行更传统的采访。这些事情都是在辩论之后立即发生的,是电视台记者在后台的新闻编辑室展开辩论后的采访。这表现了媒体存在的紧迫性和重要性,这些事情都是在远离会场最繁忙的地方正式展开的。他们提供了很少的真正意义上的在镜头之外旋转巷中的持续互动。他们主要是来自各个政党的资深政治家,他们的判断不出所料地沿着政党路线出现了分歧。

这一阶段的内容主要是就第二阶段实时策划机制进行讨论。一个很好的例子是独立电视台挑选出一些由 20 人组成的后台反馈小组制作的数据片段,并在辩论期间重新播放该小组为独立电视台网站现场制作的电脑生成的蠕虫图表(ITV News, 2010b)。英国广播公司(BBC)则推出了由益普索·莫里调查机构(Ipsos MORI)提供的,基于 36 名“来自曼彻斯特地区尚未做出决定的选民”样本所做的民调蠕虫分析图。(Ipsos MORI,2010)正如我前面所讨论的,第二阶段产生的信息大多是不具代表性、不透明的结果,在某些情况下还会是一些很容易被操纵的即时民意调查以及情绪追踪器所提供的数据。编辑们出于需要必须在辩论真正结束之前就决定使用哪些镜头，到晚上 10 点播出的电视新闻最后截稿之前，他们都在争分夺秒地对视频包进行编辑。

在辩论结束后几分钟内，四项“传统”但即时的民意调查均采用了透明的抽样方法。这些方法各种各样。舆观调查网 /《太阳报》(YouGov/*the Sun*)对其预先招募的观众进行了在线调查(YouGov，2010)。康雷斯调查公司/独立电视台新闻频道(ComRes/ITV News)使用自动电话对预先招募的 4，032 名公众进行调查(ComRes，2010)。《泰晤士报》/Populus(The *Times*/Populus)依赖于预先招募的在线小组，从其中抽样 1，004 名个人(Populus，2010)，安格斯·里德使用了一个在线小组，小组成员的回答在民意调查实际上结束之前就被直接过滤并实时上传到其网站上(Angus Reid Public Opinion，2010 年)。所有的这些民调都清晰地显示尼克·克莱格将成为这场辩论的赢家。保守党领袖大卫·卡梅伦除了一项之外其他都排名第二。辩论结束 15 分钟后，独立电视台晚间 10 点的新闻节目就公布了康雷斯调查公司在辩论后所做的民意调查。结果是克莱格获得 43%的支持率，卡梅伦获得 26%的支持率，戈登·布朗获得 20%的支持率 (ITV News，2010b)。这项民意调查显示了克莱格的突破程度，以及他在塑造政治信息周期的第四阶段中发挥的关键作用。

81 如果实时信息不透明或有缺陷，对于这些辩论后的民调调查，我们能说些什么呢？所有调查都是由遵守英国民意调查委员会工作守则、声誉良好的民调公司进行的。然而，由于他们在决定记者的解释框架方面具有如此大的影响力——或许即时可用信息的唯一替代来源是在辩论后对来自不同党派带有政治偏见人员的采访——我们需要考虑伴随着对及时反馈进行的民意调查而来的不可避免的妥协。4 月 29 日第三场辩论结束后，康雷斯调查公司/独立电视台新闻频道进行的民意调查暴露了一些潜在的陷阱。这次调查显示卡梅伦以 36%的支持率赢得了辩论，克莱格获得了 33%的支持率，布朗获得了 26%的支持率。因此可以看出投票意向的调查样本并不具有代表性，至少从大约在同一时间进行的其他民意调查来判断是这样 ：在这次调查中 36%的受访者是自由民主党的支持者，35%是保守派的支持者，只有 24%是支持工党的。(Gibbon，2010)如果我们假设一个特定政党的支持者更有可能对该党领导人在电视辩论中的表现持支持态度，那么民意调查样本的大体面貌就成为影响其结果的一个重要变量。在这个案例中，调查结果夸大了克莱格的支持率。尽管互联网能够让民意调查公司公布他们的调查方法供所有人查看，但在争相公布竞选结果的过程中，记者和主持人很少强调这些方法。

发酵/扩展

政治信息周期的第四个阶段包括广播公司和报纸在辩论后所进行的更为详细的

分析和评论。首先来看英国广播公司旗舰级的长期公共事务节目《新闻之夜》。辩论结束一小时后,新闻主播和两名记者对辩论进行了详尽的剖析,举办了一场包括前政党沟通顾问在内的专家圆桌会议,以及一场由“肢体语言专家”、《泰晤士报》餐厅评论家以及电视评论员 A. A. 吉尔主持的会议。(BBC2,2010a)此时,主要报纸的编辑们正在决定第二天印刷版的头版要刊登的内容,他们的网站也更新了对这场辩论的分析。第二天绝大多数的报纸,包括支持保守党的媒体,都对克莱格的支持率“激增”进行了报道。(Chapman,2010;Daily Star,2010d;T. N. dunn,2010;Grice,2010;Lyons&Beattie,2010;Pierce,2010;Porter,et al.,2010;Watson & Coates,2010;Watt&Wintour,2010;Yelland,2010)

对于广播公司来说,辩论对日常新闻价值的影响是立竿见影的。辩论结束后的第 82
二天早上,报纸的印刷版都在报道这场辩论,与此同时主要的议程设置者——英国广播公司第四频道的广播节目《今日》、英国广播公司第五频道的现场直播节目以及英国独立电视台和英国广播公司的早间电视节目——都充斥着与辩论相关的评论。在英国广播公司第四频道广播早上 8 点新闻节目之后黄金时段播出的节目《今日》对弗兰克·伦茨进行了专访,伦茨是一名美国民意调查专家和政治顾问,长期以来是英国广播公司的座上宾。(BBC Radio 4,2010a)前一天晚上,伦茨领导着一个由 32 人组成的“焦点小组”为《太阳报》制作完成了实时蠕虫图表,这个小组是通过拨号获取反馈的。《太阳报》拍摄了伦茨和小组成员工作时的情景,并在第二天的网站上重点播放了一段经过编辑的视频剪辑。伦茨和他的小组给出了明确的判断:尼克·克莱格以巨大优势获胜。(luntz,2010)

周五日间和晚间新闻简报广播的同时,最受欢迎的政治博客——伊恩·戴尔、圭多·福克斯、保守党家园、劳工名单、左脚向前和自由民主之声——也在线上进行持续地讨论。(Conservative Home,2010a;Fawkes,2010;Labourlist,2010;left foot Forward,2010;Liberal Democrat Voice,2010)到目前为止,YouTube 上有几百个经过编辑的视频剪辑,这些视频都是由新闻机构、政党和公众上传的(YouTube,2010)。推特用户继续用 # leadersdebate、# ge2010、# ge10 和 # ukelection 标题来标记他们发布的信息。(Twapperkeeper,2010b)这种情况一直会贯穿到余下的竞选活动中,并且就像之后我们会看到的那样——有趣转折即将发生。

到周五晚上,英国广播公司、独立电视台和第四频道新闻台都报道了另一件事——冰岛火山灰云导致英国机场关闭。但尼克·克莱格胜利的热度依旧紧随其后。周五晚间的深度报道包括第四频道的新闻专题节目《事实核查》,它报道了那些有关大卫·卡梅伦在辩论中对当地警力浪费的夸大说法。作为一种常态,《事实核查》的记者团队全天使用推特发布“宣传片”,并与潜在的观众就晚间新闻的内容进行互动(Channel 4 News,2010a)(有关“事实核查”的一般意义,请参阅第 8 章)。在周五晚上的报道中，我们还看到了第四频道晚上7点播出的新闻节目中播放了一部非凡迷你剧的第一期。这个节目的名字为《英国的下一任老板》，有一名演播室观众和三位专家嘉宾："企业家詹姆斯·卡安，喜剧演员，现任领导顾问鲁比·瓦克斯以及商业心理学家艾德里安·阿金森博士。"正如主持人克里希安·古鲁-穆尔蒂解释的那样："谁有领导这个国家的人格魅力以及处理危机的特质？关于英国的下一任老板，我们将仔细观察三个主要政党的领导人……这是一个政策空白区，因为对首相最大的考验无法在竞选宣言中体现出来。"专家小组首先对前一晚领导人辩论时的声像片段进行了评论。广播媒体逻辑占了上风。

第四阶段的剩余时间从周末一直持续到周一，这反过来又为竞选活动的第三周的第二轮辩论奠定了基础。周五的评论和分析对周末版报纸的记者稿件截稿期限以及编辑对周末报纸印刷版内容和版面的最终决定都是有影响的。周日早间的政治电视节目掩盖了周四晚间首相辩论的影响，并以此作为强调第二场辩论重要性的一种手段，第二场辩论定于仅仅四天之后举行。克莱格在电视辩论中的出色表现再次主导了报道框架。

争　论

83 整个周末，各个政治派别的组织都非常积极地利用广播和报纸进行报道，之后，自由民主党带着在(传统的)民意调查中取得的巨大进展开始了第三周的竞选活动。一些民意调查显示他们几乎与保守党旗鼓相当；在大多数情况下，工党出人意料地降至第三位(T. Young，2010)。《太阳报》在其周一早上的头版上刊登了尼克·克莱格的胜利消息(T. N. D，2010)。突然之间，选举变成了一场真正的三党竞争，这在媒体中引发了许多发人深省的评论，尤其是像《每日邮报》、《泰晤士报》和《每日电讯报》这样的亲保守党报纸。广播记者也开始对自由民主党的政策纲领进行更严格的审查。这一点在英国广播公司主要的新闻节目中也有明显体现，现在这些节目的报道框架都是以"谁是真正的尼克·克莱格"展开的(see for example BBC Radio 4，2010b)

电视在自由民主党崛起中发挥了主导作用，它提高了公众对克莱格作为领袖和自由民主党作为一个政党的认识。然而，早期迹象表明，互联网也在发挥重要作用。自由民主党成为英国第一个拥有脸书群组的政党——尽管这是一个非官方的团体——以此招募比该党付费会员更多的成员。在首场电视辩论举行的两天前，由一位年轻的自由民主党活跃人士本·斯托克曼(Ben Stockman)组织的名为"我们将对机器的愤怒排在首位，我们可以让自由民主党执政！"的团体成立了。(We Got Rage against the Machine to Number 1...，2010)该脸书群组的名字来自一项成功举办的在线慈善筹款活动，该活动旨在阻止2009年"X音素"选秀节目的获胜者登上音乐排行榜榜首。

在第一场辩论开始后的3天内，该群组的成员迅速增长至10万多名。这使得它远远领先于其他政党的脸书群组和粉丝页面，不管是官方还是其他，到三周后的选举日，该群组的成员达到16.5万。早期反对X音素的网络运动是一个新媒体逻辑对抗旧媒体逻辑的事件（在这个事件中电视选秀节目不具有真实性），然而自由民主党的“愤怒”群组却是非常不同的。这是一个新媒体动员的例子，它有助于广播电视媒体在电视辩论中对克莱格的真实性进行再现。

一些辩论后的民意调查似乎表明，自由民主党在35岁以下的选民中获得了新的重要支持（Helm & Asthana，2010b）。克莱格自称是取代“老派政党”的“新鲜”血液，这是基于他所谓的“真正的改变”的叙述。脸书上的“愤怒”群组就是这种“外部”吸引力的有力证据。立场摇摆不定的选民，尤其是从年轻到中年这些受过教育的中产阶级公民主导着网络政治，他们正在寻求一场类似改革的运动。一个无多数议会是他们的目标，这将导致选举改革，并成为克莱格与工党或保守党联合执政的条件。

自由民主党支持率的增加让支持保守党的新闻报纸感到非常不安，他们现在左右为难，是要报道克莱格的崛起——这显然是一个受草根欢迎的重要政治事件框架—— 84
还是把枪口对准自由民主党。这种紧张关系很快就解决了。几天之内，一旦“克莱格狂热”不可能在短期内衰退，右翼报纸就会转向，在第二场辩论的预备阶段发布大量的批评性报道。例如，《每日邮报》刊登了一系列关于克莱格的精彩报道。其中一种说法是，这位自由民主党领袖曾经在2002年对英国进行过“纳粹污蔑”，当时他暗示，二战的胜利让英国人更难接受其他欧洲国家更加繁荣的事实（Shipman，2010）。这篇文章评论道，克莱格“妻子是西班牙人，母亲是荷兰人，祖父是俄罗斯人，他的职业生涯始于担任布鲁塞尔的一名官员，在担任了一段时间的欧盟议员后，他搬到了威斯敏斯特”。《每日邮报》网站的“讨论”部分主要是关于自由民主党和克莱格的文章，从“真正不友好政党的卑鄙手段”（Oborne，2010）到“自由民主党如何释放6万名囚犯”（Slack，2010）和“自由民主党是充满了影子说客的政党”（Waghorne，2010）

对于克莱格来讲还有更糟糕的事。在第二次电视转播领导人辩论的前一天晚上，《每日电讯报》在其网站上宣布，在辩论日其头版将刊登一篇它所谓的独家调查报道，这一报道称克莱格从三个商人那里获得的政党捐款，并直接转入了他的个人银行账户（winnette & swaine，2010）。在2009年中，《每日电讯报》为了对国会议员的开支进行长达数月的曝光，搜罗并购买了大量文件档案。在《每日电讯报》发表之前，克莱格有机会对这个事件做出回应。他的办公室发表了一份声明，称他用这笔钱支付了一名工作人员的工资，这些捐款在国会议员的利益登记册中被上报过了。当天晚些时候，《每日电讯报》的这篇文章通过保守派网站和推特迅速传播开来。几分钟之内，英国广播公司《新闻之夜》的政治记者迈克尔·克里克（Michael Crick）在晚上大约10点35分也发现了这个消息，他尝试着预测接下来会发生什么事情，并暗示这是一个不同寻

常的发现。(BBC2,2010b)

但在第二天早上——第二次电视辩论的那天——发生了一系列非同寻常的事件,揭示了新媒体逻辑是如何介入那些旧媒体逻辑看似极其强大的领域。随着《每日电讯报》的"独家新闻"在媒体和在线网络上引起反响,很明显,一些记者——无论是左翼还是右翼——都对《每日电讯报》的头版报道开始持怀疑态度。到上午 10 点左右,推特上开始酝酿一场极具讽刺性的在线快闪运动,反映并进一步强化了这种怀疑。成千上万的人讽刺性地在他们的状态更新中添加了"#nickcleggsfault"的标签。这些信息涵盖了从政治观察到荒谬声明,例如"We've run out of houmous #nickcleggsfault"或者"Have hairy toes,#nickcleggsfault"(Twapperkeeper, 2010a)。当天中午,#nickcleggsfault 已成为第三大热门话题标签,不仅在当时的英国 750 万推特用户中,而且在当时的 1.05 亿全球用户中都是如此。

85 突然之间,由于精英和激进分子的怀疑,《每日电讯报》被置于防御地位。意识到克莱格的捐款故事并没有像他所希望的那样受到欢迎,《每日电讯报》副主编本尼迪克特·布罗根(Benedict Brogan)于是采取了不同寻常的措施,在该报的政治博客上发表了一篇辩护文章。然而,到了那个阶段,英国广播公司第四电台的主持人埃文·戴维斯(Evan Davis)在推特上发帖称:"太棒了。推特上的拙劣模仿削弱了媒体对克莱格的攻击(#nickcleggsfault)。《每日电讯报》最终还是需要自我防御了。"(E.Davis, 2010)当天下午晚些时候,英国广播公司的数字竞选记者罗瑞克·凯兰-琼斯发表了一篇关于#nickcleggsfault 标题的博客文章,进一步推动了推特运动的发展。(Cellan-Jones,2010)

当天晚上晚些时候,就在克莱格走上布里斯托尔的舞台参加第二轮领导人辩论之前,他的办公室出示了一份银行报表,证明他没有金融违规行为。《每日电讯报》的干预行为失败了。克莱格财务记录的公开是削弱这次事件影响的最重要直接因素,最终此次事件并没有出现在晚间电视新闻报道中,这一最终结果一部分源于精英记者意识不断增强,一部分也受到当天早些时候进行网络动员的活跃分子的影响,《每日电讯报》的报道并不像它看上去的那样,而是受到过度的党派偏见的驱使。至此,《每日电讯报》花费在"独家新闻"上的努力在新旧媒体一同干预下崩溃了。

随着竞选活动开展,第二场和第三场首相辩论的电视直播将紧紧按照第一场辩论的模式进行,实时播报、流媒体直播、实时在线活动家以及记者的介入干预,成为这些事件中混合媒介系统不可分割的一部分。在第二场辩论开始的 15 分钟内,自由民主党就将克莱格一分钟的开场声明上传到 YouTube,并在脸书和推特上发布链接(Libdemvoice,2010;Pack,2010)。竞选宣传人员和记者在辩论结束前禁不住再次进行互动,而其他人更愿意使用社交媒体渠道进行反馈。例如,《每日镜报》记者凯文·麦奎尔就在推特上报道,保守党的新闻官员保罗·斯蒂芬森"在辩论进行时,试图在布里斯托尔中心向黑客们做简报”(Maguire,2010)。在第二场和第三场辩论中,提前民调和情绪追踪发挥了更大的作用。在第一场辩论后,天空新闻不知道什么原因就放弃了Fizzback,但在第二场和第三场辩论后,天空新闻立即公布了 YouGov 的即时民意调查的结果,结果显示卡梅伦排名第一,紧随其后的是克莱格和布朗。广播采访再一次被这种即时民意测验所框定。到第二次辩论时,英国广播公司和天空电视台(Sky)加入了独立电视台(ITV)的行列,使用情绪刻度盘和蠕虫图表展现由少量观众组成的实验小组的实时反馈。

英国对首相竞选辩论的首次电视直播,从根本上改变了 2010 年英国大选的态势。 86
尽管自由民主党的民调飙升在竞选活动的最后一周有所回落,但“克莱格狂热”现象对选举结果产生了三个重要、切实的影响。第一,曼彻斯特辩论为自由民主党确立了宝贵的财富——竞选势头。保守党和工党的领导人一直处于不利地位,直到竞选的最后阶段。在三场辩论后的媒体评论和临时民调中,布朗自始至终是输家。人们普遍认为卡梅伦在前两场比赛中表现得令人失望;他在第三次竞选中表现强劲,但这只是在投票日前几天的竞选活动中发生的。第二,由于自由民主党在竞选结束时的得票率比竞选前民调中的得票率高出了 3%或 4%,他们避免了在一些席位上因选举结果向保守党倾斜而被淘汰。如果不是受益于首相辩论带来的提振,自由民主党的 57 个席位总数很容易大幅下降。第三,这场辩论大大提高了克莱格在媒体和公众中的整体可信度,使自由民主党顺利过渡到与保守党组成联合政府的历史性阶段,也使克莱格个人克服重重困难,在 5 月 11 日与首相大卫·卡梅伦一起成为副首相。

结 论

英国首相竞选辩论的首次电视直播,揭示了广播电视、纸媒和数字媒体这些主体之间的竞争、冲突以及相互依赖——数字媒体中也包括一些在非正式社交网络环境中组织起来的在线活跃人士——已经成为政治生活媒介化的真正力量。对政治信息周期早期阶段有选择性的实时报道,以及在信息周期的多个节点上,偶尔整合更多的非精英主体参与到新闻构建和争论中来,这些都是备受瞩目的政治事件在媒介化过程中出现的系统性规范。2010 年大选辩论对英国的广播电视来说是打击他们传统竞争对手报业的一个机会,然而大选辩论也被广泛视为一种暴露数字媒体缺陷的手段,这巩固了家庭电视在英国公众政治交流中的主要媒介优势,毫无疑问它也保持了这一地位。关于大选辩论的预演、分析和评论占据了整个竞选活动所有媒体的新闻报道,这使得许多评论员将 2010 年称为“电视选举”年。但这里的分析表明,这个标签只是部分正确,并最终具有误导性。它未能抓住英国混合媒介系统的现实。

对霸凌门事件的分析揭示了同样的运作过程。整个周末，这一轰动性的政治新闻在各大媒体上获得了跨媒体的饱和报道，与此同时网络博客和社交媒体的逻辑与广播电视和印刷媒体的逻辑也混杂在一起。有一本书的内容被泄露给一家全国性报纸，三周后，它又被这家报纸的竞争对手另一家全国性报纸进行了摘录，并将其作为重新启动战略的一部分。一周前，首相出现在一家电视台的谈话节目中，他试图抢占话语权，同时同意接受竞争对手报纸的采访，并在指控公布的前一天，接受一个电视新闻节目的独家专访，对这些指控进行了否认。在一个竞争异常激烈的环境中，记者们在公共场合和网络上相互交流，与普通公民互动，在突发新闻和新信息被特定的广播新闻简报报道之前的几个小时，他们就在网络上、在自己的博客上或在推特上发布了这些消息。一些记者显然在与普通民众的网上互动中获得了有价值的信息。一名后座议员策划了一场推特标题运动，以攻击故事的可信度，迫使这本书的作者在推特上直接回应，为自己辩护。一名业余博主对六个月前建立的一个看似无关紧要的匿名博客档案进行了在线调查，目的是为了揭露一个被大多数主流新闻记者都懒得研究的消息来源的可信度。

87 这些案例揭示了一系列新的实时新闻题材、非精英干预以及精英—积极分子的互动，它们正在对政治新闻的塑造发挥更大的作用。这些新闻制作聚合体由政治和新闻精英、业余或半职业博主、公关行业、数字营销公司和政治活跃公民来主导，但它们也涉及比以往任何新闻周期更多的和更多样化的参与者。

广播电视和报纸现在整合了来自网络领域的非精英主体和网络信息。它们也使用数字营销技术和中介咨询机构，不仅向受众传达围绕政治事件发生的日益重要的在线活动，而且还采用了专业技术，比如吸引人的实时行为数据展示，不过令人惊讶的是，广播电视媒体和报纸仍然缺乏自食其力的能力。传统的广播电视和报纸与新兴的数字流派紧密相接，形成了一种混合但又综合的互补潮流(Bolter&Grusin，1999)。

在某种程度上，这些过程重复和扩大了那些长期以来被认为是广播电视报道的问题面。在首相辩论这一案例中，最引人注目的就是通过实时调查得出的公众舆论存在不真实的表达，它对新闻媒体的象征价值就在于：在混合媒介系统中，人们需要同时为印刷、网络和广播电视创造越来越多的“新鲜”内容，这可能会对减轻这方面压力有一定的吸引力。新闻媒体的偏见可能会影响表面上看似“中立”的新闻设计和报道，像用于监测在线民意表达进行情绪分析的这些技术设备，可能会在未来成为更大的关注点。

这些新闻制作活动的一个重要成果就是提供解释性框架，它们在很大程度上取决于在事件发生期间和事件发生后实时报道是如何策划安排的。但政治信息周期并不仅仅与单个事件或新闻时间的加速有关；“24 小时新闻周期”的想法并没有捕捉到它们的多样性本质。政治信息周期依赖于一种微妙的政治经济时间。这不仅涉及经常演练的沟通的“加速”或“效率”，而且还涉及持续关注的重要性，以及及时创造和对信息采取行动的能力。那些认识到时间和信息传播的重要性的人——什么时候快速行动,什么时候延迟,什么时候集中注意力追求一个目标,什么时候重复,什么时候单独行动,什么时候协调行动——更有可能成为强者。新媒体的逻辑是一个更加多样化的参与主体为了追求他们的价值观和兴趣,可以对时效性进行塑造。在一个充斥着“永远在线”“媒体 24/7”等陈词滥调的时代,在我们目睹着新闻周期同时收缩和延长等看似矛盾的时代,时间经济是政治传播中被忽视却至关重要的力量。在当代,那些有资源介入政治信息周期的人更有能力行使权力;那些缺乏这些资源的人在政治生活中不太有能力获得权力。

在一个日益分散的媒介环境中,越来越多的受众正在远离旧的传播渠道,政治信息周期为受众接触政治内容增加了多个、分散的可能,同时也增加了公民活跃分子介入干预这一过程的机会。他们可以形成一种统一“公共性”的形式,而这种公共性目前正在被媒体碎片化所破坏。

越来越多的政治新闻就是这样产生的。如今,政治媒介的混合方式为非精英主体提供了新的机会,他们可以通过及时干预,有时还可以直接与专业记者进行一对一、微观层面的互动,参与到新闻生产活动中。与怀疑论者不同,博客作者和社交媒体用户并不总是“寄生”于“主流”媒体。同样,职业记者也不会盲目地追踪博客作者和社交媒体用户的每一个在线言论。正如他们过去所做的那样,记者们利用他们相当大的权力和专业资源来影响新闻议程,控制信息的流动,超越他们的竞争对手,并削弱作为后起之秀的新媒体。但与此同时,为了挖掘那些推动新闻故事向前发展,增加其新闻价值的新信息,在线活跃人士和新闻专业人士现在更有可能在日常工作中松散地结合在一起。这些活动大多是偶发的,随着事件展开而实时发生。因此,它很容易被忽视,只能通过基于直播媒体民族志的详细定性研究来重建。

政治信息周期来自于小范围的密集参与,但这不是“众包”或“群体智慧”(Howe, 88
2008;Surowiecki,2004)。精英内部的竞争是这种环境的一个主要特征,而本研究中的非精英参与者大多(尽管不是唯一的)是有动机的和战略导向的政治活动人士,或至少对政治有一些兴趣的人。他们的行为表明,他们意识到,精心安排时间与精英政治家和专业记者的互动,偶尔会在塑造新闻方面发挥作用。少数人做出了真正决定性的干预,我们总是需要仔细注意,弄清楚到底是谁在这些环境中真正发挥了强大的作用。然而,我们同时不应该忽视这样一个事实,普通公民使用数字技术能够从精英政治—媒介网络之外进入内部,有时候可能会通过新方式影响到政治信息的含义和流动。

第五章　政治新闻生产中的权力、相互依赖和混合性:理解维基解密

阿桑奇令和他一起工作的新闻记者苦恼不已,因为他拒绝遵照他们期待的样子行事,……他是一个老谋深算、变化多端的人,不会老实待着的……

——艾伦·拉斯布里杰(Alan Rusbridger)　英国《卫报》编辑[1]

如果我们感到自己有点业余,这是因为我们确实如此……在这一领域每个人都可以说是外行。

——朱利安·阿桑奇　维基解密[2]

如果你想让我们为你做事,那你也要向我们投桃报李。

——大卫·李(David Leigh)　记者[3]

89 一位维基解密的前领导人将维基解密称为"世界上最具攻击性的新闻机构"(Domscheit-Berg,2011:Chapter 10,para.36,Kindle Edition)。英国《卫报》的资深编辑艾伦·拉斯布将里杰认为,2010 年—2011 年美国使馆电报事件堪称"世界历史上最大的泄密"(Rusbridger,2011)。《国家民族政坛杂志》的格蕾格·米切尔(Greg Mitchell)则认为其是一件"令人震惊的泄密事件"(Mitchell,2011)。

然而,维基解密到底是什么?它是一个网站、一份电子邮件清单,还是分布于全球执行安全加密标准的技术设施?它是属于出版行业、专业的在线调查性新闻杂志,抑或是代表匿名客户的公共关系机构?它是一个以精英为中心的游说集团、努力追求生活全方位透明的网络社会运动,还是由一群敬业的积极分子组成的秘密群体?它是激进诗人和艺术家群体、跨国在线黑客网络,还是由慈善机构提供捐款的教育基金会?它是由一系列会议和替代性节日构成的松散联盟?它是真正具有全球性抑或内嵌于某一民族国家的媒介系统?或者它只属于一个人:朱利安·阿桑奇(Julian Assange)?

维基解密包含了上述所有甚至更多的内涵。它的混合媒介逻辑揭示了政治新闻生产过程的重要转变,也为当前时代的政治组织、政治动员和政治传播提出了更具普遍意义的命题。

维基解密对政治新闻的影响

从2006年创立开始，维基解密就对政治新闻产生了重要的影响，这种影响涉及的问题包罗万象，世界上很多国家也都牵涉其中。我们无法保证对维基解密的所有行为 90
都做出相对公平的评判，但是可以对发生的大体状况进行认真思考。

2009年11月25日是美国的感恩节，这一天维基解密公开了超过50万份的机密文件消息，这些信息是2001年9月11日恐怖主义袭击(September 11,2001 terrorist attacks)纽约和华盛顿期间，由美国国家安全局(National Security Agency · United States)收集整理的。2010年7月，维基解密联合英国《卫报》、美国《纽约时报》和德国《明镜》周刊，发布了大约7.5万份有关美国在阿富汗战争(Afghanistan war)期间的军事文件。这些文件包括伤亡人数在内的有关这场冲突所有重大事件的详细报道。在这之前，美国军方一直声称没有平民伤亡相关的统计数字记录(Leigh & Harding，2011：Ch.8，para.10，Kindle Edition)。《卫报》和《明镜》周刊公开了泄密报告，这些报告中提到之前未公布的一支名为特遣部队373(Task Force373)的秘密军事小分队使用实验性的远程武器造成平民死亡的事实。这些报道曝光了特遣部队373正在制定的一份特殊名单，大约2,000名作为关键目标的人士出现在这一将被“杀戮或俘虏”的名单中。这些战术运用带来的平民伤亡造成了联合军队内部越来越深的意见分歧。在接受军方领导的情况下，这一特殊的军事力量所产生的政治影响也引起了世人的关注。这些文件披露了平民伤亡是如何令人沮丧地成为阿富汗日常军事行动的常态以及大多数人很难找到关于这种死亡的官方消息来源。这些详细日志中的大部分内容都未被媒体报道过。企图破坏遏制阿富汗塔利班的军事战略造成的紧张局势也被揭露出来，因为巴基斯坦在两国边境地区对阿富汗士兵发起了进攻(Leigh & Harding，2011：Ch.9，paras.8-24)。

2010年10月，维基解密再次和新闻界的合作伙伴联手，公开了大约40万份与伊拉克战争(Iraq War)有关的机密报告。这些文件揭露了伊拉克军队有系统地进行酷刑和虐待的许多案件，其中大部分被美国当局所忽视。这些报告也对2004年到2009年伊拉克战争期间所造成的至少66,081名平民的死亡事实进行了确认。(这些日志没有包括这场冲突最血腥的时期——2003年入侵)这些被泄露的消息不仅直接打脸没有详细平民伤亡记录这一官方说法，而且还证实了反战智库和运动团体伊拉克死亡人数调查组织(Iraq Body Count)的研究成果。通过分析战事报告，伊拉克死亡人数调查组织得出的结论，有109,932人死亡的记录被秘而不发。将上述死亡人数和他们之前算出的死亡人数相加后，伊拉克死亡人数调查组织公开宣称在2003年到2010年底之间有 99,383 到 108,501 位平民在伊拉克战争中失去了他们的生命(Leigh & Harding,2011:Ch.10,paras.17-19)。

2010 年 11 月的美国使馆电报泄密事件见证了维基解密将大约 251,287 份美国
91 国务院内部机密备忘录文件交给了五大新闻报刊——《卫报》《纽约时报》《明镜》周刊、法国的《世界报》(*Le Monde*)和西班牙的《国家报》(*El Pais*),而这些文件主要来自世界上不少于 180 个国家的大使馆和领事馆的工作人员。有关使馆电报事件的报道持续了数月,单单在《卫报》报道的第一天,其网站就吸引了 410 万独立用户,创造了它的日均最高访问量(Leigh & Harding,2011: Chapter 15,para.24)。使馆电报事件表明,2008 年和 2009 年美国政府要求中央情报局、美国联邦调查局、美国驻联合国工作人员和 30 个美国大使办公室开始着手收集"关于联合国安理会常任代表的人生经历以及生理状况的信息"。这包括虹膜扫描、指纹和 DNA 样本,同时还包括可以追踪到的能够确认的个人数据,例如:经常乘坐飞机人员的飞行记录、密码和加密密钥。高级官员机构内部的电子通信和网络系统的细节也在所要求收集的范围之内。这些监视项目涉及一大批联合国(United Nations)职员,包括联合国领导层和联合国秘书长潘基文(Ban Ki-moon)(R.Booth & Borger,2010;Mazzetti,2010)。对联合国进行暗中监视的行为早有耳闻,但这是第一次被确凿文件所公开证实。在这之前,由美国国务卿希拉里·克林顿(Hillary Clinton)签署的"国家人员情报收集指令"处于完全保密状态。

美国大使馆电报泄密事件所揭露出来的事情远远不止这些。在最初几天新闻报刊报道了一些更为重要的事情。21 世纪 00 年代,不仅以色列(Israel),还有沙特阿拉伯,都曾秘密地敦促美国向伊朗发动袭击,并将其作为遏制流氓国家发展核武器项目的一种手段。沙特领导人建议美国采取"斩首行动"(Sanger,et al.,2010)。美国军方对也门政局的介入比公开承认的程度深得多,这些行动都是由美国军方和也门总统阿里·阿卜杜拉·萨利赫(Ali Abdullah Saleh)之间签署的秘密协定促成的,也门人(Yemenis)声称,他们正是对当地基地组织分支进行不间断袭击的肇事者(Shane & Lehren,2010)。电报泄密事件也使得美国政府对俄罗斯的真实态度被公开,一份好几年之前提交给华盛顿方面的外交文书对弗拉基米尔·普京(Vladimir Putin)政权中官员和黑社会之间相互渗透做过敏锐分析(Chivers, 2010)。朝鲜(North Korea)和中国之间具有深刻分歧,中国(China)对谷歌的政府审查以及美英之间特殊关系的脆弱本质都在所列范围之内。大规模的腐败被曝光,例如苏丹(Sudan)总统奥马尔·巴希尔(Omar al-Bashir)所宣称的 90 亿美元出口大单。壳牌石油公司(Shell Oil)和尼日利亚(Nigeria)之间密切的实质联系也被公布于众(D.Smith,2010)。在一份被泄露出来的 2009 年所写的电报中,美国驻突尼斯大使罗伯特·高戴克(Robert Godec)详细说明并大力批判了由总统本·阿里领导的突尼斯政权独裁腐败的本质,同时也描述了

2011年早期“阿拉伯之春”期间，突尼斯国内越来越动荡的局面如何最终演变为一场全国性的亲民主主义起义的过程(Shane，2011)。受到美国公众舆论支持的突尼斯(Tunisia)反对派预测美国大使在公开场合所发表的言论是对其事业的来自国际的潜在支持。最后，被泄密的电报中也提到了美国、英国和利比亚(Libya)之间的外交关系中不安又有些奇特的紧张态势。最让人担心的是，那时利比亚独裁者穆阿迈尔·卡扎菲(Muammar Qaddafi)因2009年8月在纽约期间所受待遇而倍感冒犯(他曾被拒绝在联合国总部外搭建帐篷)，他因此拖延了原本打算退回给俄罗斯的35吨铀的发船日期，这批铀属于利比亚同意裁减核储备中的一部分。高浓度的放射性物质被放置在Tajora核电站的集装箱内一个月，这期间集装箱未上锁，这潜在地增强了环境灾难发生的风险(Leigh，2010)。

美国大使馆电报泄密事件在美国掀起了轩然大波。来自美国密歇根州的两位共 92
和党议员皮特·霍克斯特拉(Pete Hoekstra)和迈克·罗格斯(Mike Rogers)公开要求判维基解密领导人朱利安·阿桑奇叛国罪并执行死刑。时任2008年副总统候选人的萨拉·佩林(Sarah Palin)公开质疑美国安全服务机构为什么没有亲手将阿桑奇设为攻击目标，按照基地组织和塔利班领导人的评判标准他应成为“恐怖分子”。民主党参议员乔·利伯曼(Joe Lieberman)针对关闭维基解密网站和它的在线支付领导了一系列卓有成效的运动(Arthur，2010；Slajda，2010)。同时，在欧洲，西班牙《国家报》的编辑哈维尔·莫雷诺(Javier Moreno)说，“从国际影响力来衡量，这可能是这份报纸报道过的最大事件”(Moreno，2010)。在2012年秋这本书将要出版之际，维基解密的故事仍在继续，当朱利安·阿桑奇去伦敦驻厄瓜多尔大使馆寻求庇护，试图避免因与两名妇女不端性行为的指控而被引渡到瑞典，他声称这一指控是虚假的，具有政治动机，而瑞典(Sweden)政府则宣称这一切是真实存在的。

总之，维基解密事关重大。但它到底是什么？它是如何发挥如此重要的作用的？对于政治动员和新闻生产它的重要意义又在哪里？

泄密、出版、生产、动员：作为混合媒介行为体的维基解密

维基解密身处更为广阔的人际网络之中。它深受黑客的自由主义文化(hacker culture)传统以及自由和开源软件运动(free and open source software movement)所感染。20世纪90年代，因技术因素被激活的跨国左翼运动最早由环保人士、女性主义者、无政府主义者和人权团体发起，这一运动对维基解密也产生了重要影响。尽管维基解密被认为是一个虚拟的在线网络，然而面对面的互动在这一运行过程中非常重要。由黑客组成的混沌电脑俱乐部(Chaos Computer Club)为参与其中的积极分子在

柏林总部提供了见面的空间（Domscheit-Gerg，2011：Ch.1，para.17）。混沌电脑俱乐部每年举办一次的混沌传播大会以及其组织的众多工作组和各项活动都为朱利安·阿桑奇、丹尼尔·多姆沙伊特-伯格（Daniel Domscheit-Berg）等人进行宣传，为寻求技术专业知识和捐赠提供了平台。混沌电脑俱乐部是维基解密资金构成和完善过程中的重要参与者。虽然是非营利组织，但维基解密会根据某些不同寻常的规划进行运作：它的职工没有直接被付报酬，但可以从德国慈善机构“奥乌-荷兰-基金会”（Wau-Holland-Stiftung）领取组织运行所需费用（Wau-Holland-Stiftung，2011）。这一预算被有条理地进行了框架性分配，主要包括五个方面：“基础设施、广告活动、差旅费、法律咨询和酬劳。”基础设施包括技术花费，广告活动成本包括了编辑工作、审核和匿名数据以及与主要泄密事件相关的媒介生产，法律咨询的有关花销主要集中在组织机构中。个人无权享有这些资助。只有少数几个项目以及活跃分子领导人的报酬“来自绿色和平计划的酬劳”（Wau-Holland-Stiftung，2011）。

维基解密经常会为财政状况而担心，这说明作为新闻工作者、技术平台的提供者
93 和运动中的活跃分子，维基解密这种混合角色为它带来了某些劣势。一封 2009 年发送给先前捐赠者的电子邮件的副本不小心涵盖了一系列字段中的地址列表。据报道，这一列表中只包含了 58 个人的名字。先前知情人丹尼尔·多姆沙伊特-伯格在其书中曾提到过一份有 106 位捐赠者的名单（Cryptome，2011；Singel，2009），但是到了 2009 年 8 月，维基解密数个贝宝账户中的其中一个只有 35，000 美金（Domscheit-Berg，2011：Ch.6，papa.4）。不管捐赠者的数目是 58 还是 106，其中一件事情是非常清楚的：直到 2010 年新闻头版泄密事件发生之前，维基解密都在努力吸引大量资金支持。即便在 2010 年重大泄密事件期间捐赠有了新的增长，但从更为长远和可持续性来看，还是远远不够。

为解决资金问题，各种各样的建议被提出。大家针对该组织是否需要转变为更具持久性的慈善模式这一问题展开了不断讨论，此举遭到了阿桑奇的反对（Domscheit-Berg，2011：Ch.10，para.42）。他们找过包括坐拥亿万资产的金融家乔治·索罗斯（George Soros）在内的富有个人捐赠者。2009 年，多姆沙伊特-伯格和阿桑奇向美国慈善机构奈特基金会（Knight Foundation）资助项目提交了一份计划书，结果石沉大海。2009 年围绕“9·11”文件泄密事件的报道以及后来阿桑奇在混沌通信大会的主旨发言给维基解密带来了大约 2，000，000 美元的捐赠。这使得阿桑奇能够给维基解密核心团队支付一部分花销，并且可以给维基解密网络更新一些计算机硬件。（Domscheit-Berg，2011：Ch.10，para.31）2010 年 4 月，维基解密公布了《间接谋杀》（Collateral Murder）的视频，展示了乘坐直升机的美国枪手在巴格达杀害 12 名平民（其中包括两名路透社记者），电视台非常渴望能在它们的新闻节目中播放这段录像，这就为维基解密通过支付权的形式筹集捐款提供了机会（Domescheit-BERG，2011：

Ch.13，para.21）。作为对捐款的回报，阿桑奇和多姆沙伊特-伯格也接受了媒体的独家采访。2010 年 11 月《华盛顿邮报》报道，维基解密之所以同意《华尔街日报》和美国有线电视新闻网对使馆电报泄密事件进行报道，是基于一份双方签署的保密协议，如果这一协议被违反，维基解密将获得 100，000 美元的赔偿（Farhi，2010）。

新闻报刊和广播对这一重大泄密事件的报道带来了捐款数额的不断增加，到这年 94
年底，维基解密收到的捐款总计达到 133 万欧元或大约 185 万美元。这些捐款中超过一半的部分直接来自银行转账，其余部分来自 25，755 个人的贝宝支付平台（paypal）。贝宝的平均捐款只有 36 美元。2010 年 4 月《间接谋杀》视频的发布让贝宝捐赠人数激增：仅仅一个月 6，359 笔支付就贡献了总共 242，000 美元的款项。这足以使阿桑奇开始着手为维基解密建设一个更加永久性的架构，或者是类似于完成带薪员工职位的设定。2010 年的 11 月和 12 月，大笔资金通过贝宝筹集起来——分别为 69，000 美元和 146，000 美元——但这需要与像 2010 年 5 月（14，000 美元）和 2010 年 9 月（5，000 美元）这样收入捉襟见肘的月份结合起来看（Wau-Holland-Stifung，2011）。临近 2010 年底，瑞典检察官提起了针对阿桑奇不端性行为的指控以及贝宝公司迫于美国政府压力决定冻结维基解密账户，这些都促使维基解密通过银行转账收到的捐款大幅度增加。虽然奥乌-荷兰-基金会以“与个人相关的法律意见或诉讼中的法律代表”为名禁止阿桑奇染指这些基金（Wau-Holland-Stiftung，2011），但仅仅 2010 年 12 月通过这一机制筹集到的款项就超过了 560，000 美元。2011 年，阿桑奇花费的个人法律费用估计在 400，000 英镑（Leigh&Harding，2011：Ch.18，para.17）。为了能够支付这些费用，2010 年 12 月底，阿桑奇和全世界 38 个出版商谈判并签署协议就他的自传出版达成一致，与此同时，阿桑奇给法律团队支付了预付款，让他们与瑞典当局打官司阻止其对他本人的引渡。阿桑奇的自传在 2011 年末出版，他立即对此进行否认，并公开声称他曾经试图通过撤回出版合同来阻止这本书的发行（Assange，2011）。在我写作这本书的时候（2012 年秋），反对对阿桑奇进行引渡的法律上诉程序仍未有结果。

因此，维基解密的资金基础总是处于非常不稳定的状态，即使在 2010 年间捐款有所增长，但它还不足以被称为有一个更具持续性的长久财政来源。但是资金到底有多重要？

对于维基解密的日常运行和出版战略来讲，网络和移动通信是绝对的核心。在加密 Jabber 服务器上的网络即时聊天室通常是日常决策的关键站点，加密的电子邮件也为组织者和网站提供了重要联系渠道，这些网站经过一段时间就会发展成为一个由当地志愿者进行安装、遍布多个国家的服务器安全网络（Domscheit-Berg，2011：Ch.10，para.10）。Skype 在使用的时候就优于普通的电话线（Leigh&Harding，2011：Ch.4，papa.11）。没有联网的加密笔记本电脑按照常规被用于传输被泄密的数据。在经过很长一段相当混乱的无序状态后，这一系统渐渐获得了足够的能力去处理大规模泄密数据以及在主要发布期间每天数百万的网络点击量。虚拟主机被有意放置在一家位于瑞典的互联网服务提供商和网络托管公司(PRQ)手中,因为瑞典拥有相对言论自由的传统以及在抵制网络审查方面比较强大的记录(Khatchadourian,2010)。由哥特弗里德·斯瓦托姆(Gottfrid Svartholm)和弗雷德里克·奈杰(Fredrik Neij)建立的这家互联网服务提供商和网络托管公司精通于保护它们用户的身份和安全,这两位同样也是海盗湾(Pirate Bay)比特流(BitTorrent)目录的创始人。

处理泄密信息的基础设施是需要技术支撑的,这些技术在过去十年发展迅速,为揭秘者提供匿名服务:加密套接字协议层、安全的文件传输协议、FreeNet安全对等网络、大量预先支付的移动电话SIM卡、人造卫星寻呼机、加密电话移动设备以及一种依赖志愿者的安全网络协议Tor(United States Army Counterintelligence Center,2008)。这些技术承载了维基解密的创办信条:揭秘者身份留下的所有数字痕迹需要完全保密,甚至对于维基解密的工作人员来讲也要保密(Domscheit-Berg,2011:Ch.14,para.16)。

和比特流这样分散式对等网络系统一样,维基解密发布消息的公共设施需要依赖
95 分散在法律管辖区内的多个网络服务器,同时这些基础设施也拥有内置冗余,可以被志愿者迅速动员并针对主要站点遭受的合法攻击或黑客攻击实施反击(Arthur,2010;Brian,2010)。这一冗余的重要意义在2008年首次体现出来,当时宝盛集团(Julius Bar Group)成功说服一家加利福尼亚法院发布法令将Wikileaks.Org域名从域名解析系统中清除。尽管如此,承载文档的服务器仍然可以在线使用,《纽约时报》和哥伦比亚广播公司新闻网(CBS News)公布了泄密网站的IP地址,这可以被视为维基解密和专业媒体不断相互渗透的早期合作事例。这一泄密网址在社交媒介之间迅速传播开来,公众可以持续访问该站点直到这一域名在10天之后被重新恢复。在2010年11月使馆电报事件发生期间,维基解密的主要站点再次被它的注册公司EveryDNS从域名解析系统中剔除,这一公司称这样做的主要原因是那些旨在摧毁维基解密网站的大规模分布式的拒绝攻击服务正在影响该公司的其他注册客户。很快,一个新的瑞士镜像域Wikileaks.Ch出现了(Arthur,2010)。两周之内,镜像站的总数达到了1,885(Brain,2010)。这确实令人印象深刻,同时也显得没那么重要,因为电缆通过对等的比特流网络已经广泛分布开来。这一用于发布的基础设施已经使发送私人信件和化解因维基解密的数据泄露引发的法律风险变得更加容易。很快维基解密又拓展出了一种非正式规则,即它总是寻求将那些因解密而引发的咄咄逼人的反击公之于众(Domscheit-Berg,2011:Ch.17,para.43)。为了增强泄密事件本身的曝光率,维基解密致力于煽动泄密事件中的相关主体提起法律诉讼,这种想法会使维基解密倾向于采取极端破坏性方法,而这恰恰不是传统新闻媒介所具备的特征。

因此,维基解密是一种社会技术系统,其功能可见性为它的匿名原则提供了结构

特点和代理机构。它能够敏锐地意识到互联网在泄密期间改变了信息源——新闻记者这一关系的传统动力机制。维基解密内部的公共设施为小群体之间就高度专业化的学科话题进行远距离交流提供了便利，同时还为大量数字数据的跨国快速传播提供了可能。维基解密希望成为“中立的发表意见的平台，纯粹的技术”(Domscheit-Berg，2011：Ch.17，para.19)，这一愿望让它一开始就展示出独特的有别于传统调查性新闻的强劲势头，在传统调查新闻中了解信息来源已经成为验证泄密的关键部分。根据一份被披露的来自美国军方反情报中心2008年报告的描述，这次用于发布泄密的公共设施具备“高水平的技术能力和应变能力”(United State Army Counterintelligence Center，2008)。

所有这些给人的印象是维基解密是一个灵活有序的实体，但事实远非如此。在实践中，通过纯粹技术手段实现完全匿名这一原则被维基解密有选择地进行了运用。例 96
如，2009年5月维基解密的志愿者将他们最想获得的泄密情报编纂成一份公开的维基百科条目，以此主动地去征集有用的信息(WikiLeaks，2009a)。《卫报》记者大卫·李和卢克·哈丁(Luke Harding)报道，美国士兵艾德里安·拉莫(Adrian Lamo)，即美国士兵布兰德利·曼宁(Bradley Manning)被控将他在2010年大使馆电报泄密事件中扮演的角色泄露给的那个黑客，声称阿桑奇与曼宁“取得了联系”并为他能够上传材料建立了加密的文件传输渠道(Leigh&Harding，2011：Ch.6，Paras.13-15)。换句话，在考虑到可验证的泄密信息能够被安全传递这一条件的前提下，全部匿名——纯粹的技术原则有时会被忽略。维基解密不断变换自身风格。它改变了运行模式，有选择地对自创的社会技术系统进行运用，甚至在2010年泄密事件之前，它有时候表现得更像是一队在寻找揭发者的传统调查性新闻记者。

因此，维基解密是多变的、无序的、经常依赖于核心人物的个人资源，有时候可以不紧不慢地实践它的理念。维基解密经常会遇到技术难题——它会在2009—2010年冬天完全离线一个月，它的档案文件在未来6个月内会一直处于无法访问的状态——来自阿桑奇和多姆沙伊特-伯格账户的图片记录了志愿者小组在危机中摸爬滚打的情况。多姆沙伊特-伯格声称，直到2010年秋天在他任职期间，维基解密是一个拥有“大约800名志愿者专家”的网络，但还没形成将他们的智慧和努力整合在一起的有效方式，特别是当它面对验证所泄露的信息时(Domscheit-Berg，2011：Ch.17，para.14，Ch.21，para.13)。

志愿者的低参与度源自缺少在去中心化和即时在线接触之间建立起信任的治理机制。维基解密的最核心部分存在一个基本矛盾：一个分散的志愿者大军如何可能保守住秘密？即便维基解密自称这在一定程度源自人们的误解。这一组织是以维基百科这一传统形式起步的，后来发展出了电子邮件的分发清单，然而出于绝对保密以及对编辑和发布泄密材料做出专业判断的需要，开放的在线共创在维基解密运行过程中并没发挥重要作用。电子邮件清单中的会员大部分处于不活跃状态(Domscheit-Berg,2011：Ch.2,paras.28-29)。

然而重视这一运行过程中的一些关键力量同样非常重要。维基解密利用数字技
97 术能力激发小群体甚至个人发挥出巨大的组织力量。在与外部进行沟通的过程中,他们会提到来自“科技部门”或“法律服务”部门的工作人员,根据多姆沙伊特－伯格所说,他和桑奇利用假名建立了电子邮件收件箱进而对外制造出拥有大量稳定雇员的印象(Domscheit-Berg,2011：Ch.2,para.24)。尽管它本质上具有一定的拼凑性和偶然性,但在主流媒体的世界中,目前还没有人找到能够接近维基解密公共设施的途径。维基解密就是安全硬件、加密软件、相互依赖的信息源网络以及活跃分子和新闻记者的综合体。先把零星的志愿者活动和捐赠放到一边,单就这一社会技术系统来讲,它能够促使维基解密在缺少中央总部和职员的情况下有效发挥全球新闻生产实体的作用。到 2010 为止,维基解密制定了对泄密信息进行验证的运行策略,他们有一份包含 350,000 人名的强大电子邮件名单(Domscheit-Berg,2011：Ch.2,para.43),同时还能够利用在线黑客网络匿名者(Anonymous)的资源。阿桑奇偶尔能够动员起数百名志愿者,有时候还会有数千名志愿者。例如,在 2009 年“9·11”的寻呼信息就出现在志愿者的镜像网站上,同时志愿者进行了大规模分布式合作,对阿富汗战争日志提供的信息进行编辑,这些信息主要来自 2010 年维基解密技术人员专门定制的网络系统(Domscheit-Berg,2011：Ch.2,para.16)。

因此维基解密的组织结构最好被视作一种重叠在一起的、可以不断变换大小的圆圈,处于中央的阿桑奇是“总编辑”,围绕他周围的是“核心团队”。维基解密日常运作是由少数核心队员来管理。核心团队最重要的成员都是活跃分子——是对网络和信息政策问题感兴趣的无政府主义者、环保主义者和自由主义黑客的混合体——但人事部门经常改变,有时还包括受过专业培训的新闻记者。毫无疑问,阿桑奇是其中最有权势的人,但他的权力依赖于专业技术网络的组合。核心团队会随着事件、手头的任务和地理环境的变化而改变。在泄密事件筹备期间,团队处于一种流浪的生活状态,他们因工作需要从一个城市辗转到另一个城市,对那些来自欧洲、斯堪的纳维亚半岛、美国、非洲和澳大利亚的支持者包括政治活动家和媒介工作者所提供的资源库进行深度挖掘。

维基解密虽然面向全球,但它也融入了现有的美国全国和地方专业知识和行动主义网络之中。从激进团体到政府说客再到“类似专业的”新闻机构,这一转变过程需要重要的资源支持。例如,2009 年德国议会正在考虑一项有争议的、旨在过滤在线犯罪内容的新版《访问权阻止法案》,这期间维基解密担任了其技术顾问和说客的角色(Domscheit-Berg,2011：Ch.2,paras.1-32)。在激进分子组成的非政府组织伊拉克死亡人数调查组织的帮助下,2010 年伊拉克战争的文件被发布了。到美国大使馆电报

泄密事件发生几个月后，除了和报纸达成密约外，阿桑奇还进一步与伦敦的媒介建立了网络联系。其中包括来自卡塔尔半岛电视台和第四新闻频道的记者以及伦敦城市大学调查性新闻报道办公室（Bureau of Investigative Journalism）的职员。阿桑奇与办公室内部的媒介公司合作，制作了两部电视纪录片，后来这两部纪录片被卖给了第四新闻频道和半岛电视台（Leigh&Harding，2011：Ch.11，para.16）。

专门小组经过一段时间的高强度密切合作，即将发布新一轮的解密信息。这种方法再次利用了数字媒介的功能可见性和逻辑特点。在远离新闻编辑部的情况下，工作人员在线成功完成了新闻报道的日常任务，并取得了令人信服的效果。维基解密对视听剪辑、画面的数字优化处理和字幕翻译这些工作的完成度完全可以和专业广播新闻以及纪录片的水平相提并论甚至还会超过它们。

间接谋杀

在 2010 年年初，影片《间接谋杀》的创作很好说明了维基解密已经开始像专业媒介制作公司一样，使用数字化工具从事相关工作。但是这部影片也反映了维基解密非常渴望从激进团体的角色出发展现自己对事件的理解，并尝试去设置新闻议程。阿桑奇获得被泄露的视频之后，就在冰岛召集了一个小型团队着手准备，维基解密因为 2008 年公布了破产的冰岛银行贷给投资者的大量贷款清单而在冰岛家喻户晓。他们在雷克雅未克一间出租房内花了一个月的时间对影片进行编辑制作。与此同时，在法律顾问和冰岛活跃分子的协助下，维基解密也去游说了冰岛的立法机构、商业领袖和电子通信供应商，积极支持《现代传媒倡议》这一旨在促进冰岛媒介自由和技术发展的法案的通过（Assange，2011：185-198；Leigh&Harding，2011：Ch.5，para.12）。[4]

加入阿桑奇队伍中的人包括：新组建的冰岛运动党的国会议员贝基塔·约斯多蒂尔（Birgitta Jonsdottir）；荷兰在线活跃分子、商人以及维基解密的捐赠者罗普·格里 98
普（Rop Gonggrijp）；计算机程序员志愿者萨米尔·麦卡锡（Smari McCarthy）；两位电视新闻记者克里斯廷·赫拉芬逊（Kristinn Hrafnsson）和因吉·拉娜·因格松（Ingi Ragna Ingason）；一位活跃分子和资深视频编辑格维兹门迪尔·古德蒙森（Gudmundur Gudmundsson）（Khatchadourian，2010）。赫拉芬逊和拉娜·因格松还自费前往巴格达去采访目击证人并为与影片一同发行的打包媒体材料进行背景调研。

《间接谋杀》反映出维基解密混合特性所具备的优势和不足。鉴于非常渴望给专业新闻机构留下直观的印象，这一团队对视频素材进行了法医鉴定式的分析和编辑，甚至使用了动画箭头来突出关键人物和事件。阿桑奇担任这一团队的节目制作人并领导团队进行工作。他们做了缜密的编辑决策。例如，为了避免观众与直升机飞行员“建立起情感联系”，他们将影片开始时的谈话片段从音频声道中抹去

(Khatchadourian,2010)。他们给电影起了一个非常煽情的题目,这样的设计远比"间接破坏"这一随意用法更能引人入胜,一般而言,"间接破坏"是一种军方用来描述平民死伤事实的婉转说法。他们引用了英国小说家乔治·奥维尔(George Orwell)在1946年所写的著名散文《政治和英语》(*Politics and the English Language*)中的一段话"政治语言,就是让谎言听上去真实,让谋杀听上去值得尊敬,让纯粹的空谈显得无懈可击"来为影片作序。维基解密的所作所为看上去有些像专业的新闻机构,但它带有鲜明的反战信息。它的角色已经从中间人转变为负责任的新闻制作人。

这就形成了一种新的进退两难的局面。《间接谋杀》是一件有重大意义的媒介事
99 件,它立即获得了全球言论自由拥护者的大加赞赏。它促使全球的目光都聚焦在这种随意对待平民生命的不尊重态度上,生动地揭示了超级军事大国眼中的现代战争日益冷酷、超然的本性。这次泄密来自可靠的信息源,与其他重要泄密事件不同,并没有太多人去关注该影片会给地面军事人员带来的安全隐患。与此同时,该片在美国的传媒界也掀起了不小波澜。例如,在纪录片中出现的将受伤儿童运送到安全地点的美国大兵伊桑·麦克德(Ethan McCord),退伍后因在一些电视节目中表达对该片的支持而成为公众人物。

然而,那些影响《间接谋杀》制作与发行的重要力量,也为该片的口碑带来了阴影。批评家认为经过剪辑的视频脱离了事件本身的语境。尽管脚本中清晰记录了飞行员将记者的摄像长镜头误认为是驱动火箭的手榴弹装备,但事实上一些记者确实是全副武装的(路透社之后宣称,为了禁止记者随军采访,它已经修改了相关政策)。在战区,美军军官根据他们平时的训练指挥军事行动。尽管人权法学家马乔里·科恩(Marjorie Cohn)提出这次攻击违反了国际法的几项重要原则(2010),但飞行员通过雄心壮志的话语表达出对此次危险任务的热切期盼也属战争常态的正常反应。然而真正引起争议的最大问题来自维基解密在发布过程中对该片进行明显的专业化"包装"行为。尽管原始视频和编辑后的版本一起发布,但在剪辑后的版本中,完整视频中的几处糟糕的片段实际上被省略掉了,可见《间接谋杀》象征着维基解密正在部分实现从网络激进组织和揭秘人的中间角色到具有意识形态色彩的纪录片导演的转变。与此同时,这种蜕变也带来了威胁,它削弱了维基解密作为一个新闻机构的合法性。所以从那时起,它采取了一种不同策略,这种策略是建立在新旧媒介逻辑深度相互依赖基础之上的。

权力和相互依赖

维基解密从一开始就打算与专业媒介进行合作,这一点非常清楚。2006年他们

找到丹尼尔·埃尔斯伯格(Daniel Ellsberg),邀请他担任这一新计划的“代言人”,丹尼尔·埃尔斯伯格是一位著名的揭秘者,曾在 1971 年向《纽约时报》泄露了与越南战争(Vietnam War)有关的五角大楼文件(Leigh & Harding,2011: Ch.3,para.55)。在 2010 年重大泄密事件发生之前很长一段时间,维基解密一直和《时代在线》(*Zeit Online*)以及商业纸媒《经济周刊》这样的德国新闻媒体保持着非常密切而诚恳的关系。例如,2008 年 11 月维基解密公布了一份报告,这份报告主要是关于选举后的肯尼亚(Kenya)对蒙吉基宗教成员的政治杀戮。它与《星期日泰晤士报》记者乔恩·斯温(Jon Swain)联合报道的这一事件在当时引起了巨大反响。这一合作的重要意义体现在:阿桑奇因为在其中所扮演的角色赢得了 2009 年国际特赦组织新媒介奖项(WikiLeaks,2009b)。维基解密也尝试进行各种试验来激发大家对揭秘行为的兴趣。例如,当美国发布武器装备清单时,这一核心团队就创造了一种交互式搜索数据库,它将机密和一些能够自由接触到的资源混合在一起。之后,他们还向记者们发布了详细的说明书指导他们如何撰写针对武器装备清单的报道(United States Army Counterintelligence Center,2008)。

自此,双方展开了一些基础的合作。维基解密为记者提供素材数据,都是一些与涉及泄密事件相关的重要摘要和指南。对此,记者们可以通过点击链接回到维基解密网站中的数据库寻找资料并有选择地进行发布。这并不代表这一模式已成为双方的共识规范,但却对解释 2010 年维基解密采取了更综合的策略具有意义重大。记者有选择地进行引证,编辑在缺乏信息来源的情况下组织报道,这些话题都是大家关心的并会引发对当代新闻生产中过度竞争的担忧。一些早期实践只会徒增新闻界对维基解密的疑虑,例如,当德国杂志《明星周刊》(*Stern*)的记者在报道一件与法德公路电子收费系统相关的泄密事件时并没有选择相信维基解密(Domscheit-Berg,2011:Ch.4,para.16)。

尽管最初维基解密是根据接收顺序来公布他们所获得的泄密信息,但渐渐地他们
也了解到筛选出最具可能制造轰动效应数据的重要性。维基解密想避免对专业媒介 100
过于依赖,但他们也想对泄密的筹备和发布进行提前谋划(Domscheit-Berg,2011:Ch.7,para.2)。很明显,单单公布大量数据本身根本无法引起专业记者的兴趣。维基解密在这一方面的态度很有意思,这表明了他们对最初目标持有一种模糊态度,并进一步解释了他们转向与新闻机构全面合作的原因。阿桑奇认为,问题的关键是供过于求。记者们被烟波浩渺的数据所淹没。这就意味着提升自身价值的窍门在于先控制数量,随后带动更加紧密的合作。相信这种做法可以引发新闻界更大的兴趣,有利于生产更多可塑性强的报道以及施展更广泛的影响力(Mey,2010)。

从网络到新闻编辑部

2010年夏阿富汗泄密事件爆发时，维基解密已经决定将与新闻记者密切合作作为主要运行模式。核心团队“四处寻找可信赖的合作伙伴”，直到锁定了《纽约时报》《卫报》和《明镜》周刊三家媒体(Domscheit-Berg，2011：Ch.15，para.12)。在事件曝光的准备阶段，《明镜》周刊记者每周都要与维基解密职员见面。而约见《卫报》和《纽约时报》记者也是维基解密这段时间的工作常态，成员们经常穿梭在伦敦和纽约之间。阿桑奇与《卫报》驻伦敦记者站的记者一起并肩工作了一段时间(Ellison，2011)。随着维基解密战略的不断推进，他们开始将目光转向广播公司：在阿富汗战争日志“独家”发布的筹备期，阿桑奇接受了第四新闻频道、半岛电视台、CNN和一位自由撰稿人的采访，这令他的新闻报刊合作伙伴大为光火。(Leigh&Harding，2011：Ch.8，para.29)

到2010年年中的时候，维基解密和专业媒体的关系是共生性的。但是在相互依存语境下权力关系的确切本质还需要进一步分析和解读。

比尔·科勒(Bill Keller)是《纽约时报》的执行编辑，同时也是2010年泄密事件曝光过程中中间环节的直接参与人之一，他认为在这一事件中新闻界自始至终都是毫不含糊的领导者。科勒将阿桑奇描述为“一个妄自尊大的准无政府主义者”，并将维基解密视为局外人。事实上，他非常愿意使用传统术语来描述这种关系，非常希望从编辑部的视角来描述大使馆电报泄密事件，他尖锐并反复地强调维基解密是“一种信息源”。凯勒是这样说的：

> 我们将朱利安·阿桑奇和他的快乐团队视为一种信息源。我不会说“一种纯粹、简单的信息源”，因为就像许多记者或编辑能够证明的一样，信息员很少是纯粹或简单的，阿桑奇也不例外。但是我们与信息源的关系非常直接坦率：你不必要为他们的议程设置背书，对他们的修辞进行附和，对他们所说的都信以为真，为他们的方法鼓掌或者，最重要的是，允许他们形成或审查你们的新闻。作为独立的新闻组织，你的任务是确认这些材料，提供语境，对什么能够出版，什么不能够出版做出理性的判断，并将它们弄明白。这就是我们要做的(Star&New Yourk Times Staff，2011：Ch.1，para.68)。

101 2010年电报泄密事件中，维基解密的另一个主要合作伙伴是《卫报》。《卫报》的态度则与《纽约时报》非常不同。这一报纸早期就使用过维基解密的数据。2009年，英国高等法院支持所谓的超级禁止令，这一法令禁止《卫报》报道所谓的巴克莱银行(Barclays Bank)避税案以及石油贸易公司托克集团向象牙海岸(Ivory Coast)倾倒有毒废物的案件。由于超级禁止令要求所有媒体禁止讨论它所涉及的内容,因此维基解密同意对那些英国法院裁决必须保密的文件进行托管,这在一定程度上削弱了法院决议的影响力。这些案例表明主流媒介机构在与那些不受制于新闻行业例行程序的激进团体结盟中获利颇丰,而且面对法律威胁时不会轻易让步。2010 年 3 月,为了回报维基解密在托克集团事件(Trafigura affair)中做出的贡献,《卫报》公开播出了《间接谋杀》这部纪录片(Leigh& Harding,2011:Ch.5,para.16)。在这次事件中,维基解密在首都华盛顿全国新闻俱乐部举办的一次新闻集会上高调发布了这一消息。2010 年 6 月《卫报》在其刊登的阿富汗战争文件的显著位置注明了"卫报/维基解密发布"的字样(Leigh& Harding,2011:Ch.9,para.10)。很明显,这一行为代表了一种致力于合作的努力。

事实证明,《卫报》对维基解密 2010 年年中所处困境的分析,证明了塑造阿富汗战争、伊拉克战争和大使馆电报泄密事件的报道非常重要。《卫报》的领导层与阿桑奇争辩时认为,因为深陷法律诉讼、黑色宣传和黑客攻击等威胁之中,维基解密将会变得越来越孱弱。他们建议组建一些类似由新闻报刊、维基解密和非政府组织构成的跨国联盟。出于对美国驻英国大使馆可能会事先从英国法院寻求帮助禁止该报道发布的担心,《卫报》建议应该在维基解密网站以及遍布多个国家的多个网站同时发布此报道。

在这一阶段,维基解密也提供了一些应对战略。鉴于与《纽约时报》有一些关系,维基解密建议该报也同步发布此报道,这样会减少美国军方所指的泄密消息来源布兰德利·曼宁受到美国《间谍法案》(Espionage Act,1917)指控的可能性(Leigh& Harding,2011:Ch.7,para.47)。虽然《卫报》最初不情愿答应维基解密的请求,允许《明镜》周刊加入阿富汗战争报道的合作中,但是德国拥有大量的专业技术是显而易见的,凭此他们可以对泄密信息进行核查和验证,包括访问德国议会战争调查中的秘密支撑性文件(Leigh& Harding,2011:Ch.8,para.18)。最终 2010 年 11 月发生的大使馆电报泄密事件就成为包括维基解密和几个全国性精英新闻媒体:《卫报》、《纽约时报》、《明镜》周刊、法国《世界报》和西班牙《国家报》之间国际合作的产物。

同时,大量泄密信息的发布非常依赖于传统新闻机构所具备的专业化高、组织 102
性强的资源,在合作期间这一资源的蓄水池得以迅速扩大。

由《卫报》内部技术人员编码设计出的搜索引擎可以保证它的外事团队能够对大约有 3 亿字术语文本的大型有线电视数据库进行运行查询。由此可见,对可能会导致消息源和军方人员处于危险状况的材料进行编辑决策还只是相对简单的任务,接下来,面对如此大量的文本数据才是更为艰难的时刻。被泄露的大使馆电报相当于大约 2,000本印刷书籍(Leigh& Harding,2011:Ch.11,para.20)。

与此事相关的人员常常为彼此不信任和意见不一致而苦恼。对记者们而言，他们最关心的几个问题是：被泄露信息的状态和可信度，被泄露信息中提到的美国政府和私人个体对欧洲新闻报刊编辑提出法律诉讼的可能性，对泄密文件中无心提到的举报人带来潜在伤害的可能性，以及阿桑奇声称在信息源和媒体之间扮演的唯一中间人角色。涉及大使馆电报泄密事件的法律问题尤为严重，因为这些信息包含着大量对金融腐败的描述，不仅与政治人物而且还与全世界商业领袖息息相关。近年来，英国高级法院颁布禁令的做法越来越常见，这一现象背后预示着一些事情在被曝光之前就被有些人成功压制下来。因此，泄密事件国际同步发布就是采用了这种“人多势众”的方法，而这种方法成败与否的关键与维基解密在线发布的公共设施息息相关。

《卫报》和《纽约时报》在2010年到2011年期间的报道都强调了阿桑奇不可预测的行为，也强调他希望避免过于依赖少数专业媒介机构。毫无疑问，这些行为存在一些相互矛盾的地方。例如，关于阿富汗文件，维基解密想把数据也分享给知名自由撰稿人，以便在更广范围内引起共鸣。《卫报》和《纽约时报》则想保持报道的独家地位(Domscheit-Berg，2011：Ch.15，para.16)。《卫报》的尼克·戴维斯(Nick Davies)提到阿桑奇时这样说：“问题是从根本上说他就是一位电脑黑客。他的思想意识过分简单和单纯，或者说在那个阶段他是这样做的，他认为所有的信息都应该被公开，所有的信息都是好的。”(quoted inLeigh&Harding，2011：Ch.8，para.24)

103 对维基解密而言，它急于想确保如此大规模的信息泄密事件不会受到新闻业通常规则特别是美国新闻业规则的束缚，这些规则主要涉及政府来源的内幕信息报道。他们将报道的最终结果与这个请求放在一起考虑。《纽约时报》则决定在泄密事件推进的每一步都提前告知美国国务院，打算以此免于面临缺乏职业道德报道的指控。它也能够根据政府官员的反应进一步了解维基解密文件的真实性。这一决定也能确保《纽约时报》能够对保障美国知情人和军方人员的必要信息进行编辑核查(Leigh&Harding，2011：Ch.14，para.59)。为此，《纽约时报》采取了一种较为谨慎的方法对报道进行编辑，它拒绝与维基解密网站相链接，声称这一网站可能包含了一些敏感信息(Leigh&Harding，2011：Ch.8，para.29)。在电报泄密事件发布之前，执行总编比尔·科勒就将他的计划提前告知了白宫，他的四名职员也参加了与来自白宫、国务院、中央情报局、美国联邦调查局、五角大楼和国防情报局的政府官员一起召开的秘密会议。美国政府要求保护当地消息来源，但他们也坚称文章中应该删掉与美国秘密情报行动以及美国高层所发表的潜在尴尬言论相关的信息。虽然科勒同意从保护当地信息来源出发对报道进行适当编辑，但并没被其他观点所“说服”。

尽管如此，在和美国政府官员举行首次会谈之后，《纽约时报》的记者们接下来又定期召开了一系列日常电话会议以及临时聚会讨论即将进行报道的内容。正如科勒所说，“在文章出版前的讨论中，白宫官员一方面质疑我们从材料中所得出的结论，另一方面也感谢我们在处理这些文件时的小心谨慎。国务卿、国防部长和司法部长不会给因新闻揭丑而引发的大众狂欢创造任何机会”（Leigh& Harding，2011：Ch.11，para.64）。因此，美国军事和情报当局通过“常规渠道”在《纽约时报》塑造电报泄露事件中承担起了重要角色。与此同时，在进行内容编辑过程中，《卫报》和其他新闻报刊合作方也会间接地顾及美国政府对此事的反应，这是因为科勒和他在纽约的团队会通过简报不断地向他们提供消息（Leigh& Harding，2011：Ch.14，para.46）。

出自一些专业新闻记者之手的报道，特别是来自科勒的文章，对专业新闻机构驯服维基解密这个“无政府主义者”是非常有必要的，后者一心想公布所知道的一切。然而，没有确切证据显示维基解密在这一阶段对敏感信息都采取了漫不经心的态度。《卫报》记者承认，在大使馆电报泄密事件发生时，阿桑奇和专业人员一样渴望对即将出版的东西进行精挑细选，对文件进行专业加工，这样做不单单是为了保护信息源而且还包含了避免引发专业记者对这一项目有不必要敌意的务实考量。的确，在2010年早期阿富汗文件发布那段时间，由于包含了一些可识别的信息，维基解密撤走了大约14,000份文件（Domscheit-Berg，2011：Ch.15，para.25）。他们对2010年10月间的伊拉克战争日志也进行了大刀阔斧的编辑校对（Leigh& Harding，2011：Ch.8，para.25）。然而，将维基解密视为不负责任的、非“新闻业”组织的看法依旧非常普遍。根据对2010年11月14日到2011年1月28日新闻报刊的内容进行分析来看，大约60%的报道误导性地提及维基解密让“250,000”份电报“倾巢而出”（Benkler，2011）。事实上，到2010年12月底，一共只有1,942份电报被公开。

在日常新闻生产过程中，维基解密和新闻记者对世界的看法有时候相差巨大。 104
《卫报》的大卫·李和卢克·哈丁透露，他们花了大量工夫来学习使用数字工具处理数据。面对两亿字的大使馆电报数据库，《卫报》记者使用麦金塔文本编辑软件基本款Text Wrangler进行关键字查询（Leigh& Harding，2011：Ch.11，para.16）。使用常用术语往往会搜索出成千上万的结果，所以他们有时候会求助于搜索不常用的短语，希望能够找到一些对事件的奇特描述。在讨论如何根据阿富汗的文件进行报道时，《卫报》的新闻记者用一句“在发布当天就有14页的报道”来描述报纸过时的语言和旧式新闻周期的特点（Leigh& Harding，2011：Ch.8，para.20）。更多读者通过报纸的网站阅读到上述资料，网站的“页面”空间不受限制。似乎是为了让这种数字媒介逻辑得到充分的理解，大使馆电报泄密事件的正式发布实际上是由一位名叫“自由职业者_09”的匿名网友抢先一步发布，他将一份纸质版《明镜》周刊上的所有主要标题进行扫描并上传到个人推特页面，而这份报纸是他或她从一批误留在瑞士—德国边境班蒂舍巴赫夫火车站的一批《明镜》周刊中捡来的（Leigh& Harding，2011：Ch.15，para.14）。

但我们也必须承认，在适应维基解密的公共设备以及配合其工作方面，无论新闻记者们做到什么程度,他们都主动提供了自己的网络资源。他们根据自己的方式临时搭建了安全跨国网络基础设施,确保他们与维基解密可以在实践层面保持一致。由于电子邮件被禁用,取而代之的是Skype视频通话。在视频会议期间,作为逃避拦截的一种手段,相关电缆的编码将被悄悄置于照相机中。电缆的访问权也只能在加密的虚拟私人网络中使用。《卫报》的电报团队收到了一种临时的按需付费手机,这是一种可以规避窃听的工具。(Leigh&Harding,2011:Ch.14,paras.19-21)

记者们开始需要适应大量数据带给他们的工作强度,其中有些数据需要花费巨大精力去核查事实。一群经验丰富的战地记者被组织起来完成这一任务,包括《卫报》的乔纳森·斯蒂尔(Jonathan Steele)和詹姆士·米克(James Meek),《纽约时报》的埃瑞克·施密特(Eric Schmitt),《明镜》周刊的约翰·格茨(John Goetz)和马赛尔·罗森巴赫(Marcel Rosenbach)(Leigh&Harding,2011:Ch.8,paras.16)。他们的团队也包括阿拉斯泰尔·丹特(Alastair Dant)和西蒙·罗格斯(Simon Rogers),这两位可以为网站创作出引人入胜的视觉画面,将泄露的信息融入特定的时空信息中。

新闻机构也进一步提供了相关配套资源:法律专业知识、报道正当性和公众普遍认知度。在信息发布的筹备阶段,这些资源总体上能够配合合作伙伴抵御来自政治的压力。在公开的前两天,《卫报》编辑阿兰·拉斯布里杰参加了由美国政府重量级人物组织的电话会议,这些人物包括美国公共关系部门的助理部长菲利普·J.科罗里(Philip J. Crowley)、国务卿希拉里·克林顿的私人秘书以及国防部和国家安全委员会的成员。政府的目标是要清晰地掌握将要被泄露的信息。拉斯布里杰说明了最初三天将要报道的大部分主题,但没有透露具体细节。《明镜》周刊的主编乔治·马斯克洛(George Mascolo)也接到了来自美国驻德国大使馆要求召开会议的电话(Leigh&Harding,2011:Ch.14,para.56)。

105 新闻工作者的上述做法与维基解密的所作所为形成鲜明的对比。阿桑奇写信给美国驻伦敦大使路易斯·苏斯曼(Louis Susman),要求美国政府提供一些大使馆电报泄露事件将个人置于风险之中的具体案例。国务院的法律顾问哈罗德·克欧(Harold Koh)答复了阿桑奇。他回避了阿桑奇的问题,声称电报泄密事件"违反了美国的法律",要求维基解密归还被窃走的文件(Leigh&Harding,2011:Ch.14,para.65)。

这些都是极具启示意义的插曲。与维基解密相比,高级新闻记者在与政府精英谈判方面经验丰富。新闻编辑拥有的法律资源能够帮助他们在报道时避免给自己惹上法律官司。新闻机构也拥有权势,所有的合作伙伴本身就是令人尊敬的国家机构。美国、英国、德国、法国或西班牙政府做出任何试图阻挠新闻报道的决定都会立即引发这些国家主流人群的愤怒。另外,这种压制无论如何都会被证明是徒劳的,因为这些报道会同时出现在其他地方——维基解密的网站。五国政府采取一致行动的可能性不大。而新闻报刊、维基解密和它们广泛分布的网络之间则会协调一致以确保集体行动的安全性。

在大使馆电报泄密事件公开期间，当阿桑奇首次遭遇到瑞典提出所谓不端性行为的指控时，传统新闻机构的权力就立马显露无遗了。记者们面临着一个棘手问题。尽管阿桑奇是他们通力合作的伙伴，但对这个人丑闻的轻描淡写会严重威胁到他们自身的可信度。《纽约时报》开始转移他们的报道重点，在首页扩展版开设栏目对阿桑奇性骚扰的相关指控细节进行概括报道。《卫报》和其他合作者也就此跟进，因为关于阿桑奇个人逸事的报道已经成为维基解密叙事的重要组成部分，此外对于《卫报》和他的合作者来讲这也是从人类利益新角度报道这一事件的好机会。

在大使馆电报泄密事件公开前的几个星期，这一权力关系的变化在一场令人不快却很能说明问题的插曲中展现得淋漓尽致。尽管阿桑奇曾同意给予他的新闻界合作伙伴排他性访问权（Leigh&Harding，2011：Ch.13，para.12），但维基解密本身并没有停止一些非排他性行为。有关大使馆电报泄密事件的整个数据库被一位驻伦敦的自由新闻撰稿人希瑟·布鲁克（Heather Brooke）获得，同时她也是一位信息自由运动的拥护者。这直接导致了 2010 年 11 月 1 日在《卫报》总部发生的那场对峙。在这次会议中，阿桑奇及其法律团队，《卫报》高级编辑和他们的律师，《明镜》周刊和《卫报》的记者以及《纽约时报》的比尔·科勒（通过电话）纷纷现身，生动地体现了这些行为主体之间相互依存的关系。

阿桑奇认为《纽约时报》对他的描述充满恶意并为此大为光火，希望将这份报纸 106
排斥在此次合作之外。他提到了与包括《华盛顿邮报》在内的其他报纸的未来合作。与此同时，《卫报》也与希瑟·布鲁克进行谈判，试图把她揽入麾下，这样可以消除她可能携带泄密电报副本去找其他媒体合作进而破坏《卫报》独家新闻的风险。《卫报》对阿桑奇回应道，电报内容实际上已经被泄露，不管是他们还是《纽约时报》现在都不需要依靠维基解密获得电报泄密事件报道的相关数据。但是《卫报》无法确定布鲁克是否能够兑现承诺，他们也无法确定维基解密的网站公共发布设施能够让他们的证据在全球范围内传播。因此，阿桑奇仍旧拥有数字媒介的权力资源并且能够对它们进行配置。阿桑奇随即提出要扩大大使馆电报泄密事件的合作伙伴，并让西班牙的《国家报》和法国的《世界报》参与进来，他还要求《纽约时报》在头版头条刊登他本人对《纽约时报》对其不友好描述的反驳。尽管比尔·科勒拒绝了阿桑奇要求发声的请求，但会议也同意接受西班牙和法国的报纸为合作伙伴。这样原本合作伙伴的独家新闻价值就被稀释了，而阿桑奇也无法将《纽约时报》排除在这笔交易之外，因为无论如何《卫报》后来都将电报内容透露给了科勒。因此，对于相关的各方来讲，这是一场充满妥协的胜利。下面就是《卫报》编辑拉斯布里杰和维基解密所达成的极具启示意义的“十项要点”的笔记：

在 11 月 29 日交错发布。

在圣诞节前两周或更早的时间启动。

《卫报》《纽约时报》和《明镜》周刊拥有独家报道权(加上西班牙《国家报》和法国《世界报》)。

涉及合作伙伴之间需要协调合作的主题,最初不能触及相关话题。对任何人来讲都不能对全过程的系列主题进行报道(一月后期)。维基解密也应该同时公布被引用的文件。

圣诞节之后,独家报道权仍旧有效(一个多星期),从 1 月 3 号或 4 号开始。

从那以后,维基解密将以区域为基础在全世界 40 家严肃新闻报刊中开始分享报道,这些报纸将被允许访问自己所在区域的文件"包"。

《卫报》独家雇佣希瑟·布鲁克。

如果维基解密受到"关键性"攻击,他们将立即发布所有信息。

如果违反了这一谅解录,材料被泄露或分享给其他新闻机构,那么所有的协议将被取消。

如果达成一致,那么团队将开始着手为第一阶段的报道做准备(Leigh& Harding,2011:Ch.11,para.40)。

这个协议条款正是维基解密和专业新闻机构之间相互依存关系的集中体现。第一批大使馆电报泄密事件的报道如期启动,当然这不包括 2010 年 11 月 28 日《明镜》周刊偶发的推特泄密事件。

从新闻编辑部到网络

107 这标志着这段合作插曲终于落幕,然而 2010 年 12 月在美国大使馆电报泄密事件余波未平之际,维基解密拥有的多形态、多功能的网络资源再次崭露头角,为专业记者们提供象征性和物质方面的支持。参与电子公民抗议活动的人士与一群意图削弱维基解密组织能力的政治家、政府当局和私人公司展开激烈对抗,引发了一场具有象征意义的大规模网络冲突。

面对一系列大规模分散式拒绝服务的攻击,维基解密将它的主要网站转移到了世界上最大的网络平台——亚马逊网络服务器云储存上,这些拒绝服务攻击源来自包括化名为"小丑"在内的恶意黑客组装的受病毒感染的僵尸网络计算机大军。与此同时,维基解密的电缆网站仍旧联结在托管于法国的网络服务器上。随着针对维基解密主要站点的拒绝服务式攻击愈演愈烈,维基解密的信息源也开始更加多样化。

与所有此类事件一样，我们不可能准确无误地确定这些黑客攻击的源头，但它们与美国政界人士发起的一场要求关闭维基解密的国内运动结合在一起。参议员乔·利伯曼率先在公共场合对亚马逊(Amazon)喊话，要它暂停对维基解密的网络托管服务，同时要求其他支持维基解密的公司结束与这一组织的合作关系。利伯曼的办公室曾联系过亚马逊公司，询问是否有“将这一网点端掉的任何计划”(Slajda，2010)，亚马逊答应了这些要求，并向前迈进了一大步，它以维基解密违反它们之间的服务条款为由关闭了它的存储空间。这家公司辩称，客户只能发布那些它们拥有版权的内容，这主要涉及一项最初旨在抵制侵犯版权的条款。但亚马逊还援引了其条款中一项更为模糊的条款，规定被服务器托管的材料不应该“对任何个人或整体造成伤害”。它们声称，维基解密已经公布的“250，000 份机密文件”可能会使“无辜的人处于危险的境地”(Amazon Web Services，2010)。

亚马逊的这一决定助长了一种紧张恐慌的氛围。尽管人们可能无法确切感知甚至永远不会了解到其他公司所受到的直接政治压力，但还是有一些相关细节被公开披露出来。接下来在贝宝副总裁奥萨玛·贝蒂耶(Osama Bedier)发表的公开声明中，我们知道贝宝在 2010 年 11 月 27 日，也就是电报泄密事件发布的前一天，收到了一封来自美国国务院的信件。信中声称，维基解密的行为在美国“被视为违法”。作为对这封信的回应，贝宝在 12 月 4 日取消了维基解密的账号，进而在筹集资金的关键时刻切断了这一组织的筹款链条(Arthur，2010)。另外一家大型域名系统代管服务商 EveryDNS 在 12 月 3 日取消了 wikileaks.org 域名以及与它相关的电子邮箱账号。12 月 6 日，阿桑奇的瑞士银行账号也被瑞士邮政银行给冻结了，理由是他“在账户开通过程中提供了假的住址信息”。同一天，万事达信用卡(MasterCard)中心也禁止了维基解密使用它的信用卡服务；第二天 Visa 信用卡也采取了上述行为(Arthur，2010)。12 月 14 日，美国司法部向阿桑奇、波基塔和其他维基解密领导人的推特账号发送了传票。美国法律规定，推特在未被起诉的情况下不能抵制传票，但在成功申请“公开”其详细信息并将其发送给正在接受调查的那些账户之后，推特公布了这一传票。

这一系列史无前例的事件导致了“行动：偿还”(Operation：payback)和“为阿桑 108
奇复仇行动”(Operation Avenge Assange)的出现。这些去中心化的网络运动都是针对那些打压维基解密的公共组织和公司的网站展开的具有政治目的的报复性黑客攻击。一个跨国团体对这些行动进行了最低限度的组织协调，这个跨国团体由大约 1 万名名为“匿名者”的黑客活跃分子组成，是一个没有领袖、没有会员并不断变化的松散组织，他们中的一些人深受在不入流的低俗网络论坛 4Chan 上流行的“我们只是为了幸灾乐祸而来”(“doing it for the lulz”)文化的影响(Shapira& Warrick，2010)。“行动：偿还”开始于 2010 年 9 月，主要是在线抗议美国电影协会对文件共享网站“海盗湾”的攻击(Coleman,2011)。为了讨论将要采用的策略,“匿名者”们经常使用网络即时聊天通道(Internet Relay Chat Channels)、PiratePad(一个能够提供实时公文写作的网络文本编辑工具)以及谷歌在线提供的民意调查。在几天内,有5万多人下载了允许用户参与拒绝式服务攻击的桌面软件,但“匿名者”几乎一定也会使用感染过病毒的“僵尸”电脑网络进行攻击(J.E.Dunn,2010)。那时媒介报道认为,“匿名者”对维基解密的支持是一件新鲜事情,但事实上这一群体在过去就发挥过重要的辅助性角色。例如,2008年他们为了详细披露科学论派运动(Scientology movement)不为所知的神秘面孔,就曾协助进行组织网站相关材料的工作(Domscheit—Berg,2011:Chapter 3,para.22)。

从某种程度上讲,这是一场虚假的战争,来自现场的可靠报道寥寥无几。匿名者们营造了一种神秘的氛围,并将自己描述为一位“网络收集者”,然而万事达网站就是12月8日那场分散式拒绝服务成功攻击的受害者。同时,“匿名者”还短暂关闭了阿桑奇设有账户的瑞士邮政银行的网站,并对瑞典政府的门户网站造成了破坏(Bloxham,2010)。美国广播公司新闻网报道莎拉·佩林联系过它们,声称她的网站SarahPAC.com和她个人信用卡的详细信息曾经被“匿名者”黑客攻击过(Tapper,2010)。一些链接电报数据库的新的搜索引擎界面相继被推出,例如cablegatesearch.net。另外,流行新闻共享网站“红迪网”的用户发布了“泄密行动”(Operation Leakspin),志愿者将链接贴到电报系统中,鼓励读者“投票选出”那些最重要的信息(Operation Leakspin,2010)。12月8日,“匿名者”的脸书网页因为违反了公司的服务条款而被暂停使用(Bosker,2010)。在这段关系的紧张时期,有关对亚马逊进行成功攻击的谣言四起,然而就在写作的这段时间,几乎没有确凿的公开证据证实这样的袭击确实发生过。同时“匿名者”自身也发布了一系列措辞谨慎的正式新闻稿,承认了这场针对贝宝的拒绝服务式攻击确实存在,并概述了这场攻击不是针对关键基础设施而是针对这些企业和组织“公共形象”的电子公民抗议运动,这也是该组织混合性的另一个意想不到的转变(Anon Ops,2010)。

109 黑客行为主义(hacktivism)本身并没有什么新颖之处,最早可以追溯到20世纪90年代中期(Chadwick,2006:114-143)。但是,这些针对大使馆电报泄密事件的反应和逆反应的强度和显著性是前所未有的。这只是正在进行的公开表演的一部分,其中维基解密的亲密关系网络被调动起来,大部分原因归于支持阿桑奇,而有一部分原因是为了推动维基解密和专业新闻记者们的合作。这些行动体现了混合媒介系统的本质。它们在某种程度上可以被视为一个在线“反领袖”网络成员对各种力量的展示,这些成员已经政治化,并甘愿冒着个人风险去表达他们对透明性、自由表达和揭发者匿名性原则的支持。这些风险是真实存在的:2011年7月美国国务院以及英国和荷兰的警察宣布逮捕对贝宝进行匿名拒绝服务攻击中的16名参与者并指控他们犯罪(U.

S. Department of Justice,2011)。

结　论

我们将如何对这些在新闻制作和政治动员过程中发生的引人入胜的情节进行总结呢?

既是新闻生产者,又是社会运动者;既是公共信息的提供者,又是广播者,还是网络行动者。维基解密身上承担着数种角色,对公共事务产生了不可否认的影响。它可以泄露机密,可以发布信息,可以生产新闻,还可以动员大众。不管人们是否喜欢朱利安·阿桑奇,不管人们是否赞同维基解密的政治使命,2010 年发生的一系列泄密事件可以说是在过去几十年中最重要的全球政治独家新闻。对此,查理·贝克特(Charlie Beckett)和詹姆士·鲍尔(James Ball)将其简要地总结为"我们应该重视它,而不是置之不理"(Beckett&Ball,2012:159)。这些独家新闻变得越发重要,因为它们是一边调查一边生产出来的创造性报道,而不像记者们对自然灾害这样无法预见事件进行的简单报道。

我认为在新旧媒介逻辑整合和开发基础上建立起来的相互依存的权力关系,提升了这些新闻报道的整体水平。这既包括专业调查性新闻主义和在线志愿激进主义的混合,也包括对已有制度性权力和曼纽尔·卡斯特在其他语境下提出所谓的分布式"网络制造权力"的重组(Castells,2009:45)。

毫无疑问,这种解释在专业新闻生产领域引起了强烈的质疑。维基解密对传统的调查性报道来讲不能不说是一种威胁,因为在某种程度上它提供了一种更为有效的模式。有些观点使用的措辞在很大程度上是着眼于在新闻业和维基解密之间建立一道防御封锁线。例如,一位记者将 2010 年的大使馆泄密事件报道简单地称为"新闻报纸和网站的合作"(Ellison,2011)。当我们重新审视《纽约时报》编辑比尔科勒的表述,我们发现维基解密不仅仅是一个网站,它也不仅仅"只是一个信息源"。

我们需要看到为了达到让维基解密出局的目的,专业新闻记者进行自我辩护这一做法的局限性,但是与此同时我们也需要意识到维基解密的运作方法所具有的明显劣势。这只是维基解密所表现出来的叛逆性的一部分。

正如本文所分析的,在很多方面,如果仅仅根据每个群体或者网络对现有一整套媒介关系作用的能力角度来描述维基解密或者专业记者甚至像"匿名者"这样在线黑 110
客活动网络的话,就会错过真正重要的关键点。维基解密立足自身的打造,之后又渗透到新旧媒介实践和逻辑之间的重要边界地带。为了不断寻求权力资源,维基解密借助技术手段突破了这些领域的边界。然而这些权力资源本身总是受到维基解密与其他政治和媒介主体之间复杂的相互依存关系的制约，不管这些主体是在线或离线的网络活跃分子，还是专业的新闻机构。

维基解密依靠匿名揭发者为其提供消息来源，同时它自己也花了很长时间建立起能够处理大量泄密数据的基础设施。维基解密建立起了出版发行业务，并利用自身资源制作了重要的新闻作品，正如在电影《间接谋杀》发行中所表现出来的那样。它还将与黑客主义、互联网自由主义和“数字新闻”相关的伦理，甚至是缓存都带进了政治和新闻媒介的主流领域。它甚至创造了一种相对新颖的在线纪录片类型（*Collateral Murder* again）。

然而在我看来，最为关键的信息还是由新闻专业精神激活并传播的，这一点是不可避免的事实。这种新闻工作是需要在专业地位、调查经验和制度性资源起决定性作用的环境中开展的。甚至在线获得病毒式成功的《间接谋杀》也采用了电视的类型，它在 YouTube 视频网站吸引了 1,300 多万的观众。这个视频之前一直被禁止播放，直到阿桑奇现身当时在华盛顿举办的一场相对高调的新闻发布活动，他向聚集现场的媒体发布了打包的新闻材料，而他当时马上要去参加一档风靡美国的讽刺电视新闻节目《科尔伯特报告》（*The Colbert Report*，U.S. satirical television Program）。纸媒和广播电视新闻媒介对维基解密来讲都是至关重要的。

然而出于同样的原因，我们也应该对专业新闻组织的权力过大保持警惕。我们可能会问：如果维基解密必须与报刊和广播电视公司共生共存，那么维基解密会很强大吗？或者我们可以将这个问题反过来问，如果报刊和广播电视公司必须与维基解密共生共存，那么报刊和广播电视公司会很强大吗？虽然这些问题本身没有问题，但它们可能还是建立在对权力没有充分概念化的基础之上。就像我已经在这章中指出的，处于混合媒介系统中的权力不总是进行着零和博弈，它可能处于来自物理意义上媒介间互动的过程中，这种互动是由社会因素和技术因素构建而成的，并随着时间在不同的环境中演变。在混合媒介系统中，对于强有力的行动而言，最有效的资源应该来自维基解密、新闻报纸和广播电视媒介以及在线激进分子之间的相互作用。

正像我所论证的，其中一些互动受到权力运作的影响，成为精英玩家在集中、分散的环境中发出最后通牒和否决的资源，这通常会在法律团队带领下关起门来进行。例如，阿桑奇与他的报刊合作伙伴在最后关头坐在一起为电报泄密事件敲定交易的条款，就属于这种情形。有时候权力会分散到更为广泛的网络中，例如当维基解密使用它的技术基础设置收集泄密数据并将它们传递给新闻界的时候；或者当它利用各地活动人士的专业知识的时候。当黑客主义者向维基解密和它的新闻合作伙伴提供象征性援助时，这个更广泛的网络就处于流动之中，就像电报泄密事件后续发生的一样。

当这本书在2012年秋准备出版的时候，维基解密作为互联网出版商的角色仍然在延续。例如，2011年4月它与《华盛顿邮报》合作，泄露了一些关于废黜也门总统秘密计划细节的最新电报（Whitlock，2011）。2011年底，有25万份大使馆电报在未加编辑情况下被维基解密公开，这是与全球“超过90家”媒介和人权组织新一轮合作的部分成果（WikiLeaks，2011）。维基解密声称做出这一具有争议的举动实属无奈，因为2010年12月阿桑奇被捕期间，维基解密通过BitTorrent上传了一份电报数据库的加密副本，《卫报》泄露了该数据库的登录密码。令人匪夷所思的是，《卫报》的大卫·李和卢克·哈丁一不小心将密码写进了他们的著作中，这本书记录了他们与维基解密的合作。他们认为维基解密一旦将文件交给报社就会自动更换密码，这实际上是错误的（Ball，2011）。

合作的过程绝对不是一帆风顺的。有大量案例证明事情会变得矛盾重重。这种怀疑很大程度上源自维基解密对混合媒介系统所提供资源的利用行为。阿桑奇本人 111
已经开始使用维基解密的推特账号表达其个人观点，包括他将会是美国情报“肮脏诡计”的受害者这一观点。他利用推特来宣传这项事业，包括展示他自己的个性，试图建立更大规模的在线支持网络，明确表达在混合媒介系统中他与其他要素特别是广播电视媒介之间的联系。在大使馆电报泄密事件发生期间，这成为维基解密整体表现中的重要方面，既具备一定的优势同时也表现出某些不足。阿桑奇很快就适应了这种万众瞩目的状态，他开始自如地穿梭于社会名流之间。2010年12月，阿桑奇在等待引渡的过程中被捕，进一步扩大了不断增长的个人崇拜，当时包括肯·洛奇（Ken Loach）和迈克尔·摩尔（Michael Moore）在内的一些富有的出版商、演员、记者和电影导演为他保释提供了资助。当阿桑奇从监狱里被保释出来的时候正值2010年的圣诞节前夕，那时他已经享誉全球了。

不出所料，参与2010年大规模泄密事件的新闻合作者在2011年底就开始对维基解密展开攻击，指责它公开了整个原始电报数据库这一行为。维基解密和专业新闻从业人员之间原先相互渗透的边界开始固化。英国专业精英记者将他们的重点重新调整到对专业实践和规则的强调，他们通过围绕阿桑奇的个人崇拜以及人类利益的框架加大对维基解密的报道，并在维基解密周围画上了一道严密的警戒线，以此防止维基解密在未来发展为他们潜在的竞争者。与此同时，尽管阿桑奇希望利用他的新名人身份吸引主流媒介对他事业的关注，这也确实带来了一些新变化，但是维基解密也将它的重点调回到了网络在线激进主义，早先在大使馆电报泄密事件之前这一直推动维基解密的发展。在对推特上150万名维基解密追随者进行在线网络调查之后，阿桑奇决定公开所有的大使馆泄密电报文件，但是网络调查的结果并没有公布（Ball，2011）。2012年的春天，他受雇于俄罗斯国家电视新闻频道“今日俄罗斯”（Russia Today），对世界各地的政治名人进行了一系列高调访谈，很大程度上提升了他本人作为新闻记者的角色和身份，但是这种做法也与维基解密争取言论自由的基本路径背道而驰。2012年为了避免被引渡到瑞典以及未来被引渡到美国，在大陪审团面前面临间谍罪的指控，阿桑奇决定向厄瓜多尔驻伦敦大使馆寻求政治庇护，这为专业记者提供了更多新的报道框架，他们很快就抓住了 2010 年 12 月阿桑奇第一次被捕时所使用的讲述人类利益的线索(Guardian，2012)。

然而在 2012 年，尽管维基解密的信用卡和贝宝捐赠系统被美国冻结，但它的在线支持网络和发布结构明显运行正常，使其能够发布超过 500 万封电子邮件，这些电子邮件详细描述了斯达夫(Stratfor)战略预测公司的“告密者网络、支付结构、支付洗钱技术和心理方法”，这是一家专门为企业和政府提供服务的全球“情报”公司(WikiLeaks，2012)。

112 为什么在关于维基解密的话语方面《纽约时报》与欧洲新闻合作伙伴之间会体现出如此鲜明的差异？搞清楚这一点很有意思。在美国，大使馆电报泄密报道发生之后，有很多关于维基解密是否属于“真正新闻业”的争论(Seefor examplc Adler，2011；Benkler，2011；Greenwald，2010；Packer，2010)。这不仅涉及一个利害攸关的原则问题：如果维基解密能够被公开承认属于新闻业，那么对阿桑奇的起诉就成为有违美国宪法的先例，因为在美国法律下维基解密将是美国宪法针对新闻界第一修正案保护的主体。对于维基解密是否应该为其编辑泄密数据的方式承担责任，各方存在不同的观点，这加速了对这一话题的讨论。据我所知，这一方面的证据形形色色，好坏参半。维基解密经常对发布方式精挑细选，对编辑工作也很重视，但是却因无法动员足够的志愿者开展有组织的活动而使其发展受限，在它看来，面对精英阶层的压力，记者们表现出的懦弱让它逐渐感到沮丧。维基解密对政治信息生产的看法跟新闻记者完全不同，新闻记者习惯于长期保护信息来源，在进行下一件事情之前，精心挑选最有说服力的证据，并制定报道框架，以产生最大可能的短期利益。在这方面，新媒介逻辑与旧媒介逻辑正好相互矛盾。

《纽约时报》编辑比尔·科勒被免职在美国广播电视和报刊媒体内引起了广泛反响，同时美国大报较强的专业客观性规范以及其对所倡导的新闻主义抱有的矛盾心理，引起了社会对维基解密新闻资历的广泛争论。在某些方面，维基解密这一将新闻记者、出版商和动员运动结合在一起的混合模式对美国媒介系统的破坏远远超过对欧洲媒介系统的破坏，尽管在欧洲的背景下存在着很多重要的差异。这在一定程度上解释了科勒和他盟友的疏远策略。

但是总体来讲，维基解密和新闻专业人士一起进行了创新，有效地将他们之前使用的技术、类型、规则、行为和组织形式混合在一起，创造了一种新型新闻生产混合方法。他们彼此分享这些资源，有时候也会与网民分享。在这种新型的、以技术为基础、非完全新闻化的行动中，包括一个学习、共同创造和共同进化的过程，这一过程充满了对新规范和工作实践的创造性追求。

这是一个在信息收集生产以及制作成新闻过程中新旧媒介逻辑相互依存的案例。在这场正在进行的媒介系统的构建中，维基解密与来自英国、美国、德国、法国、西班牙以及许多其他国家的媒介伙伴一起发挥了重要作用，它们还发展出一种可以进行果断干预的能力：混合媒介系统。

第六章　竞选传播中的交响合奏:对奥巴马竞选美国总统的重释

我本人就像经历了一场罗夏墨迹测试。

——巴拉克・奥巴马[1]

所有的事情都是同步进行的,如同交响乐合奏一样和谐地进行。

——大卫・普洛夫　2008年奥巴马竞选团队的负责人[2]

113 在现代选举政治的历史上,2008年美国总统选举具有重大意义。奥巴马利用互联网吸引了许多支持者和新注册的选民,并动员他们在选举日参与投票,这一做法备受世人瞩目。然而在承认这些方面在竞选活动中具有显而易见重要性的同时,本章也提供了一种不同的视角解释2008年竞选传播活动。毫无疑问,在线媒介是奥巴马竞选战略中的关键一环,但却远远不是整个事件的全部。

这章主要目标是研究奥巴马竞选活动所展现出来的复杂混合性。我的基本观点是,奥巴马竞选活动的重要性不在于它的网络竞选,而在于它是如何坚决彻底地将在线传播和离线传播、草根行动主义与精英控制管理、新媒介逻辑和旧媒介逻辑这些方面融合在一起的。

但是2008年并不只属于奥巴马。在构建新型政治传播实践中,候选人及其他们的团队、新闻记者、在线平台的建设者和维护者、志愿激进分子、娱乐媒介和许多普通市民一起发挥了至关重要的作用。这些群体是竞选活动中建设和使用混合媒介系统的先锋力量,2008年总统竞选揭示了现有政治权力斗争所处的更为广阔的背景。所以,紧接着的第七章就会扩大范围以便在更广阔的背景下探索这一系统。

不管人们对奥巴马总统执政时期解读如何,关于奥巴马现象的文章还会有很多,2008年将会在很长一段时间内被视为自由民主政治历史上最重要的选举之一。这里,我当然会讨论奥巴马竞选团队是如何建构并反过来比对手约翰・麦凯恩更有效地利用这一不断演变的混合媒介系统模式的,与此同时,在本章以及随后一章我会将主
114 要目标落在探索将竞选活动定义为一个整体的媒介化结构。我力求揭示出新旧媒介

逻辑之间的相互依赖——它们的技术、类型、规范、行为和组织形式——如何在美国竞选期间成为媒介、政治家以及公众之间权力关系的关键力量。

把太多精力放在竞选上，当然会使我们忽视那些不可避免地影响所有选举的长期因素。毕竟，有两个长期预测美国大选结果的传统指标——现任领导人的受欢迎程度和国家经济形势——在2008年具有一致性。在民调历史上，共和党的乔治·W.布什(Bush，George W)是最不受欢迎的总统之一，与此同时，经济衰退给整个竞选带来沉重压力，在选举日前夕，随着金融危机使人们对经济的信心跌至自大萧条以来的最低点，经济状况不断恶化并带来了戏剧性效果。

然而2008的美国总统竞选仍然是一场势均力敌的竞赛。民主党初选呈现出一种胶着的持久状态，这源于巴拉克·奥巴马(Barack Obama)和参议员希拉里·克林顿之间不分伯仲的竞争，这一竞争一直持续到2008年夏天，并导致了总统大选的延迟。同样重要的是，麦凯恩和奥巴马在很长一段时间内的支持率实际上是相当接近的。的确，在2008年8月底的民主党全国代表大会召开之前，麦凯恩一直处于领先地位。直到9月中旬，离大选日仅有六个星期的时候，奥巴马才开始一路领先，然而在最后一个星期的时候，民调支持率再一次非常接近(Kenski，et al.，2010：4)。因此，奥巴马的胜利是"必然的"这一观点只能算是后见之明。正如杰弗里·亚历山大(Jeffrey Alexander)令人信服地指出，竞选是"一种流动，一种意义的流动"，它的特点是尝试为整个政治戏剧呈现而积极搭建舞台(Alexander，2010：163)。竞选的过程荆棘密布，陷阱重重。2008年的竞选很重要，正是因为竞选重要，所以竞选的媒介化过程也至关重要。尽管如此，正如我将指出的，这种媒介化很重要，它在某种程度上否认了只有在线传播在竞选中发挥优势的简单说法。2008年是构建混合媒介系统中的重要时刻。下面就是讲述竞选活动中全新媒介逻辑是如何融入同样不同寻常的旧媒介逻辑中的。

电视时代的竞选逻辑难以消亡，但也伴随着互联网的发展而演化

与2008年奥巴马竞选活动有关的大部分评论都集中在互联网媒介上。"如果没有互联网"，"赫芬顿邮报"的创立者阿里亚娜·赫芬顿说，"巴拉克·奥巴马将不会被选为总统"(K.Anderson，2009)。然而，从很多方面看，2008年与其他任何电视时代选举活动非常相似，淡化这一点将会对竞选活动真正重要的意义造成误解。与此同时，为了将电视时代竞选活动所具有的经久不衰的影响力安置到合适语境下，我们必须对竞选活动现在是如何在一个不断融合的混合系统中运作进行思考。

2008年围绕电视展开的竞选策略非常丰富。奥巴马将时间毫无保留地花在最具成效和最有影响力的事情上，尤其是筹款领域，那些看上去更加倾向"高成本"的事件。

公开场合的讲话大部分都是事先写好的，大部分行为也都是经过精心设计的。奥巴马115 的首席顾问大卫·阿克塞尔罗德(David Axelrod)以及他的竞选活动经理大卫·普洛夫在这一领域都是非常重要的人物。虽然几场至关重要的演说都是出自奥巴马本人之手，但大多演说都是由专业演说作家乔恩·法夫罗(Jon Favreau)领衔的团队打造的(Plouffe，2010：40，49)。竞选活动投入大量人手去从事广告和内部民意测验。在媒体发布之前，他们充分利用焦点小组对相关政策声明进行测试，特别是那些像医疗保健等方面的关键议题。竞选活动保持了电视时代的传统，将大量的资源投入美国大选初选的第一站艾奥瓦州，目的是为了最大程度提升他们在精英记者眼中的良好势头和活力。在整个竞选过程中，非常令人担心的是一个最微小的错误也会搞砸竞选，事实上知情人的描述会透露一些细节，例如一些“系统性失败”以及对潜在问题“考察”不充分的事件，例如随着竞选的推进，奥巴马备受争议的牧师耶利米·怀特(Jeremiah Wright)对种族关系的干预就变得更加具有煽动性。正如大卫·阿克塞尔罗德指出的，“我仍旧不断自责，我们在怀特这一作品处理上搞得多糟糕啊”(Plouffe，2010：41)。短语“怀特这一作品”揭示了选战指挥部历史悠久的实践做法：从候选人过去经历中寻找出潜在的问题，使其变得合乎情理，并对它们进行小心处理。竞选活动也会向来自电视娱乐界、商业界以及体育界的一些高调名人寻求支持，为了最大限度地制造电视曝光以及影响新闻议程，竞选团队会精心安排这些名人在一些“大赌注活动”中亮相。竞选团队所说的“曝光特遣队”会出现并参与早期电视直播的初选辩论——这些支持者故意凑到摄像镜头前，表达他们对候选人支持的高涨热情(Plouffe，2010：61)。

还存在一种经典的“反向研究”，它让选战指挥部向新闻媒体提供一些关于竞争者的负面背景信息，希望由此产生对竞争者的批判性报道。著名案例包括一位来自奥巴马团队的研究员给新闻界提供了竞选对手民主党候选人约翰·爱德华兹(John Edwards)参议员花了“400美元理发费”的消息，另外还有“旁遮普门”事件，这一故事试图将希拉里·克林顿描述成在就业外包方面软弱的人，然而《纽约时报》在报道此事时却认为这是奥巴马竞选团队在试图抹黑竞争对手的做法，这就适得其反了。

选战指挥部也将对它认为同样重要的事情进行控制管理，例如公众对名人背书的态度。最生动的例子是奥普拉·温弗里(Oprah Winfrey)。“我们……部署了我们最后的王牌——大O……，”普洛夫写道，“她在早期几个州的非核心党团会议和初选选民中的支持率超过了在普通人口中的受欢迎程度。在启用她之前我们做了彻底摸底……”(Plouffe，2010：118)竞选团队对所有的潜在代言人都进行了民意测验。牧师艾·夏普顿(Al Sharpton)较低的支持率意味着竞选团队可以不需要邀请他。竞选团队也推迟了几周才公布参议员约翰·克里(John Kerry)对奥巴马的对外支持声明，这是因为民意测验显示如期公布这一声明会分散人们对奥巴马早期政绩的关注(Plouffe，2010：125，132)。夏普顿和克里是公认的政治人物，人们会认为他们应该受到如此谨慎的对待。然而，奥普拉不是。

奥普拉的文化影响力应该很大程度上归功于她的电视职业生涯，但是最近几年，有三个品牌建设项目将她的个人形象和价值观融入了美国公共生活中，这进一步增强了她的影响力：奥普拉网站（Oprah.com）、奥普拉读书俱乐部和《奥普拉杂志》（*O, the Oprah Magazine*），这一杂志目前已经售出 240 万本，每月估计大约有 1,600 万读者 116
（Garthwaite&Moore，2011）。这为那些有幸追随潮流的公司和政治家们提供了一个非常重要的影响力范围。名人背书在选举角逐中已经不是什么新事物了，但奥巴马团队将奥普拉融进他们竞选活动的程度令人印象深刻。奥巴马的竞选团队并没有抱着某种模糊的希望，即这位美国最大牌电视名人的光环可能会影响到他们候选人，而是将它视作扩大选民群体目标的一个关键环节，特别是年轻女性选民和非洲裔美国人选民，他们成功地将不太可能响应正式政治呼吁的团体纳入选举进程。

大 O 的背书很快就带来了回报。在 2007 年 12 月初，离艾奥瓦州的党团会议召开只有几周的时间，在得梅因和锡达拉皮兹市召开的集会上，有 3 万人赶来聆听奥巴马、他的妻子米歇尔·奥巴马（Michelle Obama）以及奥普拉的演说。这相当于占该州最终创纪录的 24 万投票人数中的 13%。同时，一个非常明显的转变是，30 岁以下的选民投票率与那些 65 岁以上的选民投票率相同——这与之前的党团会议截然不同，当时老年选民投票率是年轻人的两倍（Nagourney，2008b）。

新媒介逻辑推动旧媒介逻辑发展：电视广告

巴拉克·奥巴马的 2008 年总统竞选募集到了总价值大约在 7.5 亿美元的资金，其中大约 5 亿美元来自网络捐赠。这一网络募集的资金数量在世界范围内的竞选政治中是前所未有的，但是这些金钱在竞选活动中到底扮演了什么样的角色？

网络募集的大量资金都用来支付私人飞机和车队费用，自电视出现以来这些都是定义“总统”地位的符号系统至关重要的资源。他们为一支庞大的流动大军支付薪水，这些人就像棋盘上的棋子一样分布在全国各地。奥巴马几乎在所有可能的媒介上都登过广告：电视、广播、新闻报刊、互联网、视频游戏、手机铃声、传单以及手机短消息。但是最为重要的是，他花钱购买了历史上前所未有的大量电视广告。奥巴马在这一领域的花费远远超过了以往所有的总统。根据竞选团队的首席广告经纪人吉姆·马格里斯（Jim Margolis）所言，竞选活动在商业广告上总共花了 4.07 亿美元：0.93 亿美元花在初选上，3.14 亿美元花在大选上。约翰·麦凯恩（John McCain）在大选上花了 1.47 亿美元（初选花费无法获得）（Margolis，2009：120）。单单在电视广告上，奥巴马就投入了大约 2.5 亿美元的费用。这不仅超过了麦凯恩在电视上花费的大约 1 亿美元，而且还比布什一切尼的竞选团队在 2004 年投入在电视上的创纪录花销（那个时候）还多 0.62 亿美元(Toner,2010:154)。在竞选活动最后两个月,奥巴马投入到广播电视上的花费比麦凯恩将近多了 0.84 亿美元(Kenski,et al.,2010:266)。尼尔森电视数据显示,在 2008 年 9 月、10 月和 11 月,奥巴马在有线电视业务(2,092 to 1,518)、网络电视业务(432 to 345)和地方体育电视业务(299,207 to 164,556)方面全面赶超麦凯恩(Abramowitz,2010:96)。大量地方电视广告在关键选战州被播放。这些对奥巴马来讲是非常重要的传统媒介优势,而用来购买这些传统媒介广告的钱则主要来自网络。

117 考虑一下奥巴马为宣传竞选中的最基本信息所花费的一些资金。奥巴马竞选团队花了超过 0.14 亿美元制作了一些针对麦凯恩和布什的电视广告,其中 600 美元用于持续播放近一个月的插播广告《如出一辙》(*The Same*)。在大选活动的最后两周,另一则名为《百分之九十》的类似广告在全国有线电视上进行播放,为此,奥巴马团队一共花费了 800 万美元:这则广告在威尔・法瑞尔(Will Ferrell)主持的综艺喜剧节目《周六夜现场》(*Saturday Night Live*)被恶搞后,曾一度非常流行以至于付费媒介广告转变为免费媒介广告。全国安尼伯格竞选调查显示,那些主要从电视、新闻报刊和网络获取竞选信息的受众会更相信奥巴马所说的"麦凯恩与布什如出一辙"的观点(Kenski,et al.,2010:42)。

奥巴马所获得的网络捐款能够使他不受大选公共资金的限制,对于主要政党候选人来讲,这是自 20 世纪 70 年代美国竞选资金改革以来所迈出的前所未有的一步。反过来,这让他的竞选团队得以将资金投入到媒体和基层组织上,而这远远超出了在联邦政府限制之内的可能水平。在一些关键州,奥巴马的竞选团队对媒介宣传活动进行调整,使之与民主党的组织机构相互协调,但它并不依赖政党对志愿活动进行资助。在竞选临近尾声的时候,麦凯恩的竞选团队已经把钱花得差不多了,而奥巴马的团队却大幅度增加了在电视广告方面的费用。这种财政优势在竞选后期得到了显著体现,当时奥巴马能够运作一系列两分钟的商业广告和一部可以在国家电视台播放 30 分钟的纪录片广告,这部纪录片广告主要展示了在金融危机日益恶化的背景下,他将采取的一些具体的经济政策。网络募捐为上述所有活动买了单。

由于缺乏资金,麦凯恩被迫让他的竞选团队与共和党全国委员会(Republican National Committee)合作,一同资助他投放竞选广告。这些在联邦选举委员会(Federal Election Commission,FEC)管理下制作的广告需要对总统竞选和广泛的党派信息给予同等的关注。他们经常在最好的情况下制作令人困惑的无效广告,在情况最糟糕的时候制作完全无意义的广告。麦凯恩的高级顾问史蒂文・施密特(Steve Schmidt)将此描述为"像是在迷幻状态中观看费里尼的电影"(Schmidt,2009:57)。最后,麦凯恩团队放弃了这种策略,只能依赖于他们自己迅速不断减少的资金供给。

尽管人们一直在谈论候选人单独接触动员以及在定制的社交网站"我的巴拉克・奥巴马"网站(MyBarackObama.com)帮助下建立的志愿基础设施的重要性,但电视广告在争取支持力量方面发挥了同样重要的作用，甚至早在艾奥瓦州党团会议之前的半年就开始了。当竞选团队在2007年中公布第二季度创纪录的融资总额后，选战指挥部的第一个反应就是加大广告投放。就像普洛夫指出，大量流入的资金，很多是通过网络募集到的，能够允许他们“更早、更频繁地开始做广告……因为这些州的选民当时对奥巴马知之甚少。他们知道的大部分都是表面的信息——他是参议员，2004年在波士顿发表过精彩演讲，供职于伊利诺伊州立法机关。我们需要将他的人生经历、他的价值理念、他所取得的成就和日常工作事项公之于众。现在我们有足够的资源去做更为周密的工作”（Plouffe，2010：78）。这一主题——利用电视广告“做更彻底的工作”，传达对总统竞选至关重要的、受控的个性化叙事，而电视是最好的媒体——在2008年奥巴马获胜报道中成为最有影响力的潮流。这一策略贯穿了整个艾奥瓦州初选之后一直到大选这段时期，此时，不只是互联网，电视广告也被视为快速建立候选人 118
认知度，甚至激发地方志愿者热情的最有效手段。

随着竞选活动进入大选阶段，管理摇摆州的资源更需要仔细权衡轻重缓急。在基层，工作人员和志愿者经常为广告支出排名较低的州填补缺口。例如，明尼苏达州和威斯康星州就在这个范围内。但是总体来讲，电视广告被视为是一种教育选民了解一位步入国家政治生活新人的个人和家庭历史的较好方法（Plouffe，2010：250，264）。认为互联网是竞选战役中唯一关键因素的观点是错误的，这幅图画要复杂很多。

尽管对于长期的竞选活动建设来讲，互联网显然是可以胜任的，例如，它非常适合与候选人单独动员活动结合起来，以及它的快速反驳能力（Anstead&Chadwick，2009），然而一旦竞选活动开始启动，候选人必须接二连三地参与全国范围内的多场竞选，这时电视广告仍旧被认为是极为有利的。奥巴马在多个州都是通过广告来寻求支持的，特别是紧接着在艾奥瓦州和新罕布什尔州之后的几场预选中，当时筹备“超级星期二”的时间非常紧张，2008年有22个州的预选都会在那天举行。随着提前投票规则的出现，也就是要求像加利福尼亚州这样的大州需要在“超级星期二”之前很长的一段时间就开始投票，2008年竞选的时间压力更为巨大（Plouffee，2010：138）。凭借2008年初奥巴马在艾奥瓦州和南卡罗来纳州取得的胜利，竞选团队获得的资金数量打破了历史纪录。在2008年1月总共募集的3,200万美元中只有400万美元是通过在线募集来的，这意味着它能很快被用于进行“超级星期二”预选的州的广播广告，甚至包括在洛杉矶和纽约这样广告费用昂贵的市场（Plouffe，2010：167），以“帮助填补面对面动员的空白”。纽约州对于竞选团队确保民主党代表投票的策略至关重要，甚至对那些无法获得民众多数选票的州也是如此。

新媒介逻辑促进了旧媒介逻辑的发展，这是一个良性循环。紧接着超级星期二之后，奥巴马竞选团队提高了对媒介购买的资金投入，以期望获得更多的网络捐款。这场豪赌很快就见了成效：到2月底，就有5,500万美元流入其账户（Plouffe，

2010:177)。随着捐款不断增加，竞选团队提高了向所有旧媒介投放广告的数量：电视、新闻报纸和广播。例如，在印第安纳州和北卡罗来纳州初选接近尾声的时候，它把所有的广告资源都投入到有关如何应对油价上涨的电视宣传活动中。随着注意力转向得克萨斯州和俄亥俄州，它在这两个州所有日报上刊登了整版的报纸广告(Plouffe,2010:191)。

人们通常认为，互联网使竞选活动能够迅速适应无法预测的事件(Chadwick,2007),这无疑是事实。但我们也应该记住正是这个驱动网络竞选活动的数字技术和运行实践，现在已经深深地嵌入了所有竞选活动的内部合作机制，同时它们也渗透到新闻记者进行新闻生产的日常实践中。电视新闻正在向及时反馈和全天候工作转变。现在从事竞选媒介工作的人员要花大量的时间待在视频制作工作室，使用计算机快速生产和编辑具备广播质量的视频来完成复杂的图形叠加和动画。这些完整的文档通

119 过数字传输到达了那些与电视台保持联系的广告公司。因此，电视广告现在和电子邮件、博客和社交网络更新一样，成为迅速反馈的即时竞选活动的一部分。例如，在全球金融危机期间，当雷曼兄弟破产造成道琼斯指数下降500点时，约翰·麦凯恩评论道"我们经济的基本面是坚挺的"。奥巴马竞选团队在几个小时内就做出了回应，第二天一早一则名为《基本面》的电视广告正式发布。在密西西比州牛津市举行的第一场总统电视辩论中，奥巴马也提到了《基本面》(Kenski,et al.,2010:196)。麦凯恩精挑细选的7个字的评论成为竞选活动接下来最主要话题：它在报纸上出现668次并在广播新闻中出现303次(Kenski,et al.,2010:184)。

像"基本面"这样迅速制作好的商业广告整合并调整了大型即时电视竞选活动的关键转折点。另一例子，在第三场总统电视辩论期间，针对奥巴马称麦凯恩与布什持相同立场的言论，麦凯恩讽刺挖苦地回击道："奥巴马参议员，我不是布什总统。如果你想和布什总统对阵，你应该回到四年前。"第二天一早，奥巴马竞选团队就发布了一则商业广告，其中收录了一段麦凯恩得意扬扬地宣称他"90%的时候都对总统投了赞同票"的录像(MyBarackObama.com.2008a)。麦凯恩的竞选团队紧接着很快就接受了《华盛顿时报》(*Washington Times*)的采访并参与了一档名为《会见新闻界》(*Meet the Press*)的电视节目，这些都着眼于强调他们的候选人不同于布什时代(Kenski,et al.,2010:38)。

竞选团队内部人士认为，电视广告和广播广告在说服选民方面仍旧比其他媒介更为有效(Kaye,2009:14)。它们对于竞选活动的价值在增加而不是在减少，因为经过上几个选举周期，广播广告系统自身也在发展进化。有线电视和卫星广播的发展造成了观众碎片化，许多观众和听众已经从全国广播电视网转向了一系列新的数字频道。现在有线电视新闻的收视率与晚间网络新闻的大致相当(Kenski,et al.,2010:278)。2008年竞选期间，与使用例如美国广播公司、哥伦比亚广播公司或全国广播公司的网

络新闻用户(18%)相比，更多的人(44%)将有线新闻频道，例如微软全国广播公司、美国有线电视新闻网和福克斯新闻网，作为他们最重要的获取竞选信息的电视来源(Pew Research Center，2008a)。

有线电视为高效并可测量的广告发展提供了新机遇。现在这部分广告投放在类型更为广泛节目间歇的数量要多于“硬”新闻间歇。当前生活类节目和娱乐类节目很受竞选媒介买家的欢迎，因为这些买家准确地知道有哪些观众有可能会观看某种类型的称心内容。竞选团队会使用他们自己的数据以及有线频道提供的数据，但他们也会从像尼尔森、MRI 和斯卡伯勒研究等这样的市场调研公司去购买数据。这些数据能够使他们更容易通过性别、种族、年龄和投票的可能性来设置广告的目标。与大型网络新闻节目之间更有限的广告时段相比，像美食频道这样的频道所提供的广告时段为广告商提供了一个竞争性相对较小、更为杂乱的环境。结果，有线广告更可能具有影响力(Kenski，et al.，2010:278)。这些发展更新了电视作为媒介在总统选举的政治广告中扮演的角色。

与花在电视广告上的 2.5 亿美元相比，奥巴马在网络广告上只花了 1,700 万美 120
元，麦凯恩只花了微不足道的 800 万美元(Fenn，2009:217)。像脸书网页这样的大量网络空间基本上可以“自由”填充内容，与此同时，网络广告的花费也非常少，比电视广告便宜得多。2008 年，大多数的网络广告花费都流向标语、视频时段、谷歌关键词广告(Google AdWords)以及谷歌广告联盟(Google AdSense)。虽然花费的数额比较小，但谷歌广告仍旧是对早先竞选广告的一种创新，即使这些数字媒介战略已经与电视战略融合在一起了。竞选团队的职员开始购买文本广告，这些文本广告都是由谷歌算法自动生成并与公众搜索竞选信息时输入的关键字一同出现。此外，这些广告也被投放到关键州用来吸引志愿者。因为谷歌的关键字购买变化非常快，所以谷歌广告对像总统辩论这样关键的电视媒介事件进行同步干预是非常有用的。例如，在第三次电视辩论之前，共和党人购买了许多与他们竞选网站某部分相关的关键词，这些关键词如麦凯恩反复提及的“水管工乔”。“水管工乔”这一说法来自一位共和党支持者，在俄亥俄州游说期间，乔因曾面对摄像镜头就奥巴马的税收计划当面向奥巴马提出质疑而得名。民主党人对此在他们的网站上进行了在线回击。在电视辩论举行的前一天，“税收计算者水管工乔”这一说法被正式发布，这意味着人们在辩论结束后上网搜寻信息时，它可能会出现在文本广告列表的前列。这些技术对于竞选活动来讲是全新的，然而它们并不是孤立存在的，而是与电视辩论中的旧媒介逻辑混合在一起。

奥巴马丰厚的财政资源也为竞选团队对电视广告进行创新提供了条件。这进一步强化和更新了电视在现代选举活动中的角色，然而这些电视广告也同样具有重要的网络要素。在 9 月初的时候，随着竞选活动接近尾声，全球金融危机开始主导报道的走向，奥巴马的竞选团队决定启动一系列新的聚焦经济议题的商业广告。这些新广告每周需要额外花费 600 万美金，与标准 30 秒电视版本大相径庭，它们长达两分钟并且进一步涵盖了网络上的内容。这是一笔巨大的支出，但是当年 9 月，竞选团队在网上创纪录地募集了 1.5 亿美元总花费中的 1 亿美元，并且很快对这笔资金进行了配置。到那个时候，它的电子邮件列表中的支持者已经增至 1,100 多万，这是一场高水平的参与活动，大约三分之一的支持者进行了捐款，几乎所有人都是自愿的（Plouffe，2010：326-327）。

如果说两分钟的广告背离传统的话，那么接下来发生的则更不寻常。在选举日的前六天，奥巴马竞选团队花费了约 500 万美元制作了一部 30 分钟的名为《美国故事，美国方案》（*American Stories*，*American Solutions*）的纪录宣传片。它在主要的电视网络中都进行了播放（美国广播公司除外），同时还有微软全国有线广播电视公司、福克斯广播公司、环球电视台、BET 和 TV One（Fenn，2009：215）。这部专业制作的电影由奥巴马自己担任讲述者，由奥斯卡获奖导演大卫·古根海姆（David Guggenheim）执导。然而，似乎为了要在这部具有明显非草根色彩的类型片中象征性地融入社区组织的基本原则，这部电影将重点放在了普通美国人的案例上以及他们面
121 对的经济困境与战胜困难的决心上。这里多次引用了之前奥巴马广告的叙事主题以及一些著名参议员和美军指挥官的个人证词。这部片子包括了对奥巴马政策议程的详细描写——或者说某种程度上比普通竞选商业广告中的内容更细致。节目最后两分钟转到了一场奥巴马晚间发表演讲的集会实况转播现场。这部电影融合了竞选战略的基本构成要素：基层的社区组织，精英的支持，热烈的场景和表现集会与群众的同步性、戏剧化和中立性，这场竞选活动所投射出来的象征性力量，足以让美国大多数黄金时段的电视节目中充斥着有关它的媒介内容。预计有 3,350 万人观看了现场电视实况转播（Fenn，2009：215），这个片子在奥巴马竞选网站上也进行了现场直播并且很快就被 YouTube 收录（MyBarackObama.com，2008b）。随着竞选日的临近，这个片子连续两天主导了新闻报道。自从 1992 年竞选期间独立候选人、千万富翁罗斯·佩罗制作了一系列时长 30 分钟的宣传片以来，美国选民还没见识过如此猛烈的电视冲击。纪录片广告对奥巴马的支持率起到了积极作用，那些观看过这部片子的人更倾向将票投给民主党（Kenski，et al.，2010：246）。

2008 年选举中混合性发展的进一步体现是所谓“新闻广告”的出现——这种商业广告没有通过电视播出反而出现在 YouTube、主要竞选网站和临时微站上。这些广告也会经常寻找在电视、广播和新闻报纸的新闻网站上播放的机会（Fenn，2009；Kaye，2009：29-68）。就像奥巴马高级顾问吉姆·马格里斯在广告中所揭示的，竞选团队的工作人员会在半夜或者凌晨将这些广告发给报刊记者和广播电视媒体记者，试图赢得付费媒体关注进而获得他们的报道（Margolis，2009：130）。这些文件配有专业制作的视频和图表，基本不需要为满足广播电视的需求而进行其他额外工作。在预选

期间，面对电视广告资金短缺的难题，2007年夏天麦凯恩竞选团队决定暂时取消它在电视广告方面的投入而将网络视频作为其优先考虑的对象（Barko Germany，2009）。令竞选团队吃惊的是，这种策略取得了很大成功，因为新闻记者特别是那些早班新闻记者们，总是对新鲜的视频材料充满渴望。第三场也就是最后一场总统电视辩论见证了麦凯恩通过不断提及“水管工乔”这个说法在竞选道路上取得了一些进展，第二天麦凯恩的竞选团队就上传了一则仅限于网络播放的名为《水管工乔》的广告。这为电视记者提供了一些可以写进辩论报道的额外素材，同时也进一步强调了麦凯恩在辩论中所传达的观点。几天后，一则价值570万美元的传统电视广告《甜蜜的公平》也使用了这种能够引起广播电视媒介注意的非常廉价的方式，它在大选日的最后两周一共播放了12,750次（Kensk，et al.，2010：229）。正如麦凯恩的高级顾问克里斯·莫托拉（Chris Mottola）在广告上所说，“我们不得不像喂养野兽一样，每天喂养媒介，给它们一些东西来报道、来谈论……就像将闪亮发光的东西放在媒介面前让它们在第二天报道或者用一个新闻周期来报道一样”（Mottola，2009：111）。奥巴马的高级新闻官安妮塔·邓恩（Anita Dunn）甚至表示，与为电视定做的常规广告相比，那些被他们上传到网络并直接提供给新闻工作室进行报道的广告更有可能引起记者们的注意，并更具有轰动效应（Dunn，2009：145）。

除了这些新闻广告之外，2008年竞选活动中，YouTube声名鹊起，在电视新闻中 122
出现了许多“让我们看看网络上发生了什么”的补充内容。这些现象显示出在网络浏览器上的YouTube广告反过来会对电视演播室中大型屏幕所展示的内容产生修正作用。这些报道进一步鼓励竞选团队利用电视对新奇事物贪得无厌的胃口以及对“赛马”式新闻媒介报道框架的钟爱来加大他们在网络上的投入，这种“赛马”式报道框架在2008年的竞选活动中起到了主导作用，就如同之前在电视时代的竞选活动中一样（Owen，2010）。

因此，电视仍旧是一种强大的竞选媒介，不仅因为这种媒介本身在与受众沟通时依然非常重要，而且还因为随着技术、类型、规则、行为和组织特征等方面越来越与互联网相混合，电视特有的本质正在发生转变。在混合媒介系统内，竞选商业广告正渐渐成为循环、再利用和动员这一环流的一部分：YouTube上的广告具有电视广告的特点，电视广告则具有YouTube广告的特点；新闻报刊和电视公司的网站上都出现了付费的视频广告；都可以链接竞选网站的在线捐赠或者请愿签名这样的活动。同时公民运动也诉求于在线内容，并将这些内容在电视广告中重新利用：前进组织举办的一个名为“奥巴马30秒”竞赛，要求志愿者们制作短视频并在竞选活动临近最后几周将它们按照传统付费电视商业广告进行播出。

电视和互联网:威胁和机遇

这种混合性迫使竞选活动不断权衡新旧媒介竞争所带来的威胁和机遇。有线网络的崛起以及电视新闻观众的分化已经改变了竞选阵营对电视媒介的看法。时效性对网络的影响依然很大,对有线新闻频道的影响则小得多。同时,YouTube 已经成为一个巨大的视频中心,其数字媒介的存档和重复逻辑能力甚至超越了一直在线的即时有线新闻流。然而,在 2007 年和 2008 年早期,有线新闻频道播放的民主党预选的电视辩论获得了惊人的高收视率,同时有线频道也继续迫使国家政党举行更多的辩论。竞选活动的经理们清楚地意识到电视辩论依旧是主要的竞选事件,并调整他们的策略以便适应更为广阔的媒介系统 。有线电视新闻填补了互联网留下的空白,互联网也为各种各样的辩论报道提供了源源不断的机会。2008 年的选举举行了 30 多场全国性的候选人电视辩论(May,2009:81)。

作为一种竞选工具,电视在快速有效推动新闻议程方面的影响力显而易见,甚至在初选早期的小争论中都是如此。奥巴马就有很多次不断地利用电视上的高调出镜,试图去引导“全国叙事”按照其自身意愿进行,特别是在艾奥瓦州党团会议筹备期,当时有许多传统媒介对奥巴马政策的可行性持怀疑态度(Plouffe,2010:75,91-92)。2007 年 10 月在费城举办的电视辩论中,希拉里·克林顿对是否支持为非法移民提供
123 驾照的表态具有电视新闻的轰动效应,这直接导致了希拉里在这次辩论中的失败。紧接着,希拉里在艾奥瓦州集会的电视转播中安排听众提问的事情也被披露出来。有线新闻播放了一段视频,当一个已经安插好的有关气候变化问题被提出时,这个提问者狡黠地眨眼示意。这段令人不愉快的视频来自微软全国广播公司的节目《强硬派》(*Hardball*),后来网友“james1053”将其上传到了 YouTube(James1053,2007)。

最近数十年,全国电视网已经逐步减少对党派大会的报道。不过,2008 年每一场党派聚会都被寄予厚望,党派大会仍旧可以为竞选团队提供改变新闻议程的绝佳机会,尤其因为 2008 年的竞选证明这些事件的观众数量仍然是巨大的。奥巴马在丹佛召开的民主党大会上发表接受总统候选人提名的电视演讲吸引了创纪录的 3,830 万人观看。有 2,400 万人观看了约瑟夫·拜登(Joseph Biden)发表的副总统就职演说。有 3,890 万选民支持麦凯恩,同时有 3,720 万选民支持佩林,共和党借此甚至想努力赶超民主党。与 2004 年布什和克里竞选时相比,这次观众的数量确实要多很多,当时布什拥有 2,760 万支持选民,克里拥有 2,440 万支持选民(Kenski,et al.,2010:131)。会议期间的重大事件会被精心安排到傍晚重要的电视新闻节目播放的时段。一个非常好的例子就是希拉里·克林顿事先安排在下午 6 点 30 分中断了大会的正式计票流程,好留出时间让与会者鼓掌通过对奥巴马总统候选人的提名。安尼伯格选举研究数

据显示，在对候选人偏好的标准预测因子进行控制后，候选人在大会上因成功提名而发表的演讲在塑造公众对其认知方面发挥了重要作用。奥巴马和拜登的演讲都有助于提升他们的支持率，麦凯恩和佩林的演讲也发挥了同样的作用，尽管很多人对佩林是否做好成为副总统的“充分准备”表达了疑虑(Kenski，et al.，2010：123-148)。会议的电视演说无疑是被保留下来了。他们在强化选举活动、抓取专业媒介注意力以及塑造选民对候选人及其竞选团队的认知方面发挥了重要角色。

虽然上述内容谈到了电视的重要性，然而2008年的竞选团队对媒介也充满了矛盾的心态。现在网络竞选已经成为总统竞选的一部分，所以电视时常成为一种不那么可控的威胁。长篇新闻节目例如深受大家喜爱的《60分钟》(*Sixty Minutes*)，仍旧拥有进行调查性新闻报道的资源。现场直播节目例如美国广播公司的《早安美国》(*Good Morning America*)也拥有相当多的调查性资源，但它们具有的现场直播特性也能够将候选人及其他工作人员置于猝不及防的境地。工作人员必须为候选人在这些节目中露脸花费大量时间和精力去准备，他们必须“进行实战演习……力争将损失降到最低”，正如大卫·普洛夫在谈到2008年初奥巴马与芝加哥房地产大亨托尼·雷兹克(Tony Rezko)早年的一笔地产交易被曝光时所说的(Plouffe，2010：155)。深夜电视喜剧节目(comedy shows)为了达到讽刺的效果，几乎能够将任何新闻素材揉碎掰开进行编辑。作为回应，奥巴马的竞选团队严格控制对奥巴马在尽可能多的公开场合露面的政治编排(Cornfield，2010：213)。例如，为了平息托尼·雷兹科事件，奥巴马召开了一场记者招待会，这是一场事先安排好的记者招待会，后来却变为一场充满敌意的疯狂攻击。直到竞选团队与参与此次招待会报道的两份芝加哥最主要报纸的高级职员进行闭门会谈之后，这两家报纸发表了两篇积极的社论，危机才得以平息(Plouffe，2010：209-210)。

在竞选临近尾声的时候，奥巴马在俄亥俄州街头参加竞选活动，偶遇市民乔·沃 124
泽尔巴彻，这一幕刚好被电视进行了转播。沃泽尔巴彻，或者也叫“水管工乔”向奥巴马提出了一个非常具体的问题，即民主党提议的增税政策对那些年薪超过25万美元的人都有什么影响。奥巴马在回答时有这么一句话，“当你四处散播财富的时候，对每个人都好”，这被保守的评论家们利用了(Associated Press，2008)。“水管工乔”的视频被媒体广泛报道，并称其为与公众进行直接、不加掩饰的互动的罕见时刻，具有具体的经济政策含义，因而一跃成为大选最后几周的主题。但是，就是这个最初被赞誉为竞选游说过程中少有的真实时刻，没多久也变为像往常一样的电视政治。沃泽尔巴彻很快就加入麦凯恩的竞选集会，并接受了几家电视新闻节目的采访，其中他在与《早安美国》的戴安·索耶(Diane Sawyer)交流时，称奥巴马的税收计划具有“社会主义”特色。这一情节在麦凯恩后来的广播演讲中经常被引用并被重复提及(Kenski，et al.，2010：226)。沃泽尔巴彻也参加了一些共和党集会，虽然露面时间很短。在长岛举行的最后一次总统电视辩论期间，麦凯恩试图进一步利用这一事件，20 多次引用"水管工乔"的例子，大约有 5,600 万观众收看了这场辩论。很快有调查性报道揭露，沃泽尔巴彻不是一名注册水管工，奥巴马税收计划不会影响到他本人，但这并没有阻止共和党人前进的步伐。在竞选活动的尾声，随着选民对麦凯恩处理经济问题能力的了解，他的支持率不断攀升。这一切都与将奥巴马视作一位"税收与支出自由主义"者的看法相关：观看最后一场电视辩论的人数与这一态度成正相关（Kenski，et al.，2010：219，225）。

互联网对竞选活动提出的威胁挑战在某种程度与电视相似。网络环境有时候隐藏着一个无法控制的巨大空间，这个空间被恶意谣言、具有意识形态色彩的博客、讽刺性病毒视频以及候选人所犯错误的证据文件所占据，所有的这些都可以通过谷歌这个大型便捷搜索界面得以整合再现。然而同样显而易见的是，竞选团队可以利用互联网来组织和控制他们的竞选活动，这些仅仅通过电视和新闻报刊的方式是难以实现的。通过互联网他们可以精确地锁定筹款目标，为竞选活动争取支持。他们现在组织大规模竞选活动集会，会将技术控制手段与拉姆·克莱斯·尼尔森所谓的"个人化的政治传播"相融合，这种"个人化的政治传播"主要是指需要人力资源部门逐户到访进行拉票活动并提供电话咨询（R.K.Nielsen，2012）。竞选团队可以规避电视事件的媒介逻辑，并根据自身情况在互联网平台上灵活安排时间来构建竞选活动。竞选团队比任何时候都能够靠自身创造的条件来收集行为数据。简而言之，竞选团队掌控了大片互联网区域，并将它们融入一种可以对所有相关媒介进行聚焦的混合方式中。

125 甚至网络募捐的峰值都会与预选胜负以及电视辩论得失这样重要的即时电视竞选事件紧密联系在一起。这些旧媒介驱动的事件为积极分子利用新媒介及时干预竞选活动提供了时机。2008 年，这些事件中都会有竞选集会演讲，所以观众数量是巨大的。三场总统辩论的平均电视观众大约有 5,900 万人。有 7,300 万人观看了莎拉·佩林和约瑟夫·拜登之间展开的副总统竞选辩论，这可以说是迄今为止美国历史上观众数量最多的副总统竞选辩论。确实，莎拉—拜登之间的这场辩论所受关注程度几乎快要赶超 1980 年卡特—里根的第一场总统竞选辩论，当时有 8,100 万人观看了这场辩论。在 2008 年，所有的辩论都被置于一种多元化的网络环境中。

在每一场辩论前的几小时，竞选团队会发送电子邮件和文本信息给支持者，敦促他们分享自己的观点并进行在线捐款（Johnson，2009：12）。捐款可以巩固面对面竞选活动的态势，但围绕竞选辩论等电视直播事件展开的捐款，也可以成为一种干预主流新闻流动的手段。它们就公众的反馈向主流媒体发出了明确信号。竞选团队试图对这些新的动力机制加以利用。网络平台直播了萨拉·佩林在圣保罗接受副总统提名时所发表的演说，那天晚上人民一边观看佩林演讲一边进行在线捐赠，奥巴马的竞选团队当天接收到了一大笔汇入的捐款。这些实时的干预手段也为竞选团队的新闻工作人员提供了象征性资源，他们能够为电视和广播媒体创造出真正积极的反叙事，而这些媒体将不可避免地沉迷于这场盛大的演讲。公民们意识到了这一点，他们在竞选电子邮件的刺激下一致行动，现在他们谨慎地安排干预活动，以获得最大影响力。在对初选辩论进行电视播出期间，这些干预措施可以让奥巴马主动去考虑从公共基金中退出，这不仅因为它们预示着一旦竞选进入最激烈的阶段，奥巴马团队可能会收到一大笔捐款，还因为奥巴马的决定有理由可以代表一种对一致民主行动的肯定，一种对公众渴望通过代理人表达自己声音的支持，尽管它预示着在未来的总统竞选中会面临不受约束地使用资金的所有问题。正如尼克·安斯特得所认为的，网络资金筹集现在已经深深地嵌入了美国公民志愿主义这一广阔的政治文化传统中（Anstead，2008：289）。

尽管如此，我们必须证明这些网络资金募集活动是具有民主特征的。早期报道声称，奥巴马通过小额捐赠募集到的资金额度和乔治·W. 布什在 2004 年竞选时募集到的数额差不多，并略微大于 2008 年麦凯恩的捐款募集纪录（Malbin，2008）。一切尘埃落定后，有关奥巴马在选举中所取得的成就被人们进行了详细分析。不仅仅是因为他募集到的小额捐赠数额远远超过初选阶段其他所有候选人，而且还因为他募集资金的 33%来自那些捐募总数为 200 美元或者更少的捐赠者，这一比例远远超过了 2004 年布什的 26%以及 2008 年麦凯恩的 21%（Corrado，et al.，2010：17）。因此，奥巴马募集到的小额捐赠数额是有历史记录以来所有总统候选人中最多的。

然而，一幅更为复杂的图景掩盖在这一系列数字之下。奥巴马的“早期资金”来源，也就在预选之前，那些能够显示候选人筹资能力的至关重要的资金募集来源在很大程度上依赖于大额捐赠者：在 2007 年 1 月到 8 月期间筹集到的资金中 60%都来自捐募数额在 1,000 美元或更大数额的捐赠者。早期资金募集最突出的特点就是它们的捐赠者都是来自金融、制药、国防和广播领域（Ferguson，2008；Sifry，2009）。跟近年来其他的总统竞选活动一样，奥巴马通常会发动富人进行“筹款”，这些富人会最大 126
限度地从他们商业和社会网络中募集捐款（Corrado&Corbett，2009）。在奥巴马募集的捐款中只有 32%来自那些捐赠总额在 200 美元以下的捐赠者。许多个人会多次重复地捐款。的确，他们之所以这样做源于深受竞选团队的鼓舞，竞选团队在社交网络中建立在线筹款团体，并在 MyBarackObama.com 网站个人资料页面上显示用于个人筹款“计量”小工具。这些技术将“筹款”原则运用到了在线领域。一个具有说服力的例子是，筹集资金的捐献模式允许那些相对贫困的个人在几个月之内完成捐款行为。另外，对于竞选活动来讲，网络捐赠还具有其他优势。它不仅会避免捐赠者将收入一下子全部用于捐款，而且还会循序渐进地保证收入流的稳定，此外竞选团队还会利用像电视辩论这样的关键时刻向专业媒介和博客提供“小额在线捐款”的相关报道，进而更好地服务针对草根的资金募集。

选战部具备结构化的交互性

在 2008 年竞选中，奥巴马是一位成功逆袭的总统候选人，这一点很容易让人遗忘。希拉里·克林顿为竞选总统准备了很多年。她拥有一个潜在的全国性积极支持者网络以及专职竞选团队，他们中很多人在希拉里丈夫比尔·克林顿(Bill Clinton)1992 年成功赢得总统竞选时才刚刚懂事。凭借自身的优势，希拉里本人就是著名的政治品牌，人们普遍看好她，认为她具备在短时间内动员大规模筹集资金的能力。因此，奥巴马的胜利被视作一次重大的政治颠覆。奥巴马是一位在芝加哥起家的非洲裔美国人，虽然经过媒体对他在 2004 年民主党大会上的精彩演讲大量报道后，奥巴马早已名声大噪，但相对而言他仍是一位政治局外人，因为奥巴马缺乏重要组织机构的支持，来帮助他在一些对赢得总统宝座至关重要的摇摆州获得胜利。即便在这种情形下，奥巴马仍然击败了希拉里，随后还击败约翰·麦凯恩，后者是近年来最有经验、最受欢迎的共和党政治家之一。最具讽刺意义的是，在 2000 年预选中麦凯恩为寻求共和党总统候选人提名首先开创了网络竞选活动的先河，虽然最后以失败告终。

由于最初奥巴马是在竞选资源贫乏的基础上白手起家的，因此他又被称为逆袭者。在艾奥瓦州早期竞选的内部民调中显示，奥巴马不仅落后于希拉里，同时也排在参议员约翰·爱德华兹之后(Plouffe，2010：19)。因此，奥巴马竞选团队的第一个目标是在初选时期也就是在第一次选举测试之前，尽可能早地将奥巴马塑造为希拉里的主要替代者。第二个目标就是阻止希拉里在初选早期不断扩大战果。紧接着，第三个目标是通过大量新登记的初选民来扩大整体选民数量，包括年轻人、非洲裔美国人、拉美裔以及那些被动员参与民主党预选的共和党人以及独立选民。竞选团队希望这些人群能够将他们的热情延续到大选阶段。在艾奥瓦州的党团会议上，不仅竞选团队鼓励大量年轻人参加主要由老年公民参与的传统活动，而且为了表示对奥巴马的支持，一些共和党人和独立人士还重新注册为民主党人。竞选活动的主管大卫·普洛夫及
127 其团队计划构筑普洛夫所谓的“草根运动”，这一运动建立在由志愿者组成的“底层社会军团”以及小额捐赠者的基础上，他们通过线上和线下的人际沟通进行动员。口碑营销创造了一种鼓励个人渗透其中的“权限结构”(Plouffe，2010：94)。

但是，奥巴马的竞选团队也受到来自核心层的严格管理。互联网对竞选势头的构建非常重要，但前提是要与参与竞选的选区领导人和志愿者一起配合才能发挥作用。奥巴马建立了一个联系紧密的小型高级顾问团，与他们一起发布“重大决定”(Plouffe，2010：22)。采用这种方式的重要动因之一就是防止有人向新闻记者泄密，

另外一个非常重要的动因就是竞选团队对当前互联网驱动下的总统竞选还心存疑虑。虽然他们认为提倡发展网络竞选至关重要(Chadwick，2007)，但霍华德·迪恩(Howard Dean)在2004年混乱并最终失败的预选对奥巴马竞选团队的整体思维也产生了重要影响(Kreiss,2012)。

最初内部圈子主要包括三个人:大卫·阿克塞尔罗德、大卫·普洛夫和罗伯特·吉布斯(Robert Gibbs)(Plouffe,2010:22)。这一电视时代竞选战略指挥中心的传统模式一直存在于整个竞选过程中，并且事实证明它发挥了无懈可击的作用。在竞选过程中出现过大型媒介事件，也存在一些失误，但却没有发生大规模重要内部信息的泄露。与迪恩的竞选活动不同，奥巴马竞选战略指挥中心内部不团结的情况很少发生。

为了保持过去几十年的选举传统，竞选活动资源被无保留地分配到了摇摆州。然而按照近年来的标准，这类州的数量比以前更多了。以前被认为不是民主党地盘的那些地区突然之间也成为争夺的对象(A.Berman，2010)。奥巴马团队的工作人员并没有将获胜的全部赌注压在佛罗里达州和俄亥俄州上——这两个州自20世纪90年代就成为美国总统竞选的主要战略要地——而是开始将16个摇摆州视为潜在的争夺对象。正如我们上述看见的，这些州被电视广告充斥着，但是多州战略也需要由经验丰富的工作人员分工合作配合展开大规模的基层竞选活动。奥巴马从雄厚的中央基金中抽出一部分，加强了对民主党在一些关键州举办基层竞选活动的投入。因为在一个或两个关键州的失败会对整个选举产生严重后果。例如在大选阶段，当约翰·麦凯恩因缺乏资源宣布他在密歇根州败选的消息后，他在这个州的民调支持率很快出现下滑，实际上是将这个州让给了奥巴马。而在印第安纳州，麦凯恩甚至都没有建立竞选指挥中心，唯一一次访问该州是4月份的时候，停留时间只有4小时(A.Berman，2010:170)。从奥巴马团队在现实世界和网络空间对竞选活动的操作，我们看到志愿者服务水平和支持能力正在不断提高，竞选团队利用这一优势加大了对电视广告的投放，另外也增加了现实演讲和集会中的“候选人时间”。正如我们在下一章将看到的，虽然那些现实事件可能会通过网络进行协调，并会被地方以及国家新闻媒体进行报道，但即便如此，其事件本身的真实状况依然至关重要。

奥巴马的竞选组织机构建立在已有模式基础上，但是它也在不间断地进行创新。一个新闻与传播部门在此间被组建起来，其运行模式与20世纪90年代第一代网络竞选活动形成鲜明对比，这次新闻办公室并没有对新媒体部门进行全面控制。与之前美国的竞选活动相比，这次在前迪恩竞选团队工作人员乔·罗斯帕斯(Joe Rospars)的管理下，新媒体与现实运作之间的融合显得更为紧密。新媒体部门会直接对竞选活动首席运行官普洛夫进行汇报(Kreiss,2012)。奥巴马的新媒体职员会与从事其他媒介和传播相关的工作人员密切合作，并在具有广泛影响力的战略中发挥重要作用，这一 128
点与麦凯恩领导的竞选活动很不同(Kaye,2009:5)。这一系统意味着新媒体员工在遵从规范和进行实践运作过程中需要不断地与竞选部门的人员以及传统新闻和传播团队进行互动。尽管如此，竞选战略指挥中心还是对竞选活动信息进行着全面掌控。奥巴马、阿克塞尔罗德、普洛夫和吉布斯将他们的命令通过新闻和传播部门、新媒体部门以及竞选现场管理者形成的网络传达下去。

新媒体部门和竞选现场志愿者之间紧密协调，有利于竞选领导人将他们的权力下放到基层，并会对全国范围内竞选和拉票活动的传统模式提出挑战。例如，南卡罗来纳州的民主党议员有向政治组织付费的悠久传统。这是一种赞助系统，在这种系统中，作为回报，当地的政治和教会精英为他们的候选人背书并提供安全的支持。为了绕过这些传统，奥巴马的竞选团队拒绝了这种被称为“老派政治”的做法，并肯定了“组织”的重要性。面对当地民主党人的诸多反对，社区组织者安东·甘(Anton Gunn)仍被任命为该州的政治主任。如果没有对网络战略进行提前规划，这一切是不可能发生的。来自竞选总部的甘和杰瑞米·伯德(Jeremy Bird)通过脸书和对大学校园进行实地考察来招募志愿者。竞选团队中的摄像师凯特·奥尔布赖特-汉娜(Kate Albright-Hanna)和博客作家山姆·格雷厄姆-费尔森(Sam Graham-Felsen)被派往南卡罗来纳州为竞选网站收集素材，这些材料有助于证明他们打破窠臼的努力(A.Berman，2010：130-131)。竞选活动成功地避开了南卡罗来纳州的权势大佬们，极力动员了当地年轻的白人选民以及新注册的非洲裔美国人。随着互联网对成千上万的家庭聚会以及“理发店和美容沙龙外展计划”进行宣传，竞选团队将在线和离线活动很好地加以融合(Plouffe，2010：161)。奥巴马在南卡罗来纳州预选中保持了28%的支持率。

竞选指挥中心与新媒体团队直接参与了网络活动关键元素的设计。在这方面最好的例子就是电子邮件(e-mail)。新媒体主管乔·罗斯帕斯之前在霍华德·迪恩团队工作时期有过使用电子邮件进行竞选的经验，普洛夫将这些经验运用到此次竞选活动中来，并对竞选媒介的内容和形式进行了测试和调整。竞选团队不断转换电子邮件的语气和篇幅，对格式化和图像编排甚至在字体和颜色上也进行了多次实验(Kreiss，2012)。支持者更喜欢附带视频的电子邮件，竞选团队非常了解民众是如何参与的：“这就像我们自己也爱看电视一样。”普洛夫说(2010，297)。民众回复最多的往往是奥巴马本人签署的电子邮件，但是为了避免冲淡这些邮件的影响，有奥巴马“签名”的电子邮件数量被限制在最小范围。竞选活动临近尾声时，每一个州都有唯一的地方团队负责在本地区定向发送电子邮件信息。在某些情况下，投放目标甚至会精确到县一级层面(Plouffe，2010：77，329)。电子邮件已经成为大规模竞选活动的重要法宝。在五花八门的数字媒体中，电子邮件是一种久已确立的“世俗工具”，事实证明，与在线社交网络这样的新型环境相比，它更能推动志愿者为现实的竞选目标而努力(R.K.Nielsen，2011，2012)。

电子邮件已在混合系统中取得了一席之地，这种混合系统将中枢控制管理和结构的互动性很好地结合到了一起。本研究建立了一种具有相对渗透性的草根动员子系统(Cooper,2011)。和迪恩的竞选团队不同,这一子系统很少受到威胁——或者更确 129
切地说,被奉承欺骗——那些能够指挥并推动核心战略目标的人很少受到奉承和欺骗。迪恩的竞选活动是将社会运动和选举活动结合的组织混合体,它的社会运动最终却拖了迪恩的后腿,让他在选举中败下阵来(Chadwick,2007)。奥巴马的竞选活动也具有类似的混合组织结构。的确,竞选工作人员在开展工作时,脑海中时常会浮现"社会运动与竞选活动相结合的"模式(Vaccari,2010)。但是奥巴马将社会运动的内容——教育、赋权和动员——与选举活动的内容——征募、培训、激励、监督和配合,紧密地融合在了一起。

有几个例子恰好说明了这种融合。在正式的竞选总部建立之前,密苏里州的当地活跃人士就使用脸书和 MyBarackObama.com 网站为奥巴马集团在圣路易斯组建了一支志愿者团队。但当竞选团队几个月后抵达该州时,圣路易斯团队志愿者又应邀每周开车前往艾奥瓦州进行应援(Plouffe,2010:175)。类似的情况还有,2004 年一位支持者乔·安东尼(Joe Anthony)在 MySpace(美国在线社交网站)上为奥巴马建立了非官方用户资料,但是 2007 年奥巴马新媒体团队以不利于官方竞选团队凝聚注意力为由要求安东尼关闭已拥有 16 万粉丝的账户。当安东尼表示拒绝这一要求后,奥巴马团队的工作人员直接去找了 MySpace,要求该公司查封这个用户账号(Sifry,2007)。由于深信奥巴马将会当选未来总统,MySpace 很快就照办了。

用掌管全国事务的领导人乔恩·卡尔森(Jon Carson)的话说,奥巴马的竞选团队是"一个高度结构化,有责任有担当的组织系统……""尽管这是一个去中心化的系统,"他说,"但我知道每天早上有多少电话被打过,有多少门被敲过,在哪里,由谁敲的,以及数据中是否有什么奇怪的地方"(Carson,2009:42)。所有这些都依赖于竞选团队能够清楚地了解劳动分工和权力分布之间的重要区别。就像前迪恩竞选团队的工作人员泽法尔·蒂乔特(Zephyr Teachout)所讲的,"一些非常聪慧的人已经对如何组织令人兴奋的事情了如指掌"(2007)。

从一开始,奥巴马团队就形成了一个非常清晰的网络竞选战略,这是在互联网第一次成为美国政治推动力以来最为清晰的战略。它的首要目标是将网站纳入紧密联系的网络中,成为众多节点中的一环。每个节点最终都归于竞选团队管理,并被赋予一定的具体角色。例如,主要网站播放与某一事件相关的现场视频和声明可以成为鼓励人们到社交网站 MyBarackObama.com 登录注册以及就事件本身与他人进行讨论的重要手段。

MyBarackObama(简称 MyBO)最终拥有超过 200 万用户资料,能够组织 3.5 万名志愿者团体以及全国 20 万个地方交流活动的平台(Vargas,2008)。然而,单单靠 MyBO 还是远远不够。竞选团队还掌握了包括像黑色行星(BlackPlanet)和亚洲大道

(AsianAvenue)这样的网络论坛在内的15个社交网站的用户资料。甚至在奥巴马宣布他获得候选人资格之前,脸书上就已经出现了500多个支持奥巴马的志愿团队(R. Davis,et al.,2009)。奥巴马的竞选团队还聘请了专业水准超高的脸书创建人之一克里斯·休斯(Chris Hughes)。所以脸书在2007年向所有人开放其应用程序编程接口,为服务创建新的应用程序时,奥巴马的竞选团队是第一个利用这一新平台的用户,这并非巧合(Baumgartner&Morris,2010:56-58)。

130 全国各地的做法是整合和平衡这些自发的地方组织和中央战略。"当工作人员带着更多的资源和更明确的目标来到这里时,随之而来的是广告和我们拥抱候选人的时间,我们的基层支持者的基础性工作获得了巨大的回报,"普洛夫说,"我们向志愿者明确表明他们背后有全国竞选总指挥部这一靠山……我们会保证他们的工作具备战略合理性并且能够获得足够的资源"(Plouffe,2010:181,256)。

奥巴马阵营的竞选集会

竞选团队总部之所以会为志愿者提供"战略上合理的"资源,很大程度源于奥巴马阵营的组织构成。在2007年到2008年期间,奥巴马竞选团队在一些关键的摇摆州举行过一系列竞选集会。在竞选活动中,奥巴马阵营将严谨明确的目标与松散却不失聚焦力的社区组织原则融合在一起使用,在20世纪八九十年代,这些社区组织原则对奥巴马在芝加哥塑造政治身份发挥了非常重要的作用。竞选目标锁定的过程包括确定目标群体、登记、调动关键选民群体,例如丹佛市的拉美裔或者北卡罗来纳州的非洲裔美国人。社区组织原则是由参与过20世纪60年代社区运动的著名老兵马歇尔·甘兹(Marshall Ganz)提出的,他在奥巴马竞选团队中担任顾问并且亲自领导了几个阵营集会。

奥巴马阵营的竞选集会将组织原则和组织能力、移动技术和以目标为导向的协调不同寻常地集合到了一起,他们对人员、地方社区建设、培训指导和经验性学习的观念也进行了整合。他们还为个人自我发现以及活跃分子间的情感塑造提供了机会。

想想在大选日前几个月,奥巴马的竞选团队在科罗拉多州丹佛市举行的集会活动。大约有200名全州的西班牙裔美国人聚集到一个社区中心,该社区的居住人群主要来自劳动阶层。参加集会的人还包括来自奥巴马竞选团队的20名全职带薪组织者,大约12名本州的组织者以及12名来自芝加哥竞选活动总部的工作人员。他们的目标是在该州选民登记截止日期前的26天内登记2万名新的拉美裔选民。为此几百支地方小队给所在社区居民打电话、拉选票以及对西班牙裔选民进行登记。全国一级的组织人员将一份详细的任务表布置给地方一级的工作人员,为了避免给人造成一种上传下达的印象，这些任务并没有直接布置给集会志愿者。虽然这种状况确实发生过。

与会者在接下来的一天里召开了研讨会和分组会议。大家讨论了社区组织的原则，一些志愿者分享了他们的个人故事以及参与竞选活动所带来的生命感悟。如同会议领导者所讲的，组织此次活动并不是给人们“上课”，而是着眼于彼此分享故事，在陌生人之间很快建立起信任关系。在这些会议的黑板上写着一系列二元对立的东西，它 131
们用速记的方法总结了甘兹的模型。与分配“任务”不同，参与者被告知他们应该鼓励“讲故事”的方式。问问题时不要问“什么”，相反要问“为什么”或者“如何”，但即便在这种激烈的面对面沟通的语境下，旧媒介逻辑依旧会介入并发挥影响：志愿者们在实现目标之前已经在电视上观看了奥巴马那令人激情澎湃的演说视频。

拉票活动从每天上午 9 点到下午 9 点轮番上演。报名参加的个人轮流上阵拉票，并同意每周都与竞选团队的其他成员进行面对面沟通。角色扮演练习为那些刚刚接受培训的人提供了理论联系实际的机会，以便他们能够在阵营领导人和观众在场的情况下顺利开展工作。拉票小组按照命令要自己给自己起与众不同的名字，创作属于自己团队的诗或者歌曲，然后再在集会上进行表演。尽管奥巴马阵营重视具有间接性和信任关系的社区组织原则，但是阵营成员依旧接到指令，让他们电话联系 50 位朋友和家庭成员，邀请他们参加为奥巴马举行的家庭派对。该活动的组织者们，告诉志愿者们派对应该遵循的一般流程：首先应该播放一段鼓舞人心的有关奥巴马的视频，接着是小组交流和选民登记。奥巴马阵营的每一个团队到时都要把他们电话联络的统计表向聚集在社区中心大厅的所有听众公布。午餐休息过后，大家会再次聚集聆听一位来自奥巴马阵营的拉美裔领导人的演讲。演讲结束后，这位负责人会再次提醒团队成员，这次在科罗拉多州开展的竞选活动所要达到的目标是 2 万名新登记西班牙裔选民。最后，举办者还会举行一场毕业典礼，志愿者们会被授予毕业证书和 T 恤衫。

至关重要的是，奥巴马阵营将真实的集会活动进行编码，建成竞选集会的网络版，这超越了亚历山大人类学的范畴。几天之后，全国竞选团队启动了一个名为“邻里互助”的在线电话拉票平台，该平台由政治顾问蓝州数码公司(Blue State Digital)制作而成。奥巴马阵营中的许多社区组织原则都被运用到这种数字拉票的形式中(MyBarackObama.com，2008d)。例如，当支持者通过脸书平台加入奥巴马小组后，很快就会有一名竞选活动志愿者与他们取得联系，要求提供电话号码。竞选团队最先会根据个人用户所提供的资料信息，主动邀请其加入志愿活动(Cornfield，2010：224)。这样奥巴马的竞选阵营和“邻里互助”平台一起构建起了现实空间和网络社区相融合的混合竞选模式。

数字媒介的管控

随着竞选活动持续深入发展，奥巴马竞选团队越来越会感受到一股管控力量。正如丹尼尔·克瑞斯(Daniel Kreiss)认为，奥巴马的竞选活动将新数字技术与“属于19世纪想象中的一部分的官僚主义对象：社会组织、管理结构、大规模合作以及一丝不苟的计划结合在了一起”(Kreiss，2012)。这是一种旧的组织逻辑与较新的媒体控制逻
132 辑的结合。克莱斯所定义的“计算管理学”可以教人们精明地意识到机会成本的相对存在并计算出不同类型竞选活动的相应回报。在预选期间，竞选活动的领导层利用选民投票和登记时所留下的数据，结合电视以及其他付费媒介的评估成本，设计出了“每位代表成本”的公式，进而可以估算出一个州与另一个州之间竞选效用的对比。毕竟，最终决定预选结果的不是以每场竞选选票份额计算出的简单胜利，而是每位候选人在每个州设法获得的代表席位的数量。

总统大选也同样遵循这种新媒介的管控逻辑。一般情况下，选举人团体的选票份额是至关重要的，然而在2008年，参加早期投票的人数出现了前所未有的增长，这很大程度上归因于奥巴马竞选团队所开展的大规模、持续性的教育计划，这些计划鼓励年轻选民和分散选民提前投票。三分之一(34%)的选民在选举日之前就进行了投票，这一比例比2004年大选增加了14%，比2000年大选增加了20%(Kenski，et al.，2010：255)。在15个关键州的战场上，有11个州进行了无过错缺席投票或早期投票。这些提前投票的选民大多数是为支持民主党总统候选人而果断打破常规：有6%的人在选举日头三个星期就进行了投票，这其中有62%的人支持奥巴马，只有37%的人支持麦凯恩。那些参加提前投票的摇摆州选民也更有可能将票投给奥巴马。收到来自奥巴马阵营电子邮件的选民非常有可能参加提前投票。而接到麦凯恩的电子邮件却对选民没有起到多大作用(Kenski，et al.，2010：260-262)。

奥巴马竞选团队将基层开展的大量面对面活动与定向发送电子邮件的行为结合起来，在争取民众提前投票方面创造了巨大优势(Kaye，2009：17)。十月下旬，人们开始强烈感受到这种优势，当麦凯恩开始攻击奥巴马的税收政策时，大量选民已经明确表明他们的倾向并把选票投给了奥巴马。在竞选活动的最后两个月，民主党人利用在基层积累的大量金融优势启动了一个有效动员投票的滚动程序。

与民主党之前的竞选活动相比，这次奥巴马的竞选活动获得了高质量的数据，这对技术和人员的合理配置起到至关重要的作用。民主党人从2004年共和党人的竞选做法中汲取了经验，那时乔治·W.布什阵营的领导人卡尔·罗比(Karl Robe)精心策划了“72小时战略”，这是一场致力于掀起大规模投票的口碑动员活动，在选举日之前

的最后几个小时，布什的支持者们不断联系他们的朋友和邻居为布什拉票并轰动一时。到了2008年，民主党人拥有了第一个真正意义上的全国选民档案(Finney, 2009)。这一档案主要是由民主党主席霍华德·迪恩和包括乔·罗斯帕斯在内的助手团队在2004年到2007年间创建的。迪恩将全国范围的党派数据库汇聚起来，开启了一种联合数据库的准入模式，并面向参加2008年竞选的所有民主党候选人开放。利用三个微目标，人口统计和支持者建模数据库——选票生成器(Votebuilder)、凯利板(Catalist)和战略远程电信(Strategic Telemetry)——20世纪90年代首次亮相，民主党人的硬件设施装备比他们任何时期都要好很多(Kreiss, 2012)。借鉴之前与迪恩一起工作的经验，2008年罗斯帕斯带领新媒体部门在获得足够多资源的情况下，为网络竞选活动构建了一整套高效稳健的操作实践。他们注重与选民个体建立直接联系，防止奥巴马的计划被地方民主党委员会所领导的代表党派利益的活动所主导。奥巴马
并没有指望这些人去击败共和党。竞选活动团队有足够的时间自主组织一些地方活 133
动，这些活动并没有向参加者提出捐赠这一参与条件。这吸引了那些对有偿参与政治活动持反感态度的人们，更重要的是，竞选团队可以通过登记收集选民信息，建立参与人用户的数据资料库。如果奥巴马有机会扩大关键州的选民基础的话，他可以将这些用户资料与需要满足的人口统计目标进行比较(Plouffe, 2010:71)。事实已经证明这种模式的存在价值。

除了使用电子邮件进行动员和鼓励捐赠外，奥巴马竞选战略指挥中心还在竞选期间发布了一些非常详细的文本以及视频信息。最初，这些资料发布的目标群体是专业新闻记者，目的是让他们相信奥巴马获得总统候选人资格的可行性。然而很快这些资料就展现出对那些志愿者以及网络博客写手的强大吸引力。它们的内容是集激动人心的修辞语言、竞选中的历史事实、部分内部民意测验数据、对竞选结果令人惊讶的坦率预测以及条理清晰的内部视频剪辑于一身的混合体(这些制作精良的材料经常会遭到支持者的批评)。它们将领导层的战略意图下达给志愿者，并通过揭开竞选总部内部状况的神秘面纱来调动公众的兴趣。最重要的是，这些材料让专业新闻记者的报道更具人情味，进而对捐赠者和志愿者产生重要影响，直到预选阶段后期，还有一些专业新闻记者就奥巴马对希拉里构成的挑战这一观点持怀疑态度。这些电子邮件还提供了针对“民意测验”信息的对策，这信息现在在诸如RealClearPolitics.com和Pollster.com之类的网站上逐渐不见了。在2008年的政治信息周期中，这些网站为广播、新闻报刊和网络媒介参与者提供了重要参考。竞选团队向外界发布相对可靠的分析以及详细数字预测，试图减少不确定性，从而降低潜在支持者参与的门槛。例如，随着选举日不断临近，竞选团队发布了一份非常详细的电子邮件，详细记录了佛罗里达州高达3,800万美元的全部预算(Plouffe, 2010:330)。即便佛罗里达的基层民众认为这并不是一个可以表达他们对竞选活动经费意见的好机会，但人们认为政策的透明性会带来

承诺和信任，这一收益会抵消此举将秘密泄露给对手所带来的风险。

随着预选的推进，很明显的是，即便奥巴马在备受瞩目的投票份额竞赛中失利，但他仍然获得了大量州代表的选票：民主党手中真正的硬通货。经得住推敲的领导层电子邮件作为战略的一部分，引导精英新闻记者在报道预选结果时更加关注细节。竞选团队试图“将全国性的叙事焦点从原始选票情况转移到代表们所讨论的具体问题上”，并提出了对“可选性”的批评，这些批评让超级代表们和民主党领导层产生了疑虑（Plouffe，2010：157，200）。这里的案例都是聚焦互联网作为一种动员大众以及基层选举的媒介，这意味着信息将会通过这种新技术方式——详细记录竞选情况的电子邮件——传递给新闻记者和政治精英。

134 然而，民主党超级代表的潜在流动性本质加剧了代表规则的复杂性，似乎让那些最有经验的旧媒介记者也束手无策，这让他们更加依赖传统的干预方式。由于《纽约时报》在报道奥巴马所获得最终支持率时计算失误，奥巴马竞选战略指挥中心直接联系该报德高望重的政治新闻记者亚当·纳格尼（Adam Nagourney）。他们向纳格尼建议，可以在竞选活动中向该报的新闻记者提供独家新闻，让他们在报道竞选人相关数据中脱颖而出：也就是说纳格尼可以比记者团抢先一步获得数据信息。纳格尼完全同意加入包括有奥巴马竞选团队、报纸政治版编辑和其民意调查单位参加的电话会议。在电话会议中，普洛夫解释了竞选代表系统的复杂性，以及奥巴马在“承诺代表”数量这样重要的方面比希拉里更具优势。他认为超级代表有责任拥护承诺代表的领导。会议之后，《时代周刊》同意采用不同方式报道代表的计票情况。但更为重要的是，几天之后纳格尼发表了一篇重量级文章，他花了大工夫去证明奥巴马一直在争取那些表面上已经“输给”希拉里的州的代表（Plouffe，2010：185-186）。

这种介入充分说明竞选团队和专业新闻记者之间存在着相互依赖而又经久不衰的关系，这不仅对公众舆论而且对华盛顿的政治精英都有很重要的启示作用。竞选团队通过一系列电子邮件备忘录加强了内部信息的管理。纳格尼在《纽约时报》的那篇文章成为这场竞争的转折点。这篇文章将报道框架重新设定为希拉里需要奋力“追赶”奥巴马，这增加了希拉里团队身上的压力。在此基础上，6月初另一位新闻记者又发表了一篇具有决定性作用的电视新闻报道，为进一步干预竞选活动铺平了道路。美国广播公司新闻网（ABC News）的查尔斯·吉布森（Charles Gibson）第一个宣布了奥巴马已经获得了总统提名而希拉里则不可能赢得足够支持（ABC News，2008）。对于奥巴马竞选团队来讲，会见纳格尼是遵循旧媒介逻辑中的关键时刻，而通过电子邮件通告战况则是第一次体现了新媒介逻辑在竞选活动中的运用。

效 果

新旧媒介逻辑结合起来的效果到底如何呢？对竞选活动的效果进行精准评估相当于步入了雷区，这也不是本书的主要目的。但我们能够确认的是，在竞选传播中交响乐合奏战略对 2008 年美国总统竞选结果产生了很大的影响。

奥巴马在大选中赢得了 52.9%的大众选票。这是近年来民主党所获的最高选票，遥遥领先于麦凯恩的 45.7%，仅次于林登·B. 约翰逊(Lyndon B. Johnson)在 1964 年的胜选票数。在 2004 年总统选举布什获胜的州中，奥巴马总共拿下了九个州：科罗拉多州、佛罗里达州、印第安纳州、艾奥瓦州、新墨西哥州、内华达州、北卡罗来纳州、俄亥俄州和弗吉尼亚州。自比尔·克林顿时代以来，民主党第一次在俄亥俄州、内华达州、佛罗里达州和科罗拉多州得手。真正令人惊奇的是奥巴马在北卡罗来纳州、弗吉尼亚州和印第安纳州所取得的胜利。自 1980 以来，北卡罗来纳州就一直被共和党占据，弗吉尼亚州和印第安纳州自 1968 年以来就是共和党的牢固阵地。摇摆州选民所占全国选民的比例是 9.6%，在一些州例如印第安纳州、内华达州、密歇根州和宾夕法尼亚州， 135
摇摆选民的数量已达历史最高水平。虽然这一投票率可能并没有满足奥巴马竞选团队的预期，但这次总统竞选的最终投票率为 61.6%，在 2004 年基础上显著增加了 1.5%，其政治参与也重新达到了 20 世纪 60 年代的水平。即便如此，在这一引人注目的数字背后隐藏着一种更为复杂的状况。民主党的支持投票率提升无疑是真实的，它比 2004 年增加了 1,000 万张选票。但是总体投票率却被共和党失去的 200 万张选票的下滑投票率所中和(Cook，2010)。

年轻选民投票率(年龄在 18—29 岁之间)的绝对增长率大约为 6%，置于整体选民中，它看上去并不是那么醒目(Sabato，2010：46)。尽管如此，在 18—29 岁的年轻人中有 66%将选票投给了奥巴马，而只有 32%投给了麦凯恩(Barr，2009：114)。在自我标榜为保守主义者的人中有 17%投票给了奥巴马，85%的保守主义非洲裔美国人也将票投给了奥巴马。在 2004 年投票给布什的人中，有 17%转变了立场支持奥巴马，但是在 2004 年投票给克里的选民中只有 8%将票转投给了麦凯恩(Kenski，et al.，2010：22)。只要奥巴马的竞选团队在那些目标选区不断争取大量选民，就会取得最后的胜利。

奥巴马的竞选团队最终募集到了高达 7.5 亿美元的捐款，这一数字前所未有，比乔治·W. 布什在 2004 年募集到的资金数额的两倍还多(Toner，2010：149)。单单在初选阶段，4.14 亿美元的资金募集总额中大约有 2 亿美元来自网络募集(Toner，2010：149)。在初选阶段，麦凯恩设法募集到 2.21 亿美元，但大选期间由于他必须接受联邦资金的资助，所以最后勉强募集到 0.85 亿美元。这意味着麦凯恩被奥巴马超出的开支比率几乎是 2.5∶1。临近竞选活动的尾声，一共有 6,000 名员工为奥巴马工作，其中 95%年龄在 30 岁以下(Plouffe,2010:370)。

到 2008 年夏天，奥巴马的战场优势已明显显现出来。在一些关键州，奥巴马竞选办事处的员工已远远超过麦凯恩。例如，这一比率在俄亥俄州是 33∶9；在弗吉尼亚州是 27∶7 (Abramowitz,2010:103)。总体来讲，奥巴马团队以及民主党大约有 770 个办事处，需要支付员工工资的花费一共是 5,600 万美元。麦凯恩的竞选办事处一共 370 个，他的员工工资花费只有 2,200 万美元(Toner,2010:154)。最终的选民登记结果分别是：民主党增加了 290 万名支持者，共和党增加了 150 万名支持者(Kenski,et al.,2010: 19)。

当竞选活动临近尾声的时候，奥巴马的电子邮件名单已经包含了 1,300 万个邮箱地址(Plouffe,2010:364)。竞选期间，所有参加投票的选民中大约有 24%是竞选团队通过电子邮件保持联系的——使用电话联络的选民占投票选民的 53%。CNN 在投票后进行的全国民意调查显示，奥巴马竞选团队和 26%的投票者联系过，而麦凯恩的竞选团队联系过的投票者只占 18%(Sabato,2010:71)。选举日之前，奥巴马在脸书上有 240 万名粉丝，麦凯恩在脸书上只有 62.3 万名粉丝。在 200 个在线视频平台上，有 10.4 万个视频提到了奥巴马，6.4 万个提到了麦凯恩。奥巴马竞选团队本身向 YouTube 上传了 1,822 个视频；麦凯恩竞选团队只上传了 330 个。竞选活动临近尾声的时候，有关奥巴马的视频中有 20 个点击量超过了 100 万次。麦凯恩在 YouTube 的表现则差强人意，只有 3 个视频的点击量超过 100 万(Alexander, 2010: 60; Rasiej&Sifry,2008)。安那伯格选举研究中心(Kenski,et al.,2010:306)发现，那些自
136 称通过网络获取政治信息的人更可能会把票投给奥巴马，尽管这一优势非常小——但是互联网必须放置在一个更广泛的媒介系统语境下，特别是我早先在这章中讨论过的电视广告泛滥的情况。整体来看，68%的投票者认为电视是他们最重要的竞选信息来源，与之对比有 26%的投票者认为“互联网”才是最重要的竞选信息来源(PewResearchCenter,2008a)。如果我们考虑到在竞选期间电视广告生成的数量——当然还有通过互联网进行募捐的数量，就不会对这些陌生的统计数字感到吃惊。

结　论

2008 年奥巴马的竞选构建了一种美国总统大选新的成功模式。这一新颖性不是来自新媒介的使用，而是来自为实现竞选传播的目的而构建并自始至终使用的一种混合媒介系统方法。竞选活动已经超越了对现存语境的简单反映：它积极塑造着具有决

定性作用的媒介系统。这是一个真正的突破,但却又不是仅靠数字媒介这唯一因素造成的。

竞选活动清楚地向人们展示了互联网成为候选人进行拉票、选民登记以及动员选民等面对面竞选活动的协调工具。但是人们并没有认为互联网会取代电视和新闻报纸。尽管新媒体部门工作人员和战略指挥中心之间进行直接沟通非常重要,但从早期阶段来看,为了可以和其他部门完全融合到一起,互联网竞选活动受到了严格管理,这一点非常清楚。在鼓励互联网交互性发展的同时,竞选团体也需要根据竞选活动本身条件,对其使用一种符合混合媒介竞选模式的方式进行治理。

奥巴马的竞选活动是对媒介化政治中碎片化的长期发展趋势的一种校准和响应。但是这种响应并不完全符合预期。是的,这种竞选活动需要对人口统计资料进行彻底分析,并有针对性地以前所未有的规模进行沟通。然而 2008 年的竞选也证明了大型集会和大型电视事件两者同等重要,并行不悖。戏剧性、宏大叙事以及电视的重要性也将持续存在。奥巴马的这一数字媒介式竞选活动需要被放置到一个更为广阔的语境下理解。电视辩论、广告、新闻报道采访、网络视频以及在电视中高调出镜将会越来越多地混合在一起,创造出一种新的竞选动力机制。从重要意义上说,随着时间的推移,有一点越来越清晰,那就是“网络选举”是不可能存在的。网络无疑具有重要意义,但将它置于一个更广阔的媒介系统中则更为重要。这就需要我们对这场竞选之外更为广阔的媒介系统进行分析。

第七章　美国总统竞选媒介化中的系统混合性

137 艾米·赖斯(Amy Rice)和艾丽西亚·萨姆斯(Alicia Sams)所执导的幕后纪录片《民心所向:巴拉克·奥巴马的选举》(*By the People : the Election of Barack Obama*,2009)生动地再现了竞选美国总统所要具备的素质。这是一部具有启发性的电影,其中大部分记录了奥巴马竞选团队的大腕们在幕后进行的纵横捭阖:包括大卫·阿克塞尔罗德、大卫·普洛夫和乔恩·法夫罗。脑海中可以想象一下这样的经典场景。艾索洛和普洛夫进入电梯,电梯下行过程中,他们一直保持沉默,专心致志地盯着黑莓智能手机。下电梯后,他们相继走进竞选办公室,在这里所有职员都围坐在电脑屏幕和各种电视屏幕前。艾索洛和普洛夫手中依旧拿着手机,他们多半时间抬头盯着电视屏幕,密切跟踪各个电视频道在6点或7点左右播放的新闻简报,随后又紧盯着各种电脑监控器。这些监控器通常显示的数据——将公布的结果以及前夜的推测——是基于民意测验和每小时更新一次的选民联络的数字报告(Plouffe,2010:170)。阿克塞尔罗德和普洛夫会不断对那些与他们手机和电子邮件中文本内容不同的信息进行对比参考。与此同时,乔恩·法夫罗坐在另一台计算机旁边,心无旁骛地为候选人起草最终的演讲稿。

在现代选举中,人们会花大部分时间与一个屏幕或者另一个屏幕或者同时和多个屏幕后面的人进行互动。这就是处于混合媒介系统中的竞选活动的真实写照。

自传与预先干预

现在的竞选活动都提前于选举日好几年就开始了,这一趋势由近十年来越发重要,代表旧媒介逻辑的——与候选人相关的书籍所推动。近年来竞选圈子中几乎所有的候选人都会根据自身情况尽可能地出版竞选自传(campaign autobiographies),实现他们对竞选活动的预先干预(premediation)。理查德·格鲁辛将已经被广泛应用的预先干预描述为"在未来转化为现实存在(或过去存在)之前,对其进行干预的一种文化意愿——这很大一部分是为了防止媒介以及美国公众出现不知所措的状况……"

他提议，“预先干预目的不是为了对未来进行干预，让其按照有利的方向发展，而是为了加强对未来不确定事情的补救能力……”(2010：4)这一概念可以被运用到竞选活动的语境下。奥巴马的两本畅销自传《父辈的梦想》(*Dreams of My Father*，1995)和 138
《无畏的希望》(*Audacity of Hope*，2006)以及约翰·麦凯恩的畅销书《父辈的信仰》(*Faith of My Fathers*，1999)，在 2008 年美国大选的预备阶段都发挥了重要作用。这些书为专业新闻记者了解候选人提供了一整套连贯性叙事，以便为今后记者们必不可少地聚焦候选人的个人特点及口碑做好准备。不出意外，为了在早期建立竞选优势，候选人通常会在竞选网站发布视频，帮助选民加强对这些既定叙事的印象。例如，大卫·格利姆(David Gliem)和詹姆斯·杰纳克(James Janack)对“历史”静态摄影技术的娴熟使用，令人印象深刻。这种摄影技巧可以从视觉上将奥巴马与林肯时代、肯尼迪时代以及马丁·路德·金的伟大演讲等美国历史上的重要转折联系起来(Gliem&Janack，2008)。一些平面设计师和视觉艺术家，例如谢帕德·菲尔雷和罗恩·英格力(Ron English)在他们的怀旧宣传海报中也强化了类似的历史性主题，对突出竞选团队的官方视觉效果方面发挥了重要作用(Seidman，2010)。

杰弗瑞·亚历山大认为，未来准总统的自传会经常与英雄主义小说中的经典修辞保持一致。候选人会将自己塑造成一位排除万难、有着不同寻常成长经历的政治人物(Alexander，2010：64)。对于 2008 年的候选人来讲，这些主题会成为自身的主导标签。对于麦凯恩来讲，越南战争中的军旅生涯让他成为一名“斗士”，而在职业生涯中他因在议会中表现出对党纪的蔑视行为被冠以“特立独行”者。对于奥巴马来讲，芝加哥社区基层组织工作的经历以及不同寻常的混血背景让他为自己的美国身份倍感骄傲。为了将这些叙事深入人心，竞选团队特意在群众集会和候选人演讲等场合安置巨大屏幕，用来播放记录候选人过去生活图片的视频或者将这些照片设为竞选网站的背景加以宣传。

在竞选活动早期，来自像《华盛顿邮报》和《纽约时报》这样精英媒体的新闻记者会被这些书籍所吸引，并向读者介绍一些候选人的简要成长经历。2006 年奥巴马自传《无畏的希望》巡展引发了一场独立的草根竞选活动，促使他宣布参加美国总统的选举。更为重要的是，它激起了电视新闻记者对参选人持续不断进行推测的欲望。书展的成功举行也促使奥巴马现身 2006 年 10 月举办的记者招待会，其间他接受了蒂姆·拉瑟特(Tim Russert)的提问。这可以被视为奥巴马第一次公开表明他正在认真考虑竞选事宜，尽管直到 2007 年 1 月他才正式宣布参选。

在出乎意料的事情或危机发生时，自传的叙事内容为新闻记者提供了特别重要的信息源。随着美国金融危机的临近，在 2008 年 10 月的大选中，《纽约时报》和《华尔街日报》相继发表了好几篇文章，这些文章都是根据候选人早期出版的自传，进而推测出他们面对金融危机可能做出的应对之道(Alexander，2010：85)。因此，书籍是一种可以对竞选活动解读框架产生长期影响的有效手段。但是它们有时也会带来危机。如果语境发生转变以及公众对候选人的现有价值观和性格特点的看法发生戏剧性的摇摆，那么对候选人的个性化叙事内容就会变得飘忽不定。麦凯恩在军队的英勇事迹曾经对竞选来讲非常有利，但随着他的职位越来越高，这些年公众对美国介入伊拉克战
139 争的态度也越来越反感，经济问题开始成为选民最为关心的问题，在这种背景下，与奥巴马相比麦凯恩的故事就难以让人产生共鸣。然而，就连奥巴马出版的书中也存在一些问题，奥巴马在国家政治上的迅速崛起和有限的资历，助长了麦凯恩的竞选团队在2008年夏天对他的攻击。

真实空间—互联网—电视的关系

2007年1月18日，奥巴马在YouTube上传了一段视频正式宣布参加民主党党内初选，这与他的竞争对手约翰·爱德华兹和希拉里·克林顿决定通过网络宣布参加竞选如出一辙。就像大卫·普洛夫所讲的，“事实上这是完全正确的，与在椭圆形办公室发表演说不同，这样做让人感到更随意，看起来少些做作”(Plouffe，2010：32)。当然，问题是它确实是人为策划的。不仅是人为的，而且它还被认为仅仅如此是远远不够的：在发布视频之后，奥巴马的竞选团队紧接着安排了一场“官宣巡演”，这场巡演由一场在伊利诺伊州首府斯普林菲尔德户外精心举办的公众集会拉开序幕，结束于老国会大厦前的一场声势浩大的集会，当时5万名奥巴马的支持者将前一天晚上就被点亮的精心布置的舞台围了个水泄不通。

在竞选活动初期发生的这些重大事件揭示了一种反复出现的情况：在这些被精心安排的全国范围巡演的大场面中，将奥巴马推到公众面前并吸引住专业新闻记者的是这其中塑造出的物理空间和展现出的戏剧风格。但是这些在真实空间发生的竞选事件需要置于更为广阔的语境中去思考。真实空间的景观与网络空间的活动是融合在一起的。参加集会和演讲的入场券是通过在线注册的方式发售的。出席者被要求注册登记并提交他们的电子邮件地址，在一些较早举行初选的州，像艾奥瓦州和新罕布什尔州，这是最基本的要求。这些选区人口相对较少而且在逐步完善选民信息资料，这有助于竞选团队对选举人的整体情况加深了解。例如，在艾奥瓦州，奥巴马团队能够将参会者数据与所购买的选民数据进行对比，进而确定竞选活动目标。在艾奥瓦州所举行的集会吸引了大量年轻选民、非激进的民主党人，甚至共和党人和独立选民(Plouffe，2010：42)。奥巴马的竞选团队将捐赠、志愿活动和初选模式都记录下来，并据此来调整他们的动员活动。

许多在现场举办的“小额”募捐活动，不仅有助于竞选团队募集资金以及收集注册

信息，而且还能吸引当地新闻纸媒的注意。然而当奥巴马竞选团队努力争取媒体对奥巴马候选人资格的关注并努力对外传递受到越来越多基层民众热情支持的信息时，有人认为在初选阶段这些做法会起到一定的离散作用。竞选团队了解到，把候选人的时间投入到由互联网组织的、可能会带来小额捐款的现场活动，这种做法的机会成本很可能会被当地媒体关于“奥巴马在集会发表演讲现场民众激情澎湃”这样的报道所抵消(Plouffe,2010:49)。全国范围内的支持者可以通过现场直播观看到这些活动，小 140
额募捐者们也可以与奥巴马以及其高级团队中的其他成员偶尔见面并进行电话会议，这让竞选团队的领导层创造出了一种更为广泛意义上的归属感。这是一个将网络媒介的协调功能运用到现实集会活动中的案例。反过来这些现实集会也会带动可信赖的网站、电视、广播和报刊等媒体对此进行积极报道，它们促进了竞选活动中志愿者的基础结构趋于完善。

因此，现实的竞选事件以强有力的方式继续塑造着美国总统竞选中的协调过程。这对组织能力是一场考验，这种能力体现在最重要的早期初选阶段，坚定的支持者通常在寒冷的天气中依然愿意投入时间和努力为候选人摇旗呐喊。在专业新闻记者的眼中，竞选机构和金钱是竞选活动成功所依赖的象征性资源。出席集会的人数和捐赠数额可以视作是衡量候选人受大众欢迎程度的“硬”指标。一场政治集会所展示出来的力量无疑是向记者们发出了应该重视这位候选人的信号，即使他们很清楚地知道，一定程度上这是由政党制造出来的一场秀。政治集会的地点比任何时候都需要精挑细选。在特拉华州举行的一场超级碗星期日集会成为这个州历史上最大的盛会，它为奥巴马在超级星期二获得这个州初选代表的支持立下了汗马功劳。之所以将特拉华州作为此次报道的首选，是因为费城人民一定会通过电视收看到这次会议(Plouffe,2010:169)。

电视画面能让人感受到现场人群热情高涨，而在线文本媒介很难做到这一点。尽管如此，那些对竞选活动至关重要的自制视频片段会通过电子邮件发送给志愿者，然后又被发布到官方竞选博客并上传到 YouTube。发生在现实空间的事件对完成这些具体任务是非常有帮助的，尽管这些任务也需要依靠数字媒体来完成。奥巴马在科罗拉多州丹佛市举办了万众瞩目的演讲集会，这次集会汇集了 75,000 人，为了鼓励那些因各种原因而无法亲临现场的热心听众能够打进电话表达支持，竞选团队专门设立了许多临时电话银行。与会志愿者被要求按照从入口处领到的特别名单上的名字逐一打电话(Cornfield,2010:225)。如果新闻记者引用集会现场人数来证明候选人所获得的高支持率的话，在丹佛演讲中设立的电话银行就会为这一报道额外增添一层真实色彩，即证明了现实中有着广泛影响力的网络竞选活动是客观存在的。作为一种将现实空间与数字媒介空间相融合的手段，将文本转为屏幕的技术也曾在多个场合使用过。由来自纽约的摄影师斯科特·科恩(Scott Cohen)组织的名为“奥巴马时刻”的竞选活动(Obama Minute campaign)要求支持者捐款并发送短信，然后把这些信息通过纽约时代广场的一个超大广告牌向路人展示。网络用户也在他们的网站上安装了科恩的小插件，这个小插件可以向网民展示出广告牌上不断更新的广告内容(AnObamaMinute，2008)。

然而具有讽刺意义的是，随着竞选活动的推进，奥巴马与选民在更加小型和平静的环境中互动的机会明显越来越少(Plouffe，2010：142)。人们认为与选民的直接互动在展现候选人谦逊态度、人际交往能力以及根据自身条件联络公众方面具有至关重要的作用。这些都是经典的电视时刻：候选人通常戴着麦克风，新闻记者们则操作摄
141 像机录制特写镜头。这是一种有别于政治集会不同的形式，却自20世纪60年代以来就成为电视竞选活动中越来越重要的一部分。早在新罕布什尔州初选的时候，就有人表达了一种担心，即害怕奥巴马被描述为一位有着大批忠实年轻粉丝、能够取悦大众的“摇滚明星”。因为传达太多的草根热情可能会导致一部分潜在选民转变态度，这些选民并不会仅仅将令人激动的竞选演说作为唯一的评判标准。这种担心导致奥巴马竞选团队做出一系列调整，重新恢复了对电视的重视。这说明电视仍具有独一无二的优势，以及它在媒介、技术和人力所构成的混合体中的地位，而这种混合体又是现代竞选活动的组成部分。

在初选期间，有一个很好的例子可以说明以电视为中心的竞选活动具有的持久影响力。由于民调上的落后以及在第二轮竞争中令人意想不到的再次输给奥巴马，希拉里·克林顿召集了一队由16名选民构成的小组，其中14名是女性，在新罕布什尔州朴次茅斯的一个咖啡店召开会议。大约100多位记者挤满了咖啡店，摄像机镜头已经无法捕捉到全景(Breslau，2008)。美国广播公司和许多其他电视频道也到现场进行拍摄。有记者问希拉里，她是如何在竞选需求和个人生活以及女性身份之间寻求平衡的。当希拉里开始回答问题时，她的眼里突然噙满泪水。她用了几秒钟忍住眼泪继续作答，由于试图控制自己的情绪，她的声音变得颤抖不已。这样的反应表现出希拉里脆弱一面的同时也带来了挑战性。为了获得在场人们自发的同情，她重申了对国家的承诺，并暗示做一个女性总统候选人是多么困难。

这是符合电视转播的经典竞选行为，但同时它也引发了一场混合媒介风暴。希拉里流泪的画面被有线新闻节目不断重放，多种版本被上传到YouTube，并很快获得成千上万的点击量。这1分52秒的剪辑视频成功主导了新罕布什尔州的初选，并最终帮助希拉里赢得这个州初选的胜利。然而，如果许多人认为真情实感的表露所产生的短期效果对希拉里有利的话，那么媒介混合系统也为深层次矛盾心理的产生提供了语境。利用YouTube的即时文档功能，观众们可以对视频的每一帧镜头进行仔细研究，分析视频的暂停画面并发挥战略思维去寻找背后虚情假意的细微迹象，然后在评论区告诉全世界他们自己的具体解读——顺便沾一点希拉里“东山再起”的光芒(Kantor，2008)。

从盛大巡访到“名人”一词

尽管这一片段意义非凡，但是若拿它与最能展现电视之于竞选的重要性事件相比，它就显得黯然无光了：这就是2008年7月奥巴马对外国领导人的国事访问。

奥巴马的竞选团队花了很长时间策划了一系列的国外出访活动以及大型户外民众集会，并将其视为初选阶段向大选阶段过渡的重要标志。所以在2008年7月，奥巴马首先访问了驻伊拉克、阿富汗以及科威特的美军，之后又前往以色列、约旦、柏林、巴黎，最后抵达伦敦。这次出访在近年来的竞选历史上是前所未有的，即使按照美国总统的标准，这也是一份雄心壮志的出访计划。但最关键的是奥巴马当时还不是总统。奥巴马从精心选择的一个地点奔赴另一个地点，接受一个接一个国家元首的热烈欢迎，所到之处电视记者们蜂拥而至，电视甚至电影对总统权力的建构越来越明显。这 142
场停留多个国家的旅程，其本质是为人们提供一场特色鲜明的旧媒介景观。除了可以从博客上获取信息，新闻记者们还需要花费大量精力亲自去报道这场事件，并挖掘各种电视节目类型，这些节目在过去几十年被广泛用于对总统竞选相关事件的报道。电视新闻属于其中的基本类型。

这场重要的访问在美国国内得到了媒体的充分报道。它的主要目的是，展示奥巴马所拥有的国际威望，驳斥那种认为他缺乏外交经验的观点，同时释放出他愿意重新与欧洲领导人接触的信号，近些年这些欧洲领导人对在伊拉克战争这样事关美国外交政策议题的支持立场曾产生过动摇。德国可以作为实现上述目标的最佳访问国。选择柏林的一个重要的历史原因是：它曾是约翰·F. 肯尼迪1963年发表著名的勃兰登堡演讲的地方。

这次访问面临很大的风险。最明显的是，由于有些国家的媒体对奥巴马不是很熟悉以及奥巴马竞选团队无法确保这些国家的支持者会在恰当的时候出现在摄像机前等情况，因此这一过程可能会出现失误。即使竞选团队可以较为准确地预测至少有几千柏林人会去听总统候选人的演讲，但他们对出席人数的具体规模以及会产生怎样的负面报道都还抱有疑虑。到演讲开始的时候，人数明显增多——竞选团队曾暗自希望有5万人参加。但伴随着演说的推进，超过20万人聚集在蒂尔加藤公园——这一人数是1963年前来聆听肯尼迪演讲的人数的四倍还多。当奥巴马出现在听众面前时，民众中很多人挥动着美国国旗，称他是“一位值得骄傲的美国公民，也是一位世界公民”(MyBarackObama.com，2008c)。这一电视形象在“后冷战”时期总统竞选历史上独一无二，这个事件本身就具有强大影响力。

然而，大型出访也是一把双刃剑。在柏林民众集会之后的报道中，福克斯新闻的大卫·阿斯曼(David Asman)评论，“今天在柏林巴拉克·奥巴马看起来像个摇滚明星……""他们真的爱他？将其作为美国人的一面红色旗帜吗？"阿斯曼问道。当《华盛顿时报》和《纽约邮报》(*The New York Post*)成功提出"摇滚明星"这一话题时，其他保守媒体也纷纷效仿。一右翼媒介研究中心(Media Research Center)发布了一段网络视频"奥巴马爱 3.0"，该视频使用蒙太奇手法展现了自由主义记者们对此的一些积极评论，并配了一首弗兰基·瓦利演唱的名为《我无法将视线从你身上离开》的歌曲(Alexander，2010：170)。

舞台已搭建好，一切准备就绪。就在奥巴马从欧洲回国两天后，麦凯恩的竞选团队发动了反击，发布了一则堪称最成功的攻击性电视竞选广告。这一广告给奥巴马的信誉带来了重大损害，也很好地说明了在混合媒介系统中电视广告的持久影响力。当它第一次在电视中播出的时候，这则名为《名人》的"媒体广告"(见第六章)已经于前一天晚上在一个竞选网站上发布了，这样做的目的是为了影响第二天一早的新闻议程。这则广告在奥巴马柏林演讲的镜头和人们高呼他名字的镜头之间交替切换，并配有音乐家布兰妮·斯皮尔斯(Britney Spears)以及拥有百万家产的女继承人也是电视名人的帕丽斯·希尔顿(Paris Hilton)的照片。广告语则是"他是世界名人，但他准备好领导世界了吗？"

麦凯恩的《名人》广告在专业新闻记者中一石激起千层浪，这些记者们急于报道此事，他们认为这能够对奥巴马作为天才演说家的高大形象造成首次重大打击。电
143 视喜剧节目也很快加入了这场争论。斯蒂芬·科尔伯特称，"最大的噱头仍旧是巴拉克·奥巴马的国际出访。我不得不给他加分。今天他再一次创造了历史，成为仅凭媒体闪光灯驱使就乘飞机周游世界的第一人"(The Colbert Report，2008)。由于拥有超过 220 万的观看次数，《名人》成为麦凯恩竞选团队在 YouTube 上最受欢迎的广告，确保了他们在网络竞技场上站稳脚跟，直到他们的对手再次处于主导地位。

《名人》的成功鼓励了麦凯恩团队在这一主题上继续跟进，他们推出了一系列演进版本。其中包括几项公开声明，旨在加深人们对奥巴马是一名文化精英主义者的认识，例如宣称奥巴马喜欢喝有机茶。麦凯恩在南达科他州的摩托车集会上也发表了一场超凡演讲，他说与"几十万柏林人"相比，他更喜欢"五万人的咆哮"。以名人为主题的报道风暴成功吸引了新闻和娱乐节目的注意。像福克斯新闻、CNN 的《今晚娱乐圈》(*Showbiz Tonight*)、美国全国公共广播电台(NPR)的《早间节目》(*Morning Edition*)、美国广播公司新闻网的《世界新闻》(*World News*)以及微软全国广播公司(MSNBC)的《今日秀》(*Today Show*)等多种广播电视节目都在讨论这则广告。与此同时，共和党人在他们的网站上又提出一项新的建议，给奥巴马的第二本书贴上一个标签：他们称为"大胆的注视"。一个名为"笑死人不偿命"(Funny or Die)的喜剧网站在线发布了一则"帕丽斯·希尔顿竞选总统的广告"，在这个出乎意料之举中，讽刺遭

遇了现实,现实遭遇了讽刺。身着豹纹泳衣的希尔顿批评麦凯恩是一位“满脸皱纹,白发斑斑的家伙”,抨击共和党对她作为名人的诋毁,雄辩地阐述了奥巴马在能源政策上完全可信的立场,创造性地将两位候选人的观点巧妙结合起来(Funny or Die,2008)。在后来的《名人》广告中,共和党放弃了希尔顿和布兰妮·斯皮尔斯的形象。

《名人》广告让共和党在混合媒介管理方面取得了成功,继续缩小了他们与奥巴马在民意调查中的差距,使其保持在误差范围之内。奥巴马竞选团队也开始担心,他们在全国各地四处奔波的人群会为不断在主流媒体播放的“摇滚明星”宣传片火上浇油。让人惊讶的是,他们开始避免组织大型民众集会,反而为候选人安排了像餐厅、商店和工厂等这样小型甚至更为亲密的场地。他们也决定按照一定比例相应减少为奥巴马举办的盛大活动。之前竞选团队为总统候选人在民主党丹佛大会上所发表的提名演讲做了精心策划,他们要向电视机前的观众展现出这场由 7,500 人参加的集会的重要性。这场集会的舞台背景原本由仿古柱子搭建而成,这让人联想到林肯纪念堂。然而针对批评奥巴马的傲慢言论,竞选经理们在演讲的前一晚拼命“把灯和各种各样的装饰品都撤掉”,高级顾问大卫·阿克赛尔罗德这样描述这一过程(Axelrod,2009:73)。部分舞台被拆除,摄像机角度被测试,以确保奥巴马被拍摄时不会出现令人讨厌的柱子。这样做的目的是给人留下一种印象,奥巴马来自人民,而不是脱离群众。

虽然这些仿古圆柱在活动中没有用到,但还是在改造中被保留了下来,它们被放置在舞台角落,没有进入奥巴马演讲的特写镜头中。奥巴马竞选团队按照他们希望的 144
方式使用使用单镜头摄像机为竞选网站拍摄了视频。电视新闻报道则完全不同,记者们使用多个摄像头进行拍摄,用特写镜头记录下了支持者们欢呼雀跃和泪流满面的时刻,奥巴马竞选团队可以对电视新闻施加一定的影响力但却无法对其进行完全控制。虽然如此,即使在演讲最重要的部分,电视新闻报道的背景也是低调的。这场演讲旨在设法帮助候选人摆脱“傲慢的摇滚明星”这一说法对其形象的玷污。最终奥巴马的竞选活动又回归到大规模的户外集会中开展。

互联网和电视的完美结合

虽然对塑造竞选活动仍然保持着持久影响力,但是今天电视的地位已经无法和昔日相提并论,注意到这一点很重要。它已经被部分掏空并分散到各种各样的技术平台上。电视节目是一种强大的竞选传播类型,但随着节目内容被放置到混合媒体系统中,它的形式已经发生了相应改变。电视在竞选活动中扮演的角色越来越复杂和多面,现在电视和互联网之间出现了一些系统性整合的迹象。

YouTube(成立于 2005 年)第一次在竞选活动中大显身手当属 2008 年的总统竞

选。YouTube 和像每日影像(Dailymotion)以及 Vimeo 这样的网络视频平台都具有混合媒介逻辑。它们将大众传播媒介的潜在影响力与网络媒体日渐突出的互动性、水平性和网络性功能结合在一起。YouTube 的出现极大促进了网络和电视之间的相互依存关系,这对塑造竞选活动起到决定性作用。

美国有线电视网和视频网站联合举办的辩论

CNN 和 YouTube 在 2007 年 7 月和 11 月联合播出的辩论节目可以视为这股潮流的第一次迹象。这是谷歌和 CNN 之间合作的独特产物,这两种即时媒体将候选人电视辩论的传统类型和舞台风格与非专业报道的真实性相融合,而这种非专业的真实性已经成为当前最流行的 YouTube 内容的主要特征。普通民众被邀请提交 30 秒的提问视频供 CNN 和党派工作人员组成的座谈小组讨论。他们在这些最好的素材中挑选出最具代表性的样本用以展示,并通过大屏幕向候选人和工作室观众进行直播。每位候选人都有 30 秒的机会,他或她可以挑选出一则具有“YouTube 风格”的官方竞选视频进行播放。民众的提问视频会穿插其中。CNN 的安德森·库珀扮演了一位传统主持人的角色,他提供给候选人的视频中有 39 个出自民主党提供的 2,989 个视频问题,34 个来自共和党提供的 4,927 个视频问题。现场辩论之后,相关文档就被上传到了 YouTube。

根据节目的形式特点,电视辩论的现场直播需要工作人员提前安排好几方面的补
145 救措施。然而,在线观看电视辩论则意味着媒介体验正在经历着一场重大变化。观众在 YouTube 上在线观看的是经过加工的电视图像,虽然这些电视画面非常适合大屏幕,但为了迎合演播室里的观众以及那些观看 YouTube 视频的非现场观众,人们对其进行了相应的修复和调整。当然,这些视频是由一家电视新闻机构和一家互联网公司的视频部门共同公开征集的。

仔细观看这些辩论,可以明显感受到混合系统中权力之间的紧张关系。就像我们在第四章看到的,与英国首相电视辩论中电视和互联网相处模式如出一辙,CNN 也试图在每场辩论前对那些不适合播出的视频做出一番不屑一顾的评论,以此来影响 YouTube 的议程安排。安德森·库珀是一位非常活跃的主持人,他会对新闻的权威性进行干预。他经常在节目中穿插一些细节,改变视频中的提问方式并且增加一些补充性问题。尽管如此,CNN 也不希望完全将 YouTube 的独特之处遮掩殆尽。出自业余人士之手的视频具备了一定的严肃性和思想性,同时也展现出了 YouTube 的视频特点。视频中,摇晃的摄影技术、昏暗的灯光以及卧室和起居室的室内场景依稀可见。例如,一位性格活跃、名为“Billiam”的阿拉斯加人问了一个有关气候变化的问题就很搞笑。虽然在这一过程中,演播室里的观众并没有被赋予某种特殊角色,但是他

们通过提问、为候选人鼓掌的方式对辩论施加了几次有影响的干预。但最关键的时刻到来了，它证明了这样一个非传统的事件可能会对总统竞选产生重大的长期影响。当辩论议题转向外交政策时，加利福尼亚州钻石酒吧的斯蒂芬·索塔(Stephen Sorta)通过一则 YouTube 视频向奥巴马和希拉里提问，问他们是否愿意在“缺乏前提条件的情况下与像伊朗、叙利亚、委内瑞拉、古巴和朝鲜这样的独裁政权的领导人会面”。奥巴马回答他会的，而希拉里明确表示她不会。在辩论结束后，这一南辕北辙的态度引发了媒体铺天盖地的评论。民主党候选人之间的讨论在初选期间持续了几个星期。这也鼓励了希拉里阵营对奥巴马缺乏外交经验这一点展开猛烈攻击。

业余爱好者和专业在线视频

2008 年大选中，那些和竞选没有直接关系的人制作了大量的在线视频(online video)。获取这一领域的准确数据是很难的，这方面最权威的统计数据来自一家名为神性度量(Divinity Metrics)的在线营销公司。该公司对 400 天活动期间在 200 个不同平台上传的所有视频进行了分析，发现大约 104,000 条视频是有关奥巴马的，64,000 条视频是关于麦凯恩的(Aun,2008)。其中有一些将会作为美国政治中第一批具有重要影响因素的在线视频而载入史册。它们的重要性毫无疑问，但是在某些情况下，它们的出处和整体影响不如“YouTube 轰动”这样的头条新闻更直接。

在竞选早期，最说明问题的一个典型视频就是“轰炸伊朗”。在共和党集会上，一名参会者用手机拍摄了一则视频，约翰·麦凯恩哼着海滩男孩的“芭芭拉·安”曲调， 146
唱着“轰炸、轰炸、轰炸”伊朗。它被网民“mckathomas”上传到 YouTube，随后电视新闻对此又进行了报道(mckathomas,2007)。“轰炸伊朗”后来被重新制作成专业电视广告并被罗伯特·格林沃尔德(Robert Greenwald)翻拍成在线电影，面向各种类型观众进行播放(Brave New Films, 2008;heyitsjoe,2007)。许多人气很高、流传很广的讽刺性视频均来自业余爱好者之手，他们将一些已经建立的网络模因与竞选新闻素材进行混搭。“Baracky”的特点是将麦凯恩和奥巴马设置成热门电影《洛基》中的角色；“Empire Strikes Barack”则主要为奥巴马和希拉里安排了《星球大战》中的情节片段；休·阿特金的“Barack Roll”利用了“瑞克摇滚”的在线模因，包括发布依旧流行的瑞克·阿斯塔利(Astley,Rick)1987 年的歌曲《永不放弃你》的视频链接，吸引那些奥巴马的铁杆支持者。“Barack Roll”的混搭音乐包含了奥巴马在上《艾伦秀》节目时的舞蹈视频素材，并配上一些奥巴马的演讲片段，给人们一种幻觉，奥巴马在演唱阿斯塔利的歌曲。(disappointme,2008;HollaAtYoDaddy,2008;Humanitainment,2008)

尽管如此，最流行的非官方视频并不是出自业余爱好者之手。这些视频是由专业艺术家和设计师(像谢帕德·费尔雷)创作的，他们将创新性、娱乐性和政治教育广泛地结合在一起，制作出例如街头艺术、标志设计、广告招贴画和插图等象征性资源，这对塑造奥巴马的公共人格起到了重要作用(Seidman,2010)。成熟的政治公关专业人士菲尔·德·威利斯(Phil De Vellis)制作了一部非官方的竞选视频《不同寻常的投票》(*Vote Different*)，希拉里·克林顿被塑造成苹果电脑公司著名的电视广告《1984》中的大哥形象。同样著名的视频《我爱奥巴马》在一个名为“政治菜鸟”(Barely Political)的网站播放，这则广告的创意来自一名经验丰富的广告经理人本·雷尔(Ben Relles)，他与专业电影制作人凯文·阿博特(Kevin Arbouet)和拉里· 斯特朗(Larry Strong)一起花了三周时间对此进行创作(L.S.Miller,2008)。《我爱奥巴马》视频(*I Got A Crush…on Obama*)让女演员安珀·李·埃廷格(Amber Lee Ettinger)一炮走红，成为福克斯和微软全国广播公司等媒体的座上宾，后来被奥巴马竞选团队聘请为面向选民的“自动留言电话”制作画外音。(L.Powell,2010:94)

整个竞选活动中最流行的网络视频是《是的，我们能》，这则名人广告混合了音乐、说唱以及奥巴马在新罕布什尔州初选大会上的演说，由全球流行音乐团队黑眼豆豆的杰西·迪伦(Jesse Dylan)和安·I.威尔(Am I. Will)创作。这部视频的主角包括好莱坞著名女演员斯嘉丽·约翰逊(Scarlett Johanson)、成功音乐家约翰·莱金德(John Legend)和赫比·汉考克(Herbie Hancock)以及其他一些名人。《是的，我们能》这部视频是为迎合主流媒介诉求而精心策划的，并在奥巴马竞选团队的积极配合下顺利发行。有一点经常被人忘记的是，它最早不是在 YouTube，而是在美国广播公司新闻网《今日新闻》(*News Now*)这档电视节目中播出的(Wallsten, 2010:169)，然而，由于美国广播公司的《今日新闻》可以同时在互联网和移动设备上观看，因此“电视”就变成一个相对概念。竞选团队和民主党博客在创造条件推动《是的，我们能》视频病毒性传播方面也发挥了关键作用。奥巴马竞选团队的声明引起了人们对这段视频的关注，并推动其在博客网络上更广泛地传播开来。随着在线观看人数的增长，电视和新闻报刊记者对这则视频的流行现状进行了报道。这反过来又带动了人们对它进一步关注，在线观看的人数也不断扩大(Wallsten,2010)。临近竞选尾声的时候，《是的，我们能》已经拥有几乎两千万的观看次数以及 8.7 万多的评论。鉴于最初由音乐家和好莱坞演员
147 共同打造，因此这一最先在网络上流行开来的混合政治娱乐视频后来深受电视媒体欢迎也就不足为奇了。

怀特牧师事件

虽然 CNN-YouTube 联合举办的竞选辩论以及成功的在线竞选视频在奥巴马竞选过程中所发挥的重要性不言而喻，但最能说明电视内容如何通过网络媒介进行传播

这一问题的当属怀特牧师事件。这一事件揭示了在混合媒介系统中受媒体驱动的个性化丑闻所呈现出的新动态。这一在竞选活动中具有决定意义的事件几乎对奥巴马的候选人资格造成了致命打击。全国广播电视网的高清节目以及极具威力的移动影像与互联网视频的病毒性传播相结合,YouTube 成为那些经过修正后的广播和有线新闻节目的核心文档中心。那些认为广播电视"开始沦为穿插节目"(Cornfield,2010:209)的说法是不符合事实的。电视和在线视频之间相互依存的重组至关重要。

这一事件起源于网络。弗兰·伊顿(Fran Eaton)是一名保守派博主,她专门为在线公民新闻报道《伊利诺伊州评论》(*Illinois Review*)撰写稿件。2006 年底,伊顿采访了牧师小耶利米·A. 怀特所在的芝加哥三一教堂。她在 2006 年 12 月 31 日发表了一篇博客,批评该教会具有强烈的亲非裔美国人情结。2007 年 2 月中旬,伊顿出现在芝加哥的 WVON 广播节目中,她在谈及这一教堂时使用了"黑人至上主义者"一词,进而促使一些全国性媒体在 2 月晚些时候对这一事件进行了报道。美国广播公司新闻网早期对奥巴马的报道突出强调了三一教堂。之后,福克斯新闻的肖恩·汉尼提(Sean Hannity)决定就这一事件对纽约的保守派博主艾瑞克·拉什(Erick Rush)进行电视采访。第二天,人们在福克斯新闻电视台播放的视频中感受到了汉尼提和怀特牧师之间紧张的互动。《滚石》杂志(*Rolling Stone*)对奥巴马进行隆重报道时提到了怀特,《纽约时报》也在 4 月 30 日的报道中提及了怀特(May,2009:83-85)。然而,这一阶段各大媒体还没有播放有关怀特布道的相关视频。由于没有影像,全国电视网络——美国广播公司、哥伦比亚广播公司和全国广播公司——都还没有对此进行报道。

因此,有关奥巴马牧师攻击美国社会种族问题的激进观点实际沉寂了八个月。直到 2008 年 1 月,《华盛顿邮报》的一个专栏讨论了怀特所在教堂给一位颇具争议的部长路易斯·法拉汉(Louis Farrakhan)颁发终生成就奖的事情。这一事件的后续发展也被 CNN 报道了。几天之内哥伦比亚广播公司又相继报道了怀特和奥巴马之前的交往——这是全国广播电视网对此事件的第一次报道(May,2009:85)。但是,这次报道并没有曝光怀特布道的视频。

2008 年 3 月 10 日,《华尔街日报》的一篇文章第一次提到了怀特布道的视频(May, 2009:85)。大约同时,一套由业余人士制作的怀特布道视频被公开卖给了天主圣三集会的成员并被福克斯新闻网和美国广播公司首席调查性报道记者布赖恩·罗斯(Brian Ross)的团队单独买下来。2008 年 3 月 12 日,福克斯新闻网播放了该视频中的部分片段,并且在它的网站上撰写了相关报道(Goldblatt,2008)。布莱恩·罗斯在美国广播公司的团队安排地更为周密。他们仔细观看了录像带,并且获准制作一份长达三分钟的视频包,并在第二天——3 月 13 日早间新闻中进行播出。罗斯所制 148
作的电视新闻是怀特布道视频片段第一次在全国广播电视网中播出。随后福克斯新闻网加大了对该视频片段的报道，与此同时，观众很快就对这些在 YouTube 网站上流传的经由福克斯新闻网和美国广播公司后期制成的电视新闻进行了重新加工。个体用户们开始尝试将视频片段与其他内容重新混搭在一起制作成新文档进行上传，这种被修正过的视频可以理解为大众对怀特言论的一种解读。这些来自电视台、电视台网站的视频以及在 YouTube 流传的出自草根之手的混搭视频通过易操作的网络链接在电子邮件、脸书和推特平台上进一步传递，此外这一视频剪辑也同时被嵌入多个政治博客进行传播。

不出所料，美国广播公司的报道——《奥巴马的牧师：怀特的信息?》——大量使用了经过剪辑后的布道视频。怀特使用比较激进的修辞攻击种族主义的做法被曝光，这些剪辑视频丰富了 YouTube 的传播内容：在谈及“9・11”事件时他说“美国养的鸡正在回到它们的鸡窝”；在谈到非裔美国人的待遇时，他又声称“不是上帝保佑美国。上帝诅咒美国”以及“US of KKKA”(facts44，2008)。

该视频在美国广播公司新闻网播出后的几周内，皮尤研究中心每周新闻兴趣指数调查发现 51%的美国民众表示听说过“很多次”怀特布道，还有 28%对怀特布道表示听说过“一点”(Pew Research Center，2008c)。安尼伯格调查数据显示奥巴马的支持率也大幅下滑(Kenski，et al.，2010：84-86)。

对于电视媒介来讲这是一个重要时刻，对互联网媒介而言也是如此。福克斯新闻网和美国广播公司在电视上首先报道了这则新闻，而它的最初消息源则为弗兰・伊顿和她的保守派博客。一旦被电视媒体报道，怀特布道的视频很快就获得了网络传播的动力机制，这种机制反过来又会进一步放大电视新闻记者的作用。到了 2008 年 8 月，YouTube 视频网站上大约有两千多条有关耶利米・怀特这样或那样的视频，然而这些视频中大约 60%是来自美国广播公司和三大主要有线新闻频道播放的视频片段(May，2009：81)。一份针对 400 条 YouTube 视频的报告详细分析了电视和 YouTube 视频网站之间的相互依存关系(May，2009)。YouTube 流量激增与布道新片段发布以及奥巴马和牧师怀特所采取的相应干预措施密切相关。然而这些流量的激增往往会发生在电视新闻报道的第二天。YouTube 网站上的相关视频贯穿于接下来竞选活动的始终，提升了新闻报道的生命力和受众的覆盖面。电视也会偶尔将怀特事件重新带回大众生活中。旧媒介很快认识到了 YouTube 的重要性。例如，当比尔・莫耶斯(Bill Moyers)在 4 月底对怀特行进采访时，美国公共广播公司抢在电视台播出的前一天就把视频放到 YouTube 上(May，2009：89)。

同样，怀特事件让奥巴马竞选团队遭遇到了推动竞选活动发展的旧媒介逻辑，但是他们在应对这件事情上很快就引入了一种新的媒介逻辑，这种新媒介逻辑让那些对有效促进竞选活动传播要素秉持固有观念的人深感不安。奥巴马担心布道视频会让种族主义成为他的竞选活动中心，这会给他的前途造成无法挽回的破坏，处于这种考虑他决定正视并迎面解决这一问题。奥巴马试图在费城国家宪法中心发表长篇演讲来重塑新闻议程，而不仅仅是召开传统新闻发布会驳斥对他的抨击，这种抨击认为他和怀特对种族主义持有相同立场。为了避免造成公开集会的那种狂热氛围，奥巴马竞选团队将演讲场四周封闭起来，以维持相对小型的集会规模。室内只有不到 100 名普 149
通观众，其余都是各大媒体的新闻记者。这场演讲面向电视观众，是按照传统模式制作而成的电视媒介事件。然而，值得注意的是，这一事件又不是仅仅为电视现场直播而安排的。虽然它将在 CNN 直播，但播出时间被安排在周二上午，届时几乎没有多少人会观看。它的真正目的是影响午间和晚间的电视广播新闻简报、新闻报纸网站和政治博客以及第二天精英报纸的评论圈。这篇“完美的联合”的演讲确实获得纸媒的高度评价。

然而当奥巴马竞选团队将 CNN 视频上传到 YouTube 时，这期间发生的事情也至关重要。一天之内，奥巴马的演讲就吸引了 130 万人次观看并且荣登谷歌“最受博主关注”的事件榜单。10 天之内这一演讲在 YouTube 上的观看次数就增至 340 万次，随着 6 月初选逐渐达到高潮，观看次数增至 450 多万次。这次演讲象征着网络即时下载和在线视频在人际传播方面的新的影响力。这是一种混合媒介反应：YouTube 上演讲视频的网址和链接在家庭、朋友和同事之间广泛传播，它们都被自豪地打上了 CNN 的标徽甚至它的新闻标记。这是属于电视媒介的时刻，然而它也在某种程度上体现了政治人物原声演讲对电视媒介路径依赖的一种回避。与传统竞选演讲有很大不同，这次演讲时长达 37 分钟。它构思缜密，表达方式平静而颇有反思性。演讲获得了如雷掌声和大家的称赞，但是听众——不是人群——规模不大，只有少数人能够亲耳聆听。大多数人——到竞选活动接近尾声的时候有 600 多万人——是通过网络视频观看了演讲全过程。在《纽约时报》的网站上，与点击关于演讲的新闻报道相比，人们更愿意用电子邮件转发演讲全文(Stelter，2008)。

3 月 7 日的皮尤新闻兴趣指数调查发现，54%的美国人听过“很多遍”这篇奥巴马应对怀特牧师布道视频所做的演讲，31%的美国人表示“很少”听说过(Pew Research Center，2008c)。安尼伯格选举调查数据也显示，在这一危机应对举措开展之后，奥巴马的支持率有了明显增长(Kenski，et al.，2010：84-86)。

在竞选后期怀特又采取进一步手段，对事情发展进行爆炸性干预，他出现在华盛顿国家新闻俱乐部，面对聚集在一起的记者，他声称相信美国政府可能会在非洲裔美国人中传播艾滋病病毒。这次奥巴马直接对此给予了谴责。在大选的最后几周，共和党的政治行动委员会以及“527”个团体，例如“我们国家理应更好”，先后在电视新闻、网络新闻网站和博客上播放电视广告，以期重新点燃怀特的这一话题(Kenski，et al.，2010：87-88)。但是这些反击收效不大。奥巴马早期采取的混合媒介应对措施成功化解了这次丑闻。

怀特事件和费城演讲让奥巴马竞选团队深切体会到了网络能够化解一些传统电视政治新闻报道的负面效应。这证明了针对由媒介驱动的丑闻，花较长时间思考并做出更具反思性的回应是有效的，它利用了 YouTube 在政治领域日益增长的影响力，这种影响力可以是长期的也可以是短期的——这是它在混合媒介系统中所扮演的令人惊奇的重要角色。

150 恐惧、厌恶和公民新闻："苦涩门"事件

牧师怀特事件之后很快又出现了一件更为重要的插曲，进一步说明了新旧媒介之间相互依存的复杂关系。这就是著名的"苦涩门"事件，它发生在 2008 年初选进入最后阶段的决定性时刻。

2008 年 4 月 6 日，奥巴马在旧金山筹款会议上借着广泛讨论的机会，开始探讨美国小镇面临的困境这一话题。他说，"你们去一些宾夕法尼亚州的小镇，还有很多中西部小镇，那里的很多工作已经消失 25 年了，至今还没有找到能够替代它们的工作……他们会变得痛苦也不足为奇，为了表达不满和失望，他们坚持使用枪支或宗教信仰或反感情绪来对付那些不喜欢他们的人或者持有反移民和反贸易倾向的人"(Fowler, 2008)。

这一筹款会议没有向媒体开放，讨论过程也被认为"不宜公开报道"。面对这种少见的情况，新闻工作人员无法行使自己的职责去记录候选人的每一条言论(Plouffe, 2010:216)。令他们意想不到的是，业余博主兼公民活动家美希尔・佛勒(Mayhill Fowler)已经使用便携式录音机记录下了这次会议。佛勒来自一个由"业余"公民记者组成的分布式团队，这个依托《赫芬顿邮报》推出的"Off the Bus"项目的团队已经开始参与竞选活动，事实上佛勒是一名经验丰富的民主党支持者，甚至还为竞选活动捐过款。她自称为"教师、编辑和作家"，已经追随奥巴马一年时间了，平时她撰写自己的博客以及为《赫芬顿邮报》免费撰写评论文章。

佛勒不是新闻记者，也不是一位简单的博主或竞选志愿者。虽然她在竞选活动中具有一定的知名度，但由于并没有提出记录奥巴马言论的申请，新闻工作人员也没有把她当作专业记者来对待，因此佛勒被获准进入旧金山会议现场。佛勒开设了自己的私人博客，同时她也参与《赫芬顿邮报》的出版发行工作，这就意味着她需要尽快与邮报主编阿里亚娜・赫芬顿联系，先在内部讨论一下这些收集来的材料的新闻价值。经过几次编辑讨论后，赫芬顿发表了权威意见，即奥巴马的言论会产生巨大的新闻价值。《赫芬顿邮报》的代表编辑之一马克・库珀(Marc Cooper)说："我们意识到了这是一个具有爆炸性的政治事件并且会创造新闻。"(Bradley, 2008)库珀是对的。CNN 国际部

对这件事进行了报道，并播放了佛勒音频文件中最有争议的部分。几小时内，这一报道传遍了有线及全国网络电视新闻节目、博客、新闻报刊网站、脸书和推特等媒介系统。在宾夕法尼亚州初选的电视辩论中它扮演了重要角色，主持人查尔斯·吉布森和乔治·斯迪法诺普洛斯(George Stephanopoulos)对奥巴马的相关言论反复提出质疑。

"苦涩门"事件进一步表明了混合媒介系统在政治竞选中的关键作用。奥巴马竞选团队的首席传播官员安尼塔·邓将 2008 年描述为新闻媒体报道政治的一个转折点。她说，有线电视和互联网创造了脱离"真实竞选活动"的"一种奇特的国家叙事"(Dunn,2009:140)。在她所描绘的这幅图景中，半专业的博主着手从官方记者团的外围对竞选进行报道，他们通过浏览 YouTube 和社交媒体网站寻找线索，每天上传多篇文章，并对竞选团队的每个故事都立即给予报道。专业新闻记者被迫参与这场如火如荼的竞争。 151

"苦涩门"事件之所以能够发生，主要得益于难以察觉的小型数字设备的记录功能以及音频文件的易传输性和易操作性，但这些都不是它最主要的方面。佛勒处于专业新闻、博客和政治活动交汇的边界模糊地带。尽管《赫芬顿邮报》希望成为一个更全面的专业新闻组织，但本质上它依然是一个博客群体(2011 年，美国在线以 3.15 亿美元收购了《赫芬顿邮报》)。它的团队由一名编辑带领，这位领导人具有丰富的新闻从业经验并且会敏锐地捕捉到那些能够提高博客知名度的影响要素。然而奥巴马的新闻团队并没有打算将佛勒当作一名专业新闻记者，她是否认为自己是专业记者目前也不清楚。即使她设法进入了原本并不打算向媒体开放的现场，考虑到这是一次被认为"不适合公开报道"的会议，专业新闻记者也很可能无法报道这些言论。表面上看，这是新旧媒介新闻报道准则之间的冲突，但是最终它将会对这些准则间的混合式融合产生重大影响。

关于互联网的谣言、谎言和神话

如果我们对竞选报道中不断演化的媒介分工做进一步思考时，就会发现类似的混合媒介动力机制也在发挥作用。近年来，有一个观点在竞选报道中不断重复出现，即互联网是一个不负责任的谣言工厂，激进分子聚集在此，他们一方面将谩骂和错误信息汇入公共话语中，一方面又不受传统专业主义和客观性新闻规范的束缚。2008 年，电子邮件病毒传播的例子不胜枚举(Castells,2009:483-486)。其中最典型的例子就是奥巴马"是穆斯林"的谣言。虽然早在 2006 年夏天和秋天就有少数右翼博主对奥巴马的宗教信仰进行过猜测(GoogleBlog Search,2011)，但穆斯林谣言的出现和传播远不是在线匿名者不负责任的狂热行为这么简单。

“奥巴马是穆斯林”的谣言(“Obama is a Muslim” myth)首次出现在美国谷歌新闻中，这是2007年2月4日哈佛学生校刊《哈佛深红报》中的一篇冠以“Obamaphobia”的报道(GoogleNewsSearch，2011)。美国《哈佛深红报》(*The Harvard Crimson*)的这篇文章是对另一则早期报道的评论，事实上这则早期报道来源于自由新闻世界通讯(News World Communications)(在2010年之前还拥有《华盛顿时报》)旗下的一家著名的保守派印刷刊物和在线期刊《洞察力》(*Insight*)，是它最先引起了人们对这一谎言的兴趣。在2007年1月，《洞察力》公开了一篇报道，声称来自希拉里阵营一位不愿透露姓名的消息人士透露奥巴马“在年轻的时候曾经在伊斯兰学校接受过教育，然而他却从来没有提过自己的穆斯林背景”(Insight，2007)。虽然希拉里竞选团队拒绝承认是这篇报道的消息源，但这并没有阻止两天后福克斯新闻节目《特大新闻》(*The Big Story*)对这一事件的报道(Fox News，2007)。CNN发表了一篇调查性文章来驳斥《洞察力》(现在是福克斯新闻)对此报道的一些观点，这引发了媒介间在一段时期内的冲突。媒体基于这一报道的公开辩论只会提高事件本身的知
152 名度，伴随着初选竞选活动的开展，它在博客、YouTube和在线社交媒体网站之间广泛传播。我们永远无法确切知道帖子链接和病毒式电子邮件在多大程度上会让这个问题持续发酵，电子邮件似乎起着非常重要的作用(See Emery，2011)。但是可以确信的是，另外两件与旧媒介有关的干预事件助推了该信息的进一步扩散。

第一件干预事件是2008年6月美国杂志《纽约客》(*The New Yorker*)在头版刊登了一幅颇具争议性的卡通漫画，在这幅漫画中，奥巴马穿着伊斯兰长袍站在妻子米歇尔旁边，他被描述成一位背着步枪、对战斗乐此不疲的黑豹。这幅漫画最初是自由派杂志用来向保守派谣言传播者发起讽刺性攻击的工具，但很快证明这一做法是失败的。考虑到整个竞选活动笼罩着令人迷惑的错误信息，这幅漫画既不足够幽默也不足够滑稽，无法起到足够的讽刺效果。奥巴马竞选团队正式谴责这一漫画“毫无品味并具有攻击性”(Zeleny，2008)。尽管如此，人们预计数日内这一生动的漫画形象仍旧会在电视和报纸上占据竞选的头条。

旧媒介的第二件干预事件是2008年8月1日由杰罗姆·R. 柯西(Jerome R. Corsi)所著的《奥巴马的国家》(*The Obama Nation*)一书出版。柯西是《难堪大任》(*Unfit for Command*)一书的作者之一，该书激发了保守派的快艇退伍军人追求竞选真相的运动，2004年该运动将矛头对准了民主党总统候选人约翰·克里(John Kerry)。《奥巴马的国家》一书中有许多至今未被证实的说法，奥巴马隐瞒了他的穆斯林宗教信仰的说法就属其中之一。柯西的书一时间成了畅销书，持续发行超过100多万册，关于它的负面和正面的新闻报道也是铺天盖地。

“奥巴马是穆斯林”这一神话说明了即使最妄言的网络信息通过某种方式也可以

与专业新闻报道相结合。2007 年 1 月《洞察力》杂志以及福克斯新闻网——美国有线电视新闻网之间的报道争端导致了最初只是在一小部分右翼保守党博客上流传的地下谣言最终发展为主流观点。它一开始先是通过电子邮件、社交网站和博客传播，然后又在所干预事件的助推下重新回归主流媒体：《纽约客》封面的卡通漫画和杰罗姆·柯西的著作被电视和报刊广泛报道。这个谣言对奥巴马本人可能会产生很大的影响。在竞选活动临近结束时，那些收到大量（各种各样）电子邮件的人更可能会相信奥巴马是穆斯林的观点（kenski，et al.，2010：100）。到竞选结束的时候，19％的受访者表示相信这一事实。这些人中只有 25％将选票投给了奥巴马，而 64％的人将选票投给了麦凯恩（Kenski，et al.，2010：98）。

最先获知……在美联社之后

与 2000 年和 2004 年美国总统大选一样，在 2008 年的竞选中，竞选工作人员通过候选人网站和电子邮件，绕开了一些新闻把关的传统环节，有选择地将一些消息在每日新闻播报之前发布出去。正如我所说的，为了事先制造出一种激动人心、团结奋进的氛围，奥巴马竞选团队在向新闻记者公开信息之前就通过电子邮件和新闻发布会等方式向奥巴马的支持者们发布了最新视频。与此同时，竞选团队还将募捐活动的声明也事先发布到竞选网站上。例如，奥巴马的竞选团队向支持者宣布将不会接受为竞选 153
活动提供的公共资金，他们通过电子邮件发布了一段视频，视频中奥巴马解释了他之所以做出这个有争议性决定的原因。同时，他们也在一直专注于对移动网络实时功能的挖掘，随着智能手机的广泛使用，这一点在 2008 年已经变得越来越重要了。当 2008 年推特的使用仍处于早期推广阶段的时候，电视节目在开播时显示主题标签的做法才刚刚起步（尽管 CNN 对此进行了尝试），简短的短信文本信息代码就已经非常丰富，并普遍存在于网络和电视广告中了。

2008 年 8 月，奥巴马竞选团队准备绕过专业新闻记者的视线，启用移动媒介发布消息，这在历史上还是第一次。然而事情并不像计划的那样顺利。奥巴马的竞选伙伴约瑟夫·拜登宣布通过电话短信宣布副总统竞选声明。与往常一样，拜登的参选活动主要面向精英阶层，他行事周全谨慎，之所以启用短信这一策略很大程度上是因为考虑到要吸引记者的注意力并进一步拓展选举参与者手机号码数据库。在副总统竞选声明发布两周之内，选举参与者手机号码清单一下子增加了 200 多万个电话号码（Plouffe，2010：295）。

但是，这一声明的发布所起到的效果几乎适得其反，它在数字竞选取得了所谓的胜利之际，为人们进一步深入了解旧媒体和新媒体之间长期的权力斗争提供了机会。

奥巴马竞选团队鼓励支持奥巴马的选民进行登记，这样他们就可以最早获知奥巴马在副总统人选上的最终决定。传统意义上，来自电视和新闻报刊的记者是最先知道副总统人选的群体：过去数十年，这演变成竞选活动中最大的媒介事件之一。由于当时使用短消息（SMS text messages）发布副总统人选决定的做法在新闻记者中并不普及，所以有一些人决定削弱它的影响力。在人选决定正式宣布之前，各方围绕突发报道展开了非常激烈的竞争，最终全球新闻机构美国联合通讯社（Associated Press）设法从民主党内部一位不愿意透露姓名的人那里得知约瑟夫·拜登已经被选为副总统候选人的消息。美国联合通讯社希望赶在奥巴马竞选团队通过短消息公布此消息之前采取干预措施，于是在 8 月 23 日午夜后不久他们就在其网站上发布了这则新闻，很快其他多家新闻报刊也立即跟进。几分钟之后，广播电视新闻就播出了这则来自最权威通讯社的报道。在这场信息传播的竞赛中，奥巴马的竞选团队开始意识到他们之前的计划已经面临落空，为了赶在新闻媒体发布这一消息之前，大多数支持选民就能够获知此事，他们决定立即向选民手机发送人选选定的短消息，然而短消息发送的时间正是美国的午夜，这一时间并不是竞选团队认为的最佳发布时间。我们眼中的旧媒介即 19 世纪成立的通讯社就是采取了这样报复措施，对总统竞选的整体进程产生了影响。

硬新闻与软新闻，离线和在线：有关莎拉·佩林的新闻报道框架

副总统提名信息的发布很好地说明了旧媒介所拥有的权力。然而与这一章最后提及的 2008 年共和党总统候选人萨拉·佩林所遇到的麻烦相比，它还只是算一场小规模的风波。

154 当下，政治信息生产和消费在某种程度上增强了电视娱乐节目的影响力，这一趋势到现在为止已经持续了大约十年：“软”新闻和“娱乐节目”类型——不仅仅是深夜喜剧秀——对于政治知识的获取以及政治参与的重要性日益增长（Williams&Delli Carpini，2011：1-16）。在 2007 年和 2008 年期间，麦凯恩和奥巴马总共 19 次出现在最受欢迎的深夜喜剧秀节目中，这些节目对于接触年轻选民以及那些很少花精力关注新闻媒体的人来讲是非常重要的（Gulati，2010：192）。在选举活动中，将娱乐和新闻相结合的做法正是混合媒介系统的一个重要方面。与此同时，有些人认为莎拉·佩林的“故事”并不是由专业新闻记者所主导（Williams&Delli Carpini，2011：3），而我们认为应该重视专业政治新闻记者在推动该事件发展，促进吐槽调侃类娱乐节目繁荣过程中所扮演的角色。

8月29日共和党正式宣布佩林为共和党副总统候选人之后，麦凯恩的竞选团队似乎对自己的这一决定深感震惊，他们一方面积极为全国代表大会的演讲以及一系列重要电视采访做准备，另一方面却并没有对佩林进行大张旗鼓的宣传。在提名演讲的筹备阶段，麦凯恩的竞选团队决定不对外公布佩林未成年的未婚女儿已经怀孕5个月的消息，而是选择在劳动节"冲厕所"，佩林的一位高级顾问塔克·埃斯库(Tucker Eskew)这样形容此事。

从佩林宣布成为共和党副总统候选人到共和党全国代表大会召开之间的一段时间里，麦凯恩竞选团队的工作人员发现，为了争取在竞选活动中的有利处境，他们不得不与一系列揭露佩林生活真相的言论相抗争，包括佩林的丈夫在1986年被判酒后驾车；佩林在当阿拉斯加州长的时候解雇过一位高级官员，原因是这位高官曾拒绝解雇一名州警，这名州警是佩林的前姐夫，目前已经与佩林家人闹翻；佩林的改革者形象与她最初在阿拉斯加为争取联邦政府在格雷迪娜岛修建桥梁而进行的政治拨款游说有很大出入(所谓的"绝路桥")。

突然之间，将佩林描述为一位保守民粹主义者、一位以家庭为中心的局外人的叙事话语开始摇摇欲坠。随着质疑和批评的评论越来越多，麦凯恩的竞选团队开始转守为攻，试图反击电视新闻记者们对佩林候选人资格的轻视态度。这是专业新闻记者和麦凯恩竞选团队之间的关键互动。这些互动展现了专业媒介——特别是调查性新闻记者——利用他们在娱乐媒体中的丰富资源对竞选活动的关键性叙事框架以及对其合法性论证的持续影响力。

麦凯恩的发言人塔克·邦兹(Tucker Bounds)在CNN的竞选中心接受采访，试图向公众说明阿拉斯加州州长的经历让佩林比奥巴马拥有更多的政治决策经验，这是共和党第一次试图努力重新塑造副总统的报道框架。当被问及能否就佩林所做的重要决策举例时，邦兹结结巴巴地说了一通，随后他与节目主持人坎贝尔·布朗(Campbell Brown)展开了一场辩论。对此，共和党人认为塔克·邦兹受到了坎贝尔·布朗不友善的对待，随后麦凯恩拒绝了已经预先安排好的CNN资深主持人拉里·金(Larry King)的采访，以示抗议。麦凯恩竞选团队随后召开了新闻发布会："由于某些 155
记者在实况直播中无情地拒绝和约翰·麦凯恩就现任阿拉斯加州长成为共和党副总统候选人的提名决定达成一致后，我们认为约翰·麦凯恩应该将时间用于其他更好的地方。"(Rutenberg，2008)麦凯恩竞选团队在这样一件小事上的反应是非同寻常的。这一事件的背后是，被麦凯恩竞选团队的主管史蒂文·施密特尖锐地称为"国家媒体"的记者们对有关佩林的一些非常私人的话题提出了质疑，例如有关近期佩林假怀孕的传闻以及她身边那一出生就患有唐氏综合征的5个月大的孩子的来历(CBS，2008)。

然而，共和党人对CNN高级记者公信力和合法性的攻击并没有起到好的作用。报刊和广播电视记者对一位知名度不高的候选人进行采访的请求被拒绝后，他们感到很受挫并在公共场合开始抱怨。《华盛顿邮报》的记者爱德华·库尔茨在一篇文章中将麦凯恩对 CNN 的抵制定义为对新闻报道的侧面抨击(Kurtz,2008)。《华盛顿邮报》《华尔街日报》和《纽约时报》都呼吁麦凯恩的竞选团队放弃新闻管制。但是麦凯恩竞选团队的主管里克·戴维斯(Rick Davis)在星期日福克斯新闻上宣称,除非新闻记者能够采取“某种尊重和敬意”的态度对待佩林,否则不会被允许采访她,麦凯恩团队的这种做法使事态进一步激化(Dionne,2008)。

对此,久负盛名、实力雄厚的全国性媒体做出回应,它们将派调查性记者团到阿拉斯加州对佩林的个人经历以及她在阿拉斯加做州长时的政绩进行充分挖掘。随着一些事实浮出水面,记者们更加坐实了佩林涉足了她的前姐夫被不当解雇这一事件——据悉,阿拉斯加州议会道德委员会正在对此事进行调查(这一委员会后来发现佩林确实扮演了不合时宜的角色)。另外,有关所谓不当费用索赔、隐瞒公共记录中的电子邮件、解雇了一名沃斯拉公共图书馆的图书管理员(该管理员抵制了州长对图书进行转移的决定且在削减不必要政府办公经费方面发表了夸大性言论),这一系列指控也被逐一揭露出来。三大主要电视新闻网在 9 月 9 日和 10 日都对此进行了同步报道,这些报道凝结了新闻记者们这段时间的努力成果(Alexander,2010:226-230)。9 月 14 日,《纽约时报》发表了一篇由高级记者乔·贝克尔(Jo Becker)、彼特·S. 古德曼(Peter S. Goodman)和迈克尔·鲍威尔(Michael Powell)联合署名的文章,作者们自豪地宣称这篇文章是建立在“对公共记录综述以及对 60 名共和党和民主党议员和地方官员采访”基础之上的,是对此次采访的完美总结(Becker,et al.,2008)。这一过程实际上与“病毒诋毁”(Kenski,et al.,2010:137)“疯狂的左翼博客与新闻、编辑室的紧密联系”(wallace,2009:33)以及“记者权力的急剧下降”(Williams&Delli Carpini,2011:6)的例证的传播不同,佩林的这些爆料来自一篇经过充分调研的文章,作者是为美国最负盛名的传统新闻机构工作的经验丰富、受人尊敬的政治记者。

面对上述情形,麦凯恩团队的态度发生了软化,他们按计划接受了美国广播公司新闻网的查尔斯·吉布森和哥伦比亚广播公司新闻网的凯迪·库里克(Katie Couric)
156 的深度访谈。佩林在这两场采访中的表现,特别是与库里克的访谈,引发了大量的负面评论和嘲讽,就其所产生的影响和表现形式而言,在美国总统竞选历史中还从未出现过这种情况。但是,这些负面新闻报道是由麦凯恩竞选团队对传统新闻记者发起攻击造成的,这些攻击性活动发生在副总统候选人发表竞选声明和查尔斯·吉布森进行采访的间歇期,为后来针对佩林的破坏性嘲讽言论的合法化提供了依据。

对记者们来说,佩林缺乏外交政策经验是考察的一个重要方面,这一点在两次采访中都得到了验证。在这么一个不被看好的环境下接受采访,佩林的表现并不是灾难性的,但在交流经济和外交政策时有一些不尽如人意的地方。在接受吉布森采访时,佩林就有关俄罗斯问题回答道:“他们是我们的邻居,你能够清楚地从阿拉斯加岛屿上看到俄罗斯。”这让共和党陷入了新的困扰中(SaveOurSovereignty2,2008)。佩林认为对阿拉斯加与俄罗斯邻近问题的认识可以在某种程度上让她对外交政策具备有价值的洞见。

当时有一种言论认为,佩林在外交政策方面的态度既不平易近人,又不能脚踏实地,更别提在美国和俄罗斯国家边界这个问题上的观点了。政治专栏作家很快接受了这一看法,而此时主流电视的剧作家也拿此事做文章。在新一季《周六夜现场》的第一个节目中,喜剧演员蒂娜·费(Tina Fey)带来了一系列喜剧小品,她所扮演的角色就是阿拉斯加州长。在开场中,让人不可思议的,她说出了“我能从我的房子看到俄罗斯”这样的话。传统上新一季《周六夜现场》会对美国的电视节目产生重要影响,这一令人不快的片段在电视新闻节目中被反复播出,像《今天》这样的脱口秀节目和大量有线电视娱乐和名人八卦节目也对此事进行了跟进。

两周之后,佩林又接受了哥伦比亚广播公司凯迪·库里克的访谈,这下事情变得更糟了。库里克迫使佩林对她在接受吉布森采访时所说的言论进行解释,随后,佩林做出的回应被认为是冗长、令人不解又缺乏可信度的,这又为接下来的关键性评论提供了主题,哥伦比亚广播公司新闻网站上提供的相关视频成为在线博客的写作素材(Pitney,2008)。它也为蒂娜·费提供了进一步发挥的动力,在接下来的《周六夜现场》中,她的小品大部分直接来自佩林接受库里克访谈时的内容,而非出自她自己的想象力,这也产生了非同寻常的效果(johny boy,2008)。

库里克对佩林的访谈片段让美国全国广播公司网站的浏览人数激增。从 9 月 13 日,费的喜剧节目在哥伦比亚广播公司新闻网站上播出,仅仅 4 小时就有 570 万人次观看(Wallenstein,2008),同时她也给《周六夜现场》带来了高收视率,这档节目是美国全国广播公司重量级节目之一,同时也是美国电视娱乐的翘楚。在 10 月 18 日,也就是离大选还有两周多时间时,费和她的同事们收获了《周六夜现场》开播 14 年来最多的电视观众——1,700 万(Williams&Delli Carpini,2011:4)。

然而费制作的电视节目的在线观众数量已经极大超越了电视观众数量。到 10 月 23 日为止,美国全国广播公司已经在它的网站和它的合资企业 Hulu 视频网站上播放该节目 4,300 万次(Snider,2008)。通过在线视频链接的病毒式传播以及付费 iTunes 节目的下载观看,这些片段在佩林的形象塑造中发挥了重要作用,它们主要在《周六夜现场》(Saturday Night Live)每周电视节目的间隙播放。

一份 10 月中旬进行的皮尤研究中心的调查报告显示,72%的美国公众对蒂娜·费描述的佩林形象有所耳闻(Pew Research Center,2008b)。安尼伯格竞选研究数据 157
揭示,定期观看《周六夜现场》的观众(电视观看和网络观看并没有什么显著区分)往往会对佩林能否具备副总统的资质表示怀疑,这种态度在重要的独立选民间特别普遍(Kensk,et al.,2010:157)。皮尤 10 月中旬的调查也显示,78%的美国人承认看过哥伦比亚广播公司库里克对佩林的电视采访。硬新闻、软新闻和娱乐节目;博客作家、精英广播电视报刊新闻记者;NBC、Hulu、YouTube 和 iTunes:正是这一混合媒介系统对佩林进行了攻击。

结　论

对 2008 年美国总统竞选期间关键事件的分析揭示了一个正在演进变化、相互连接又相互依赖的新旧媒介逻辑系统。在媒介化环境下,政治家、专业政治从业者、新闻记者、公民激进分子和暂时参与其中的公众相互竞争与合作,他们都试图利用新旧媒介逻辑来施加各自的影响力,在相互适应和相互依赖基础上建立起复杂而又不断演进的权力关系。处于这一系统的行为主体,他们在不同的旧媒体和新媒体之间创建、传播,或引导信息流动,通过修改、启用或禁用他人服务器等手段来实现自身的目标。

在不到 10 年的时间里,在线竞选新闻的消费大幅度增加,与此同时,当平面媒体机构对内容重新定位,并将其置于在线新闻系统的中心位置时,公民却仍将电视作为所有信息源的重中之重。总统候选人善于对自传进行战略性运用,试图对那些事关自身性格特征的报道框架进行预先干预,新闻记者们也把这些自传作为信息来源。在竞选过程中,候选人在大型活动中现身会被电视、广播和报纸等重要媒介进行持续报道,像奥巴马的国外巡回演讲以及在丹佛发表接受提名演讲都属于这种情况。但是这些电视转播也与数据收集、资金募集、追踪、监控以及志愿工作等新媒介逻辑相融合,同时也传递出热情、活力、真实性和共同目的的信息。

这些新旧媒介逻辑在竞选过程中对重要事件的生产和再生产都产生了重要影响,并将有影响力政治类电视节目的类型和形式与在线媒介的网络协调能力结合起来。有时,这些新旧媒体逻辑会与现实融合在一起,就像嵌入竞选人演讲中的电话银行以及出现在电视竞选辩论中的在线募捐活动一样。在一些重大竞选时刻,电视媒介会展现出极具魅力的策划和投射能力,奥巴马的丹佛演讲再次证明了这一点。然而,即使范围更小、更私密的电视竞选直播也会遇到风险,因为在新型媒介逻辑的影响下,公民活跃分子现在可以利用 YouTube 搜索到该电视片段文件并对其进行修改。

本章已经向读者展示了在美国竞选活动中互联网和电视系统性融合是一个不断发展的过程。新旧媒介权力之间会有冲突,但也会存在大量相互依存关系。CNN—
158 YouTube 辩论很好说明了旧媒介是如何推动网络媒体尽可能符合候选人对电视辩论环境安全可靠的期待,以实现扩大自身影响力的目的,尽管如此,市民提出的许多问题还都属于 YouTube 上典型的业余问题,所以这一驯化过程还远远没有结束。虽然源源不断的业余网络视频已经发展为竞选活动的一部分,但是需要看到,这些都是建立在网络视频制作人拥有权力资源的基础上。病毒式传播无法完全预测,但在以前的名人和机构之间建立联系则更有可能促成它的发生。目前最成功的网络视频都出自那些拥有雄厚文化资本和网络资源的娱乐界人士之手。“是的，我们能”就是奥巴马竞选团队展开合作的产物。牧师怀特事件最初源自保守派的博客作家爆料，之所以后面形成了 YouTube 现象，一部分原因要归于各种各样大量业余混搭视频的出现，虽然牧师怀特的视频最先在福克斯电视台和美国广播公司播放，但有些人对该视频进行了简单的修正并发布到 YouTube 平台，吸引了大量的人对此进行了评论。为此奥巴马发表了名为《更加完美的联合》的演讲，这是一个绝对遵循电视模式设计的应对举措，但是一旦被上传到 YouTube，这一视频很快就具备了新媒介逻辑，网络文本可以很好地规避电视对原声的严格要求。

“苦涩门”事件揭示了那些处于新旧规则模糊地带的新闻报道所具有的不确定性以及重要影响。在竞选期间，关于奥巴马“是穆斯林”的谣言在电子邮件网络疯狂传播，这一现象被视为互联网疯狂而又失控的产物并不妥帖，更确切地说它体现了保守派杂志、福克斯新闻网、美国有线电视新闻网、拥有百万销量的保守派图书以及带有嘲讽性的《纽约客》封面之间复杂的互动关系。奥巴马竞选团队尝试利用新媒介逻辑点燃了支持者的热情，推动了移动电话号码数据库的发展，成功绕开专业新闻记者通过手机短信平台发布了副总统候选人提名的消息，然而美联社赶在竞选团队大规模发送短信之前提前对此消息报道让这一切努力的效果大打折扣。

娱乐媒体在大众是否接受莎拉·佩林作为副总统候选人提名的关键时刻发挥了重要作用，专业新闻记者最先对佩林进行了一些负面报道并将这些负面观点合法化，专业记者的这一做法可以被视为对麦凯恩竞选团队的报复，麦凯恩团队对他们没有给佩林提供建立信誉的机会一直怨声载道。《纽约时报》和《华盛顿邮报》的高级记者借助大量调查性资源，让公众确信他们对佩林担任阿拉斯加州长期间所作所为的负面报道。《周六夜现场》借助全国广播公司的网站、iTunes、YouTube，当然还有公众下载和分享的链接将新闻报道和嘲讽性评论混合在一起，让该节目在每周准时播出时充满了火药味。简言之，我们重新回到了本章起点来结束这一章的讨论：即多屏的竞选活动。

第八章　新闻和新闻业的混合媒介规则

159 到目前为止，在本书中我试图向大家证明那些基于新旧媒介逻辑之间冲突、竞争和相互依存的权力关系在技术、类型、规则、行为和组织形式这些不同领域中的运行过程。为了证明这一点，我采访了一些重要的业内人士，例如第六章和第七章有关2008年奥巴马总统竞选的内容，我采访的是从事政治和传播领域的核心工作人员，第五章的内容则来自新闻记者和维基解密的活跃分子。此外，大部分论据则来自公开发表的数据。例如，在分析电视和在线视频互动对美国总统竞选活动的重要性，或者是在论证英国“霸凌门”丑闻和首相电视辩论等案例中实时新闻制作所呈现出来的混搭组合方法时，对在这些事件中被公开获取的论据进行重新建构是非常重要的。

但是如果对这种能够推动媒介系统发展的运行规则进行整体考察的话，则是需要不同的研究思路——我理解这种规则是在社会上既被认可又具有一定争议性的共享意义，它体现了让思想和行为合法化与规范化的模式。为了研究这些规则，我们需要进入那些赋予人们生命意义的机理中，这些机理场景——组织和网络——对政治传播来说至关重要。简言之，我们需要清楚人们作为身处混合媒介系统的行为体对其日常实践活动是如何理解的。

这是一个巨大的挑战。通过分析其关键人物的思想理念来研究像报纸或政治竞选团队这样的单一组织，是非常困难的。研究混合媒介系统的运行规则需要我们去关注的行为体远比通常研究媒介和政治内幕案例要广泛得多。人们提及媒介化政治生产的时候，会赋予它一种易于识别的组织角色，事实上这种想法越来越具有不确定性。正如我在本书中所展示的，为了塑造公共话语和定义政治议程，从大型专业新闻机构到政治精英到参与公民，这些多样化的行为体在新旧媒介混合系统中不断分化组合，令政治传播呈现出一种复杂性。

因此，在本章和下一章中，我们会采用一种不同的研究模式。在这些章节中，我通过思考行为体赋予他们自身的角色意义，进而研究混合媒介系统所遵循的不断发展的运行规则。这些行为主体所获得的经验来自新旧媒介领域中相关政治和媒体实践。
160 本章和下一章的目标就是试图了解这些行为主体的行为方式和背后原因，评估新规则的形成过程以及确认这些规则渗透到日常政治传播实践中的程度。总而言之，本章和

第九章主要涉及混合媒介系统中的意义建构。

这里的研究素材主要来自2010年、2011年和2012年期间我亲自对英国媒体—政治中心的核心人物进行的采访。幸运的是，这段时间正好涵盖了2010年5月英国大选的重要时刻。在实地调查的过程中，我采访了政党宣传的负责人员；在广播、电视、新闻报纸、杂志和新闻组织机构工作的记者、节目制作人和编辑；独立博客作家；著名公关公司的主管；英国通信管理局和英国新闻投诉委员会（Press Complaints Commission）的高级管理人员；政府部门内部及唐宁街10号首相府中负责沟通的工作人员；以及拥有百万成员的著名进步政治活跃组织38度的成员。这些采访的时间长度从45分钟到2小时45分不等。[1]

考虑到动笔写这本书时最初的研究问题，我对一系列来自不同政治和媒体背景下的人进行了“抽样”采访：这些人成为我们所要研究的有趣对象，他们不仅来自政府机构而且还来自非政府组织，或者出现在那些动荡、偶然的场合以及我们所谓的“边界”。我的几位被采访人在之前的职业生涯中就一直活跃在媒体、政治、公共宣传和公民维权活动等不同但又相互联系的领域，事实上，他们中的有些人在采访前不久已经这样做了。

当然，这一调查样本并不意味着它能够代表英国现代所有的多样化的媒介系统。认为它可以代表的想法是不明智的，因为没有一套深入的定性访谈能够达到这种状态。尽管如此，我的采访对象和他们所揭示的规范，加起来就是对混合媒介系统中令人信服的日常实践的形象表现。

在这一章中，我关注来自新闻和新闻业领域的论据。接下来，我将对政治行为主义、竞选活动和政府沟通进行重点研究。

威斯敏斯特游说新闻的演变：“全方位运作”？

英国的威斯敏斯特议会“游说”之所以声名狼藉，源于它是自由民主世界中对高级政治家和新闻记者之间互动管理最神秘、最严格的系统之一。大约200名在议会大厅注册的新闻记者来自新闻广播精英媒体，他们可以与政府中从事政治和传播事务的最高部门工作人员打交道。在众多有争议的游说规则中，有一项是无法归因的规则，它主要涉及由首相新闻官主持的每日两次的新闻发布会。此外，游说规则也通过英国的其他政治报道系统影响到更广泛的范围。现在政府向所有特派新闻记 161
者发放首相早间（但不是下午）的新闻简报，这一最新做法虽然已经削弱了游说的作用，但基于“游说条款”的信息来源，保密仍然是一种行之有效的武器，政治家、高级公务员，当然也包括新闻记者本人都可以对此进行战略性的运用（Gaber，2011）。

游说地位确立于 20 世纪 60 年代到 90 年代政治广播电视化的全盛时代(Cockerell, et al.,1984)。然而,我们对数字媒体的出现如何影响游说记者的规范几乎一无所知。

为了能够从内部视角来审视这个神秘世界,我采访了两位从事游说的记者:美联社驻威斯敏斯特记者大卫·斯特林格(David Stringer)和英国广播公司新闻台前首席政治记者、现独立电视台新闻网的商业编辑劳拉·昆斯伯格(2010 年 10 月 25 日采访;2012 年 1 月 31 日采访)。

昆斯伯格和斯特林格,都 30 多岁,从某种程度上来讲,他们都服务于世界上最传统的两家新闻机构。他们根据精英政治报道的惯例和期望行事,昆斯伯格可以说代表了英国最高的专业水准。尽管如此,两位也都是热心的网络用户,都属于最早使用推特的新闻记者之一。的确,昆斯伯格是使用网络的先行者,在运用网络服务进行报道之前,她曾给英国广播公司新闻台的高级管理人员写信,说明网络作为报道工具给政治记者带来的好处(2012 年 1 月 31 日采访)。

对社交媒介能否提高新闻记者们联系公众和问责政治家的能力方面,昆斯伯格和斯特林格都表现出了一定的热情和乐观情绪。斯特林格谈到脸书和推特如何为政治记者提供监督资源,让他们在一天中迅速对新闻做出反应。他举了一个例子:2010 年 9 月,埃德·米利班德(Ed Miliband)当选工党新领袖时,他很快就收到了“大约 20 个”议会议员的初步回应。“这群人是怎么考虑的,他们又将如何对事情做出反应”,这对快速了解这一潜在故事至关重要。斯特林格还指出,除了通常的威斯敏斯特“泡沫”之外,还有大量的消息来源,他现在已经能够识别出那些热衷于与记者们进行在线交流的活动人士。在这一过程中,分散的公众通过隐秘的方式向记者们透露了基层公众的意见。这改变了新闻报道的方式,因为记者们必须了解事件是如何在更为广泛的网络中展开的,而不是简单地信赖政府或政党新闻官这样有政治倾向的代理人的说法。斯特林格援引了他在 2010 年大选期间的经历,他说记者们能够获得“对工党自身感受以及党内悲观情绪更为丰富的认识”“如果没有网络,传统上讲,你就不会掌握这些情况”,他补充说。(2010 年 10 月 25 日,采访)

与此同时,斯特林格也对网络环境的发展产生了一定程度的质疑。他发现一些迹象表明政党的政治化妆师们正在制定有效传播的新战略。他指出 2010 年大选期间,戈登·布朗的妻子萨拉和大卫·卡梅伦的妻子萨曼莎都是善于使用网络的人。萨拉·布朗(Sarah Brown)在推特上非常活跃,萨曼莎·卡梅伦(Samantha Cameron)拥有自己的 YouTube 账号。之后工党将艾莉·吉拉德(Ellie Gellard)招募并纳入竞选
162 团队,她是一位博主,笔名为贝文内特·艾莉(Bevanite Ellie)。吉拉德是一名工党的积极支持者,当时她还是英国布里斯托大学的一名本科生,她的博客名是“高跟鞋社会主义者”。在竞选活动成功结束后,她收集了大量的推特跟帖,将其制作成一段名为

"战士和信徒"的视频，这一视频被工党指定为在全国范围内进行宣传的电视竞选节目之一。竞选筹备期间，吉拉德毫无疑问地成为一名最著名的工党网络支持者，与此同时，她也被戈登·布朗邀请到工党竞选团队的正式午宴中发表演讲。斯特林格认为，这可以算是"一名将自我塑造成追随者的人被政党阶层利用并被视为该党的公关工具"的成功案例。她来自"党派之外同时她也能够扮演党内官员的角色来表达自己的观点"，斯特林格说(2010 年 10 月 25 日，采访)。斯特林格也告诉我，保守党的高级新闻官员亨利·麦克罗利(Henry McCrory)在竞选期间通过推特用"一种超快的反击方式"驳斥了一群政治记者的围攻。更多的政府部门现在已经开始意识到在数字环境下如何进行战略性传播，例如，像外交部门为了使外交政策显得比较温和，开始针对国内和国外的受众制订新数字外交方案。

斯特林格就职于美联社，这是一家有着悠久历史并享有全球盛誉的新闻通讯社。美联社为英国媒介机构提供了大量的内容，它的地位和权力来自它在报道真实性和准确性方面的良好声誉。斯特林格热衷于强调，与那些常常空穴来风的小报相比，他们这样高水准的新闻机构如同沙漠中的绿洲。这一点也不足为奇。然而，近些年，互联网在突发新闻报道方面造成的影响让像美联社、路透社和英国联合社等新闻通讯社感受到了越来越大的压力。当然，新闻机构已经适应了，在适应的过程中最重要的战略考量是，它不仅要确保突发新闻的首发，而且必须以最高的准确性和新闻判断标准来做到这一点。所以斯特林格渴望在代理模式和游说活动与疯狂的竞争激烈的数字新闻环境之间划出界限。一些老牌新闻机构热衷于抢发突发新闻并与博客作者、推特上的在线活跃人士以及《赫芬顿邮报》等纯数字媒体机构展开竞争，为了保住自己的地盘，他们往往会根据公关发布的消息炮制出一些毫无根据的报道，他说：

> 对于一位通讯社记者来讲，没有能力去试错。这将损害这家公司的信誉。我们自己、路透社、英国联合社、美联社，这些机构的基本准则就是快速、首发，还有准确。如果两者都没有，本质上是没有意义的。所以它确实给我们带来了难以置信的压力，特别是在政治领域，BBC 为了报道突发新闻，可能会引用一些未署名、没有出处的消息……对我和我的同事来讲，这意味着，是的，你不得不快速行动，你不得不有渠道和能力找到这些人和确证的故事，但是你也要非常非常清楚你所在公司的标准是什么，你的消息来源的标准是什么，你必须搞明白有些事情是正确的还是错误的。否则，你所带来的声誉损害可能是具有腐蚀性的(2010 年 10 月 25 日采访)。

从这个角度来看，专业新闻工作的关键在于寻找合理的信息源以及不与网络"群体"为伍。在这里，游说活动的传统变身为一道重要屏障，它可以抵御斯特林格所说的 163

“可能对记者有用却不具有指导意义的一大堆新噪声”。因此,代理模式和游说活动作为一种传统媒体在数字时代的报道标配被积极地调动起来。

然而,游说记者仍不得不面临竞争,他们都在力争成为给曝光事件制定框架,并对事件进展中的关键时刻进行报道的第一人。在本书中我认为,先发制人已经成为混合媒介系统中权力行使的一个重要方面,传统的“慢”媒体(“slower” media)形态,特别是印刷媒体,已经适应了网络快速发展的节奏并与之看齐了。鉴于现在一些广播电视记者确实会在发布新闻简报之前,就通过更新博文和推特的方式抢占独家新闻,为此我询问斯特林格他是否认为网络工具在试图及时定义事件框架方面发挥着重要作用。他谈到,网络将记者“在他和他的笔记本之间”或者“在大型演讲结束时”争先恐后抢新闻这些先前相对私密的过程公开化了。他也认为,商业压力会迫使精英媒体机构在各种平台展开全方位竞争,而对于拥有资深记者的博客和推特来讲,尽早报道和依靠大牌记者来“赢利”具有同等重要的地位。然而,重要的是这两个目标——获得优先报道权和从新闻品牌中获利——是互联互通的。另外,斯特林格认为广播电视媒介仍旧在政治报道中最具影响力,这一点很重要。“BBC 广播第四频道早间节目《今天》中播出的采访经常会对所有媒介其他时刻的早间新闻议程产生影响,《今天》节目也会很快在电视新闻频道中滚动播出。”他说。他随后补充道:“它们具有非常巨大的影响力。虽然我目前还没法说它们是否能够决定新闻议程,但为时不远了。特别是对那些每天面对各种各样的新闻渠道以及在新闻编辑室里面对几十台电视机的记者和工作人员来讲,他们有一种预感,当天空新闻台或者英国广播公司新闻台报道突发新闻时,紧接着就会有一番新闻大战。”

同时,斯特林格提到,根据他的经验一些否认广播权力的例子总会出现。博客作家可能会发布“一些不入流的事情”,进而引发专业记者的跟进。无论如何,稍后我会用《卫报》来论证“印刷”媒体和有线媒体正在通过使用数字工具这种新方式与电视进行竞争,并在电视的地盘上成长为杰出的即时媒体。斯特林格已经将社交媒体融入他的日常生活,在美联社工作时他服务于一家公司,这家公司要求记者拓展他们的节目,提供他所说的“全方位运作”。“我个人并没有因此感到威胁,”他说,“因为我的公司正在使用这些平台。在哥本哈根气候谈判(Copenhagen Climate talks 2009)期间,我们鼓励人们使用博客。除了日常工作外,我们的记者会发布照片,在脸书上撰写博客,更新推特文章。我们的工作涉及所有领域。你会看到几十个传统新闻媒体。”(2010 年 10 月 25 日采访)他说,新闻记者之间有一个共识,“我们不仅仅只是为了竞争……公众能够通过前所未有的方式了解事情发展的过程……你们可以看到其中的操作方式。这或许是一件好事情”。

164 当互联网成为重要的即时媒介时,它在政治新闻制作过程中发挥的作用也越发强大,这一点我对前任英国广播公司政治新闻记者、现任英国独立电视台商业新闻编辑劳拉·昆斯伯格进行采访时得到了强有力的证实。采访中昆斯伯格描述了这一转型的全过程,从21世纪早期信息在线检索的展开,到21世纪中期电视记者为英国广播公司网站撰写姐妹篇,再到最近两年的“完全转型”以及“基本上随时都在进行新闻报道”(2012年1月31日采访)。与大卫·斯特林格形成鲜明对比的是,昆斯伯格更为直截了当地谈到纸媒和电视广播新闻记者为适应数字环境所进行的调整,以及他们现在把这些工具看作是他们最初提出新闻议程的重要部分。广播新闻记者现在能够在“离播状态”下通过发布博客和更新推特对突发新闻进行报道,正如昆斯伯格所讲的,“你会因为这些报道获得名誉”。与此形成对比的是,“报纸”之前原有的逻辑是“本能地发布引人入胜的故事”,而广播电视原有的逻辑则是坚持为晚间新闻简报这一旗舰栏目全力以赴:“尽可能获得更多信息,并将它们保留到准备好将它们以吸引眼球的方式呈现出来的时候。”这传统的时间特点在媒介缺乏的时代是非常有意义的,但是昆斯伯格认为,这一逻辑在当前“正在快速衰退,因为新闻周期在加速。人们不会等待他们的新闻,所以保留你的故事没有任何意义”。

昆斯伯格认为,与许多预测正好相反,广播电视新闻业在与博主和在线新闻网站的网络竞争中拒绝成为倒霉的受害者,她认为像盖伊·福克斯这样的政治博主本质上已经成为威斯敏斯特泡沫(译者注:威斯敏斯特游说大军)中的一分子,不再是曾经那种激进、自命不凡的人。与此同时,她说:“主要玩家已经通过一种非常健康、重大、严肃的方式移步到网络空间。”确实,如果说之前与现在有什么区别的话,那就是互联网允许广播记者拥有了进一步提升他们个人品牌的机会。在2011年,昆斯伯格离开了英国广播公司,跳槽到了它的老对手英国独立电视台新闻频道。当她决定将推特用户名从@BBCLaurak变为@ITVLauraK时,59,000名粉丝立即被她带到了新的工作岗位。这一插曲造成了一场小型风暴,因为记者们推测这意味着那些能够在线建立强大个人品牌的记者拥有了一定的独立性和权力。昆斯伯格说这一举动是“真正意义上的友好姿态”,因为她也“冒着风险”,人们有可能会停止追随她的账号。然而,她还透露如果该媒体机构决定迫使她改变账号,并在失去追随者的情况下在英国独立电视台重新开始的话,这对BBC的名誉损害是潜在的和巨大的。

昆斯伯格感觉到,尽管广播电视精英媒体因拥有广泛受众进而在报道政治新闻方面具有独一无二的特权,然而广播电视外部环境也会对记者产生一定的约束力。她提到曾亲眼见证2008年美国总统竞选时推特给予新闻记者的自由,也提到很享受那种能够不受卫星连线或者摄影师影响而“只专注于编辑文本”的状态。起初她申请将发布推文作为她的日常工作,这一做法在英国广播公司引起了一定程度的“恐慌”,因为这意味着新闻记者个人在广播电视新闻制作过程中可以不需要通过集体编审就能自由地在网络上发布即时消息。昆斯伯格说,她给英国广播公司新闻委员会撰写的一篇文章“花了几个月”才获得批准,因为英国广播公司的新闻主管不得不“坐下来认真思 165

考在这一新平台上将要发生的事情”。

昆斯伯格很早就从战略性层面对待并使用推特了。她将推特融入电视即时报道的日常工作中，关注突发性新闻，不断优化正在发生的故事，在其中添加一些不会在电视新闻简报中出现的细节(尽管“不是八卦”或者“个人”情况)。在工党会议上，由于警察没有认出曼德尔森勋爵，因此这位前内阁大臣没有通过安检，被谢绝入内，昆斯伯格正好当时在后台使用推特报道了这件事情。从这个意义上讲，推特可以被视为类似于手机短信的公开版本，昆斯伯格说，十多年来这些发展对威斯敏斯特新闻业影响深远，“我已经记不清多少次当我在做直播时有人发短信给我，我低下头读短信——没有读出声——它正好成了我讲话的内容”(2012 年 1 月 31 日采访)。尽管如此，昆斯伯格认为，让数字媒介适应电视新闻滚动播出的节奏是非常重要的。在本书中我几次提到，作为实时监控媒体，电视和互联网具有媒体家族的相似性。她热情地向我介绍了 2010 年大选之所以被认定为是一场“电视竞选”，主要原因是领导人的电视辩论以及戈登·布朗在镜头外发表的言论遭到了现场直播。这一言论是布朗在洛奇代尔街道接见了失望的工党选民吉莉安·达菲(Gillian Daffy)后发表的。

推特非常善于聚焦隐藏在议会大厅之中的世界，这一特点很符合政治新闻运作的方式。就像我们在第四章看到的，在 2010 年英国第一次首相电视辩论期间，昆斯伯格在幕后的“旋转房间”(译者注：指政客辩论之余接待记者或支持者的房间)里发布推特一样。这些发生在政治家、负责沟通的工作人员和精英记者之间的幕后谈判过程正是混合媒介化辩论体验的重要组成部分。昆斯伯格说她从来没有将议会视为一个应该保密的领域，相反，她认为“破门而入尽可能地告诉人们真相”正是记者们的责任所在。

与此同时，像大卫·斯特林格一样，昆斯伯格认识到了数字媒介在政治家和媒体顾问中深受欢迎也体现在：他们对网络政治空间失控的恐惧不断减弱以及使用社交媒介避开新闻专业主义的信心不断增长。这些竞选职位的人依旧对广播电视媒体进行详细审查表示支持，但同时他们现在也拥有了庞大的媒介系统——脸书、推特、YouTube、网络相册、电子邮件、自己的网站——尽管它们还会受到大众监督，但相对来讲，却可以免于受到传统审查的制约。很快昆斯伯格就捍卫了新闻专业主义的标准以及电视媒体在政客问责方面所发挥的重要作用。她建议记者们应该远离守门人的角色，尝试成为网络“策展人”，全天持续开展新闻收集工作，并把那些经过有效过滤过的“排山倒海式信息”进行语境化。就其本身而论，内容把关仍然是一种需要高度专业化技能和知识的工作，大多数时候它被视为新闻记者所独有的。因此，在信息极大丰富的语境下，广播电视新闻业的权力和身份是被认可的，同时在如何吸引更广泛的公众注意力方面的技能还亟待提高。

占领“专业”新闻和“业余”博客之间的边界 166

我在第四章集中讨论了2010年英国“霸凌门”丑闻中新闻制作的混合化过程，这一丑闻主要聚焦的是戈登·布朗对唐宁街工作人员进行虐待的指控。回想一下，在这一事件中扮演关键角色的是来自伦敦的博主亚当·比恩科夫。从2008年开始，比恩科夫就给自己起名为“保守党的巨魔”，在blogger.com网站发布言论。当英国广播公司新闻频道报道首相办公室的工作人员已经给一个名为“求助热线”的反霸凌慈善机构打电话，向他们抱怨所遭遇的不公对待之时，比恩科夫果断地对这个“霸凌门”事件中的关键转折点做出了回应。在短短几小时之内，比恩科夫于深夜在其博客上发布了一篇后来被证明具有爆炸性的文章，揭示了这一反霸凌慈善机构“求助热线”背后的可疑证据。第二天早上，这种霸凌的说法已经开始受到质疑。在“霸凌门”事件过去一个月之后，我就此次事件采访了比恩科夫，当时我不但想了解他在这一事件中所扮演的角色，也想更多了解他当时的一些实践操作，他与政治家和专业新闻记者之间的互动以及他如何在一个更为广泛的媒介系统中定位他的工作（2010年3月采访）。事后，这一采访被证实极具启迪性。比恩科夫所遵循的准则非常适合在专业新闻和业余博客边界地带的有限空间内进行操作。

2008年春季期间，比恩科夫建立了名为“保守党的巨魔”的博客，关注在第三次伦敦市长选举前夕伦敦议会（London Assembly）的政治状况。在那场选举中，支持保守党候选人鲍里斯·约翰逊（Boris Johnson）的英国伦敦日报《旗帜晚报》（*Evening Standard*）针对来自工党的现任市长肯·利文斯通（Ken Livingstone）展开了一场极具敌意的竞选调查。这刺激了中间偏左的活跃分子，他们开始考虑在网络上创建另一种声音来源。“保守党的巨魔”和另一个名为“市长观察”（Mayorwatch）的博客都是这一背景下的产物，在鲍里斯·约翰逊当选市长之后，比恩科夫继续扮演着伦敦政治中独立新闻源的角色。

比恩科夫的方法非常具有吸引力，它将博客的类型和原则——独立、专注于内容——与新闻专业准则相结合：强调突发新闻的重要性、对新闻来源的重视、在尽可能广泛的范围内进行采访并写作以及偶尔融合小报风格。当他刚开博客的时候，为了避免和那些已经在英国政坛中存在的评论性博客雷同，比恩科夫决定尝试写作原创故事和突发新闻。“如果你想有所突破并把你的故事变为新闻，”他说，“你需要带来一些新的东西，而不是说‘这是我对X的观点’，这样你将永远不会被关注。”在最初的几次伦敦市长选举之后，出现了一种新的、迅速发展的政治体制，在这种体制下这一目标更容易实现。很快，人们就明白了，对伦敦议会的报道将有别于在威斯敏斯特议会里所采取的受到严密控制的游说体系路线。结果，比恩科夫能够对官僚机构内部产生重要影响，并建立了联系网络。记者—信息源相互作用的关系开始浮出水面。当伦敦议会议员、新闻官员和公务员开始注意到比恩科夫的博客文章时，他们感受到了比恩科夫会对新闻制作产生影响，于是开始向他提供信息。某种分工系统也开始形成。政府新闻
167 官们很可能会提供给比恩科夫详细的政策文件，这些文件可能会被专业记者所忽略，他们之所以这样做的原因是希望间接吸引专业媒介的注意，“他们浏览我的博客，他们知道当我把这些故事写下来的时候，就有机会被《旗帜晚报》或者英国广播公司所采用，反之，如果他们发送一份 20 页长的文件链接给英国广播公司，受时效性影响的新闻记者可能不会有时间或者有兴趣来研究它”，他说(2010 年 3 月 1 日采访)。

虽然并不总是这样，但对突发新闻来讲获得专业新闻媒体“关注”是至关重要的。这一逻辑推动了“保守党的巨魔”的发展，也成为促成这一博客融入混合媒介系统的重要力量。它推动了博主比恩科夫和市政厅内信息源以及来自英国广播公司、《卫报》和《旗帜晚报》的专业新闻者之间进行定期互动。比恩科夫高度赞扬了《卫报》的记者，他们对他给予了信任，经常将他的报道通过链接的方式进行发布，同时也对“经常会给他提一些建议”的广播电视新闻记者称赞有加。他继续说，“通过经营博客，我和他们建立起了联系，我给他们提供故事，他们也给我提供故事，所以我的博客并不是直接对公众产生影响，而是通过那些拥有更多受众的主流媒体对公众产生影响”(2010 年 3 月 1 日采访)。“影响有影响力的人”，比恩科夫这样来形容这一过程。例如，他请求市长办公室提供一些信息，提供一些查尔斯王子寄给鲍里斯·约翰逊信件的具体内容，之后他结合这些信息写成报道发表在博客上，这一报道连同比恩科夫的引述一起很快就被媒体注意到并被《旗帜晚报》放在了头版头条。在其他方面，专业记者间给予信任的标准不太清楚，尽管比恩科夫也很快表明，最近的情况要“好得多”(2010 年 3 月 1 日采访)。因此，博主受到专业新闻规范的影响，但博客的一些规范也开始向另一个方向发展，并影响了新闻业的报道。信任给予机制就是不同媒体间标准融合的一个例子，这位推动新闻业标准不断完善的博客作家在采访时提道：

> 博客圈正在发生一些变化。它带来了一种新的文化，这种文化涵盖了开放性，博客曾经在报道的可靠性、所选取的文件材料以及新闻源链接等方面遭到了一些新闻记者的批评，他们说：“他们想说什么就说什么，他们不需要事实的支撑。”在很多情况下，我认为事实正好相反。一些新闻报刊不需证明他们所谓的事实，他们不愿意链接原始文档，他们愿意摘录引语而不是告诉你原始信息来源。当他们把事情搞错了的时候，就不再对此进行纠正……在某方面，我想博客正在促进新闻记者对其行为进行改善(2010 年 3 月 1 日采访)。

比恩科夫参加了在市政厅召开的公共委员会会议，结果却发现除了每月对市长进行提问，记者们没有去采访过其他人。他在大伦敦市政府网站将长篇累牍的政策文件下载下来，仔细阅读，希望从中发现一些专业新闻记者没有时间收集到的细节。他试图通过坚持所认定原有的、“恰当的”新闻价值理念将自己与专业新闻记者进行区分，而这些新闻观念正是新闻编辑部因承受商业压力所抛弃的，这看起来有些自相矛盾。现在他填补了主流社会所留下的空白，“这就是在报纸被大幅削减之前，在记者们还像 *168*
以前一样被紧紧地束缚在办公桌前时新闻业的状况。我猜，这仅仅是因为我有足够的时间来做这些事，而他们一天不得不忙于完成五个报道等诸如此类的事。他们没有时间静下心来，而博客作家却能够”(2010 年 3 月 1 日采访)。比恩科夫曾在一所地方高职院校接受过记者培训，他的收入来源主要是付费速记、自由职业以及为伦敦南部的地方新闻网站提供服务。在他的自由职业中，有一项是为《卫报》网络栏目《自由评论》(*Comments Is Free*)撰稿，这个栏目既接收来自纸质专业媒体新闻记者的来稿，也组织上千名兼职人员形成分散式网络为其撰稿。尽管比恩科夫与其他博主还算不上真正的“专业主义”，但这种为传统媒介撰稿的做法有利于进一步将他的新媒体实践融入专业新闻媒介系统中。在这里撰写博客被视为一种新闻专业主义的有偿付费工作，只不过不是遵循传统的报道原则，而是根据博主自己的主张撰写而已。尽管承认自己的大部分研究都是在网络上进行，但比恩科夫依旧坚持专业准则并遵循传统新闻采集的惯例。他有自己的节奏并一直坚持这个节奏。他的信息来源通过面对面或者发送电子邮件的方式向他爆料，并接受他的独家采访。

尽管如此，比恩科夫对“霸凌门”危机进行干预的背景和方法不同以往(“霸凌门”的全部分析参照第四章)。整个事件的发展偏离了他原有的节奏，那篇有关“全国霸凌求助热线”声明的博文是他在周日晚上花了几个小时写作然后发布的。就像我在第四章中论述的，这篇文章来自多种消息资源的组合：有针对英国广播公司新闻频道对此事件报道的质疑，有专业的在线事实调查，有通过对社交媒体进行实时跟踪而做出的及时反馈，以及对那些希望他能够深入调查此次事件的朋友和熟人所提供的推文和电子邮件所做的评论。比恩科夫的博客将之前发布在推特上的分散化、碎片化的正反两方面信息进行了提炼浓缩，并提出了相对稳定的观点。就像他所说的，“我对所有的信息进行了事实核查并将它们整合在一起发布在博客上，一共花了 2 或 3 个小时，而把它放到推特上也就在几秒钟内它就完全失控了。它被 10 个人转发，然后是 20 个人，再然后是 100 个人……推特的有趣之处是，虽然我的博客非常有名，也许你可能是无名之辈，甚至是一位只写过两篇博客的人，但如果写了一些能够触动人心的东西，它就会在你觉察之前像滚雪球一样变得势不可挡”(2010 年 3 月 1 日采访)。

就在比恩科夫发表有关“全国霸凌求助热线”博文的一早，他就频频不断地接收到爆料的电子邮件，督促他进一步调查这一事件。但是，由于缺乏时间和信息源，他并没有这样做。当针对霸凌说法的质疑声一时间在广播和报纸媒体扩散开来的时候，事件开始有了转向(2010 年 3 月 1 日采访)。那时候比恩科夫并没有和英国广播公司联系，然而几周之后，他在参加位于伦敦市中心的一所大学举办的活动时，终于有机会和一位英国广播公司的高级记者进行了攀谈，这位记者的名字他不想透露给我。当听到这位记者说他“不相信”英国广播公司会在未对事情进行充分核实的情况下报道这一事件，他也“不相信”比恩科夫能够保证他的博文“完全正确”时，比恩科夫深表惊讶。在这本书出版之时，他还在继续运营博客，同时他也为《卫报》的网络栏目《自由评论》撰写了几篇关于 2012 年伦敦市长竞选的深度文章。

169 很明显，比恩科夫拥有强力干预“霸凌门”事件所需要的资源。他类似于“公民记者”，但其坚守的实践准则和所经历的一切又模糊了博主和专业新闻记者之间的界限。反过来，专业新闻记者也被他认定的准则和实践所影响。处于边界地带可以使他能够在伦敦政治新闻报道中发挥重要角色。然而这种定位也带有一定的不确定性。他经常会依赖主流媒体记者给他的报道发布提供链接的便利，同时作为一个独立个体，他也没有跟进大事件的足够资源，即便他拥有能在更大范围内引导公众注意力的关键作用。

另外名为“左脚向前”的博客(Left Foot Forward)也起到了类似作用。“左脚向前”是由前工党内政部长杰克·斯特劳的儿子威尔·斯特劳(Will Straw)在 2009 年建立的，它是一个博客小组，很快就拥有了 40 位参与者。在 2010 年英国大选之后的几个星期，我采访了威尔·斯特劳，那段时间他和他的同伴所经营的博客一跃成为竞选活动期间最重要的博客之一(2010 年 5 月 10 日采访)(在 2010 年年底斯特劳离开博客，加盟到了智囊机构英国公共政策研究院)。在“左脚向前”的身上，我发现了一个有趣混合体的存在。“左脚向前”是博客，是智囊，是“严肃”新闻，是活跃分子团体，更是具有一定党派色彩的博客。它成立之初是为了动员进步的积极分子，然而在斯特劳的领导下，“左脚向前”即使不是全部，也部分地融入威斯敏斯特游说团体和英国全国政治新闻报道系统中。

“左脚向前”的资金筹集模式也不同寻常。斯特劳自称是英国大约“十几个专业博客写手”之一，他告诉我这份兼职的薪水以及位于泰晤士河对岸威斯敏斯特肯宁顿地区的小型办公室的房租都是一小伙富有的捐赠者为其捐赠的。这些人中包括舆观调查网的民意测验专家彼特·凯尔纳(Peter Kellner)，“抹茶和红茶”(Green and Black)巧克力公司的前任主席、人权支持者亨利·廷斯利(Henry Tinsley)和来自工党的百万富翁帕特·卡特(Pat Carter)。这些捐款包括“这里一张 5,000 英镑的支票，那里一张 10,000 英镑的支票”，其他几位资助人也建立了银行定期支付的指令。此外，还有两个工会：通信联盟工会“联合”(Connect)和英国最大的总工会“团结”(Unite)为其提供资金援助。斯特劳本人也以中间人身份设法与英国独立电视台和英国左翼杂志《论坛报》(*Tribune*)保持联系,时不时地进行广告合作,并从史密斯研究所和英国公共政策研究院这样的伦敦智库那里获得活动赞助。“左脚向前”鼓励个人捐款,但是在双方见面沟通后,一般最多只能募集几千英镑。此外,斯特劳还通过临时为专业媒体撰写付费文稿来补贴收入。

“左脚向前”是怀揣着“以证据为基础进行博客创作”这样的进步使命建立起来的。以证据为基础创作博客对于理解博客之于混合媒介系统的角色是非常重要的。和亚当·比恩科夫一样,威尔·斯特劳也不想让博客成为发泄应激评论的另一个出口。相反,他想采集背景新闻,报道突发性事件。更重要的是,他想每天都能够用事实快速辩驳英国中间偏右主流媒体的新闻报道。而实现这一目标的关键是能够赋予“左脚向前”以合法性专家的身份,能够满足专业媒体的标准和期望,“我想,是一些不一样的,一点更高雅的,更为聚焦政策的东西,并且它们在政策共同体中还具有一定的公信 170
力”,斯特劳说(2010 年 5 月 10 日采访)。尽管博客具备智库身份,然而它也与工党和工会运动有着很强的联系。斯特劳提到,在 2010 年大选期间为了获得竞选信息以及用于辩驳的事实性材料,他曾与工党的传播团队进行了“非常紧密的”合作(2010 年 5 月 10 日采访)。工党的新闻官员为斯特劳提供了一些有利于报道党派利益的观点,特别是在 2010 年竞选期间,博客开始吸引各大媒体的目光,《卫报》和《金融时报》网站通常会将“实时更新的博客”版块链接到“左脚向前”以及其他博客。为了进一步印证亚当·比恩科夫的“影响有影响力的人”的观点,斯特劳说,工党总部“知道通过‘左脚向前’进行报道是接触更广泛精英媒体的好方法。我想如果我们的读者人数只有每月几千人,甚至影响更小点,他们就不会来找我们了”。斯特劳认为“左脚向前”的自身使命就是使用证据来批驳对工党不利的新闻文章,他会本着这一基础对相关事件报道的建议进行筛选。大选期间,博客每月都会吸引 9.2 万名独立访问者,每月的平均访问人数大约 3 万人。做一个粗略的对比,我曾采访过《展望》(*Prospect*)杂志的总编辑(见下文),它每个月的销售量大约 2 万份。“当英国广播公司的技术记者罗里·凯兰-琼斯开始关注到我们时,我们又有了一个高速发展的机会”,斯特劳说。

由于斯特劳经常出现在各大广播电视媒体上,这让“左脚向前”博客的知名度有所提升,虽然它并没有看上去的那么简单。英国广播公司记者罗里·凯兰-琼斯给我们提供了一些线索。斯特劳经常会被邀请参加一些广播电视节目,这些节目关注的焦点在于互联网和博客在竞选中的创新实践话题,尽管斯特劳本人在这些方面并未有多少建树。此时,他是被冠以网络政治共同体代表的身份出镜的。“左脚向前”发布的与政策相关的报道和用以驳斥的统计数据远不如看起来那么可信,好像只有“恰当的”“合法的”专业新闻人士和智库才能提供更加严肃可信的新闻。这是英国政治专栏博主和专业政治记者之间权力关系的重要体现。斯特劳做客广播电视媒体通常符合“媒介即讯息”的逻辑，这正是广播电视记者在边界绘制过程中的一部分，因为在政治新闻生产中，专业记者经常将网络媒体置于有趣又边缘的位置。博客和社交媒体在竞选活动中的重要性源自这些“令人眼花缭乱的”新技术，而不是博客的实质内容，就像我们在第五章、第六章和第七章看到的，这些逻辑在美国总统大选中传统媒体对网络行动主义的再现以及一些记者对待维基解密的态度上都有所体现。

另一方面，这一逻辑框架也不是适用所有情形。斯特劳显然已经融入伦敦政治新闻专业网络之中，他说，这得益于他曾经作为牛津大学学生会主席以及在财政部担任一年之久的新闻官员的经历。他谈到如何将故事加工成他认为最能吸引记者的样子，他给扩展列表中的记者发送电子邮件。在积极回复邮件的人中有，《卫报》高级政治记者安德鲁·斯帕罗(Andrew Sparrow)；运营“金融时报威斯敏斯特”博客的吉姆·皮卡德(Jim Pickard)和艾利克斯·巴克(Alex Barker)；曾经就职于《旗帜晚报》但现在在《政治之家》网站工作的保罗·沃夫(Paul Waugh)；《时代》首席政治记者山姆·科茨(Sam Coates)。斯特劳还发现一些从事议会新闻采访的记者对此也非常热心，特别是《独立报》记者迈克尔·萨维奇(Michael Savage)和曾就职于《卫报》现在为英国广播公司《晚间新闻》栏目服务的电视记者爱兰歌娜·斯特拉顿(Allegra Stratton)。和
171 大多数政治记者一样，斯特劳平时在办公室的时候一直观看电视台的滚动新闻报道。他对这些报道进行追踪，目的是看看能否有机会利用“左脚向前”对报道采取某些干预措施：“我常常会一整天观看英国广播公司的新闻频道和天空新闻频道。这样我就会了解他们正在谈论的内容。如果记者正在谈论某一具体事件，而我们已经有了具体的观察视角，我就会用推特或者文本或者电子邮件直接给他们发送一条信息，告诉他们这一特殊的观察视角……试着把我们的东西拿出来。”(2010 年 5 月 10 日采访)

很显然，斯特劳和专业记者之间互动频繁，但他又是如何被他们所接受的呢？亚当·比恩科夫的绝大部分经历是正面的，但这并不是全部。斯特劳详细列举了那些希望与博主合作获得消息的友好记者，但也不乏一些充满戏剧性冲突的插曲，这些插曲揭示了他所置身的新闻制作系统中不稳定的结构关系。例如，在 2010 年 3 月，他发布了一篇博文，揭露了包括时任政党领袖、现任首相大卫·卡梅伦在内的保守党政治家们所发表的自相矛盾的言论，这些言论涉及引入银行征税的计划，最终产生了适得其反的效果。保守派《观察家》(*The Spectator*)杂志编辑弗雷泽·尼尔森(Fraser Nelson)写了一篇文章回击斯特劳的观点，但是这篇文章也被描述为只是对博客作家中存在的研究水准不佳的泛泛批评。竞选活动后期，《观察家》的一篇文章声称自 1997 年以来英国经济中“98%”的新工作都流向了“外国人”，斯特劳揭露了这篇文章背后对统计数据的高度选择性，以此作为回应。《每日邮报》和《每日快报》将《观察家》这篇报道置于他们的头版头条，英国广播公司广播五台将它放在最受欢迎的早间听众热线节目中播出。斯特劳在英国工会联盟请求两位研究者对数据进行核查。事实上，

《观察家》这篇报道的数据并没有看上去那么简单。它将在国外出生的英国公民视为“外国人”，也没有包括那些到可领退休金年龄的工人，而只涵盖在了私人领域工作的人——《观察家》杂志对这一点很清楚，但是《每日邮报》和《每日快报》并不知情。到当天午饭时间，《观察家》的编辑被迫在杂志网站上对此发表了声明。“这个故事结束了，因为我们终结了它。”斯特劳说。

在相互融合依赖的语境下竞争与不稳定性像一根主线贯穿了“左脚向前”发展的整个过程，即使在它最成功的时刻也依然如此。我们再举另一个揭秘案例，2010年选举期间，在英国东新福里斯特的汉普郡国会选区，据说时任保守党影子内阁大臣朱利安·路易斯(Julian Lewis)在选民见面会上发表演讲，表达了一些对同性恋的憎恨言论，而对这一事件最先报道的就是博客。其中一位叫安德鲁·台恩达(Andrew Tinda)的当地学生发推文说他“花了一小时听一位腐败、偏执的厌恶同性恋者散布谣言”(台恩达，2010)。斯特劳在推特上找到了他，并私下联系了台恩达要求他发电子邮件描述一下细节。台恩达回复了他，斯特劳根据台恩达的描述撰写了一篇报道，并将其发布在“左脚向前”博客上。如同斯特劳所说，“我是第一个新闻媒体，如果我可以这样称呼自己的话，把这句话引用上”(2010 年 5 月 10 日采访)。事实上，这是斯特劳带给我们如何把网络上的碎片化信息收集起来融入新闻制作过程的又一独家案例。尽管如此，专业新闻记者很快就大规模跟进。《独立报》的议会(游说)记者迈克尔·萨维奇在“左脚向前”博客上看到了这个报道，他决定给候选人朱利安·路易斯打电话，对他言论的报道进行求证。朱利安·路易斯给予了回复，并将一封早先他写给一位选民的信发给了萨维奇，信中更详细地说明了他反对将 16 岁作为男性同性恋者许可的最低年龄。第二天《独立报》在头版刊登了 172
萨维奇的报道，而斯特劳却表示从没听萨维奇提起此事。当斯特劳私下询问其中原因时，萨维奇向其道歉，不过他也表示之所以不“需要”借助斯特劳的博客文章甚至是安德鲁·台恩达的推文来进行报道，主要因为他拿到了来自朱利安·路易斯亲自发来的信函，这是最好的证据。

朱利安·路易斯事件引人深思。很显然，“左脚向前”“抢先报道”了这一事件，但是正如斯特劳本人所说这“只停留在技术层面”。斯特劳说：“我不认为发布一条推特或者是博文就是进行了抢先报道，除非在某种技术意义上……主流媒体抢发的关键点不在于一条推文，而是整个故事。”竞选期间，特别是记者们争抢的报道素材来自推特或脸书这样的社交媒体上的碎片化信息时，专业新闻记者们迫切想要获得最新消息，他们已经将博客视为这场报道的公平竞争者。因此，在政治新闻报道中仍旧存在着一个强大的信息源结构分层，其主旨思想就是对事件的报道并不是简单的博客或者推文就能够完成的，它依旧需要依靠媒体机构。简而言之，即便是在一些博主中，很多人也都赞同真正有意义的作品只能出自专业记者之手。

对广播电视和网络的整合

在新闻制作过程中,越来越多像亚当·比恩科夫和威尔·斯特劳这样的博主开始从主流媒体外围逐渐进入介于新旧媒介逻辑之间日显重要的有限地带。然而,那些广播电视精英媒体的内部人员如何看待这一现象?现在,我将研究转向一个极具启发性的案例,这是一个将互联网整合到广播电视新闻实践中的案例:新闻第四频道的《事实核查》节目。

《事实核查》节目早在2005年英国大选前就开始运作了,最初是受宾夕法尼亚大学安尼伯格公共政策中心的事实核查网站(FactCheck.org)的启发。在2004年美国大选期间,安尼伯格中心因其经常报道总统和国会候选人的主张而声名鹊起。第四频道在2010年的大选中重新推出了该频道的特色节目《与凯茜·纽曼一起核查事实》,在第四频道新闻网站上他们还为此节目增加了新版块,即可供用户发表评论的博客。凯茜·纽曼(Cathy Newman)是新闻第四频道的著名政治记者,之后她加入了工作室的制作团队。

在2010年大选过程中,《事实核查》团队负责报道两件特别重大的新闻事件。第一件,2010年3月时任首相乔治·布朗接受齐尔考特勋爵有关伊拉克战争的调查,声称英国国防花费在工党政府领导下每年都有实际增加。而《事实核查》所获得的国防部官方数字显示这不是事实。第二件发生在4月15日对首相第一次电视辩论进行现场直播的第二天,《事实核查》报道了大卫·卡梅伦在辩论时所发表的言论,他说"前几天"他曾去警察局准备购买一辆"价值7.3万英镑的雷克萨斯"汽车。事实证明,卡梅伦所谓的公共部门效率低下的例子并不是看上去那样的。《事实核查》节目揭露真实
173 情况是,卡梅伦在8个月前就去过警察局了,这辆车的售价接近5万英镑(8万美元)(2010年6月18日采访)。

作为《与凯茜·纽曼一起核查事实》节目的品牌升级版,在一位著名主持人和一群幕后的网络记者的共同努力下,《事实核查》诠释了它是如何实现政治新闻混合式运作的。2010年6月我采访了一位长期在《事实核查》节目团队工作的员工爱丽丝·塔尔顿(Alice Tarleton),她告诉我编辑们"想将这个节目塑造得更加个性化一些……你和凯茜·纽曼一起工作,以她的名义,借助她的品牌效应"(2010年6月18日采访)。《事实核查》之所以重要是在于它将典型的电视新闻和网络新闻实践混合性地重组在了一起。可以将此理解为这档节目敏锐地捕捉到了网络新闻的快速多元特点所带来的挑战。这一做法旨在强化广播电视媒体的权力,在当前新闻编辑室正面临一些困境的情况下以某种形式维护着传统的调查性报道。然而这一目标并不是通过投入大量

的财政资源对事件背景进行费时的调查来实现的。相反,《事实核查》节目立足新闻的快速采集和激烈化竞争,将第四频道的电视新闻置于政治信息周期的核心地位。在某种意义上,《事实核查》展开的是具有高水准的批判性调查报道。但它在进行报道的时候通常较为被动,经常花上好几个小时进行调查和写作。《事实核查》是为广播电视媒介定制的新闻节目,然而相关爆料通常在傍晚时分首先出现在网络上。这是基于记者们的共识,即这样旨在使用统计分析揭穿政客们言论的新闻报道在网上呈现的效果往往会更好,而放在经过包装和快速剪辑的当代广播电视新闻中则往往不能尽如人意,这是由电视新闻的类型决定的。

因此,英国独立电视新闻公司前高管"托尼(Tony)"告诉我,《事实核查》有办法应对广播新闻媒体在适应网络时代变化时所遇到的一个基本障碍,"事实是,广播电视媒介机构并不拥有很多话语权……仅仅这些是不够的"(2010 年 7 月 23 日采访)。拥有大量资源的英国广播公司早年间解决这一问题的方法是通过通讯社购买大量的消息内容,然后将它们发布到网站上。2005 年伴随着 YouTube 的出现,在线视频声名鹊起,英国广播电视公司成功地将它的权力重心转移到了新视听网站,并于 2007 年 12 月发布了它的播客网络电视平台。由于缺乏英国广播公司所享有的强大金融实力,第四频道只能寻找其他更零散的模式对网络和电视媒体进行整合。

《事实核查》节目是第四频道网站成员与电视新闻团队之间精诚合作的结果。这种合作具有一种象征性,第四频道的电视节目主持人将这些从网站上获取的信息整合到他们的新闻节目中,并通过网站向观众提供更多的独家新闻。过去十年间,在公告结束时网站被置于一个醒目的位置是广播电视新闻播报非常普遍的一个做法,正是电视和网络之间的紧密融合让《事实核查》节目变得与众不同。有时候,新闻预告中会将《事实核查》节目包装后整体推出,即使没有这样,记者们也会面对摄像头提示大家注意《事实核查》节目的博客,当新闻主播们采访政府部门的部长时,他们也会经常从当天的《事实核查》节目中调取已被证实的信息。2010 年主持人乔恩·斯诺(Jon Snow)对影子副首相哈里特·哈曼的采访就是很好的案例(2010 年 6 月 18 日采访)。一旦电视直播节目结束,新闻编辑们就会把《事实核查》节目的电视视频片段嵌入到这个故 174
事网络版本的下方,从而完成这一混合循环过程。

就像爱丽斯·塔尔顿解释的那样,政客们经常会选择性地使用统计数据来制造泡沫,而《事实核查》节目则以报道小型独家新闻的方式来戳破这些泡沫。在这一过程中,有经验的记者会打电话给政府部门的内部消息源,核实《事实核查》来自财政部、预算责任办公室或国家统计局密集官方报告中的原始数据(2010 年 6 月 18 日采访)。塔尔顿解释说,要想将一则来自网络报道的小型独家新闻插入电视预告中,就需要从报道中提炼出最具价值的东西,即使它可能与电视新闻编辑脑海中吸引眼球的电视节目有所出入:

> 这可能是一件棘手的事情，因为事实上你经常会在《事实核查》中看到很多非常详细、无聊的表格，你试图把它转变成一篇有趣的文章，然后再把它转化成有趣的电视节目，这又是另一个步骤。所以，一档好的《事实核查》节目不一定非要有一个好的电视包装。但它可能确实需要一个时长 30 秒的节目片段。凯茜[纽曼]可能正在做一档直播节目，她可能会在节目结束时说“我的《事实核查》团队正在寻找并且已经发现了在刚才我和你们提及的卡梅伦演讲中确实包含了一个巨大谎言。这才是真相”。

随着第四新闻频道的重点转向重要的早晚间电视直播节目，《事实核查》网站一个很重要的功能就是为该节目直播造势。塔尔顿对社交媒体进行监控，“对报道的反馈进行全天测量”，特意将博主和推特用户也设为监测目标，希望他们在传播该节目方面发挥重要作用，为节目的播放提前建立良好预期。她说，当这群网络活跃分子加入“我们认为能够进行数字分析的有价值”的报道中时，会获得网络粉丝尤其是推特粉丝的热烈反应。她说，特别是吉多·福克斯这样拥有巨大领导力的博主，“经常推送给大批读者他们感兴趣的东西”，尽管他们当时也敏锐地察觉到大博主们的这一做法也是在抢发“小的独家新闻”。正如塔尔顿提到的关于保守党议员约翰·伯考(John Bercow)财政花销的报道，他说这次吉多·福克斯(Guido Fawkes)击败了他们：

> 在选举期间，有一次，我发现了一份约翰·博考(John Bercow)已经发布的竞选传单，我们认为这张传单中有关财政花销的声明有点可疑。由于那天没有过多时间去考虑，我们就先把它保留下来，准备过后回去核查事实。但是当时最先提出这一声明看起来有些蹊跷的是吉多·福克斯，尽管他在这方面做的工作并没我们多。我认为我们做了更为全面的调研工作后也可以做出这样的判断。对此他应该也心知肚明。然而他的先发制人让我们就没那么热切地想去做这件事情了。你肯定是想做别人没有做过的事。(2010 年 6 月 18 日采访)

同时塔尔顿也善于在网络资源和《事实核查》节目所从事的工作之间划清界限，她
175 说：“我们所有工作都是同步进行的。真实情况当然不是你每天只是看推特而不用做传统新闻调查这样简单……对于许多报道，我会利用推特全天监测公众对报道的反馈，与此同时是所有调查研究工作也在同步进行，和研究者交谈，和财政部官员对话，阅读财政部官方简报，浏览那些通过电子邮件发给我的论文……这仅仅是优秀新闻报道的一部分。这也使得拥有正常的新闻办公室和专家人才非常重要。”(2010 年 6 月

18 日采访)

如果说《事实核查》节目代表了新旧媒介逻辑之间模糊边界的模式,那么英国广播公司的旗舰广播电视新闻节目《今天》则体现了另一种不同却又相关的运行模式。凯文·马尔什(Kevin Marsh)在广播电视新闻界工作了将近 40 年,他从 2002 年到 2006 年在《今天》节目从事编辑工作,之后就一直担任英国广播公司新闻记者的负责人并于 2011 年退休。在他的职业生涯中,马尔什曾就职于战后英国广播电视界三个最重要的新闻栏目——《今天》、《同一世界》和《PM》。20 世纪 80 年代他还在英国独立电视台最重要的电视节目《十点新闻》(*News at Ten*)栏目工作过一段时间。(2011 年 6 月 27 日采访)

马尔什关于网络媒体崛起的讨论中,一个中心议题是,越来越多的观众反馈是如何塑造英国广播公司对政治报道的风格和精神的。20 世纪 90 年代电子邮件开始广泛普及,2002 年在《今天》节目担任编辑期间,马尔什每年都会从"希望推动故事发展"的听众那里收到"50,000 封电子邮件"。此后,英国广播公司网站开启了用户评论,上线了在线视频平台播放器,并于 20 世纪末开始与社交媒体不断融合。然而,马尔什建议,大量观众的反馈很快就会影响到大型新闻节目的文化。马尔什讲述了,在 20 世纪 80 年代到 90 年代之间,政客们在媒体管理方面采取更加专业化的方式,以及纸媒和广播电视的精英媒体对例行的议会报道逐渐减少,这就为像《今天》这样更为"严肃"的政治新闻栏目成为官方权力的主要挑战者开辟了空间。到 1997 年托尼·布莱尔当选首相的时候,政治党派和广播电视记者的相处已经进入了一种模式。一方面,记者们默认了政治家对新闻进行控制的企图;另一方面,记者和采访者对政治家通过新闻来误导、控制和操纵媒体的企图进行揭露和曝光,甚至采取被马尔什称作"空中审判"这样更为激进的方式。上述状况导致了两者之间越来越激烈的对抗,并让杰里米·帕克斯曼(Jeremy Paxman)和约翰·汉弗莱斯这样的英国广播公司电视主持人在 20 世纪 80 年代和 90 年代成为家喻户晓的著名人物。

尽管如此,马尔什认为在线新闻的发展以及公众对新闻生产的数字化参与让政治新闻的风格更加温和,更具智能性。主持人已经不再被看作是一位依仗专业优势"咆哮、疯狂的疯子……原地踱步……寻找下一次袭击"。相反,像《今天》节目的爱娃·戴维斯和《PM》节目的艾迪·梅尔(Eddie Mair)这样的新生代主持人,他们一方面努力保持英国广播公司职业记者的卓越性,维护广播电视在政治报道中的主导地位,一方面也意识到精英主导的传统对抗性游戏和"攻击性新闻"已经无法很好地服务于公众了。这一过渡势必充满摩擦和矛盾。马尔什提到,《今天》在采访中经常将来自观众的 176
电子邮件视为观察公众情绪的风向标,这一做法常常会遭到政府新闻官员的反对。类似的尝试也引起了一部分主持人的敌意,他们害怕自己在采访中所扮演的仲裁者的咨询地位受到威胁。

马尔什说，当前一些非正式的网络话语规则开始逐渐对广播电视精英媒体的政治报道产生影响。这些新规则突出了谈话式的表达风格和平等交流的过程。他们认为记者应该和见多识广的受众进行平等对话，而不是仅仅以与政治人物为伍的那种超然精英自居，记者应该比他或她所服务的公众承担更多的责任。与此同时，那种能够彰显职业地位和威望的强大传统规则依然存在。英国广播公司第四频道就将网络话语规范和在线舆论动员很好地融入极具精英色彩的广播电视传统新闻规范中。正如马尔什所讲的，“还是那句话‘我是那个最能接近这一过程的幸运记者。其他人都无法靠近。我就是那个提出问题的人。’不是每个人都能确切知道如何炮制最佳问题。我具备了那些记者必须掌握的技能——精英式的访问技巧以及恰当提问的能力。但我也想听听外面正在发生什么。”

尽管边界的划定主要依靠职业记者、博主和社交媒体受众对日常规则的辨别，《事实核查》节目就是网络媒体和广播电视融合的成功案例，而《今天》栏目也花了十几年的时间去适应网络媒介的规则和期望。然而，传统新闻纸媒的发展趋势却没有这么明朗。这些采访揭示了媒介在适应、抵制和更新过程中的多样化模式。

纸媒发展中的适应、抵制和更新

在我采访期间，詹姆士·克雷布特里(James Crabtree)担任《前景》杂志的执行总编。我就网络是否已经改变了该杂志的运作方式这一话题向他咨询。有趣的是，他回答道：“我可能不应该承认这一点，但从大方面来看，没有。”他认为月刊这部分很大程度上没有受到网络的影响。尽管如此，《前景》还是开通了自己的博客，录制并播放了自己的播客同时还按时上传杂志的免费在线文本，混合媒体在行动。尽管如此，克雷布特里仍旧勾勒出了他认为的清晰边界，这一边界正是《前景》杂志和美国《政治之家》(*Politics Home*)杂志及其类似的英国政治家网站之间的边界，也是他所说的“更加深思熟虑，更具长期影响力的”新闻与“只有十来分钟时长的”政治新闻之间的边界。(2010 年 4 月 7 日采访)

“弗兰克”是《独立报》的高级记者，他在将数字战略融入该报日常运作过程中扮演了重要角色(2010 年 4 月 5 日采访)。在一次长篇采访中，他告诉我一些有关新闻编辑部在缺乏新闻来源情况下工作的现实细节，其中包括新闻编辑部被迫去适应在线新
177 闻所带来的超级竞争。在 20 世纪末《独立报》有过一段大量裁员时期，其中在 2009 年早期就裁掉了 25%的员工。弗兰克给我讲了一个有趣的故事，一位习惯了新闻编辑部在 CNN 和互联网出现之前工作节奏的老记者，在“几瓶红酒”下肚之后，就“找不着人影了，直到大约 4 点钟才嘴唇发紫地回到编辑室”。“我们所要挑战的就是‘安于’每

天报道四则故事这样一个现状。”弗兰克说。

弗兰克还提到全体记者，甚至新入职记者对于网络报道的抵制。与其他的英国报纸不同，《卫报》、《电讯报》和《独立报》直到 2010 年都还没有将纸媒编辑部和网络新闻编辑部合并到一起。纸媒的网络版和印刷版之间的分歧仍旧根深蒂固。对网络新闻强大的抵制文化已经形成。一些记者仍旧坚持着前数字时代的悠久传统，即使事件是白天发生的，为了在印刷版即将定稿时吸引编辑的目光，他们也故意将文稿留到晚上 6 点左右再发布，而此时英国在线观众们也都回家了。谈到对此的态度，弗兰克说：“这样做对我来讲没有任何意义，因为它永远不会出现在报纸上，所以我根本不会做……有些人只是公然地、无耻地忽略它，并拒绝和它打交道。”高级记者们仍旧希望拥有“头版头条带来的风光”，因而对“网站头条”表现出一定的抵制并将其视为次佳的选择。弗兰克认为这种非正式的媒体等级结构在政治报道中表现得特别突出，即便一些纸媒并没对网络记者和文字记者做出正式区分，这种结构也依然存在。他还提到编辑们对网站的冷漠表现在高级编辑“从不谈论”网站，并要求一则报道被删除的机会“只有一次”(2010 年 4 月 5 日采访)。

尽管《独立报》网站上的观众数量远远超过印刷版的读者，然而网络领域受众注意力的碎片化本质进一步削弱了关于网络发表的内部争论。弗兰克对网络新闻的“粒子状”本质进行了大量的研究。专门研究数字新闻的编辑们推测，个人更有可能从谷歌搜索、点击推特或者脸书或者谷歌新闻抑或红迪网这样的新闻聚合器来进入网站。当“每位用户每月的阅读数量平均为 11 页时”，当“大多数人每月使用搜索引擎只阅读一篇报道时”或他们可能“昨天在英国广播公司网站上读到它，不管怎样吧”，在那些已经持怀疑态度的专业纸媒记者看来，读者的忠诚并不能成为论证博文和网络文章重要性的令人信服的论据。这一背景可以解释纸媒之所以倾向于在其网站上刊登相当一部分比例的未经修改的英国联合通讯社的报道，这主要出于对其印刷版造成冲击的担心。为了确保准确性，他们不仅对英国联合通讯社的文章进行编辑校对，而且还会对那些可能引起潜在法律诉讼的稿件进行预先筛选。每天傍晚当报纸要截稿出版的时候，我们都希望能够用内部记者的文章取代通讯社的报道，但是一些专栏作家抵制“网络优先”，希望他们的大作能够在报纸上首发。弗兰克认为《独立报》的员工缺乏足够的时间意味着需要更多的资源用于编辑校对和法律检查。具有讽刺性的是，数字技术可以更容易地整合通讯社文章和备用图片，这让它们看起来像是出自本刊记者之手，但是弗兰克开玩笑说：“没有记者会只等待通讯社提供的相当有限的馈赠和一堆来自盖蒂图片社的图片，这有点像滑稽的烹饪节目：你有了青椒、有了西红柿和橘子——就做出了一些菜肴。但你可以混搭的食谱数量相当 178
有限……”(2010 年 4 月 5 日采访)

纸媒网站上的通讯社文章和纸媒本身刊登的新闻评论和突发竞选新闻之间形成

了特色鲜明的对比,纸媒中的这些新闻评论和突发事件报道让《独立报》声名远扬。尽管如此,当提到这些报道时,特别是国际新闻版块时,弗兰克描述了另一幅场景。他举了一则黑色幽默来对此进行说明。例如,该报中的“一名美国伙计”对2010年海地地震的后续情况进行了报道,与此同时他也被要求报道好莱坞。“他从正在发生大灾难的海地飞到好莱坞红毯……所以一大早他要面对的是死亡、灾难以及从碎石中拉出的尸体,之后他又要拂掉身上的灰尘匆匆赶赴奥斯卡盛典。没有人能够一直保持这种状态。这是将人放到了一个很愚蠢的位置上……”

说完《独立报》我再来谈谈与之风格迥异的《卫报》。《卫报》在20世纪中期开始将它的发布渠道转向了“网络优先”,2011年编辑阿兰·拉斯布里杰首先提出“数字优先”的理念,在这一理念带动下《卫报》加速发展。从2007年到2008年,《卫报》的印刷版和网络版开始更加紧密地融合,为了与包括电视新闻频道在内的其他媒体展开竞争,它通过网络发布重要报道和突发新闻的做法成为一种常态。目前《卫报》正在有效运营一个全球24小时的新闻平台,这一新闻平台每周至少工作5天,节目由来自美国和澳大利亚的工作人员共同编辑制作。来自这家报纸高级编辑团队的一名年轻成员“卡罗尔”对此总结道:“我们的平台从一开始网络和纸媒彼此毫无交集转向了一种两者更具融合性的状态,在这一平台上只有一小部分人从事以网络为中心的工作,大部分新闻编辑仍旧以报纸的工作为主。现在我们的专家们仍旧处理各自平台的事务,但作为一个整体这一平台正在进行内容创作,越来越多的网络内容而不是报纸上的信息获得了人们的关注。”(2011年9月30日采访)

很显然,《卫报》的管理层在极大推动编辑工作去适应网络新闻带来的多元化挑战。近些年来,《卫报》早已不再停留在仅仅让记者明白把报道发布到网络上的重要性,而是倾向于强烈鼓励记者全方位使用社交媒体及时接触读者。推特就在这种转型中发挥了重要作用。几乎所有的《卫报》记者都在使用推特。这种转变对新闻生产过程会产生怎样的影响呢?

记者们早期从推特上寻找信息来源的做法促使推特很快就渗入了《卫报》的日常工作实践中,它不仅仅是发布报道的工具,而且还是一种信息来源机制。2009年4月是一个关键时刻,G20会议在伦敦召开期间爆发了抗议活动,当地警察对抗议活动进行了干预,调查性报道记者保罗·路易斯(Paul Lewis)使用推特最先发布了目击者对因旁观这场抗议活动而致死的伊恩·汤姆林森(Ian Tomlinson)的描述。几天时间内,路易斯和20位值得信赖的目击者进行了交谈,并从一名美国游客那里获得了颇有争议性的视频素材,在这一视频中一位警官用警棍袭击了汤姆林森,造成了他跌倒在地并受到了伤害(这名警官之后被起诉过失杀人并在2012年7月被无罪释放)。

卡罗尔说推特“符合《卫报》白天对突发事件进行报道的工作需求”。她认为由于
179 新闻编辑们把持着进出于新闻编辑室的信息流,这可以增强他们的知名度。但这一转

变背后更为重要的是,《卫报》在混合媒介系统中承担了塑造新闻议程的强有力的任务。这一理念认为与社交媒体整合非但不会减弱《卫报》网站的地位,还能增强《卫报》纸媒记者的影响力。现在传统纸媒不仅可以通过不断适应调整去赶超像博主和门户网站这样新的在线发布者,而且它们也开始与原来的对手——广播展开激烈竞争。卡罗尔解释了他们如何采用强有力的方式去塑造战略与决策,比如在 2011 年 7 月的独家报道中,经验丰富的调查记者尼克·戴维斯揭露,当 2002 年警察在对被谋杀的学校女孩米莉·道勒(Milly Dowler)失踪进行调查期间,《世界新闻报》记者曾非法侵入了他的语音信箱。戴维斯这篇关于米莉·道勒的报道是在下午晚些时候发布并通过《卫报》记者的推特立即传播开来的。这一报道激起一系列连锁反应,直接导致了新闻集团老板鲁伯特·默多克在旗下记者大规模非法窃听证据曝光的几天后决定关闭这家拥有 168 年历史的《世界新闻报》。《卫报》编辑团队认为这是他们对非法电话窃听丑闻持续调查的重大最新进展,并将网络首发视为他们较之广播新闻的优势所在。但是这则报道的即时性是通过推特的运用来实现的——这也表明社交媒介网络在近期重塑了在线新闻的语境。"我们是在下午 4 点 29 分报道的,"卡罗尔说,"你可以在某个时间点进行操作,这可能会在别的新闻编辑室里引起大混乱,当他们万事俱备之后,只能感慨'哦,上帝,《卫报》已经抢在我们前面了',这种发布能力对我们很有帮助……人们会认为这个报道出自《卫报》的手笔,因为电视台就是这样报道的。所以第二天他们出门就会买这份报纸……这让我们可以采用前所未有的方式进行竞争"。

在重大事件报道的过程中,尽管建立在丰富消息来源基础上的背景调查仍然处于首要位置,但如果纸媒能够适应网络时代的时间节奏,他们就有望获得新优势并会一举超越 24 小时全天候播出的电视新闻频道,而全天候的电视新闻频道自从 20 世纪 80 年代出现以来就一直在报道突发事件方面表现得出类拔萃。这里,网络成为纸媒的救世主,它将纸媒带入了有广播电视媒介参与的即时游戏中。

维基解密和"索尼和谢尔理论"

如果说与广播电视相比,纸媒实力的提升推动了《卫报》对数字工具的使用,那么纸媒机构最新出现的变化则更为翻天覆地。正如我在第五章解读维基解密时所说,理解这一组织出现的关键是要避免将其简单化,即专业记者只是将激进分子运动视为"另一个信息来源"而已。然而,维基解密已经具备了一定意义的行动力,这一能力的塑造来自它与传统媒介逻辑之间协商性的相互依存关系。詹姆士·鲍尔是世界上少 180
数几个对这段充满张力的合作关系有所了解的人之一——他曾半开玩笑和我提起过"索尼和谢尔理论",这一概念是为了描述 20 世纪 60 到 70 年代流行乐坛著名的"权力夫妇"之间极具创造性的激烈紧张关系而创造的。从 2010 年底到 2011 年初,鲍尔直接为维基解密工作，他担任朱利安·阿桑奇的助手，是维基解密在2010年12月大使馆电报泄密事件中的核心成员。在这件事爆发前，鲍尔作为一名志愿者忙碌了一个夏天，并花了几个月的时间协助维基解密在2010年10月份披露了伊拉克战争日志。2010年12月瑞典检方指控阿桑奇有不当性行为并将其进行了短期监禁，其间鲍尔也承担了维基解密的一些公共职责。当2011年初离开维基解密时，鲍尔已经在《卫报》的调查报道团队中谋得了一份全职记者的工作，并与《卫报》报道维基解密团队的核心人物，长期从事调查性报道的大卫·李一同工作（有关维基解密的更多情况可以参见第五章）（在接受完我们采访之后，鲍尔又继续与新闻学者查理·贝克特合作，共同写了一本有关维基解密的著作）。我非常希望能够了解更多有关维基解密内部操作以及维基解密和它的媒体合作者之间的合作细节。由于鲍尔拥有兼顾激进主义和新闻专业主义的跨界工作经验，所以他是最合适的被访者。

鲍尔在维基解密中所扮演的角色进一步说明了该组织复杂而又自相矛盾的特点，这一点我已在第五章讨论过。鲍尔的大部分工作是为维基解密在全球的合作伙伴网络提供数据发布，这些数据不但可以访问而且还可以作为报道素材进行使用。维基解密的这个全球合作伙伴网络既包括2010年由阿桑奇正式建立的记者联盟，还包含一个更大的、分散的，由作家和积极分子构成的全球网络（2011年11月29日采访）。鲍尔会花大量时间筛查资料，帮助志愿工程师测试计算机编辑系统，再将报道推荐给广大的媒介伙伴。现有对维基解密的描述很少提及这些非正式关系，鲍尔告诉我阿桑奇是如何让员工们“暗中发现”那些处于正式合作伙伴外围的人，并“试图和他们维持关系”。尽管维基解密在大多数方面比较混乱，但它对其自身在混合媒介系统中所处的不确定地位以及如何提升自身的影响力方面，都有着相当深刻的理解。它的目标就是试图让专业媒体公司之间相互竞争，希望能够避免对任何一个机构过度依赖。同时这也可以最大限度地减少潜在的竞争性抵制，这些抵制来自因维基解密与《卫报》、《纽约时报》、《明镜》周刊、《世界报》和《国家报》等媒体达成的大型泄密事件独家报道的协议而受到制约的其他媒体机构。由于担心大规模的媒体抵制会削弱大型泄密事件的影响力，于是就出现了“有点流氓性质的附属交易……目的是为了维持其他渠道的兴趣”。例如，鲍尔协助第四频道新闻做了一个“5小时的独家”有线节目，报道美国政府指控斯里兰卡的总统拉贾帕克萨犯有战争罪（2011年9月29日采访）。第四新闻频道在报道斯里兰卡方面有着悠久的传统，它抓住了这个机会，为它的电视新闻和网站制作了独家新闻（第四频道新闻，2010e）。维基解密也会给前来询问的记者们提供一些基本线索，让他们了解第二天的有线报道有什么特点，阿桑奇也会将他的一些日常链接通过“电报发送给一家澳大利亚的报纸”。

181 这种做法可能对维基解密的发展有意义，但却激怒了协议的另一方。这会产生一种基于规范的冲突，那些建立在互惠互信基础上的被“优秀”专业记者视为核心的长期关系被这一做法严重削弱了，用鲍尔的话说，“你不能信任维基解密所说的。你真的不能”（2011 年 9 月 29 日采访）。毕竟，专业记者提供了他们的专业知识，他们认为维基解密如果没有这些将会陷入困境。

话虽如此，我们也从鲍尔的谈话中清楚地了解到，尽管阿桑奇认为仅仅在维基解密网站上发布保密的数据不会让他获得所渴望的影响力，尽管专业记者在将一系列令人费解的数据收集并创作成报道的过程中发挥重要作用，但这项工作的一部分是由阿桑奇、他的核心团队以及维基解密分布广泛的志愿者网络提前完成的。随之而来的“可能是主流媒体记者比任何人都感到欣慰，因为当你们拥有一群有访问特权的人专门花时间做这些事情的时候，你们所失去的远不如所获得的多”，鲍尔说。例如，鲍尔和在伦敦调查新闻局工作的其他同事用了几个星期负责寻找一些战争日志并将其分类，这些战争日志显示了美国对伊拉克军队内部系统化的酷刑和虐待视而不见。最后，调查新闻局找到了 1,200 件相关案例。2010 年秋，在这部战争日志正式发行期间，这件事对专业媒体是非常重要的。英勇的新闻记者花了数周从头到尾梳理了这些巨大的数据库，并将从中寻找出来的细节写入了新闻报道中。这些媒体“专业人士”显然是从维基解密“业余人士”这里找到了方向。的确，鉴于全球范围内广泛的专业记者队伍在不同的时期都会参与协助维基解密工作，因此，“业余人士”并不是用来称呼维基解密最合适的术语。

新闻主义与激进主义之间的界限在哪里以及维基解密是否会造成政治新闻与之前传统的根本决裂，这些问题都受到了人们的关注并引发了一些思考。去《卫报》工作后，鲍尔改变了之前他对维基解密的印象，在采访中可以明显感受到他渴望在专业实践规范和像阿桑奇这样的叛逆者所追求的规范之间划清界限。维基解密在技术方面有很强的优势，但它对自己阐述的原则不清晰。鲍尔强调在维基解密的时候他是一名带薪员工，和之前所从事的自由职业一样，他将这一时期花费的时间和费用都列了一份清单。“我是一名记者，不是一名激进分子。”他说。在《卫报》工作比在维基解密更让他感到自己是在为公众服务，这是因为像编辑部内部监督机制这样现有的职业道德和组织规则，可以给予个人在报道发表前进行回应的权利以及最终对不正确的报道进行投诉。“对于维基解密来讲，任何人都是透明的，除了它自己。”他说。

2011 年底，维基解密决定将涉及大使馆电报事件的所有数据在未经编辑的情况下进行发布，在这之后鲍尔对维基解密的发展前景就抱有了某种疑虑。他认为网络在某种程度上扮演了“不受审查制约的发布者”角色，但这一角色发挥作用的前提是网络首先要成为新闻工作者的信息来源。2010 年建立起来的那种伙伴关系太过困难，但如果“纸媒为了规避各种法律，不声不响地把泄密信息刊登出来，这是可以做到的，像朱利安·阿桑奇这样的人会为此独家报道感到高兴”，他补充说。换句话说，这将重新回归到 2006 年到 2009 年维基解密最初运行时的伪装状态。

182 鲍尔还和我讲述了维基解密和专业媒体之间类似于“索尼和谢尔理论”的相互依赖关系的最新进展情况。《卫报》在 2011 年启动了“开放式新闻”倡议，这一倡议“实际上与朱利安·阿桑奇的‘科学新闻’如出一辙”，他说。其内容主要包括发布官方文件这样的信息链接、向他人开放数据库、将在线内容整合到新闻报道中等。《解读骚乱》(*Reading the Riots*)这档节目就是一个很好的例子，它把纸媒记者和英美大学学者召集起来，共同解读 2011 年夏的伦敦骚乱事件(London riots)。这种状况，《卫报》的做法是“在我们内部人员进行讨论之前就会公开相关数据”，鲍尔说。在谈到新闻专业主义在当下网络志愿主义盛行的背景下所拥有的影响力时，他生动地补充道：“我们会将网络甩在后面。”

新的监管政治

最后，我将目光转向了英国的媒介规范领域。网络媒体在发展过程中会面临很多不确定性，这一点丝毫不会让人感到惊讶。这一领域的参与者所面临的问题是，最初来自纸媒和广播电视媒介的经验只能部分地运用到在线媒体上，自从互联网于 20 世纪 90 年代开始使用和扩散以来，网络媒体已经发生了翻天覆地的变化。英国通信管理局是英国广播电视监管部门整合而成的，其首席执行官艾德·理查兹(Ed Richards)称该机构为“融合的监管者”，并进一步解释道，“对于如何认识融合所带来的机遇和重要性，政府可能还有很长的路要走”(2010 年 4 月 4 日采访)。当互联网开始普及并推动决策者开始关注并回应像知识产权和网络有害内容等问题时，英国酝酿出台了《2003 通信法案》(Communication Act)。虽然仍旧存在争议，但有些人认为在经历了漫长的广播电视去规制化之后，英国通信管理局已经适应了当下的网络媒介环境。英国通信管理局前高级官员杰伊特别强调“不要忘记我们还负责对 2,000 名广播机构发放执照”(2010 年 7 月 22 日采访)。这些广播电视多元化时代积累的管理经验为未来的互联网管制提供了指导。

虽然这一说法是否具有说服力仍待观察，但在写作期间(2012 年秋)这却是对英国纸媒“监管者”——新闻投诉委员会(PCC)最贴切的描述。1991 年成立的新闻投诉委员会经常被评论家嘲笑为是一个老掉牙的东西，最主要的原因是它通过对政府的相关议程进行预先设置对纸媒进行管理。新闻投诉委员会缺乏一定的法定权力，本质上是由那些选择加入它的新闻机构授权的自我监管系统——小报主导的全国性报纸和杂志部门。它在监管方面曾具有一定声誉。2012 年在大法官莱文森对新闻调查标准进行听证期间，新闻投诉委员会作为新闻集团电话窃听丑闻的知情者之一被推到了镁光灯下，它因缺乏对《世界新闻》的不当行为进行适度调查而惨遭诟病。2010 年 4 月，我采访了新闻投诉委员会主管史蒂芬·艾贝尔(Stephen Abell)。艾贝尔于2010年1月加入该组织,2012年2月卸任后就职于一家公共关系公司。在2012年11月大法官莱文森公布的调查报告(Leveson Inquriy)中,新闻投诉委员会遭到了严厉批评,这让它在报刊新闻业今后的发展中所扮演的角色非常不确定。

艾贝尔所持观点和广播电视监管部门英国通信管理局的高级职员类似,他认为既然现在的报纸都已经上线了,那适用于前互联网时代的原则也应该发生相应改变。事实上,他认为建立在"协同合作"和"灵活透明"基础上的新闻投诉委员会的自我监管模式更为适合网络领域。他接着说:"我们提供了一种自我监管模式,人们可以自愿购买。鉴于易变的管辖区域和自我发布的便捷,这种模式确实非常适合在线。任何形式的自上而下的监管都无法适应新媒体……而自我监管模式恰恰适合。"(2010年4月6日采访)

尽管艾贝尔认为新闻媒体自我监管的传统规则和网络新闻媒体之间存在某种文化契合,但他还是倾向于给新闻投诉委员会的监管范围划出清晰的边界。这些规则只适用于那些新闻投诉委员会的付费成员,所以这几乎可以排除整个博客圈。迄今为止唯一的例外来自《赫芬顿邮报》,2011年《赫芬顿邮报》在英国建立分社时就加入了新闻投诉委员会,除了遵守该委员会的各项职责外,它更大的期待是希望将"业余"网络新闻与"专业"新闻结合起来。由于新闻投诉委员会的管理范围不包括大量在线内容,所以很多拥有网络版的成员对它抱有极大兴趣。

艾贝尔提到,2000年随着报纸和杂志开始进入网络时代,新闻投诉委员会一致同意将自我监管的规则运用到互联网领域,然而他也补充说,纸媒在感受到商业威胁的同时,已经开始小心翼翼地采取应对措施了。随着对艾贝尔采访的推进,有一点越来越清晰,那就是这些边界正变得越来越难以维持,这主要源自新闻生产和消费的多样化特性不断明显,网络活跃分子团体热衷于在与保守势力的斗争中取得胜利,在这些保守势力不仅是指一般意义上的"旧"媒体而且还包括右翼小报主导的英国报业。

例如,2009年快报集团旗下的报纸(Express Group newspapers)刊登了一些记者们从脸书上下载的有关1996年邓布兰枪击案幸存者的文字和影像资料,一群博主针对这一不道德的行为发起了一场联合行动。新闻投诉委员会严厉批评了《苏格兰周日快报》(*Scottish Sunday Express*)这种对网络消息来源的处理方式。无独有偶,同样在2009年,新闻投诉委员会收到了众多针对专栏作家罗德·利德尔(Rod Liddle)署名博文的投诉,这篇博文发表在《旁观者》杂志的博客上。利德尔在文中写道:"绝大部分伦敦街头的犯罪,持刀行凶、持枪犯罪、抢劫和强奸都系加勒比黑人青年所为。"然而针对这一断言,新闻投诉委员会并没有发现足够的证据。这是新闻投诉委员第一次试图对一篇博文进行直接监管。《旁观者》杂志为了避免遭受责难,辩解称这篇博文不应该和其他公开发行的文章(网络和纸媒都算)同等对待。因为博客在本质上具有"对话性”，编辑应该允许针对原文的批评性评论出现。同一年，《每日邮报》记者简·莫伊尔(Jan Moir)也发表了一篇文章，推测滥用药物可能是造成流行乐队男孩地带成员、同
184 性恋音乐家史蒂文·盖特利(Stephen Gateley)死亡的主要原因，在这之前验尸报告显示斯蒂文的死是与他没有及时治疗心脏疾病有关。莫伊尔的文章引发了平权人士的愤怒并很快导致了一场在线运动，《每日邮报》迫于压力最终撤掉了这篇文章。在激进人士组织抗议活动以及随后——大约 2.5 万人向新闻投诉委员会投诉的过程中，推特和脸书都扮演了重要角色。但经过调查后新闻投诉委员会最终驳回了这些投诉，支持莫伊尔作为一名专业记者拥有对公众关心话题发表评论的权利。这反过来又引发了另一场在线抗议运动，这次的目标是新闻投诉委员会，理由是它已经被目前英国最受欢迎报纸之一的《每日邮报》及其新闻网站所收买。

尽管艾贝尔试图说明，随着数字时代的发展，新闻投诉委员会之前遵循的那套基本逻辑也在毫不费力地扩展，然而当回述这些事件时，他也明确表示在如何应对混合媒介系统的现实过程中也存在着更深层次的不确定性。特别是简·莫伊尔事件让新闻投诉委员会错失了一次与网络激进分子和博主们携手合作的机会，这些人不仅试图指出小报身上的不宽容、偏见和令人产生疑虑的道德问题，而且还会推动新闻投诉委员会承担起疏导公众压力、制定更高新闻标准的责任。从这个意义上说，当艾贝尔热衷于强调新闻投诉委员会已经开始适应网络新闻所带来的挑战的时候，新闻业也越来越多地受到来自网络激进团体的质疑，事实上正是网络环境中的这些新的动力机制加剧了对新闻投诉委员会的敌对氛围，直到 2012 年启动针对英国新闻标准的莱文森调查。

结　论

此次田野调查让我意识到，随着新旧媒介逻辑的互动、竞争和共同进化，英国政治新闻生产表现为一个划定边界、模糊边界和跨越边界的持续性过程。相关行为体不断地强调给新旧媒介实践之间“划线”的重要性，这恰恰体现了当下这一趋势正在酝酿之中。充满神秘色彩的威斯敏斯特游说系统可以说是旧媒介发挥作用的重要领域，如今伴随着互联网的崛起，在某种程度上它已经感受到了来自更具流动性的政治新闻所带来的挑战。与此同时，游说记者也正在进行调整以期适应新的语境。他们建立起了个人品牌，对网络社交媒体的新领域进行把关和研判，而这些工作曾让他们在广播电视和纸媒的游说系统中始终扮演着专业角色。现在政治精英希冀通过在线媒体与议会外部的公众以及新闻工作者进行直接交流，因此游说记者也正在努力与这种新的模式保持同步。反过来，这些政治精英为了控制政治信息的流动，也正在调转策略尝试进

行一些跨媒体操作，我将在下一章中更加详细地讨论这一动向。

划定边界、模糊边界、跨越边界的过程经常会以令人意想不到的方式发生在博主 185
和专业新闻记者之间。一方面，博主和激进分子经常通过标榜秉持“真正”的新闻专业主义传统来捍卫他们的身份和权力；另一方面，专业记者也开始参照一些来自“非专业”领域的网络新规则，虽然他们对相关标准和问责持有谨慎态度，并担心自身权力可能会因这些新型竞争者的出现而被削弱，这些都是可以理解的。一些博主以半专业或半业余的记者/活动家/专家身份活跃于混合媒介空间，他们偶尔会对事态发展进行干预，抢先报道重要的政治新闻，有时也会与政治家和专业记者进行直接互动。这些行为主体可以与威斯敏斯特的新闻界保持密切接触，同时也能够从内部消息来源获取信息，这一切都源于博文能够借助社交媒体迅速传播并成为专业新闻记者报道的对象。像《卫报》的《言论自由》网站这样的混合媒介新闻平台就可以为媒介机构报道提供大量的网络资源，尽管如此，面对来自网络日益加剧的竞争以及网络参与者不断提升的地位，专业人士还是有一定的危机感。越来越多的新闻记者开始遵循正在发展中的网络新闻的竞争逻辑，不过“印刷”媒体编辑仍在努力制定出一套规则，以此抵制网络媒体对他们的影响。

虽然具备一定的整合力量，但政治博主的地位依然岌岌可危。例如，在专业媒体报道中他们经常被边缘化，其中对博客功能的描述仅仅停留在新的政治技术层面，而忽略博主本人对重要新闻的挖掘及他们对混合媒介系统建立新标准、完善监督责任的促进作用。越来越多的广播电视公司开始对社交网站上的博主和网络活动家加以防范，他们在将网络新闻和社交媒体的快节奏和对话风格融入日常工作中的同时，仍旧维护着“调查性”记者特有的信誉和威望，这是因为即便在这种快速、多元和碎片化的媒介系统语境下，“调查性”记者仍旧会继续拥有向政治家问责所需要的组织地位、资源和采访渠道等特权。像英国通信管理局和新闻投诉委员会(当这本书出版的时候，这个问题正在逐步解决)这样的监督机构，可能会声称它们已经适应了当下新的媒介环境，然而它们也越来越多地被卷入一个新型政治关系中，它关乎着两种逻辑的象征性差异，一种逻辑来自纸媒和广播电视媒体占主导的快速衰落的年代，另一种逻辑来自网络激进主义的新时代，它是一种在组织政治新闻生产、消费和监管方面更平等但也更具道德性的规范。

在混合媒介系统中经常还存在着另一种边界划定，涉及一些更为利益攸关的领域。最后在本章结束的时候，我将详细阐述一下通过抵制规范来划定边界的做法。我对英国广播公司前高级记者吉姆进行了采访。采访结束后，吉姆用以下观点总结了采访内容，他认为新闻专业主义未来的安全应该着眼于将自身与他所谓的“疯狂的杰夫·贾维斯路线，在这条路线上你什么都可以发挥，但实际上却什么都没有”完全划清界限(2011 年 6 月 28 日采访)。吉姆解释说，“你需要说，稍等一下，新媒体是这样做的，主流媒体，大媒体，不管你叫它什么，是这样做的”。

186 本章最后详细引用了吉姆的这段采访，它非常生动地表达了我想说明的本意，即通过划定边界来应对新媒介逻辑所带来的挑战。

> 除非记者们开始意识到他们与信息领域其他事物的重大区别，否则即使我们置身其中，却依然会感到迷惑，心情焦躁地站在边缘处观望……因为我们对新闻如此敏感——所有记者都对这项交易非常敏感——我们发现它真的、真的很难，因为每一次新的网络攻击都会对我们产生影响。看在上帝的分上，在把一切都搞砸之前，互联网只是一个搜索引擎，然后是新闻网站，之后是推特，之后是脸书，之后是 YouTube。当这每件事情都对我们产生影响时，我们面对将要发生的事情时会很紧张，事实上我们真不知道或者从来没有真正想过我们要做什么。大多数从业者并没有真正思考过这个问题。我们想，好吧，我们需要弄明白。这将改变我们。这将改变我们所做的所有事情。“噢，我们必须改变。”网络专家会告诉你，你必须改变。当然，你会看到一些非常糟糕的新闻。你看到了玛德琳·麦卡恩(Madeleine McCann)案例(关于 2007 年一位英国小孩随家人在葡萄牙度假期间被绑架的报道)，《每日快报》和《每日星报》曾经 106 次提到过麦卡恩。你看到电话窃听。你想，事实上，如果我想捍卫新闻的独特性和独立性的话，每个人都会嘲笑我在说胡话。拥有《世界新闻报》的新闻集团，将谣言和流言看作它们的收入来源。因此，对它们来讲，谣言和流言就是它们想要的全部。现在，当有人像我一样站起来说，我们必须捍卫驻叙利亚、中国和津巴布韦记者的权利时，如果你没有记者，你所拥有的只是谣言和流言，哦天哪，稍等，你是否想过《世界新闻报》的事？所以我们对自己的身份，我们能做什么很紧张……即时搜索……你可以点一下即时结果.你要做的第一件事就是最后一件事。有些人转发推文，有些人发布博文，你会想，是的，在这之后还会有一连串信息，这都是即时的。那些看起来像新闻。它看起来像新闻。我想除非我们能够比现在更能准确定义新闻……我们将处于现在的位置或许会更糟……我想我们现在不得不进行建设。我们不得不一起行动，因为现实的东西太沉重……我们需要非常清楚地了解新闻是什么以及它如何区别于其他事物(2011 年 6 月 28 日采访)。

吉姆认为，政治新闻作为一门具有严格道德标准的独特专业领域，这会让它与其他非新闻实践活动——那些“看起来”像新闻的网络信息——清晰地区分开来。

第九章 激进主义、政党和政府的混合媒介规则

你需要掌握图表，你需要读懂议程……在你能够使用新媒介玩转它们之前，首先需要在旧媒介上将它们运用得游刃有余。

——英国工党高级竞选官员“玛丽”[1]

这一章我们将从英国新闻和新闻业领域转到政治激进主义、竞选活动和政府传播上来。我首先会对英国著名激进运动团体38度的日常运作进行分析。38度在21世纪发展到巅峰，2012年已经拥有上百万名成员。我将关注38度是如何将新旧媒介逻辑的动员规则混合在一起，为自身创造与众不同的发展空间的。之后基于已有论据，我将继续对2010年英国大选之后来自保守党和工党的高级竞选官员进行采访，这些人中包括首相办公室高层工作人员在内的英国政府高级官员。最后我还会对那些擅长组织政治竞选活动的国际公关公司驻伦敦办事机构进行调研。[2] 本章的研究问题和语境不同以往，通过田野调查我发现了建立在新旧媒介混合逻辑之上的各种各样的意义建构战略。 187

从“建构行动”到“活在当下”的混合动员运动

当前，越来越多的政治激进团体遵循新旧媒介的混合逻辑，试图对新闻和政策议程进行塑造，英国的38度就是一个很好的例子。在部分借鉴美国的前进(see Chadwick，2007；Karpf，2012)和澳大利亚的斗志的运动模式基础上，38度在环境、国家医疗服务、媒体改革和宪法改革等广泛领域组织了多场颇具影响力的活动。到2012年为止，它拥有的成员已超过百万。

可以将38度理解为混合动员(Chadwick，2007)的一种，目前它通过各种重要手段实现了组织类型的不断扩展。它成立于2009年，前身是由英国职业激进分子大卫·巴布斯和汉娜·劳恩斯布拉夫(Hannah Lownsbrough)联合创办的一个国际网 188

络组织。在前进建立过程中发挥关键作用的本·布兰泽尔(Ben Brandzel)和斗志的创立者之一杰里米·海曼(Jeremy Heimans)也担任了该组织的外部顾问。已故安妮塔·罗迪克(Anita Roddick)夫人的丈夫戈登·罗迪克(Gordon Roddick)则为该组织提供了启动资金。安妮塔·罗迪克夫人是一位成功女商人和终身环保主义者,她经营着一家知名实体零售品牌店。汉娜·劳恩斯布拉夫在加入38度之前曾在几家非政府组织工作过,最近她又在帮助阿瓦兹组建在伦敦的办事处。阿瓦兹也是一家采用前进/斗志线上—线下混合组织模式的全球跨国运动组织。与此同时,大卫·巴布斯此前也曾为地球之友(Friend of the Earth)组织过名为“大恳求”的活动,这一活动旨在推动英国着手创立第一个气候变化法案,它在2006年是当时几个获得广泛影响力的成功社会运动之一。人们注意到,巴布斯将地球之友称作“一个传统意义上的非政府组织,而38度却并非如此”。

该组织的第三位创立人约翰尼·查特顿(Johnny Chatterton)对38度的组织文化进行了不同寻常的高度总结。查特顿在帮助英国在缅甸的运动(Burma Campaign U.K.)“开花结果”后,正式被纳入38度的麾下。正如他所言,缅甸的这场运动可以说是社交媒体参与政治运动的最早案例之一:2007年,这一支持僧侣抗议的组织在脸书上注册成立,旨在反对缅甸政府对由该国佛教领袖领导的反政府抗议活动的镇压。作为一位具备一定技术素养的年轻网络活动家,查特顿的经历强烈影响了他对组织动员的看法。他不仅痴迷于脸书在迅速提高人们在侵犯国际人权意识方面的影响力,而且也深谙互联网和广播电视媒体之间的互动是如何继续塑造这场运动的演变。“能够做到对僧侣抗议运动的支持是不可思议的,”他说,“由于存在这些模糊的边界。我们让英国广播公司给我一个特殊的电话号码和一个电子邮箱地址,只要我从缅甸听到任何消息,我都可以直接把这个消息传递给他们”(2010年5月12日采访)。不久以后,查特顿离职,转而成为38度的数字竞选经理。

38度组织的所有活动都是网络经验主义和高效的组织战略领导相结合的产物。巴布斯说,网站在技术细节方面必须保持“绝对正确”,同时领导层也需要提供一整套连贯有效的机制,这些都是38度运动组织成员能够对新兴的政策议程施加影响的重要保证。人们反复提到会为会员“提供服务”和“高标准”,同时也试图在“纪律性与专业性”和“轻松性与体验性”之间取得平衡。巴布斯说,如果缺乏强有力的战略领导和“某种议程”,38度组织就会“参差不齐,一地碎片——在失去焦点的同时,每个人都会感到沮丧”(2010年5月12日采访)。

对于38度的成员来讲,这个由领导力驱动下的关键“服务”来自38度的硬核资源:“行动力”。这个组织的成员只有4名带薪职员以及在伦敦总部有过短暂志愿服务经历的大约12名无薪实习生。我去参观过他们的总部,它设在京士威大道一个有点
189 老旧但功能齐备的办公大楼里,由几间办公室组成。38度设立了一个小型顾问委员

会，成员由最初的资助者和一些其他竞选机构的工作人员组成，他们每月会花几个小时见面议事。38度没有举办过面向全员的现场会议，成员们也从来没有想过使用正式的官僚手段对领导层的决策施加压力。这些领导层甚至承认，在没有组织机制的情况下，做出给电子邮件名单上的“成员们”打电话的决定是为了培养认同感而有意为之的尝试，尽管他们也认识到对于很多人来讲成为一个政治组织的“成员”这个门槛太高了，因此他们在谈论时会说“参与”或“加入”的人们。

但是这一“行动”推动了38度的发展。行动是一个具有象征意义的词汇，因为它具有一定的身份和集体意义。行动的构建依赖于新旧媒介逻辑的混合过程。

38度总部领导层提到了“建构行动”、“尝试行动”和“让成员行动起来”三个方面。从简单层面上来看，行动含义可以理解为：是领导层为其成员构建的具体活动，旨在能够对主流新闻媒体、在线网络和政策议程施加影响。从另一个层面来看，行动形成了整个运动的组织基础。它们可以促进技术上的进步，同时也可以将来自网络和现实中的行为和影响结合起来。网站、电子邮件列表、脸书和推特上的社交媒体以及领导团队的互动和对最新新闻事件的判断都是开展行动所依赖的组织机制。行动超越了网络环境下简单的舆论表达，它们在领导团队的指挥下具有详细明确的目标。按照要求，成员们会签署网络请愿书或者给国会议员发送电子邮件和打电话表达他们的想法。他们也会在午餐时间出现在全国各地街头举行抗议活动，就如同2010年反对英国广播公司削减预算的做法一样。他们会在各政党的地方选举集会上组织快闪族，同2010年为争取大选的几个目标席位进行游说的做法如出一辙（2010年5月15日采访）。38度网站展开的行动主要依赖于电子邮件、在线请愿以及定制的网络数据库生成的信息，在线请愿可能是按照每个成员的个性化定制也可能不是。或者，成员也会被要求迅速捐款，用于支付知名报纸和广告牌的广告费用。这些在媒体上播出的广告有时会包含一些旨在向精英媒体和政策制定者施压的信息，换句话说，有些人可能会注意到这些全国报纸上的整版广告，然后打电话给38度运动组织办公室以了解更多情况，或者为了制作相关电视或广播节目联系大卫·巴布斯对其进行采访。这些行动的最终目的都是为了向政府和威斯敏斯特的立法机构传递一些有代表性的合法信息。通过对自身行动不断建设和修正，38度让自己成为一个真正意义上的“组织”。

每天在38度成员到达总部之前，一天的常规工作就已经开始了。工作人员需要“查阅各种媒介”，并在晚间和清晨通过电子邮件对查阅的结果进行讨论。如果晚间播出的很重要的新闻符合38度的潜在进步议程，领导层就会尽快展开行动，并动员成员们快速参与其中。因此，行动产生的过程往往依赖于媒体在线上和线下的混合性实 190
践，依赖于成员针对在线反馈应对策略做出的调整，依赖于和其他非政府组织展开的一种长期和短期的信息共享。为了保证行动的合法性，38度需要花一些时间对其成员发布的文章进行连续的背景调查，尽管如此，它对最新报道的应对还是非常迅速及时的。它既可以针对“因果”式的典型单一问题展开调查，也可以凭借技术硬件从一个问题迅速转换到下一个问题，甚至可以在任何给定时间内穿梭于多个问题之间，或者果断放弃那些无法和成员产生共鸣的话题。在这种操作模式下时效性显得至关重要。就像查特顿所说的：“有时候人们真正关注到某件事的时候，也许他们只是在新闻中看到，就想为此做点什么。我们希望在那一刻，事情会变得更加简单些。”(2010 年 5 月 14 日采访)

电子邮件在这一过程中起到了决定作用。领导层每个月都会对电子邮件列表中 1/12 的成员展开网络民意测验。在我采访期间，最近一次的民意测验回收了 500 多份问卷，这是一个常规数字(2010 年 5 月 14 日采访)。38 度领导团队每月开展民意测验的目的就是希望更好了解成员之间遇到的问题。随着运动的开展，民意测验也会对一系列具体问题展开追踪，进而为下一阶段运动的调整提供依据，此外，领导者还增加了一个自由提问的环节，“加入了一些临时性话题，以及我们特别关注的内容”(2010 年 5 月 14 日采访)。与此同时，领导团队也会发布一些具体的民意调查，了解他们所关心的最新运动进展情况，或者围绕一个问题为成员们设计出一套清晰选项(2010 年 5 月 15 日采访)。他们还会在推特和脸书“散播”一些理念以吸引网民的关注。他们收集了大量的在线请愿评论，并对其进行了量化分析，以期在接受广播电视媒体采访时将其作为证据加以利用。虽然巴布斯对“采访”这种形式抱有不确定的态度，他曾经就提到过一篇在全国电视新闻中颇受欢迎的报道，仅仅动员了“大约 70 人参与”到运动中，尽管如此他还会时常出现在英国主要的广播电视节目中(在我采访过程中他接到了来自广播第四频道的约访电话)。2010 年，当上议院委员会对数字经济法案展开调查的时候，巴布斯告诉委员们在 38 度组织的在线请愿运动中，有超过两万条的评论是反对这项立法的，这一论据主题鲜明、逻辑严谨，可以很好地说明问题。

38 度总部的志愿者会经常通过该组织在脸书和推特上的账号、网站联系方式和电子邮件，监控发给领导层的各种建议、意见。活动总监汉娜·劳恩斯布拉夫对这些建议“进行筛查”，然后她将它们分发送给其他组成员。领导团队会在每周召开的员工会议上对这些结果进行讨论，并做出战略性决策。虽然在每周一次的例会上都会出台一些活动方案，然而这一过程却是曲折的。通常情况下，成员们会在每月的民意调查中表达强烈的观点，然而领导层建议的活动却无法达到预期的效果。在决定向所有邮件订阅用户发送新活动的“完整列表”之前，领导层先向样本用户发送测试邮件。为了能够激发大家对新一代电子邮件的热情，他们还分析了点击率并且对文本主题线和框架进行了验证。有时候，活动在测试过程中接连失败的话，最后也只能被放弃。这一
191 过程会让人联想起广播电视环境下进行的信息测试，与那时相比现在的测试时间表已被大大缩减，整个过程下来也就是几个小时。整个测试通常是实时进行的，因为团队将大规模电子邮件(由公关公司蓝州数码提供)设置为自动发送，观察它们流动时的反

馈和权值。就像查特顿所说的,“这一过程相当快。我们能够看到反馈回来的这些数字。如果能感受并见证事情快速发展的过程,我们会自我感觉良好。如果感到有些事情不是很确定还需继续等待,两小时之后仍然不确定的话……我们就会检查问题出在哪里了.可能出自主线问题,也可能出自框架问题,可能出自电子邮件结构问题,或者可能是另一个故事刚刚曝光的缘故”(2010 年 5 月 14 日采访)。

2009 年 10 月发生的托克集团事件可以说是这种微型循环动员中的成功案例。它被视为近期英国政治历史上言论自由对抗媒体审查的胜利之举。托克集团事件是指托克集团禁止《卫报》报道下议院对这家跨国石油贸易公司在象牙海岸倾倒有毒废料这一非法行为的指控,38 度的成员配合《卫报》以及来自英国和挪威的媒体,在推特上火速动员展开的一场抗议运动。最终这项超级禁令被废除,38 度所发起的这场运动以胜利而告终。就像查特顿所说,这一胜利来得非常快:

> 关于托克集团禁令这件事非常有意思。那天我们一早来到办公室,大家都在想到底发生了什么事情,需要采取如此可怕的方式进行审查。我们对此能做些什么?环顾四周,我们无法在常规网络上找到答案,这时推特上出现了托克集团的相关消息。从进入办公室那一刻,我们花了 90 分钟的时间了解到必须要做的事并着手开始测试。在我们着手工作后的大约 15 分钟,我们和志愿者一起召开了一次危机报道会议,大家聚在一起,一一搞清楚了需要做的事情。在技术条件准备好后,大家就开始给国会议员发送电子邮件,信中写道:“不能让这种事情发生,这项禁令也将议会置于审查之中。”因为它不让报道的正是议会所讨论的事情。托克集团这项企图最终失败,他们的律师卡特·鲁克随后宣布解除这项超级禁令,报道又可以自由进行了。从头到尾我们只用了两个小时,这让人难以置信……正常的非政府组织是无法在这么短的时间内做出回应并解决问题的(2010 年 5 月 14 日采访)。

在组织动员的过程中,38 度对突发新闻议程的快速反应发挥了非常重要的作用。我认为,这种方式可能会让他们面临化身某种反应性组织的风险,这种组织的目标是由专业媒体机构的标题作者定义的,会引发一些令人难忘的反应。38 度团队热衷于强调成员间开展咨询和测试的重要性,承认主流媒体的议程优势并深刻了解当代政治竞选中真正代表性的意义所在。

38 度的领导团队认为,竞选活动绝不是看上去的那么简单。对于各种潜在结果 192
进行“情景规划”,通过“权力分析”决定在哪里施压以及通过民意测验和监控社交媒体获得“成员的担忧之处”,显而易见这些都需要付出大量的努力(2010 年 5 月 13 日采访)。公民组织通常很少能够左右事件发展的日程安排,特别是在政治领域,比如议会着手开始立法时，当公众人物发表重要讲话时，或者当新闻杂志的编辑开启一场调查性报道时，这时时效性就显得难能可贵。巴布斯认为互联网已经助力运动激进分子“掌握了24小时新闻发展规律，而政客们早在20世纪90年代就已经对此了如指掌了”(Interview 15，May)。就像劳斯恩布拉夫所说，“作为公民，我无法左右议会的时间表。如果不在全国性报纸担任编辑，我也决定不了何时安排头版头条。但是我能够理解一个事实，例如当气候变化到来的那一天，我们的很多成员都想要参与其中……我不认为那是允许别人来制定你们的议程。我认为那只是对我们自身所处环境的一种回应”(2010年5月13日采访)。

有一点越来越清晰，38度领导的几次大型运动并不仅仅是简单的应对行为，而是将长期规划和对特定事件的灵活应对结合在一起的结果——巴布斯将其称为“战略机会主义”(Interview 15，May 2010)。2009年和2010年38度领导的反对英国广播公司削减退休金的抗议运动，就是一个很好的例子。这一事件的进展一直被人们持续高度关注，但直到时任新闻集团董事长兼首席执行官詹姆斯·默多克高调对英国广播公司展开批评时，38度才完全启动他们的运动。“我们想现在是时机了。让我们开始吧。”巴布斯说(Interview 15，May 2010)。另一个例子是，38度在报纸上刊登一系列广告，呼吁其成员在2010年大选余波还未平息之时，给参加联合政府谈判的自由民主党议员发送电子邮件。此举目的是推动该党进行选举改革，并以此作为能够与保守党或工党进行联合执政的前提条件。就像我在本书开篇所提到的，那时38度属于在线激进运动网络联盟成员之一，这一网络联盟包括了收回议会、开启民主(Unlock Democracy)、为改变而投票(Vote for Change)、阿瓦兹和权力2010(Power 2010)等组织。面对伦敦整个全国广播电视媒体，这些组织聚集在一起，如同联合政府讨论议事的样子，召开了现场会议。巴布斯在38度脸书页面上使用智能手机对这场会议演练进行了博客直播，尽管如此，他在当天也与电视媒体进行了合作，并最终接受天空新闻记者凯·伯利的采访，这场采访火药味十足，很快就在网上疯传开来。

193 提到反应能力，到目前为止我认为最有意思的是，人们在这个时代越来越希望通过数字技术进行即时性的思想交流，任何一个激进团体都需要与公众保持即时性的沟通。这是因为一场社会运动的反应能力和即时性，是一个组织向公众展示所拥有的应对能力和可靠性的重要方面。领导团队针对每日新闻议程能够快速做出反应，这更能显示出他们有足够能力来处理其成员所关心的事情。特别是在缺乏有形决策机制的情况下，显得大为重要。劳斯恩布拉夫写道：“我们与人们在众所周知的即时性媒体上进行沟通……如果有人发给你一封电子邮件，它的内容与你当天的亲身经历没有任何交集的话，那你就会感觉有点不真实，因为这是即时交流。所以从真实性出发，当我通过互联网与人们交流时，我确实认为掌握当天发生的事情是绝对重要的。”(2010年5月13日采访)。劳斯恩布拉夫接着说，“网络激进主义对行动的时间表产生了积极作用”，大大提升了行为的反应速度，会引起那些脱离政治的人的兴趣，“这些激动人心的事情刚好就发生在需要做出决策的时刻”(Interview 13，May 2010)。因此，人们认为，能够对主流媒体新闻报道做出快速反应有利于成员之间在短时间内产生共鸣并做出具有象征意义的反馈，增加在线动员的成功概率。即时反馈本身就是一种机制，它能够产生领导层所需要的关于真实性和合法性的大量资源，同时也会有利于 38 度领导层和其成员更加紧密地团结在一起。这再一次说明了媒介即信息，埃里克·布西和金伯利·格雷格森(Kimberly Gregson，2001)曾在其他场合还将这一过程称为“媒介参与”。即使如此，这种即时反应能力也是需要提前计划和准备的。在某些情况下，信息在网络支持者之间可以进行病毒式传播，成员们可以通过在线投票确保运动开展的组织性，他们对政策和新闻周期也保持一定的敏锐度，在某种程度上还遵循了旧媒介时代的新闻价值和时效性原则，这些综合因素让看似松散、灵活和“自发”的动员活动几小时内就能准备就绪。

以上就是 38 度运动对混合媒介系统所做出的贡献。在短短两年多的时间里，它们招募了 100 万名成员投身到该运动中，并且有时还会制定政策产生影响。2011 年，英国政府准备将超过 25 万公顷的国家公共森林私有化，38 度为了阻止该项计划动员了 53 万人进行在线请愿签名，10 万人给国会议员发送了电子邮件以及 22 万人在脸书上分享了此项运动信息。这一行动源于 38 度深谙专业记者和政治精英在进行信息选择时的态度倾向，他们筹集了资金并委托专业调查公司 YouGov 向一部分有代表性的英国公众进行调查，了解他们对政府森林提案的看法。结果显示，84％的人反对这一计划。为了扩大这一民意调查结果的影响力，38 度从成员中募集来了 6 万英镑在全国性报纸上购买了一系列整版广告，公布了这一民意调查。巴布斯和劳斯恩布拉夫也相继参与了几次广播电视节目。几个星期内，政府就宣布取消了这项计划。

上述分析显示，38 度在与媒体打交道的过程中做了详细的分工部署。网络媒体被认为可以更好地支持紧密的反馈循环、协调，更加积极地参与以及代表活动本身。然而，借助广播和印刷媒体宣传自己的话，则可以让他们获得更多来自政策精英的意见反馈，进而有助于其对该运动的目标进行验证，同时在公众中也可以获得更显著的影响力。媒体逻辑中的这种分工规则也开始在竞选活动和新兴政府实践中得以运用，我现在也开始关注这一趋势。

模糊“新媒介”、“新闻界”和“传播”之间的界限 194

在 2010 年英国大选的筹备阶段，人们围绕互联网在竞选中所要扮演的角色展开了一系列热烈的讨论。这种状况源自当时的一种观点，即媒介在 2008 年美国大选中发挥了决定性的作用。就像我在第六章和第七章中提到的，这样的观点只是部分正确：最好的方法是将互联网置于与旧媒介互动的背景下，特别是电视媒体，去理解它在2008年所扮演的角色。考虑到这一点，我希望就此研究一下那些熟知英国竞选活动和政府传播的人的看法。我想了解这些党派和政府机构内部的工作人员是否认同互联网在他们的实践中日益发挥重要作用这一观点。这一部分的分析主要基于我对一些高级官员的采访，他们有的正在（或最近在）工党和保守党总部工作，有的就职于内阁办公室，是外交和联邦事务部的高级官员，有的是首相办公室的前高级官员，有的是擅长于政治竞选的国际公共关系机构驻伦敦办事处的主管以及负责工会运动报道的前记者。通过这些领域，我明白了这种规范转型的整个过程，也就是从对“新媒介”和“新闻界”角色进行清晰划分的组织机构规范，转向适用于经常简称为“传播”领域的更新、更综合的规范。然而，这又是一个紧张而又矛盾的过程。在不同的组织领域，事情演变发展的重点也呈现出巨大差异，很明显，大多数都为了抢占资源。不过，“传播”现在越来越多地发挥了一种为多种角色提供整体身份的作用，并在竞选运动和政府传播领域形成了一套进行有说服力战略传播的综合方法。

从2006年到2011年，克雷格·埃尔德(Craig Elder)一直担任保守党传播团队的高级成员。2010年大选结束不久我就采访了埃尔德。他将此次保守党的竞选活动总结为“新媒介”从业者与高级决策团队之间的一次合作。早前“信息技术”和“传播”之间泾渭分明的界限开始逐渐消失，他认为，传播正在成为一个独立领域，它不再仅仅涉及信息技术人员繁重的日常工作，还包含了有关网络竞选活动的战略决策。正如他所说：

> 基本上，互联网曾经就是个物理存在，它就在那里，装在一个柜子里，它还是那些给你安装鼠标的人，这些人会更新网站上的内容。新闻办公室里的家伙们会炮制出一份新闻稿件，配以少量的图片，再把它上传到网络上，这就是网站的经营方式。在大卫·卡梅伦领导的早期，我们团队所要做的实际上是将相应的职责从具有特殊职能的IT部门手中夺走，然后将其转移到以沟通为重点的团队中。我们的团队本质上已经成为一个营销团队，一个广告团队，一个以沟通为核心的团队。我们团队拥有技术，但它并不是我们存在的
> 195 主要原因……那时组织内部发生了势不可挡的变化（2010年5月9日采访）。

保守党的新媒介工作人员之前一直处于“被冷落，被排除在外”的状态，而到2010年，他们的领导人里希·萨哈(Rishi Saha)出席了竞选活动中的每一场高级别选战会议。网络部门有独立的财政预算，并且可以直接向政党领导人汇报相关情况。在某一

些方面，这与2008年奥巴马建立的网络竞选模式有着明显的相似之处（参见第六章）。我们即将看到，英国工党在2010年也采用了这种模式。

竞选总部在实践过程中到底是如何运用这种方法呢？首先，保守党人试图借助网络将他们所具有的“现代化”气息呈现给选民。史蒂文·希尔顿（Steve Hilton）曾担任保守党战略管理负责人，他清楚地了解网络传播的象征性力量有助于推动政党领导力，展现出柔化以及“人性化”的一面，能够塑造出一种开放包容、贴近公众的新气场。新媒介及其运作逻辑已经成为信息生成的一部分。埃尔德接下来提到了“诚实”和“透明”的重要性，他说政党正在“花大力气通过各种方式进行沟通并努力突出各自不同的特点”。这里网页很关键，因为“它让你看起来很鲜活、有现代感和创新意识”。这种方法对网络上的政党形象产生了直接影响，与此同时它也将目标瞄准了纸媒和广播电视，这些媒体希望能够展现出卡梅伦寻求改善保守党自20世纪90年代形成的“不友好政党”形象所做的努力。在党内的高层心目中，网络已经成为转变政党文化的一个重要象征。

第二，政党试图将网络舆论生产者纳入它的新闻公关轨道上来。它积极鼓励建立起一个由精英博主和在线积极人士组成的联络网，这些网络是构成一个新的扩展和分布的“威斯敏斯特村”的重要组成部分。这一网络将像盖伊·福克斯和莱恩·戴尔那些知名人士开的博客以及蒂姆·蒙哥马利和乔纳森·伊萨贝（Jonathan Isaby）领导的激进社区“保守派家园”组织到了一起，开始在基层和领导层之间搭建重要的沟通渠道。从2006年党的年度会议开始，该党就给博主们颁发媒体通行证，并鼓励他们组织召开一些相对边缘的会议。而保守派的捐赠者亿万富翁阿什克罗夫特勋爵（Lord Ashcroft）在2009年为“保守派家园”建立了一家新的母公司，并购买了其中大部分的股权（M.Bell，2009），因此，毫无疑问蒙哥马利和他的团队已经被视作挑选出来的精英，尽管如此，中央办公室和这些草根话语的新焦点之间的关系并不总是和谐的。虽然埃尔德称蒙哥马利“享受到了记者一般的待遇”，他却仍将该党与“保守派家园”之间的关系比作“豢养猫咪”，这一说法揭示了政党总部希望对“保守派家园”进行引导和控制的想法。但同时埃尔德也暗示了一种平衡权力的方式。“‘中间偏右’的博客圈一直是我们的重要朋友，而不是喉舌”，他说。保守党视这些知名网站为该党所拥有的资源的一部分，但是有时候尤其是在竞选期间，当该党领导人希望通过自己的网站锁定流动选民时，这些网站也会成为与其争夺选民注意力的对手。（2010年5月9日采访）。

网络舆论与传统“媒介”的融合也正在通过另一种方式发挥作用。最重要的是政 196
党中央办公室的职员在整个竞选期间知道了如何使用网络媒体。推特的使用打破了新媒体和保守党总部新闻官之间原有的边界，然而每一个阵营也都保留了原有的有趣逻辑。保守党首席新闻官亨利·麦克瑞（Henry Macrory）利用推特作为一种快速辩驳和宣传的工具，与一群庞大政治新闻精英记者进行着即时交流。这种明显的党派做法很大程度上归功于幕后政治舆论专家的传统实践以及我在前一章中讨论过的针对私人的文本信息。麦克瑞在推特中使用较为尖刻的语言经常成为一些记者和博主讨论的对象(Political Scrapbook，2010)。而埃尔德和他的一些同事则采取了更为温和的方法，他们更倾向使用适合网络社交媒体的非正式折中型的对话式话语。他们会定期发送推特表明自身的党派立场，却很少使用人身攻击，同时他们也善于用非政治性内容来配合他们的政治推文。那些忙得晕头转向的保守派领导人和候选人之间经常会转发这些推文。当我问到这些是否是提前策划好的时候，埃尔德否认了，尽管他也承认“了解游戏规则是什么”并且在整个竞选期间都会“遵循安全第一的规则”行事。

第三，保守党逐渐将互联网融入他们的竞选活动中，举办了一些网络参与的实践活动。这些活动旨在对旧媒介报道产生一定影响。2010 年 3 月，针对工党政府选举前的财政预算，保守党组织“民众”对此做出回应，然而出于对这种做法可能会被其他党派支持者劫持的担心或者害怕政府会提前获知保守派领导层准备在预算通过后发起的批判，有关这一行动引发的上千条公众评论并没有被立即发布到网络上。因此，从表面上看来，这次运动是利用了互联网的透明性而开展的一场民主参与演练，实则还是受制于控制和公关逻辑以及广播电视媒体的运行节奏。

为了 2010 年竞选，保守党启动了在线社交网站“我的保守党”(MyConservatives.com)，它大体以美国民主党的 MyBarackObama.com 网站为模板特意量身定做的(参见第六章)。中央办公室鼓励候选人通过“我的保守党”网站树立起良好的形象，以便为其在具体问题上募集资金。他们也利用该网站积极鼓励地方志愿者参与进来，其中也包括那些在英国政治中常见的无须缴费的政党成员。结果是各式各样的。埃尔德说(在 650 人中)大约有 100 多位候选人“能够熟练使用它”，“1，000 名志愿者”也参与其中，“这还算成功”。“我的保守党”也会在偏向于使用传统募集方法的政党财务人员和更偏爱在线互动筹款的传播团队之间制造了一些内部摩擦(2010 年 5 月 9 日采访)。

但是，这些尝试的真正目的究竟是什么呢？我对政党和政府人员进行了采访，重点想了解的是借助互联网获得传统媒体的关注会对竞选活动产生多大影响。主流媒体英国广播公司的技术记者就对社交网站“我的保守党”进行了详细报道。众筹的预算结果也促使《旗帜晚报》报道了养老金制度改革计划。“我认为即便在最疯狂的梦想
197 中，我们也从未想过我们的所作所为会被报道……”埃尔德说。换句话说，衡量这些网络互动实践成功与否的标准并不完全依赖于数字媒介的参与性。相反，它们经常会遵循旧媒介发展规律，从传统“媒介”的战略宣传活动中汲取经验。广播电视和报纸需要看到这些引人注目、新颖、与众不同的可视化证据，专业记者们就可以在对竞选活动的报道中对此加以使用。

新媒介—旧媒介混合逻辑的第四种运行方式，即“新媒介”和“纸媒”沟通之间的界

限在逐渐模糊。这是人们针对网络竞选方式深思熟虑之后得出的结论，也是对大众使用网络现状的清晰认识。将数字媒体融入竞选活动的这种做法恰恰证明了在线竞选活动作为一整套实践系统的价值所在，它建立在“专家”甚至“潜在”专业技术基础之上，可以带来坚不可摧、可以预测的结果(我在第六章论述 2008 年奥巴马竞选活动时对此有过研究)。从这个意义上说，必须考虑社交媒介的互动在吸引媒介精英关注和报道竞选活动方面的价值，否则它就形同虚设。目前真正重要的网络技术来自谷歌关键字广告的黑暗艺术、搜索引擎最优化(search engine optimization)以及在线信息的定位功能。虽然当前只有网络竞选领域的专业人士可以掌握这些高水平的专业技术并了解这些新技术的内部信息，然而所有这一切尚且处在一种被大家公认的媒介系统中，在这一系统中广播电视媒体通常掌握着竞选活动的时间节奏，如果网络竞选活动能够与这些节奏保持同步那将会起到事半功倍的效果。

总体来讲，2010 年政党(涉及所有政党)最大的转变就是投入大量的时间和财力对网站进行重建，利用文案优势为本党网站获得在谷歌搜索结果中优先排位，即所谓的“搜索引擎最优化”。政党会购买谷歌关键字广告中的关键字，以便于网络用户搜索信息时更有机会搜索到该政党的网站链接。关键字广告的发布需要事先与旧媒介所主导的大型竞选事件相协调，2010 年的大型竞选事件首当其冲就是首相电视辩论了。当然有时为了应对不可预测的情况，例如突发新闻报道，他们也需要对关键字广告进行适当调整。正如从 20 世纪 80 年代开始，广播电视信息越来越痴迷于将那些还处于摇摆中的选民作为关注目标，而现在网络战略则将目标从那些积极活动人士身上转向那些经常会在重大转播期间或之后不久，甚至在选举当天，就可能迅速使用谷歌搜索大选信息的大量公众。对此埃尔德解释道：

> 这个项目的核心是我们在 2008 年决定围绕 26 个关键政策领域重建“我的保守党”网站，实现在该网站上搜索的所有信息都通过一个数据库指向这 26 个关键的政策领域，以确保保守党网站在信息搜索方面的优先地位，能够最先搜索出“保守党教育”“保守党移民”以及发现……谷歌搜索、谷歌广告也属于我们战略中的重中之重，因为我不会(从事)……我们会在战略上使用 198
> 它，以确保我们的信息能够传播出去，当竞选临近的时候，我们也会使用很多的方法，所以如果你从当地工党议员那里搜索任何东西，所有的方法都会指向“悬浮议会”“投票站”“我的投票站在哪里”等相关话题，你们能够从我们这里获得信息，我们也会根据相应的发展变化量身定制信息，我想历史将证明这是成功的。如果你喜欢，那不是什么性感的东西，但对我来说，这就是我们赢得数字战争的原因。事实是我们有一些数字媒体记者……他们来自英国广播公司和《金融时报》……所从事的工作就是总想知道一些麻烦事，总想知

> 道你在脸书上做什么，你在推特上干什么。事实上如果你花太多精力放在这些事情上，如果你光去关注当今时尚话题，你就输了……最终你也会和那些不是你核心听众的人攀谈。所以我们都是流动的选民。我们的网站是为一群流动选民而设计的，在特别的某一天——5 月 6 日将成为现实。（2010 年 5 月 9 日采访）

工党内部也开始逐步采取类似网络竞选的新方式，但与保守党相比重点有很大不同。2010 年工党也开展了谷歌关键字广告的竞选活动。尽管它所筹集的资金不如保守党那么丰厚，工党仍然以广播电视媒介事件为战略导向开展竞选活动。工党总部的一位高级竞选官员“玛丽”这样解释道：

> 尤其在首相电视辩论中，我们做了很多事情，有一个伙计非常棒，他从事关键字广告工作，非常了解质量评分，花钱找他来确实物有所值，定位这一方法对我们来说很有效。在和保守派的竞争中，我们花了很多时间研究质量评分，以确保登录页面上的关键词与关键词广告本身的关键词可以相匹配。谷歌可以提供更好的定位以及更低的点击成本，我们正在把这些为己所用。显而易见，他们（保守党）仍旧需要在关键词广告上对数千个关键词进行搜索。如果了解关键词广告是如何运行的，那就会理解工党在这个问题上的策略为什么这么复杂了，因为我们需要不断重写、测试，不断做出改变，不断通过更新和改变找到什么是起作用的或者什么是不起作用的。这很好。（2010 年 6 月 21 日采访）

像保守党一样，工党在 2010 年大选前花了几年时间来优化其网站，以最大程度地影响谷歌。地方候选人也是如此，总部工作人员建议各选区的工党丰富与他们相关的搜索词资料，当地民众可能会利用这些搜索词来查找所在社区的服务，比如工党非常热衷的政策——重建学校和医院。工党也将新媒体部门的员工并入竞选选战的主要部门。每天一早，新媒体团队就有一位高层人员参加上午 7 点的工作例会，这一例会通常会有大约 10 人参加，包括彼得·曼德尔森、阿利斯泰尔·坎贝尔、道格拉斯·亚
199 历山大以及一直从事政党民意测验的专家菲利普·古尔德(Philip Gould)。在选举临近尾声的时候，准确地说，虽然我们越来越难以区分哪些属于“在线”活动，但有一点明确的是工党竞选总部中从事网络竞选活动的职员高达 12 位——达到了史无前例的规模。

与保守党最大的不同是，工党更重视将网络融入他们的基层活动中。我采访过的工党成员都提到他们之前在“组织”和“传播”方面的工作经历，提到需要利用网络动员

自己的支持者而不是去争取那些摇摆选民，他们认为其他媒体，特别是电视，能够更好地实现既定目标(2010 年 6 月 21 日、2011 年 1 月 26 日采访)。事实上，这是骄傲的源泉，是一位高级竞选官员大卫对保守党不真实的公关风气的否定(2011 年 1 月 26 日采访)。因此，工党也寻求从奥巴马模式中汲取经验，早在 2006 年它就初步建立起了一种在线会员网络，这让它比保守党具有更多优势。工党早期还成功采用了一套奥巴马式的电话银行虚拟系统，本党成员可以利用它给关键选区的公众打电话，并即时向中央数据库在线提交回复。“辛西娅”是工党的一位前竞选官员，她认为会员网络(Membersnet)和在线电话银行是“2010 年选举的最大成功”(2010 年 6 月 20 日采访)。但是就像我们在第六章和第七章提到的，奥巴马模式既与旧媒体有关也与互联网有关，当互联网——被政党、记者、社会名流或者公众——与电视一起使用时，它的威力是最大的。在 2010 年英国大选期间，工党也采取了同样的方法。正如大卫所说，“作为一个数字单元，我们必须面对两种方式，同时也需要具备对这两种方式的理解力和执行力。新媒体团队与新闻团队之间的关系总是很好的……一起工作，就像几年前一样没有障碍。这是一个相当具有包容性的过程”(2011 年 1 月 26 日采访)。但是这种关系在实践中是如何实现的，结果又会是什么呢？

“战略”和“战术”

工党的一位高级竞选官员“玛丽”对她所说的“战略”和“战术”做了重要区分。在战略层面，她认为将互联网纳入竞选活动的实地操作中——收集电子邮件，创建和精炼数据库，通过会员网络定位动员活跃分子，向人们传递政党政策和候选人的相关信息，动员人们采取例如逐户访问、拉票以及推动选民投票等实际行动。在战术层面，她认为可以利用互联网，特别是社交媒体，吸引广播电视和纸媒的注意力，以期能够“影响媒介以及影响新闻报道”(2010 年 6 月 21 日采访)。玛丽认为互联网的战略使用更有可能产生实际效果，而高层政治家和新闻官员则非常希望能够使用互联网战术，它可以让人迅速感受到广播电视媒介铺天盖地的新闻报道。工党在 2010 年就制定了自己的战术计划，例如通过推特宣传他们的竞选纲领，邀请青年博主贝弗尼特·艾莉·杰拉德(Bevanite Ellie Gellard)在竞选活动启动集会上发表电视演说。玛丽热衷于强调杰拉德“不是炮制出来的，是真实的”，但她也承认工党传播团队“仍旧在玩一场旧媒 200
体游戏”。旧媒体在这里被认为对新媒体潜力的发挥起到了一定的稀释作用。

英国政党已经接受了这种对互联网使用的战略战术区分，这对英国政府最高层也产生了影响。“比尔”(“Bill”)是一位内阁办公室的高级官员，他说在政府部门内部从事“战略传播”的人和从事“新闻”工作的人之间存在着“很大的意见分歧”。他说，当负责战略传播的员工已经开始将数字传播整合到他们工作中的时候，新闻团队却仍旧倾向于“依据纸媒和广播电视媒体去思考”，并想着如何才能让互联网为他们的工作服务（2010 年 5 月 11 日采访）。比尔告诉我，从事战略传播的工作人员早已不再满足仅仅待在政府办公室，面对许多沉默的电视荧屏，不断收听来自天空卫视和英国广播公司新闻的状态，他们最终使用了一款由 Netvibe（一款个性化的网页发布平台）提供的社交媒体监控软件。有意思的是，在另外一次采访中，外交部的一位高级官员“约翰”给我讲了一些生活中的小插曲：“基于某些原因，我的办公室里堆满了越来越多的电视屏幕，我不想再有血腥的电视屏幕，非常感谢。我不需要它，我不想要，但是它们一直被放在那里。”（2010 年 4 月 20 日采访）在内阁办公室工作的比尔认为那些部长们已经习惯了在线交流，并指示将负责沟通的职员并入日常工作部门中，这些转变正在发生。他提及自己的工作时说：“这不仅仅是一个信息技术的角色问题。”

“尼尔”和“凯特”在托尼·布莱尔（Tony Blair）任期的最后几年就职于首相办公室，之后他们又在乔治·布朗 2007 年担任首相后为其工作了一段时间。尼尔告诉我，传统的新闻官员在唐宁街 10 号以及工党内部广泛成员中拥有很大的影响力。当工党进驻唐宁街 10 号时，新闻官员掌握了所有媒体活动的审批权，他们拥有否决权并有意规避风险：“所以显而易见这是一场与媒体的斗争。我们想要做任何事，都不得不跟新闻媒体进行讨论。而作为新闻媒体官员，他们对于风险承担总是持保守谨慎的态度。”在唐宁街 10 号的那些日子，三或四个从事新媒体的工作人员组成的小团队与庞大的首相媒体团队之间保持着一定的距离，与内阁办公室中的新闻官员更是如此。尼尔谈道：“1997 年建立的老式结构是专门为传统媒体服务的，是正确的、有效的。”但是这种结构对网络媒体的发展路径产生了非常强烈的影响。网站一开始就被“一组新闻稿所占据，这些只对某一类人有用——记者”（2010 年 6 月 19 日采访）。

在布莱尔担任首相的最后一年间，随着布莱尔的战略传播主管本·韦格-普罗瑟（Ben Wegg-Prosser）领导的一场新文化实践在唐宁街 10 号逐渐开展，这一状况有所改变。韦格-普罗瑟领导一个团队为唐宁街建设了一个电子请愿（e-Petitions）网站，并为首相开启了 YouTube 频道，这是世界上第一个为政府首脑量身打造的频道。韦格-普罗瑟和布莱尔关系特别密切，他说服布莱尔相信唐宁街 10 号完全可以在战略层面上对网络参与进行运用。这背后的原因令人深思。就像尼尔解释的那样，“我认为他明白传统新闻媒体也具有推动新媒体发展的有利方面。如果新闻媒体报道了我们所做的一些积极事情，那 YouTube 上也会播出这篇报道”（2010 年 6 月 19 日采访）。与
201 此同时，凯特也解释，唐宁街 10 号开始着手推动网络化发展的做法主要源自一种观念，即身处竞争性的媒体环境中，有必要对信息进行“某种程度的控制”，在布莱尔执政后期以及布朗整个任期内，“基本上，有关媒介碎片化以及人人都是麦克风的理论开始浮现……你可能也会试图对媒体加以控制，成为最重要的信息源”（2010 年 4

月 3 日采访)。在这种情况下,人们认为通过网络媒体进行自我发布,可以避开竞争态势十足的广播电视和报刊媒体。很明显,凯特在多个场合中使用“播放”一词来描绘他们从 2007 年对唐宁街 10 号网站进行改造以来所取得的成效。

唐宁街 10 号在 YouTube 上的试水表现有时会显得很业余。根据尼尔讲述,布莱尔在看到专业电影制作人在唐宁街拍摄的一组镜头后,就将自己的新媒体团队的摄像机嘲讽为“垃圾小摄像机”。尽管如此,唐宁街 10 号发布的一些视频还是在公众中引起了一定共鸣并对传统媒体产生了预期的影响,例如 2007 年 5 月萨科奇(Nicolas Sarkozy)当选法国总统时,布莱尔发布了法语视频以表祝贺。凯特在谈到唐宁街内部传统的新闻官员对互联网观念的转变时,解释道:

> 像大卫·希尔这些人最初对此事是持怀疑态度的——我不是故意贬毁的——但是他们那代人就是这样——当我们在向萨科奇表示祝贺的时候正值假日周末,“布莱尔使用 YouTube 向萨科奇表示祝贺”的新闻当时在英国广播公司《下午茶》(*TeaTime*)节目中排名第二,它传达出了媒体的使用情况和新闻内容两部分信息。现在,如果没有这一机制的话,布莱尔祝贺萨科奇这一行为不会具有任何电视新闻价值。之后这些人就明白了我们可以控制传统媒体,我们有影响力,我们正在做的事情已经产生了涟漪效应(2010 年 4 月 3 日采访)。

虽然现在新闻官员们更加清楚地意识到了这一事物的优势所在,但他们认为网络政治传播天生带有风险性,对此仍旧保留了某些抵触情绪。凯特说,虽然布朗的新闻团队也认识到了政治博主的影响力,但他们也仅仅将其视为威斯敏斯特政治八卦网络中的一个补充。这就是新闻官员将互联网整合到他们实践工作中的方式。然而很明显的是,他们对在线参与并没有任何兴趣。相反,他们之所以尝试使用网络,就是为了让那些有关首相的正面报道能够在广播电视中播出。

至此,贯穿于这一具体过程中的整合逻辑开始浮出水面。当精英政治家,他们的新闻官员以及特别顾问接受电视、广播和新闻报纸等主流媒体采访时,网络传播也在同步进行。由于这些主流新闻媒体总是强调他们重视互联网的创新利用,这让从事网络传播的工作人员感到很高兴。然而等这种逻辑崩溃时,例如当 2007 年有 170 万人在唐宁街的电子请愿网站上签署在线请愿书,抗议政府准备采取国家公路收费计划时,正如凯特所言,面对这样的情形,新闻官们如同“行刑队”一样“严阵以待”并坚持认为“信息才是衡量成功的标准”(即,不是媒介),认为人们不应该单靠“我们在网上做了一些事情”就来制造新闻(2010 年 4 月 3 日采访)。在那种情形下风险还是很大的。政府很快就放弃了国家公路收费计划的定价方案,虽然没有被公开承认,但是在线请 202

愿就是导致这一方案流产的原因所在(2010 年 4 月 3 日采访)。

当 2007 年乔治・布朗从布莱尔手里接下首相一职后,组建了自己的传播团队,网络化在唐宁街 10 号内部的试水阶段最终告一段落。韦格-普罗瑟和其他几个人留下来,同时又有新成员加盟,例如达米安・麦克布莱德就成为布朗的特别顾问,负责处理大部分与媒介有关系的事务。网络媒介的战术方略在这段时间得以强化。为了能够引导媒体对布朗进行积极报道,新团队继续寻求 YouTube 去推行一些吸引眼球的干预措施。正如凯特所描述的,这种方法"最初的尝试"就是所谓的"倒计时视频"。很长一段时间内,作为一档低成本的早间电视智力竞赛节目,《倒计时》(*Countdown*)在英国相当流行,2007 年是它成立 25 周年的纪念日。像其他日间电视节目一样,它在年轻人中有一批"狂热追随者",这样说带点讽刺意味。麦克布莱德想出了一个主意,他在唐宁街录制了一段视频上传到 YouTube,视频中布朗向电视智力竞赛节目《倒计时》所取得的里程碑式成绩表示祝贺。新媒体的工作人员反对这一做法,无奈的是他们又要接受麦克布莱德的领导,只能服从命令。结果引发了一场小风波。在镜头前的布朗面部表情僵硬地发表了一篇演说,回忆了这档节目对英国民族文化所做出的贡献。没有想到,这种"更温和"的网络交流方式引来了专业政治记者对布朗的嘲笑,这些记者对政府试图影响他们报道的做法不抱任何好感。结果,布朗团队决定"不再将数字媒介排在优先考虑的位置",在 2010 年大选的筹备阶段,他们又"回到了过去的做法",把目标重新锁定精英记者,希望博得他们的友好报道(2010 年 4 月 3 日采访)。在 2009 年的"诽谤门"事件中,麦克布莱德和另一位工党顾问德里克・德雷伯,一直策划要推出名为"激怒"(Red Rag)的新"八卦博客",该博客主要用来揭露一些保守派领导人的私生活细节。该事件直接导致了达米安・麦克布莱德从唐宁街 10 号辞职,这是一个信号,它标志着新媒体战略被原有宣传和错误信息所殖民化,而自 1997 年工党首次执政以来,这一状况就一直存在于工党政府与媒介打交道的过程中,并对工党政府造成了一定的困扰。

然而,如果我们站在其他参与力量的角度,就不难理解为什么这种战术方略难以执行了。毋庸置疑,政治记者们处于维护其把关人的地位,经常对政府对数字媒介战术式使用的做法冷嘲热讽。内阁办公室中的一位高级官员比尔透露,根据他的经验,如果新闻是通过推特或者博文而不是正式新闻发布会发布的话,就会引起记者们的强烈不满。2010 年在新网站启动以及政府推出的一系列数据发布新举措过程中,类似情况就经常发生。例如:"我们发布了一条简单的推文……这只是一条突发新闻……我们就遭到了来自新闻界的抱怨,说我们没有经过新闻发布会就宣布一些事情!"(2010 年 5 月 11 日采访)

“携手共进”

尽管政府和工党内部在对待旧标准和新逻辑方面存在重大冲突，尽管“玛丽”对工党传播团队内部的网络活动战术盛行感到相当沮丧，她对互联网运用的战术和战略上 203 的区分，至今为止也只能让我们了解到该党的沟通方式。这是因为，在玛丽来看，互联网运用的战略方法主要针对基层选举活动取得的成效展开。然而，这些采访中有大量证据表明，如果从更广泛的意义上去理解，这可以理解为正在形成的一整套战略性规范。其中大部分是针对互联网与广播电视的媒介融合展开的，这与我在第六章和第七章所讨论的美国竞选的相关内容非常相似。

对于工党来讲，大约从 2007 年移动互联网刚出现的时候，国会议员、内阁部长、他们的新闻官员以及特别顾问就已经开始使用社交媒体。玛丽认为智能手机让那些威斯敏斯特精英们对网页产生了很大兴趣，这些精英身边有一些人“整天”穿梭于会议、电视演播室和议会辩论之间，对网络文件进行专门处理。网络团队开始要求这些位高权重的政治家们在接受广播电视采访时能够向公众介绍他们的网站。其中，工党就试图通过各种各样新颖的“微网站”服务于个别内阁部长围绕单一议题所发起的竞选活动。“埃德的誓言”(Ed's Pledge)和“支持禁令”(Back the Ban)两个网站就是成功的例子。2009 年联合国气候变化大会秘书长埃德·米利班德正在筹备当年在哥本哈根举行的联合国气候变化大会，埃德的誓言就是为了配合这一会议而设立的。支持禁令开始于 2009 年，但是直到 2010 年 2 月份才快速发展起来，当时环境部长希拉里·班恩(Hilary Benn)组织了一次大规模的网上签名活动，要求大卫·卡梅伦放弃他所领导的保守党对猎狐禁令的反对。正如玛丽所说，“我们花了很多时间去推进一些事情。我们一直在强调，如果线上能够与线下相融合就一定会起作用……我们与新闻官员以及部长们做了大量工作，说如果我们要启动一场活动，你们需要在线下推动它的发展……它虽然不完美，但绝对是我们试图从携手共进的角度去推动的”(2010 年 6 月 21 日采访)。这些微网站在收集电子邮件地址方面也很有效，这些电子邮件地址主要来自那些可能对政党的某一议题比较关心但又不大可能有偿加入的人。

就像我前面所指出的，在 2010 年选举中，工党将自身的影响力放到了对广播电视和社交媒体的实时整合方面，保守派对此也进行了优先考虑。工党“在竞选的预备阶段花了大量时间去思考，他们认为电视辩论将发挥非常重要的作用，如何才能在网络上将电视辩论的影响力发挥到极致”(2010 年 6 月 21 日采访)。每次电视直播辩论时，工党的工作人员都在工党的主要网站上建立一个社交媒体仪表盘，以期充分利用玛丽所描述的“双屏”威力。他们一边通过电视观看辩论，一边使用智能手机、平板电脑或笔记本电脑与他人在社交媒介环境中进行互动。我们的目标是为辩论提供一个有关内容和观点的公共场域，以期能够对那些于第二天回归选区工作岗位的工党活动家有所助益。当然也希望能够帮助工党成员在每场辩论之后能够和他们的家人朋友
204 尽快分享到来自线上的链接和观点。随着辩论的进行，政党的研究和政策部门坚持“真理越辩越明”的理念，及时在脸书和推特上对有些记者的言论进行反驳和支援。在每一场辩论期间，他们都会建立起可以即时沟通的媒体选战室，政治家、政党成员和新闻记者可以在这里实现互动狂欢，这一点我在第四章也有论述。

当然，这个过程也并不总是一帆风顺的。“玛丽”曾沮丧地提起许多资深政界人士召开新闻发布会，甚至是发布个人推文的速度不够快，这样他们就无法在实时新闻环境中产生影响。与保守党不同，工党有严格的规定不允许幕后人员在新闻发布会中被提及，因此他们无法采用保守党中央办公室工作人员所擅长的那种战略性的非正式社交媒体方式。此外，资深媒体团队和新媒体团队之间根深蒂固的劳动分工依然存在，这也常常令人感到沮丧。新闻官员在与记者们进行互动时，显而易见地扮演了把关人的角色。只有在得到新闻官员批准的情况下，新媒体的工作人员才会向记者们介绍相关情况。在竞选活动中，电视上有时会突然播放一些事先未经安排的报道，比如天空新闻播放了戈登·布朗在罗奇代尔街道上与吉莉安·达菲尴尬遭遇后所发表的“场外”评论。就像“玛丽”所说，“你必须掌控网格，你必须掌控议程。如果你知道你掌控了议程，你知道你在周五有一个可以宣传的故事，可以在网络上获得成功，然后你就做好了准备……但是除非你已经能够在旧媒体中掌握这一点，否则你无法在新媒体中做得很好”(2010 年 6 月 21 日采访)。

最后，我要提一下“迈克”(“Mike”)，他是一家国际公共关系机构(public relations agencies)驻伦敦办事处的主管。迈克所属机构的实践反映了唐宁街 10 号和工党在进行互联网整合的时候面临战术和战略之间同样紧张的关系，但是，如果我们太过强调它们之间的区别，这种整合就会消失，并展现出一套新的实践，这一实践包含了战略性混合秩序和更新的媒体逻辑。

在迈克所属公司的客户中大约一半都是进步的政治组织，也有其他的公司和公共机构。目前，这家公关公司在数字化创新过程中已经积累了一定的声誉，它可以为客户提供多种在线服务，例如大规模电子邮件数据库、网站建设者、资金筹集平台、事件策划人、在线请愿生成器以及与脸书和推特的融合。然而在访谈期间，我更加了解了迈克所属公司从事的很多工作都涉及线上和线下的各种活动。这一点与我在这本书中所涉及的其他领域具有异曲同工之妙，即媒介的分工逻辑也存在于政治公共关系中。

在竞选的早期阶段，为了动员活跃分子积极参与到即将到来的活动中，迈克将精力集中放在打造线上活动上。迈克说，互联网带来的影响是持久而又剧烈的，它能确

保领导层带领网络支持者沿着正确的方向迅速转换重点。然而在竞选活动临近尾声时，迈克说，他们会把几乎所有精力都放到与广播电视和纸媒以及专业记者打交道的过程中。出于相同原因，网络被认为在通过请愿、咨询和社交媒体分享等方式组织的活动中发挥了很大的作用，然而它也常常被利用于负面竞选或者迈克提到的“对比”竞选当中，因为“与之前相比，人们可以更容易将信息上传到公共领域——通过匿名方式”。迈克过去常常向博客作者提供他需要快速传播的故事，他意识到在所涉及受众范围上做的牺牲可能会在病毒式传播速度上获得弥补。然而现在，迈克说，他会为博 205
主和记者同时提供素材，原因是如果大部分专业记者每天也是通过在线发布报道的话，那很难再在他们和博主之间做出区分。同样的道理，当迈克向广播电视和纸媒记者提供信息时，他会特别建议广播电视记者或纸媒记者将消息发布到推特或者博文中，而不是留到第二天让电视报道或报纸发布。

因此，目前迈克的公关公司正朝着一种类似于跨媒体运作的方向发展，他说，这一趋势的内在驱动主要不是来自受众规模而是来自受众类型以及混合媒介系统的循环放大逻辑。由于知道专业记者会定期阅读博客，他可能会尝试对某位博主施加影响。他也可能会要求一位专业记者在推特上大量跟帖或者发送推文，因为他了解在线活跃分子会将这些接触到的信息通过人际网络进行传播。

结　论

在这一章中，我们看到了英国的政治激进分子、政党和政府各个领域面对混合媒介系统是如何进行调适的。我论证了激进运动组织 38 度为实现动员支持者并能够对政策施加影响的目的，灵活地穿梭于新旧媒介逻辑之间。它发挥了仅有的组织基础作用，通过对新旧媒体进行分工来组织“活动”，正如大卫·卡普夫(David Karpf)所说，在美国的语境下，这不是“缺乏组织机构的组织行为”，而是“不同组织机构进行的组织行为”(Karpf，2012：3)。38 度的领导层通过各式各样复杂的数字化工具对成员舆论进行不间断的监控，利用获得的信息为组织运动做好准备，并根据广播电视和纸媒的报道议程来安排这些运动的组织时间。对于那些在“主流”中凸显出来的问题，人们往往有一种很强的规范性倾向，认为自己能够非常迅速地做出反应。这种响应能力在某种程度可以满足大家对真实性和关联性的期待，促进身份和凝聚力的生产和再生产，并内化为网络活动文化价值的一部分。尽管如此，那些 38 度领导人要求支持者们所从事的类似于在报纸上刊登广告和委托民意调查进行捐款等活动经常与我们想象的在线活动相差甚远。事实上，他们从不否认广播电视和纸媒长久以来所扮演的重要角色并在此基础上对其加以利用。这些民主政治的新形式正是诞生于新旧媒介的混合空间之中。

在政党和选举活动中，我们已经看到来自“新媒体”和“传统媒体”的从业人员之间仍然对一些模糊地带存有争议。造成这种现状的主要原因是同属于“传播”范畴的一些领域开始相互整合，数字实践被引入英国竞选的核心决策中就是这一整体转变最集中的体现。作为最大的两个政党——保守党和工党在这一过程中所关注的重点不尽
206 相同。工党更多依赖于将互联网融入基层选战中，而保守党则将重点瞄准了那些还未做出选择的选民，希望通过有效的在线信息影响他们的投票。来自两党的网络竞选团队现在都已经在幕后进行实操了，例如使用谷歌关键字为他们的选战办公室提供有力支持。在整合互联网的过程中，自我描述的战略和战术两个层面存在着明显的分歧，那些期待混合性在这些特定领域能够给公民参与创造提供无限新机遇的人感到失望，特别是当我在第八章讨论的新闻和新闻业领域。这些领域的现状与以 38 度为代表的混合性团体之间形成鲜明对比。

在这一章中，正如英国政府高层工作人员所揭示的，广播电视时代的宣传控制与互联网的流动性相结合更多体现在“战术”而非“战略”层面上的融合，其原因是战术层面的操作不会对传统新闻工作人员的身份、惯例和权力产生过度威胁。尽管如此，战术融合已经产生了混合性，例如 2010 年选举期间，所有政党都将目光投向了网络竞选活动，希望能够配合当时已被首相电视辩论充斥的广播电视媒体报道，这与我们在第六章和第七章中论述的美国发展情况相似。那些从事公共关系和广告业的前沿工作者，在策划竞选活动时会依赖于这些数字工具，他们会强烈感受到来自新旧媒介分工所带来的合理性。毕竟，分工这一理念是在系统相互依存的前提下建立起来的。

结论：混合媒介系统中的政治和权力

那是河，这是海。

——迈克·斯科特[1]

在这本书中，我努力想去证明的是，现在英国和美国的政治传播已经具备了混合 207 媒介系统的特征。通过探讨在新闻制作、竞选活动、公民运动以及政府活动等领域一系列与混合媒介系统有关的生动案例，我已经对新旧媒体之间的逻辑互动是如何塑造政治主体、媒介和公众三者之间的权力关系进行了论证，这些逻辑我们可以理解为技术、类型、规范、行为和组织形式。在这一过程中，有些人掌握并操纵了混合媒介系统中的权力，他们能够根据自身目标成功创建、利用或引导信息流，能够在新旧媒介之间游刃有余，对其他组织机构施加修改、启用或禁用的影响力。

混合媒介系统是建立在新旧媒介逻辑相互冲突基础之上的，但是这些逻辑之间也具有相互依赖性。在媒介和政治相互渗透的过程中，行为主体创造并塑造了他们想要挖掘的混合性。正如我在第一章所指出的那样，整个过程系统通过建构、制定和重新制定不断进行修正，随着时间的推移，这会变得非常重要。政治传播中的权力是关系性的。它由社会行为体和技术行为体构成的混合网络塑造而成，这些组织机构源于它们与其他社会行为体和技术行为体互动交流所形成的相互依赖关系中。

为了实现自身的价值和利益，政治传播主体能够遵循新旧媒介网络逻辑并在其中自如转换。他们希望借助这些规范和实践活动进一步激活其中蕴含的网络力量并对其加以利用(Grewal ,2008,see also chapter 1 herein)。我在第一章中指出，混合媒体系统中的权力应该被理解为对各种不同类型资源的使用，在任何一种相互依赖和相互 208 依存的背景下，个体或群体能够在既不同又相关的媒体环境下追求各自的价值观和兴趣。

正如我所论述的，不管是在某一领域内还是跨领域间，新旧媒介逻辑互动模式总是复杂、异质并富于变化的。混合性可以赋予权力，同时它也可以剥夺权力。然而，对我所关注的不同领域，这一切意味着什么呢？

在新闻制作领域，混合性正呈现出一种新兴的开放性和流动性，现在草根积极分子群体甚至是单独的个人都会熟练使用日新月异的媒体对新闻制作进行果断干预：第四章提到的政治信息周期中的即时组合；第五章对维基解密将社会技术与精英/内部人员谈判相结合的论述；第八章指出业余博主和专业记者之间新的混合性规范的出现。混合媒介系统体现了以传输和接收为特点的旧逻辑与以循环、再循环以及谈判为特点的新逻辑之间的一种平衡。

但是，以上这些情况都要被放置在广播电视和新闻报刊等专业机构所拥有的权力持续不断加强的背景下考量，在很多方面它们都成功借鉴了新媒介逻辑以实现自身的目标，与此同时也对那些在整个 20 世纪维持它们主导地位的逻辑进行强调和更新。虽然与新媒介相关的行动者已逐渐认识到，他们可以通过调整自己的规范和做法，将自己置于与旧媒介相关的行动者进行富有成效的谈判接触的位置，从而行使权力，这个过程在另一个方向也起作用：旧媒介在新媒介中找到了重要的资源，并将继续这样做。混合性还为那些与旧媒介逻辑相关的人赋权，只要他们愿意重新认识自己的意义——并努力适应。

更新的媒介逻辑加速了草根激进主义的发展，当然这一情况的出现是以政治精英和媒介精英仍拥有广泛并持续不断增长的权力为前提的，他们已经开辟了一片保留领地，在这里他们能够掌控自由民主政治中主要政治工具：有组织的政党、候选人的竞选活动以及不断更新并极具影响力的大众媒体电视。到了 20 世纪末，这些政治和媒体精英已经丧失了很多影响力，其中相当重要的原因是在 20 世纪 80 年代后期兴起的媒介碎片化冲击下，政治精英主体和广播报刊精英媒体之间相对稳定的互动模式已经瓦解。在旧媒介对此适应的过程中，混合媒介系统中的权力是关系性的，是建立在合作、劳动分工以及新旧媒介相互依存基础之上的，而这种相互依存经常又体现为一种非对称性（Keohane&Nye，1989，see also chapter 1 herein）。需要强调的是，在一些领域旧媒介逻辑仍旧强有力地塑造着实践活动，虽然这种优势是最近才出现的并且很容易发生分裂，但强调这一点很重要。关键是这种偶然性现在已经融入了英国和美国的媒介系统，并且未来也不会立刻消失。

这种非对称性的相互依存在政党和竞选活动领域体现得最为明显。第六章和第
209 七章对 2008 年美国总统选举的讨论以及第九章对混合性规则进行的民族志解读发现，数字媒体的权力分散不仅要具备合理化和集中化的特点，而且整个竞选活动的系统性平衡偏向于旧媒介逻辑，特别是 20 世纪 60 年代就盛行的电视竞选以及与竞选相关的一系列谋划筹备实践。电视和互联网之间系统性融合逐渐增强，有时候会给在线表达赋予权力，有时也会对选战室所遵循的电视逻辑进行更新。官方竞选团队或者专业记者通常能够果断地对在线政治信息进行干预。草根阶层的网络激进主义在竞选领导任期内已经开始扮演重要角色。互联网是如何改变竞选运动的，建立在开放、透明和草根动员基础上的奥巴马模式是如何宣告一种新型治理方式诞生的，人们对这些

问题展开了激烈的讨论，在巴拉克·奥巴马2008年大选获胜后，这也是一个更具挑战性的争论。当前已经证明，这些想法很难完全地嵌入奥巴马政府以及2012年美国的总统竞选中。虽然本书没有对奥巴马政府和2012年总统竞选进行讨论，但是我认为我们可以就具备透明性以及对草根赋权的新媒介逻辑是否可以涵盖2008年美国总统竞选的全部内容提出质疑。在混合媒介系统的语境下，人们会发现2008年奥巴马的竞选活动是一场网络化的竞选活动，它能够运用特别是包括电视在内的几乎所有相关媒介，将集中化、控制和等级制与去中心化、权力下放、水平化混合在一起。它也向我们证实了新媒体的影响力总是被旧媒介行业相关行为体所塑造这一假设是正确的。

这种新旧媒介逻辑之间的非对称性相互依存在英国的政党和选举活动中也有所体现。这里，我所做的田野调查显示新旧媒介在活动中所扮演的角色正趋于融合，这是非常重要的进步。对互联网使用的“战略”和“战术”规范之间的区分也越来越明显。战略层面主要指将大众的互联网参与纳入政党基层运动的核心并增设新媒体部门；战术层面是指利用互联网抓住旧媒介行业行为体的注意力，吸引资深政治家以及传统新闻官员使用新媒体。我估计，与新闻制作领域相比，权力扩散在这一领域中的前景还是缺乏一定的确定性。这并不是说战术规则无法带动互联网和旧媒体之间形成重要的融合模式，特别是在公民运动中的即时性电视融合，而是我在第九章所阐述的，这一过程通常由竞选总部遵循广播电视逻辑进行操作。

今天，随着对政治感兴趣但对政治职位不感兴趣的普通民众越来越多地参与到政治新闻制作和议程设置中来，我们可能会对他们是否应该加入一个政党或者创建一个推特账号与不同人群进行互动存在不同意见。这也许忽略了混合图景这一重要组成部分。因为，就像我在第九章讨论政治激进运动团体38度时所论述的，混合媒介系统中这些公民团体获得将新旧媒介逻辑通过有趣且有效的方式结合在一起的新机会。这不是“零和游戏”而是“共赢游戏”。

这种混合性思维可能有助于超越二分法的思维模式，进而有助于理解在政治传播 210
中新旧媒介是如何区分的。我正是以此为视角撰写这本书的。我相信，理解这一问题的关键在于对媒体逻辑在任何给定事件、过程或背景下进行相互融合给予具体的分析描述。我已经论述了在媒介和政治相互渗透的领域，新媒介是如何去适应并融入旧媒介逻辑中的；反过来，也论述了旧媒介是如何适应并融入新媒介逻辑中的。这既复杂又混乱。总的来讲，现在英国和美国的政治传播比起20世纪的大众传播更加多中心化，这一点看似是不可避免的。尽管对非精英的权力有着重要限制，而且旧媒介逻辑在政治方面还继续发挥着重要影响力，但普通公民使用混合媒介系统来影响公共话语形式和内容的机会比他们在广播电视和报纸双巨头垄断时期要多得多。

公民现在可以在公共论坛上在线表达自己的观点，这已经不再只是一个简单的事实。在混合媒介系统中，正是旧媒介的系统性融合以及新媒介对公民表达的期待产生了重要的影响力。网络化、灵活性、自发性以及临时组织这些互联网驱动的规则已经开始扩散到我们的政治和媒介中，这些规范正在塑造人们对于有价值的高效政治行动的新期望。旧媒介领域特别是电视媒介的实践活动正在越来越多地与这些网络规范相吻合，且发生了很大变化。人们必须承认这些活动不是均匀分布的，主要集中在政治活动家和对政治感兴趣的人群周围，他们会利用较新的媒介制造一些不同凡响的事，同时/或者创新性地将新旧媒介组合在一起。但真正具有颠覆性的是数字媒体，尽管这种颠覆性在某种程度上也在适应旧媒介逻辑。

自20世纪50年代政治生活中的许多转变是建立在对广播电视—报刊这一双霸权力基础之上的。20世纪60年代到90年代是广播电视的全盛时期，它们的这种优势通过不断提升的自我意识和自信得以加强，它们向公众展示了自己对政治不言而喻的重要性，其中以电视媒体为最。然而，正如这整本书所展示给我们的，双霸的优势现在被部分削弱了。确实，当旧媒介从业者在实践中寻求联合新媒介的时候，他们总是面临着风险，即通过赋予新媒介逻辑以合法性，他们也在不断地播下导致自我毁灭的种子。

现在，媒体逻辑之间复杂的互动比单一媒介逻辑的优势更为重要。政治传播已经进入了一个更加负责和不稳定的全新阶段，权力变得更为关系化、碎片化、多元化和分散化。混合媒介系统展示出混乱、非线性和分裂的同时，也带来了令人惊讶的融合新模式。这就是我在第一章介绍的混合性的“微粒”概念。新旧媒介逻辑有时候是各自流动的，但是越来越多的时候是合流到一起影响着政治传播行为，总体而言，与20世纪盛行的政治传播相比，新的政治传播更加具有广泛性和包容性。

采访

对要求匿名的采访者我们使用了笔名。读者无法从匿名受访者的笔名中推断出其性别。

1. 亚当·比恩科夫,“保守党的巨魔”博主,2010.3
2. “约翰”,高级官员,(英国)外交和联邦事务部,2010.4
3. “凯特”,前政府官员,首相办公室,2010.4
4. 埃德·理查兹,首席执行官,(英国)通讯管理局(OFCOM),2010.4
5. “弗兰克”,记者,《独立报》,2010.4
6. 斯蒂芬·阿贝尔,新闻投诉委员会主任,2010.4
7. 詹姆斯·克拉布特里,高级编辑,《展望》杂志,2010.4
8. “奥利弗”,内阁前政府官员,2010.4
9. 克雷格·埃尔德,保守党传播团队,2010.5
10. 威尔·斯特劳,博客“左脚向前”的创始编辑,2010.5
11. “比尔”,内阁高级官员,2010.5
12. 斯塔夫,38度(小组讨论),2010.5
13. 汉娜·劳恩斯布拉夫,活动负责人,38度,2010.5
14. 约翰尼·查特顿,数字竞选经理,38度,2010.5
15. 大卫·巴伯,常务董事,38度,2010.5
16. “迈克”,一家国际公关公司伦敦办事处的主任,2010.6
17. “珍”,前工会新闻官,2010.6
18. 爱丽丝·塔尔顿,记者,第四频道新闻,2010.6
19. “尼尔”,前政府官员,首相办公室,2010.6
20. “辛西娅”,前竞选官员,工党,2010.6
21. “玛丽”,高级竞选官员,工党,2010.6
22. “杰伊”,前高级政府官员,(英国)通讯管理局,2010.7
23. “汤尼”,前高级执行官,独立电视新闻公司,2010.7
24. “卡伦”,前任编辑,第四频道新闻,2010.7

25. 大卫·斯特林格,威斯敏斯特的记者,美联社,2010.10

26. “大卫”,高级竞选官员,工党,2011.1

27. 凯文·马尔什,前编辑,英国广播公司广播 4 频道《今天》节目,2011.6

28. “吉姆”,前高级记者,英国广播公司新闻台,2011.6

29. 詹姆士·鲍尔,记者,调查性报道团队,《卫报》,2011.9

30. “卡罗尔”,《卫报》编辑,2011.9

31. 劳拉·昆斯伯格,前首席政治记者,英国广播公司新闻频道;商业版编辑,独立电视台新闻,2012.1

注 释

导言

1. 被访者的完整名单，参见第219页。

第二章

1. 马文(1988:3)

2. 博尔特和格鲁辛(1999:271)

3. 麦克卢汉(1964:8)

第三章

关于英国的这一节部分借鉴了我与詹姆斯·斯坦耶合著的一篇论文，在2010年8月的美国政治科学协会年会上我们提交了这篇论文。(查德威克 & 斯坦耶,2010)

第四章

1. 引自马文(1988:193)

2. 关于方法的说明。研究政治信息周期对科研人员来说是一个重大挑战。新闻记者现在经常不分昼夜地频繁更新报道，新闻网站有关存档的规定也大不相同。新闻记者进行内容管理时，系统的技术限制以及编辑规定决定了记者如何更新、添加、修改标题，如何向读者传达图片替换的信息。大部分博客和少数主流新闻媒体，例如《卫报》和《金融时报》，在文章出处方面都保持相当的透明度。然而，具体的操作实践还是会存在很大差异，我们通常会看到过时的时间戳，在故事的顶部或底部增加的段落，通过更改标题和链接来展现新的报道视角。有时候即使原始超链接会被保留，但整个故事也会被重写。所有这些都是在读者不知情的情况下发生的。

为了克服这些问题，我们可以采用几种“鉴定”策略。谷歌浏览器可以免费并公开使用，除了可以用它来监控重要的政治博客和全国主要新闻媒体网站以外，还可以用它来搜索2010年2月20日到2月25日这段时间以下媒体的信息订阅源和文章发布时间：英国广播公司新闻频道(首页“提要”)、《每日快报》、《每日邮报》、《每日镜报》、

《每日星报》、《每日电讯报》、《金融时报》、《卫报》、《独立报》、《星期日独立报》、《星期日邮报》、《世界新闻报》、《观察家报》、《太阳报》、《星期日快报》、《星期日镜报》、《星期日电讯报》、《星期日泰晤士报》和《泰晤士报》。我们还可以追踪报纸网站链接,以便对文章的修改、更新和删除情况进行检查。谷歌浏览器包含了一个有效的无限档案,每个RSS源都可以追溯到单个用户首次将其添加到谷歌数据库的时间。Evernote是一款免费的公开软件,用来存储精选的报纸文章:见 http://www.evernote.com 。

广播媒体存档服务器广播盒子可以被用来存储第四频道新闻、英国广播公司的《十点新闻》、英国广播公司24小时新闻频道以及独立电视台新闻频道的内容,以便对2月20日、21日和22日这期间所发生的一系列事件的关键时间节点进行分析。英国大学电影和视频委员会的成员机构也可以使用这项服务。参见 http://bobnational.net。凡是有这些文件的地方,都可以通过链接看到所提供的电视和广播节目的公开文本。

通过对例如"全国霸凌求助热线"、"罗恩斯利腐败"和"霸凌门"一些关键词的搜索,我们发现推特上的搜索功能可以用来进行实时监控。从推特搜索服务启动以及进行实地调查期间,推特只公布了运行查询前大约三周的结果,而且在进行实地调查的时候,还没有一种可靠的、公开的方法来对单个推特的更新进行自动提取和归档。为了规避这些限制,我们可以在被选中的推特搜索截图传播时对其实时获取并存储在Evernote中。读者可以通过电子邮件向作者索取这个在线档案的链接。2010年4月,在进行了最初的实地调查后,谷歌推出了它的谷歌重播搜索,后来成为谷歌实时搜索,但它在2011年7月被取消。尽管谷歌实时搜索不能自动记录个人推特账户名称的变化,但这可以让我们搜索到最早为2010年2月初的推特档案,并对搜索到的结果按时间发展脉络进行排序;以上这些都需要手动才能进行操作。在可能的情况下,谷歌重播搜索服务可以被用来追踪和呈现推特更新的公开链接。推特上更新的内容都是原封不动的,通常语法不规范,标点符号也不正确。

第五章

1. 拉斯布里杰(2011)

2. 引自卡查杜里恩

3. 李 & 哈丁(2011:Ch.11,para.19)

4.《间接谋杀》有两个版本——一版是包含了指导说明的长达17分钟的编辑版,这版被上传到YouTube并向媒体发布,另一个版本是一个长达39分钟的"完整版"。这段视频是由美国阿帕奇直升机上的摄像机拍摄的,记录了2007年7月巴格达居民区一小部分人遭遇袭击的情景,而这架飞机则在这场袭击中扮演重要角色。在这些人中,有两人携带步枪;有一个人携带的相机镜头似乎被误认为火箭推进榴弹发射器。

两位来自路透社的记者，Saeed Chmagh 和 Namir Noo-Eldeen，在这次袭击中丧生——在第一阶段袭击过后，Chmagh 试图摆脱危险爬进一辆前来营救伤员的货车。另外还有 10 人丧生，货车中的两位儿童受重伤，之后被送到了医院。事件发生后，为了了解他们的工作人员到底发生了什么以及阿帕奇直升机受到怎样程度的威胁，路透社要求美国军方公布视频。这一要求被多次拒绝。路透社的工作人员最终被允许观看一段被剪辑过的视频，但在这段视频中省略了至关重要的第二阶段袭击，当时载有孩子的货车正试图疏散伤员时，却被炮火摧毁。

第六章

1. 迈克尔·鲍威尔(2008)

2. 普洛夫(2010:277)

第八章

1. 见第 219 页的采访名单。其中的几次采访是在围绕一个主题展开讨论的基础上进行的。进行这些采访时，引用的大多数评论都有出处，但也有一些没有。其余的采访都是在完全保密的基础上进行的，前提是我要保证在任何情况下都不会公开受访者的姓名。由于签署了保密协议，当不能直接使用一个人的姓名时，我会使用基础术语来传达这个人的职业角色以及工作惯例。

第九章

1. 采访 21，2010.6

2. 见第 219 页的采访名单

结论

1. 水男孩，“这是海”，蝶蛹唱片公司，1985 年。

参考文献

ABC News. (June 4, 2008). Transcript: Charles Gibson Interviews Barack Obama. ABC News Website. Retrieved January 31, 2012, from http://abcnews.go.com/WN/story? id=5000184&page=1#.Tyf2-0w9Ww5.

Abramowitz, A. I. (2010). How Obama Won and What It Means. In L. J. Sabato (Ed.), *The Year of Obama: How Barack Obama Won the White House* (pp. 91-114). London: Longman.

Adam, B. (1990). *Time and Social Theory*. Cambridge: Polity.

Adams, R. (September 18, 2010). Jon Stewart and Stephen Colbert Ape Glenn Beck with "Rally to Restore Sanity." *Guardian* Website. Retrieved March 2, 2012, from http://www. guardian. co. uk/world/richard-adams-blog/2010/sep/18/jon-stewart-stephencolbert-rally-to-restore-sanity-reddit.

Adler, B. (January 4, 2011). Why Journalists Aren't Standing Up for WikiLeaks. Newsweek Website. Retrieved January 4, 2011, from http://www.newsweek.com/2011/01/04/why-journalists-aren-t-defending-julian-assange.print.html.

Agence France-Press. (September 17, 2010). US Comics Unveil Dueling DC Political Rallies. *AFP News Website (Hosted by Google)*. Retrieved March 2, 2012, from http://www. google. com/hostednews/afp/article/ALeqM5gkOsOs61eFqq5znyHyVTh YNAGTDw.

Alexander, J. C. (2010). *The Performance of Politics: Obama's Victory and the Democratic Struggle for Power*. New York: Oxford University Press. Altheide, D. L. (2004). Media Logic and Political Communication. Political Communication, 21 (3), 293-296.

Altheide, D. L., & Snow, R. P. (1979). *Media Logic*. London: Sage.

Altheide, D. L., & Snow, R. P. (1991). *Media Worlds in the Postjournalism Era*. New York: Aldine de Gruyter.

Altheide, D. L., & Snow, R. P. (1992). Media Logic and Culture: A Reply to Oakes. *International Journal of Politics*, Culture, and Society, 5 (3), 465-472.

Amazon Web Services. (December 3, 2010). Message. *Amazon Web Services Website* . *Retrieved* July 22, 2011, from http://aws.amazon.com/message/65348/.

Amin, A. (2004). Regulating Economic Globalization. *Transactions of the Institute of British Geographers*, 29 (2), 217-233.

An Obama Minute. (October 6, 2008). An Obama Minute. *An Obama Minute Website*. Retrieved December 19, 2011, from http://anobamaminute.com.

Anderson, B. (February 22, 2010). Bullying, Tantrums and Brown. *Independent Website*. RetrievedFebruary22, 2010, from http://www. independent. co. uk/opinion/commentators/bruce-anderson/bruce-anderson-bullying-tantrums-and-brown-1906506.html.

Anderson, C. W. (2013). *Rebuilding the News: Metropolitan Journalism in the Digital Age*. Philadelphia:Temple University Press.

Anderson, K. (July 1, 2009). Arianna Huffington: Obsessiveness is the Greatest Strength of Online News. *The Guardian Website*. Retrieved May 9, 2012, from http://www. guardian. co. uk/media/pda/2009/jul/01/arianna-huffington-activate-conference

Angus Reid Public Opinion. (April 15, 2010). Angus Reid Real Time Reporting: First Debate. *Angus Reid Public Opinion Website*. Retrieved April 15, 2010, from http://www.angusreidelections.co.uk/2010/04/debate/

Anon Ops. (2010). Anon Ops: A Press Release. *Dump.no Website*. Retrieved December 10, 2010, from http://dump.no/fi les/467072ba2a42/ANONOPS_The_Press_Release.pdf.

Anonymous. (February 21, 2010). *The Bullying Helpline Blog*. Retrieved February 21, 2010, from http://thebullyinghelpline.blogspot.com/.

Anstead, N. (2008). The Internet and Campaign Finance in the U.S. and the U.K.: An Institutional Comparison. *Journal of Information Technology and Politics*, 5 (3), 285-302.

Anstead, N., & Chadwick, A. (2009). Parties, Election Campaigning and the Internet: Toward A Comparative Institutional Approach. In A. Chadwick & P. N. Howard (Eds.), *The Handbook of Internet Politics* (pp. 56-71). New York:Routledge.

Anstead, N., & O'Loughlin, B. (2011). The Emerging Viewertariat and BBC Question Time: Television Debate and Real-Time Commenting Online. *The International Journal of Press/Politics*, 16 (4), 440-462.

Arnold, A.-K., & Schneider, B. (2007). Communicating Separation?: Ethnic

Media and Ethnic Journalists as Institutions of Integration in Germany. *Journalism*, 8 (2), 115-136.

Arthur, C. (January 8, 2010). WikiLeaks Under Att ack: the Defi nitive Timeline. Guardian Website. Retrieved January 8, 2011, from Guardian Website. Retrieved January 8, 2011, from http://www.guardian.co.uk/media/2010/dec/07/wikileaks-under-att ack-defi nitive-timeline.

Ashcraft, K. L. (2001). Organized Dissonance: Feminist Bureaucracy as Hybrid Form.*Academy of Management Journal*, 44 (6), 1301-1322.

Ashcraft, K. L. (2006). Feminist-Bureaucratic Control and Other Adversarial Allies: Extending Organized Dissonance to the Practice of "New" Forms.*Communication Monographs*, 73 (1),55-86.

Ashley, J. (February 22, 2010). A Month Ago, This Might Just Have Buried Brown. NotNow. *GuardianWebsite*. RetrievedFebruary22, 2010, from http://www.guardian.co.uk/commentisfree/2010/feb/21/brown-temper-elections-labour-tories.

Assange, J. (2011). *The Unauthorized Biography*. London:Canongate.Associated Press.(October15,2008)."JoethePlumber"BecomesFocusofDebate.YouTube.RetrievedAugust10,2012,from http://www.youtube.com/watch? v=PUvwKVvp3-o.

Associated Press. (February 28, 2012). Number of iPads Sold by Apple by Quarter.*ABC News Website* .Retrieved February 29,2012,from http://abcnews.go.com/Technology/wireStory/number-ipads-sold-apple-quarter-15810416#.T05kCKA9Ww4.

Aun, F. (November 7, 2008). Over Long Campaign, Obama Videos Drew Nearly a BillionViews.*ClickzWebsite* .Retrieved December 16,2011,from http://www.clickz.com/clickz/news/1711540/over-long-campaign-obama-videos-drew-nearly-billion-views.

Auslander, P. (2008).*Liveness: Performance in a Mediatized Culture* (Second ed.). Abingdon:Routledge.

Axelrod, D. (2009). Comments on Campaign Organization and Strategy. In K. H. Jamieson (Ed.), *Electing the President* 2008: *The Insiders' View* (pp. 55-83). Philadelphia:University of Pennsylvania Press.

Bä ckstrand, K. (2006). Democratizing Global Environmental Governance? Stakeholder Democracy After the World Summit on Sustainable Development.*European Journal of International Relations*, 12 (4), 467-498.

Ball, J. (September 2, 2011). WikiLeaks Publishes Full Cache of Unredacted Cables.*GuardianWebsite*. RetrievedJune8, 2012, from http://www.guardian.co.uk/

media/2011/sep/02/wikileaks-publishes-cache-unredacted-cables.

BarackObamadotcom. (October 16, 2008a). 90 Per Cent. *YouTube*. Retrieved December 5, 2011, from http://www.youtube.com/watch? v=PluoMotgl2w.

BarackObamadotcom. (October 29, 2008b). American Stories, American Solutions:30 Minute Special.*YouTube*.Retrieved November 30,2011,from http://www.youtube.com/watch? v=GNOT tREqAmLsoA&noredirect=1

BarackObamadotcom. (July 24, 2008c). Barack Obama in Berlin. *YouTube*. Retrieved February 9, 2012, from http://www. youtube. com/watch? v = OAhb06Z8N1c.

BarackObamadotcom. (September 10, 2008d). MyBO: Neighbor to Neighbor Canvassing. YouTube. Retrieved November 30, 2011, from http://www. youtube. com/watch? v=tt 9JKIIs9Sw&noredirect=1.

Barker, A. (February 21, 2010). Ministers Rally to Brown Over "Bullying" Claims. Financial Times Website. Retrieved February 21, 2010, from http://www.ft.com/cms/s/0/df7300b8-1eef-11-df-9584-00144feab49a.html? ft camp=rss

Barko Germany, J. (2009). The Online Revolution. In D. W. Johnson (Ed.), *Campaigning for President* 2008: *Strategy and Tactics*, *New Voices and New Techniques* (pp. 147-159). Abingdon:Routledge.

Barnett, S., & Gaber, I. (2001). Westminster Tales: The 21st Century Crisis in British Political Journalism.London:Continuum.

Barr, K. (2009). A Perfect Storm: the 2008 Youth Vote. In D. W. Johnson (Ed.),*Campaigning for President* 2008: *Strategy and Tactics*, *New Voices and New Techniques* (pp. 105-125). Abingdon:Routledge.

Bartlet, J. (2011). Josiah Bartlet (@Pres_Bartlet) on Twitter. http://twitter.com/Pres_Bartlet. Retrieved December 2, 2011, from http://twitter.com/Pres_Bartlet

Baumgartner, J. C., & Morris, J. S. (2010). Who Wants to Be My Friend? Obama, Youth, and Social Networks in the 2008 Campaign. In J. A. Hendricks & R. E. Denton Jr (Eds.),*Communicator-in Chief*: *How Barack Obama Used New Media Technology to Win the White House* (pp. 51-65).Plymouth:Lexington.

Baym, G. (2005).*The Daily Show*: Discursive Integration and the Reinvention of *Political Journalism*. Political Communication, 22 (3), 259-276.

BBC2. (2010a). Newsnight, April 15.

BBC2. (2010b). Newsnight, April 21.

BBC. (February 21, 2010a). Andrew Marr Show: Lord Mandelson Transcript.

Retrieved June 18, 2010, from http://news.bbc.co.uk/1/hi/uk_politics/8526896.stm.

BBC. (2010b). Several people working in Gordon Brown's offi ce contacted an anti-bullying helpline, its boss tells the BBC. htt p://bit.ly/c7srZ4. *Twitter.com/bbcpolitics*. Retrieved February 21, 2010, from http://twitter.com/bbcpolitics/status/9437632216

BBC. (2010c). The Politics Show, February 21.BBC News. (2010a). BBC News Special: BAFTA February 21.

BBC News. (2010b). BBC News, February 21.BBC News. (2010c). BBC Ten O'Clock News, February 22.

BBC News Online. (April 30, 2010a). 8. 4 Million Watch Final Prime Ministerial Debate. *BBC News Website*. Retrieved May10, 2010, from http://news.bbc.co.uk/1/hi/uk_politics/election_2010/8653551.stm.

BBC News Online. (February 21, 2010b). Helpline Enters Brown "Bully" Row. BBC*News Website*. Retrieved February21, 2010, from http://news. bbc. co. uk/1/hi/uk_politics/8527193.stm.

BBC News Online. (January 10, 2012). Leveson Inquiry: Telegraph Expenses Scoop Explained. *BBC News Website*. Retrieved March 5, 2012, from http://www.bbc.co.uk/news/uk-16494872

BBC Radio 4. (April 16, 2010a). Today. *Today Programme Archive Website*. Retrieved April 17, 2010, from http://news. bbc. co. uk/today/hi/today/newsid_8624000/8624275.stm.

BBC Radio 4. (April 19, 2010b). Today. *Today Programme Archive Website*. RetrievedApril20, 2010, from http://news. bbc. co. uk/today/hi/today/newsid_8628000/8628896.stm.

BBC Radio 4. (2010c). Today, February 22.

BBC Radio 4. (2010d). The World at One, February 22.

Becker, J., Goodman, P. S., & Powell, M. (September 13, 2008). Once Elected, Palin Hired Friends and Lashed Foes.New York Times Website. Retrieved December 2, 2011, from http://www.nytimes.com/2008/09/14/us/politics/14palin.html? pagewanted=all NOT.

Beckett, C., & Ball, J. (2012). *WikiLeaks: News In The Networked Era*. Cambridge: Polity.

Belam, M. (April 15, 2010). General Election Debate: the Digital Experience. *Martin Belam's Website*. Retrieved April15, 2010, from http://www.currybet.net/cbet_blog/2010/04/general_election_debate_digital_experience.php.

Bell, A. (1995). News Time. *Time & Society*, 4 (3), 305-328.

Bell, M. (September 27, 2009). Meet the New Media Mogul: Why Tories Fear Lord Ashcroft. *The Independent Website*. Retrieved May14, 2012, from http://www.independent.co.uk/news/media/online/meet-the-new-media-mogul-why-tories-fear-lord-ashcroft -1793737.html.

Beniger, J. R. (1986). *The Control Revolution: Technological and Economic Origins of the Information Society*. London: Harvard University Press.

Benkler, Y. (February 8, 2011). A Free, Irresponsible Press: WikiLeaks and the Batt le over the Soul of the Networked Fourth Estate. *Yochai Benkler's Website*. Retrieved July 15, 2011, from http://benkler.org/Benkler_Wikileaks_current.pdf.

Bennett, W. L. (1994). Constructing Publics and Their Opinions. *Political Communication*, 10 (2), 101-120.

Bennett, W. L. (2003). Communicating Global Activism: Strengths and Vulnerabilities of Networked Politics. *Information, Communication and Society*, 6 (2), 143-168.

Bennett, W. L. (2003a). New Media Power: The Internet and Global Activism. In N. Couldry & J. Curran (Eds.), *Contesting Media Power: Alternative Media in a Networked World* (pp. 17-37). Oxford: Rowman and Littlefield.

Bennett, W. L. (2005). News as Reality TV: Election Coverage and the Democratization of Truth. *Critical Studies in Media Communication*, 22 (2), 171-177.

Bennett, W. L., & Segerberg, A. (2012). The Logic of Connective Action. *Information, Communication and Society*, 15 (5), 739-768.

Berman, A. (2010). *Herding Donkeys: The Fight to Rebuild the Democratic Party and Reshape American Politics*. New York: Farrar, Strauss, and Giroux.

Berman, P. S. (2007). Global Legal Pluralism. *Southern California Law Review*, 80 (6), 1155-1237.

Bhabha, H. K. (1994). *The Location of Culture*. London: Routledge.

Bienkov, A. (February 21, 2010). Who are the National Bullying Helpline? *Adam Bienkov's Website*. Retrieved February 21, 2010, from http://torytroll.blogspot.com/2010/02/who-are-national-bullying-helpline.html

Bimber, B. (2003). *Information and American Democracy: Technology in the Evolution of Political Power*. Cambridge: Cambridge University Press.

Bimber, B., Stohl, C., & Flanagin, A. J. (2009). Technological Change and the Shift ing Nature of Political Organization. In A. Chadwick & P. N. Howard (Eds.), *The Handbook of Internet Politics* (pp. 72-85). London: Routledge.

Bjørkan, M., & Qvenild, M. (2010). The Biodiversity Discourse: Categorisation of Indigenous People in a Mexican Bio-Prospecting Case. *Human Ecology*, 38 (2), 193-204.

Bloomfi eld, B. P., & Hayes, N. (2009). Power and Organizational Transformation Th rough Technology: Hybrids of Electronic Government. *Organization Studies* , 30 (5), 461-487.

Bloxham, A. (December 9, 2010). WikiLeaks Cyberwar: Hackers Bring Down Swedish Government Site. *Daily Telegraph Website*. Retrieved December 9, 2010, from http://www.telegraph.co.uk/news/worldnews/wikileaks/8190871/WikiLeaks-cyberwar-hackers-bring-down-Swedish-government-site.html.

Blumler, J. G., & Gurevitch, M. (2005). Rethinking the Study of Political Communication. In J. Curran & M. Gurevitch (Eds.), *Mass Media and Society* (pp. 104-121). London: Hodder Arnold.

Boczkowski, P. J., & De Santos, M. (2007). When More Media Equals Less News: Patt erns of Content Homogenization in Argentina's Leading Print and Online Newspapers. *Political Communication*, 24 (2), 167-180.

Bogard, W. (2009). Deleuze and Machines: A Politics of Technology. In M. Poster & D. Savat (Eds.), Deleuze and New Technology (pp. 15-31). Edinburgh: Edinburgh University Press.

Bolter, J. D., & Grusin, R. (1999). *Remediation: Understanding New Media*. Cambridge, MA: MIT NOT Press.

Boorstin, D. (1964). *The Image: A Guide to Pseudo Events in America* . New York: Harper & Row.

Booth, J. (February 22, 2010). Gordon Brown Faces Calls for Inquiry Over Bullying Claims. *Times Website*. Retrieved February 22, 2010, from http://www.timesonline. co. uk/tol/news/politics/article7036094. ece # cid = OTC-RSS&att r =797084.

Booth, R., & Borger, J. (November 28, 2010). U.S. Diplomats Spied on U.N. Leadership. *GuardianWebsite*. Retrieved June20, 2011, from http://www.guardian.co.uk/world/2010/nov/28/us-embassy-cables-spying-un.

Born, G. (2003). Strategy, Positioning and Projection in Digital Television: Channel Four and the Commercialization of Public Service Broadcasting in the UK. *Media, Culture and Society*, 25 (6), 773-799.

Bosker, B. (December 8, 2010). Operation Payback: Facebook BANNED Our Page. *Huffington Post Website*. Retrieved December 8, 2010, from http://www.

huffi ngtonpost.com/2010/12/08/operation-payback-faceboo_n_794076.html.

Bourdieu, P. (1984). *Distinction: A Social Critique of the Judgement of Taste*. Cambridge, MA: Harvard University Press.

Bradley, B. (April 15, 2008). Deep Inside "Bitt ergate." *Real Clear Politics Website*. RetrievedNovember25, 2011, from http://www. realclearpolitics. com/articles/2008/04/deep_inside_bitt ergate.html.

Brave New Films. (2008). John McCain's Chart-Topping Single "Bomb Iran." *YouTube*. RetrievedFebruary28, 2012, from http://www. youtube. com/watch? v=y2kyXN4ZVQg&feature=player_embedded.

Breslau, K. (January 6, 2008). Hillary Tears Up. *The Daily Beast Website*. Retrieved November23, 2011, from http://www. thedailybeast. com/newsweek/2008/01/06/hillary-tears-up.html.

Brian, M. (December 13, 2010). Wikileaks.org Domain Comes Back Online, Helped by New DNS Providers. *The Next Web Media Website*. Retrieved December 13, 2010, from http://thenextweb. com/media/2010/12/13/wikileaks-org-domain-comes-back-online-with-the-help-ofnew-dns-providers/.

Briggs, A., & Burke, P. (2009). *A Social History of the Media: From Gutenberg to the Internet* (Third ed.). Cambridge: Polity.

Brogan, B. (February 21, 2010). Gordon Brown: "Psychological Flaws" is Starting to Look Like an Understatement. *Sunday Telegraph Website*. Retrieved February 21, 2010, from http://www. telegraph. co. uk/news/election-2010/7286123/Gordon-Brown-psychological-fl aws-is-starting-to-look-like-an-understatment.html.

Brown, J. A. (February 21, 2010). Try thebullyinghelpline. blogspot. com @jonswaine—Nat Bullying Helpline just a cheapy front for this commercial litigation "consultancy." *Twitter.com/DignityWorks*. Retrieved February 21, 2010, from http://twitter.com/DignityWorks/status/9438118357.

Brownlee, J. (2009). Portents of Pluralism: How Hybrid Regimes affect Democratic Transitions. *American Journal of Political Science*, 53 (3), 515-532.

Bruns, A. (2008). Blogs, *Wikipedia*, *Second Life*, *and Beyond*: *From Production to Produsage*. New York: Peter Lang.

Bucy, E. P. (2004). Interactivity in Society: Locating an Elusive Concept. *The Information Society*, 20 (5), 373-383.

Bucy, E. P., & Gregson, K. S. (2001). Media Participation: A Legitimizing Mechanism of Mass Democracy. *New Media and Society*, 3 (3), 357-380.

Bulkeley, H. (2005). Reconfi guring Environmental Governance: Towards a

Politics of Scales and Networks.*Political Geography*, 24 (8), 875-902.

Bullying UK. (February 21, 2010a). @ bbcnickrobinson Our Statement regarding todays Gordon Brown and The National Bullying Helpline story http://buk.cc/9ehHVR*Twitt er.com/bullyinguk*. Retrieved February 21, 2010, from http://twitter.com/bullyinguk/status/9447128169

Bullying UK. (February 21, 2010b). National Bullying Helpline Breach of Confidentiality Over Gordon Brown Complaints. *Bullying UK Website*. Retrieved February21,2010,from http://www.bullying.co.uk/index.php/201002221235/blog/uk-news/national-bullying-helpline-breach-of-confidentiality-over-gordon-brown-complaints.html.

Cablegatesearch. (July 27, 2011). Cablegate's Cables: Full Text Search.*Cablegatesearch Website*. Retrieved July 27, 2011, from http://www.cablegatesearch.net/search.php.

Callaghan, K., & Schnell, F. (2001). Assessing the Democratic Debate: How the News Media Frame Elite Policy Discourse. *Political Communication*, 18 (2), 183-212.Camp Obama. (September 25, 2007).

Camp Obama on Blip.tv. *Blip.tv Website*. Retrieved November 29, 2011, from http://blip.tv/camp-obama.

Cappella, J. N., & Jamieson, K. H. (1997).*Spiral of Cynicism: The Press and the Public Good*. New York:Oxford University Press.

Carson, J. (2009). Comments on Campaign Management and Field Operations. In K. H. Jamieson (Ed.), *Electing the President* 2008: *The Insiders' View* (pp. 34-54). Philadelphia:University of Pennsylvania Press.

Castells, M. (2004).*The Power of Identity: The Information Age: Economy, Society and Culture Volume II* (Second ed.). Oxford:Blackwell.

Castells, M. (2007). Communication, Power and Counter-power in the Network Society.*International Journal of Communication*, 1, 238-266.

Castells, M. (2009). *Communication Power* . Oxford:Oxford University Press.

CBS. (September 2, 2008). Transcript of Campaign '08: Republican National Convention.*Campaign ' 08: Republican National Convention*. Retrieved December 8, 2011, from http://docs.cbsconventionpress.com/0902.doc.

Cellan-Jones, R. (April 22, 2010). It's All Nick Clegg's Fault.*BBC News Online*. Retrieved April 23,2010,from http://www.bbc.co.uk/blogs/thereporters/rorycellanjones/2010/04/its_all_nick_cleggs_fault.html

Chadwick, A. (2006). *Internet Politics: States, Citizens, and New Communi-*

cation Technologies . New York:Oxford University Press.

Chadwick, A. (2007). Digital Network Repertoires and Organizational Hybridity.*Political Communication*, 24 (3), 283-301.

Chadwick, A. (2009). Web 2.0: New Challenges for the Study of E-Democracy in an Era of Informational Exuberance. I/S:*Journal of Law and Policy for the Information Society*, 5 (1),9-41.

Chadwick, A. (2011a). Britain's First Live Televised Party Leaders' Debate: From the News Cycle to the Political Information Cycle. *Parliamentary Affairs*, 64 (1), 24-44.

Chadwick, A. (2011b). The Political Information Cycle in a Hybrid News System: the British Prime Minister and the "Bullygate" Affair.*The International Journal of Press/Politics*, 16 (1), 3-29.

Chadwick, A. (2012). Recent Shift s in the Relationship Between the Internet and Democratic Engagement in Britain and the United States: Granularity, Informational Exuberance, and Political Learning. In E. Anduiza, M. Jensen & L. Jorba (Eds.), *Digital Media and Political Engagement Worldwide: A Comparative Study* (pp. 39-55). Cambridge:Cambridge University Press.

Chadwick, A., & Howard, P. N. (2009). Introduction: New Directions in Internet Politics Research. In A. Chadwick & P. N. Howard (Eds.),*The Handbook of Internet Politics* (pp. 1-9). New York:Routledge.

Chadwick, A., & Stanyer, J. (August 31, 2010). Political Communication in Transition: Mediated Politics in Britain's New Media Environment. *American Political Science Association Annual Meeting Website*. Retrieved August 31, 2010, from http://papers.ssrn.com/sol3/papers.cfm? abstract_id=1642858.

Chandler, D., & Munday, R. (2011). Ontology. In D. Chandler & R. Munday (Eds.),*Oxford Dictionary of Media and Communication*. Online version. Oxford: Oxford University Press.Retrieved November 21,2011,from http://www.oxfordreference. com/view/10. 1093/acref/9780199568758. 001. 0001/acref-9780199568758-e1921? rskey=iiSGzg&result=4&q=ontology

Channel 4 News. (2010a). Channel4NewsFactCheck on Twitter. *Twitter.com/FactCheck*. Retrieved May 12, 2010, from http://twitter.com/FactCheck

Channel 4 News. (2010b). Channel 4 News, February 20.

Channel 4 News. (2010c). Channel 4 News, February 21.

Channel 4 News. (February 20, 2010d). Gordon Brown Denies Angry Outburst Claims.*Channel 4 News Website*. Retrieved February 20, 2010, from http://www.

channel4.com/news/articles/politics/domestic_politics/gordon+brown+denies+angry+outburst+claims/3553242.

Channel 4 News. (December 1, 2010e). WikiLeaks: US Memo Accuses Sri Lanka President of War Crimes.*Channel 4 News Website* . Retrieved May 3, 2012, from http://www. channel4. com/news/wikileaks-sri-lanka-leadership-responsible-for-crimes.

Chapman, J. (April 19, 2010). Is This Really the End of Two-Party Politics? *Daily Mail*.

Chivers, C. J. (December 1, 2010). Below Surface, U.S. Has Dim View of Putin and Russia. *New York Times Website*. Retrieved July 18, 2011, from http://www.nytimes.com/2010/12/02/world/europe/02wikileaks-russia.html.

Chung, A. (April 16, 2010). Clegg Up: Lib Dem Leader Wins TV Debate.*Sky News Website* . Retrieved April 16, 2010, from http://news. sky. com/skynews/Home/Politics/Sky-News-Instant-Leaders-Debate-Poll-With-Fizzback-Panel-Texts-Feedback-For-Faster-Results/Article/201004315603598? f=rss.

Churcher, J. (February 21, 2010). Mandelson: Brown is Not a Bully. *Independent on Sunday Website*. Retrieved February 21, 2010, from http://www.independent.co.uk/news/uk/politics/mandelson-brown-is-not-a-bully-1906172.html.

Clegg, S., & Courpasson, D. (2004). Political Hybrids: Tocquevillean Views on Project Organizations.*Journal of Management Studies* , 41 (4), 525-547.

Coates, S. (February 21, 2010a). Downing Street Officials Try to Play Down Brown's Alleged Bullying. *Sunday Times Website*. Retrieved February 21, 2010, from http://www.timesonline.co.uk/tol/news/politics/article7035738.ece.

Coates, S. (February 21, 2010b). Mandelson: Gordon Brown Doesn't Bully His Staff, He Is Just Demanding.*Sunday Times Website*. Retrieved February 21, 2010, from http://www.timesonline.co.uk/tol/news/politics/article7035272.ece#cid=OTC-RSS&att r=797084.

Coates, S. (February 22, 2010c). Q&A: Gordon Brown, Downing Stand "Bullying." *Times Website*. RetrievedFebruary22, from http://www.timesonline.co.uk/tol/news/politics/article7036008.ece#cid=OTC-RSS&att r=797084.

Cockerell, M., Hennessy, P., & Walker, D. (1984). *Sources Close to the Prime Minister: Inside the Hidden World of the News Manipulators*. London: Macmillan.

Cohn, M. (September 19, 2010). Bradley Manning: An American Hero.*Marjorie Cohn's Website*. Retrieved July 21, 2011, from http://www.marjoriecohn.com/

2010/09/bradley-manning-american-hero.html.

Coleman, G. (April 6, 2011). Anonymous: From the Lulz to Collective Action. *The NewEverydayWebsite* .Retrieved April6,2011,from http://mediacommons.futureoft hebook.org/tne/pieces/anonymous-lulz-collective-action.

Collins, N., & Blake, H. (April 15, 2010). Leaders' Debate Live Blog.*Daily Telegraph Website*. Retrieved April 15,2010,from http://www.telegraph.co.uk/news/election-2010/7585859/TV-Election-Debate-live.html.

Com Res.(April16,2010).ITV News Instant Poll Results15 April 2010.*Com Res Website*.Retrieved April 16,2010,from http://www.comres.co.uk/page184332236.aspx.

Conservative Home. (2010a). Conservative Home: Friday 16th April 2010.*Conservative Home Website* .Retrieved April 16,2010,from http://conservativehome.blogs.com/frontpage/2010/04/friday-16th-april-2010.html.

Conservative Home.(2010b).Sunday 21st February 2010.*Conservative Home Website* .Retrieved October 21,2010,from http://conservativehome.blogs.com/frontpage/2010/02/sunday21st-february-2010.html.

Cook, R. (2010). From Republican "Lock" to Republican "Lockout"? In L. J. Sabato (Ed.), *The Year of Obama : How Barack Obama Won the White House* (pp. 75-89). London:Longman.

Cooper, M. (2011). Structured Viral Communications: The Political Economy and Social Organization of Digital Disintermediation.*Journal on Telecommunications and High Technology Law*, 9 (1), 15-80.

Cornfield, M. (2010). Game-Changers: New Technology and the 2008 Presidential Election. In L. J. Sabato (Ed.), *The Year of Obama : How Barack Obama Won the White House* (pp. 205-230).London:Longman.

Corrado, A., & Corbett, M. (2009). Rewriting the Playbook on Presidential Campaign Financing. In D. W. Johnson (Ed.),*Campaigning for President* 2008: *Strategy and Tactics, New Voices and New Techniques* (pp. 126-146). Abingdon: Routledge.

Corrado, A., Malbin, M. J., Mann, T. E., & Ornstein, N. J. (2010). *Reform in an Age of Networked Campaigns : How to Foster Citizen Participation Through Small Donors and Volunteers*. Washington, DC:Campaign Finance Institute, American Enterprise Institute, and the Brookings Institution.

Couldry, N. (2002). Playing for Celebrity: Big Brother as Ritual Event.*Television and New Media*, 3 (3), 283-293.

Couldry, N. (2012). *Media, Society, World: Social Theory and Digital Media Practice*. Cambridge: Polity.

Courpasson, D., & Dany, F. (2003). Indifference or Obedience? Business Firms as Democratic Hybrids. *Organization Studies*, 24 (8), 1231-1260.

CoveritLive. (2010). *CoveritLive.com Website*. Retrieved May 19, 2010, from http://www.coveritlive.com.

Crawford, S. (1983). The Origin and Development of a Concept: the Information Society. Bulletin of the Medical Library Association, 71 (4), 380-385.

Crowston, K., & Williams, M. (2000). Reproduced and Emergent Genres of Communication on the World Wide Web. *Information Society*, 16 (3), 201-215.

Cryptome. (March 29, 2011). WikiLeaks Donor Relations. *Cryptome.org Website*. Retrieved June 22, 2011, from http://cryptome.org/0003/wl-donors.htm.

Dahl, R. (1961). *Who Governs? Democracy and Power in an American City*. London: Yale University Press.

Dahlgren, P. (2009). *Media and Political Engagement: Citizens, Communication, and Democracy*. New York: Cambridge University Press.

Daily Express. (February 20, 2010). I Have Never Hit Anyone, Insists PM. *Daily Express Website*. Retrieved February 20, 2010, from http://www.dailyexpress.co.uk/posts/view/159499/I-have-never-hit-anyone-insists-PM/.

Daily Mirror. (February 20, 2010a). I Have Never Hit Anyone, Insists PM. *Daily Mirror Website*. Retrieved February 20, 2010, from http://www.mirror.co.uk/news/latest/2010/02/20/i-have-never-hit-anyone-insists-pm-115875-22057223/.

Daily Mirror. (February 22, 2010b). 'No Concerns' Over PM Bully Claims. *Daily Mirror Website*. Retrieved February 22, 2010, from http://www.mirror.co.uk/news/latest/2010/02/22/no-concerns-over-pm-bully-claims-115875-22062636/.

Daily Star. (February 22, 2010a). Brown's Staff 'Rang Bully Helpline.' *Daily Star Website*. Retrieved February 22, 2010, from http://www.dailystar.co.uk/latest-news/view/123369/Brown-sstaff -rang-bully-helpline-/.

Daily Star. (February 21, 2010b). Brown's Staff Rang Bullying Helpline. *Daily Star Website*. Retrieved February 21, 2010, from http://www.dailystar.co.uk/latest-news/view/123293/PM-staff -called-bullying-helpline-/.

Daily Star. (February 20, 2010c). I Have Never Hit Anyone, Insists PM. *Daily Star Website*. Retrieved February 20, 2010, from http://www.dailystar.co.uk/latest-news/view/123181/I-have-never-hit-anyone-insists-PM/.

Daily Star. (April 19, 2010d). Rivals Do an Add Lib. *Daily Star*, p. 6.

Darnton, R. (1995). *The Forbidden Bestsellers of Pre-Revolutionary France.* London: W. W. Norton.

Davies, N. (2008). *Flat Earth News: An Award-Winning Reporter Exposes Falsehood, Distortion and Propaganda in the Global Media.* London: Chatt o & Windus.

Davis, E. (April 22, 2010). Extraordinary. Twitter parodies undercut media att acks on Clegg (# nickcleggsfault). Telegraphendsupdefendingitself. http://bit. ly/dmd6eA. Twitter.com/EvanHD.Retrieved April 22, 2010, from http://twitter.com/EvanHD/NOT status/12633467781

Davis, R. (2009). *Typing Politics: The Role of Blogs in American Politics.* New York: Oxford University Press.

Davis, R., Baumgartner, J. C., Francia, P. L., & Morris, J. S. (2009). The Internet in U.S. Election Campaigns. In A. Chadwick & P. N. Howard (Eds.), *The Handbook of Internet Politics* (pp.13-24). Abingdon: Routledge.

de la Torre, C., & Conaghan, C. (2009). The Hybrid Campaign: Tradition and Modernity in Ecuador's 2006 Presidential Election. *International Journal of Press/Politics*, 14 (3), 335-352.

DeLanda, M. (2006). *A New Philosophy of Society: Assemblage Theory and Social Complexity.* London: Continuum.

Deleuze, G., & Guatt ari, F. (2004). *A Thousand Plateaus: Capitalism and Schizophrenia* (B. Massumi, Trans. New ed.). London: Continuum.

Deuze, M. (2004). What Is Multimedia Journalism? *Journalism Studies*, 5 (2), 139-152.Deuze, M. (2006). Participation, Remediation, Bricolage: Considering Principal Components of a Digital Culture. Information Society, 22 (2), 63-75.

Deuze, M. (2007). Convergence Culture in the Creative Industries. *International Journal of Cultural Studies*, 10 (2), 243-263.

Diamond, L. (2002). Thinking About Hybrid Regimes.*Journal of Democracy*, 13 (2), 21-35.

Dionne E. J., Jr. (September 9, 2008). Pulling the Curtain on Palin. *Washington Post Website.* Retrieved December 2, 2011, from http://www.washingtonpost.com/wp-dyn/content/article/2008/09/08/AR2008090801907.html.

disappointme. (August 9, 2008). BarackRoll.*YouTube.* Retrieved February 9, 2012, from http://www.youtube.com/watch? v=wzSVOcgKq04.

Doesfollow. (February 21, 2010). Search Query: krishgm and caroleharry. *Doesfollow Website.*RetrievedFebruary21, 2010, from http://doesfollow.com/krishgm/caroleharry.

Domscheit-Berg, D. (2011). *Inside WikiLeaks: My Time With Julian Assange at the World's Most Dangerous Website* (Kindle ed.). New York: Crown.

Drezner, D., & Farrell, H. (2008). *The Power and Politics of Blogs. Public Choice*, 134 (1-2), 15-30.

Dunn, A. (2009). Comments on the Campaign and the Press. In K. H. Jamieson (Ed.), *Electing the President* 2008: *The Insiders' View* (pp. 135-150). Philadelphia: University of Pennsylvania Press.

Dunn, J. E. (December 10, 2010). Wikileaks DDoS Tool Downloads Grow Rapidly. *Tech world Website*. Retrieved December 10, 2010, from http://news.techworld.com/security/3252826/wikileaks-ddos-tool-downloads-grow-rapidly/.

Dunn, T. N. (April 19, 2010). It's Lib Dems in Front. *Sun*, p. 1.

Easton, D. (1957). *An Approach to the Analysis of Political Systems. World Politics*, 9 (3), 383-400.

Easton, D. (1965). *A Systems Analysis of Political Life*. London: University of Chicago Press.

Economist. (February 22, 2010). Interview With Gordon Brown. *The Economist Website*. Retrieved February 22, 2010, from http://www.economist.com/world/britain/displayStory.cfm? story_id=15570484.

Economist. (March17, 2012). Online Newspapers: News of the World. *The Economist Website* . Retrieved March 29, 2012, from http://www. economist. com/node/21550262.

Eisner, M. A. (2004). Corporate Environmentalism, Regulatory Reform, and Industry Self-Regulation: Toward Genuine Regulatory Reinvention in the United States. *Governance*, 17 (2), 145-167.

Ekman, J. (2009). Political Participation and Regime Stability: A Framework for Analyzing Hybrid Regimes. *International Political Science Review*, 30 (1), 7-31.

Ellison, S. (January 6, 2011). The Man Who Spilled the Secrets. *Vanity Fair Website*. Retrieved January 6, 2011, from http://www. vanityfair. com/politics/features/2011/02/the-guardian-201102.

Elmer, G. (2012). Live Research: Twitt ering an Election Debate. *New Media and Society* , Online First Versionat http://nms. sagepub. com/content/early/2012/09/23/1461444812457328.full.NOT pdf (September 23, 2012).

Emery, D. (March 4, 2011). Is Barack Obama a Muslim? *About.com Urban*

Legends Website. Retrieved November 30, 2011, from http://urbanlegends.about.com/library/bl_barack_obama_muslim.htm.

Erjavec, K. (2004). Beyond Advertising and Journalism: Hybrid Promotional News Discourse.*Discourse and Society*, 15 (5), 553-578.

Esser, F., Reinemann, C., & David, F. (2001). Spin Doctors in the United States, Great Britain, and Germany: Metacommunication About Media Manipulation.*Harvard International Journal of Press/Politics*, 6 (1), 16-45.

Facebook. (2010). Facebook Democracy UK Page.*Facebook Website* . Retrieved April 15, 2010, from http://www.facebook.com/democracyuk.

facts44. (March 15, 2008). Jeremiah Wright. *YouTube*. Retrieved November 24, 2011, from http://www.youtube.com/watch? v=36T1fnIafC0.

Fairclough, N. (1992).*Discourse and Social Change* . Cambridge:Polity.

Farhi, P. (November 29, 2010). WikiLeaks Spurned New York Times, but Guardian Leaked State Department Cables. *The Washington Post*. Retrieved June 17, 2011, from http://www.washingtonpost.com/wpdyn/content/article/2010/11/29/AR2010112905421.html.

Farrell, H. (2003). Constructing the International Foundations of E-Commerce—The EU-U.S. Safe Harbor Arrangement. *International Organization*, 57 (2), 277-306.

Fawkes, G. (January 31, 2010). Labour Will Have a Khrushchev Moment of Truth in the End. *Guido Fawkes' Blog*. Retrieved June 15, 2010, from http://order-order.com/2010/01/31/labour-will-have-a-khrushchev-moment-of-truth-in-the-end/.

Fawkes, G. (April 16, 2010). Clegg: Winning Here! *Guido Fawkes Website*. Retrieved May 17, 2010, from http://order-order.com/2010/04/16/clegg-winning-here/.

Fenn, P. (2009). Communication Wars: Television and New Media. In D. W. Johnson (Ed.), *Campaigning for President* 2008: *Strategy and Tactics, New Voices and New Techniques* (pp. 210-221). Abingdon:Routledge.

Ferguson, T. (April 17, 2008). Financial Regulation? Don't Get Your Hopes Up.*Talking Points Memo Website*.Retrieved December 23, 2011, from http://tpmcafe.talkingpointsmemo.com/2008/04/17/fi nancial_regulation_dont_get/.

Fidler, R. F. (1997). *Mediamorphosis: Understanding New Media*. Thousand Oaks, CA:Pine Forge Press.

Fimreite, A. L., & L æ greid, P. (2009). Reorganizing the Welfare State Administration: Partnership, Networks and Accountability. *Public Management Re-*

view, 11 (3), 281-297.

Financial Times. (April 13, 2012). About Us. *Financial Times Website*. Retrieved April 13, 2012, from http://aboutus.ft.com/corporate-information/ft -company/#axzz1rvwWuONs.

Finney, K. (2009). Comments on Political Party Panel. In K. H. Jamieson (Ed.), *Electing the President* 2008: *The Insiders' View* (pp. 151-167). Philadelphia: University of Pennsylvania Press.

Foss, N. J. (2003). Selective Intervention and Internal Hybrids: Interpreting and Learning From the Rise and Decline of the Oticon Spaghetti Organization. *Organization Science*, 14 (3), 331-350.

Fowler, M. (2008). Obama: No Surprise That Hard-Pressed Pennsylvanians Turn Bitter. *Huffington Post Website* . Retrieved November 25, 2011, from http://www. huffi ngtonpost. com/mayhill-fowler/obama-no-surprise-that-ha _ b _ 96188.html.

Fox News. (January 22, 2007). Hillary Clinton Drops Madrassa Bomb on Barack Obama (Transcript of "The Big Story with John Gibson" January 19, 2007). *Fox News Website* .Retrieved November 30, 2011, from http://www.foxnews.com/story/0,2933,245582,00.html.

Fraser, E. (February 20, 2010a). Exclusive: Gordon Brown refutes allegations he hit an adviser—says he's never hit anyone in his life... http://bit.ly/byZ7Dl. Twitter. com/frasereC4. Retrieved February 20, 2010, from http://twitter. com/frasereC4/status/9399836988

Fraser, E. (February 20, 2010b). Observer Rawnsley alleges Brown received an unprecedented reprimand from the head of the Civil Service for abusive behaviour to staff. *Twitter.com/fr asere*C4 . NOT Retrieved February 20, 2010, from http://twitter.com/frasereC4/status/9399836988

Fraser, E. (February 20, 2010c). Observer story on brown sensational—just read pre-release. *Twitter. com/frasere*C4. Retrieved February 20, 2010, from http://twitter.com/frasereC4/status/9399177332.

Freedland, J. (February 22, 2010). Revelations About Brown are Damaging, but They Hold no Surprises for Voters. *Guardian Website* . Retrieved February 22, 2010, from http://www. guardian. co. uk/politics/2010/feb/22/revelations-brown-damaging-voters.

Funny or Die. (2008). Paris Hilton Responds to McCain Ad. *Funny or Die Website*. Retrieved December 2, 2011, from http://www. funnyordie. com/videos/

64ad536a6d/paris-hilton-responds-to-mccain-ad-from-paris-hilton-adam-ghost-panther-mckay-and-chris-henchy.

Gaber, I. (2011). The Slow Death of the Westminster Lobby: Collateral Damage from the MPs' Expenses Scandal. *British Politics*, 4 (4), 478-497.

Galtung, J., & Ruge, M. H. (1965). The Structure of Foreign News: The Presentation of the Congo, Cuba, and Cyprus in Four Norwegian Newspapers.*Journal of Peace Research* , 2 (1), 64-90.

Gans, H. J. (1979).*Deciding What's News: A Study of CBS Evening News, NBC Nightly News, Newsweek, and Time* (25th Anniversary 2004 ed.). New York: Pantheon.

Garcia Aviles, J., Leon, B., Sanders, K., & Harrison, J. (2004). Journalists at Digital Television Newsrooms in Britain and Spain: Workfl ow and Multi-Skilling in a Competitive Environment. *Journalism Studies* , 5 (1), 87-100.

Garthwaite, C., & Moore, T. J. (January 1, 2011). Can Celebrity Endorsements Affect Political Outcomes? Evidence from the 2008 U.S. Democratic Presidential Primary. *Craig Garthwaite's Website* . Retrieved December 20, 2011, from http://www.kellogg.northwestern.edu/faculty/garthwaite/htm/celebrityendorsements_garthwaitemoore.pdf.

Gershuny, J. (2000).*Changing Times: Work and Leisure in Postindustrial Societies* . Oxford: Oxford University Press.

Gibbon, G. (April 30, 2010). What the Post-Debate Reaction Polls Tell Us. *Channel* 4 *News Website* . Retrieved May 4, 2010, from http://blogs.channel4.com/snowblog/2010/04/30/what-the-post-debate-reaction-polls-tell-us.

Gibson, J. (April 15, 2010). Note to Lib Dem HQ. We can see what you're doing to our tracker and @bruntonspall can stop it. You're barred! http://bit.ly/bU4UVQ.*Twitter.com/janinegibson*. Retrieved April 15, 2010, from http://twitter.com/janinegibson/status/12243055856.

Gillespie, M. (1995). *Television*, Ethnicity and Cultural Change. London: Routledge.

Gilroy, P. (1993).*The Black Atlantic: Modernity and Double Consciousness*. London: Verso.

Gitelman, L. (2006). *Always Already New: Media, History, and the Data of Culture* . Cambridge, MA: MIT Press.

Gliem, D. E., & Janack, J. A. (2008). A Portrait of a Transformational Leader: An Analysis of Text and Image on BarackObama. com. *American*

Communication Journal, 10 (3).

Glynn, K., & Tyson, A. F. (2007). Indigeneity, Media and Cultural Globalization: The Case of Mataku, or The Maori X-Files. I*nternational Journal of Cultural Studies* , 10 (2), 205-224.

Goad, R. (June 10, 2008). Blog Traffi c Reaches All Time High.*Hitwise Website*. Retrieved May 24, 2010, from http://weblogs.hitwise.com/robin-goad/2008/06/uk_blog_traffi c_reaches_all_time_high.html.

Goldblatt, J. (March 12, 2008). Barack Obama's Controversial Pastor Puts Church In Hot Water. *Fox News Website*. Retrieved December 6, 2011, from http://www.foxnews.com/story/0,2933,337308,00.html.

Golding, P., & Elliott, P. (1979). Making the News. London: Longman.Goodin, R. E., Rice, J. M., Parpo, A., & Eriksson, L. (2008).*Discretionary Time: a New Measure of Freedom*. Cambridge: Cambridge University Press.

Google Blog Search. (November 30, 2011). Google Blog Search: "Obama is a Muslim" for the year 2006.*Google Blog Search* . Retrieved November 30, 2011, from http://www.google.co.uk/search? aq=f&sourceid=chrome&ie=UTF8&q=Obama+Muslin#q=%22Obama+is+a+Muslim%22&hl=en&prmdo=1&tbs=sbd:1,cdr:1,cd_min:1/1/2006,cd_max:1/1/2007&tbm=blg&prmd=imvns&ei=elTWTpa9CoP1sgbQvNXODg&start=10&sa=N&filter=0&bav=on.2,orNOT.r_gc.r_pw.,cf.osb&fp=6f0b926da9d13bd3&biw=1391&bih=1015

Google News Search. (November 30, 2011). Google News Search: "Obama is a Muslim" for the Year 2007.*Google News Search*. Retrieved November 30, 2011, from http://www.google.co.uk/search? aq=f&sourceid=chrome&ie=UTF-8&q=Obama+Muslin#q=%22Obama+is+a+Muslim%22&hl=en&tbs=sbd:1, cdr: 1, cd_min: 2007, cd_max: 2007&tbm=nws&prmd=imvns&ei=N1HWTvWpNsiyhAeew6R2&start=20&sa=N&bav=on.2, or.r_gc.r_pw., cf.osb&fp=31a082becceaa79f&biw=1391&bih=1015

Google Replay Search. (April 15, 2010a). Google Replay Real-Time Search Archive for "krishgm. "*Google Replay Search*. Retrieved May 19, 2010, from http://www.google.co.uk/search? q=krishgm&hl=en&prmd=u&source=lnms&ei=SuTzS6uNNYmM0gTL4dWWDQ&sa=X&oi=mode_link&ct=mode&ved=0CAwQ_AU&&tbs=mbl:1,mbl_hs:1271286000,mbl_he:1271372399.

Google Replay Search. (2010b). National Bullying Helpline. *Google Replay Search*. Retrieved June 23, 2010, from http://www.google.co.uk/search? q=national+bullying+helpline&hl=en&prmdo=1&prmd=n&filter=0&tbs=mbl:

1, mbl _ hs: 1266710400, mbl _ he: 1266796799, mbl _ rs: 1266769607, mbl _ re:1266772015.

Goss, K. A., & Heaney, M. T. (2010). Organizing Women as Women: Hybridity and Grassroots Collective Action in the 21st Century. *Perspectives on Politics*, 8 (1), 27-52.

Grabe, M. E., & Bucy, E. P. (2010). *Image Bite Politics: News and the Visual Framing of Elections*. New York:Oxford University Press.

Greenwald, G. (December 2, 2010). Joe Lieberman Emulates Chinese Dictators.*Salon.com Website*.Retrieved December 2,2010,from http://www.salon.com/news/opinion/glenn_greenwald/2010/12/01/lieberman/index.html.

Grewal, D. S. (2008). *Network Power: The Social Dynamics of Globalization*. New Haven, CT:Yale University Press.

Grice, A. (April 19, 2010). Clegg's Popularity Soars on Two Fronts; Lib Dem Leader's Stock Rises with Voters, While Mandelson Concedes Possibility of a Coalition.*Guardian* , p. 8.

Grusin, R. (2010).*Premediation: Affect and Mediality After* 9/11. Basingstoke:Palgrave Macmillan.

Guardian. (November 2, 2009). Investigate Your MP's Expenses. *Guardian Website*. Retrieved March 2, 2012, from http://mps-expenses.guardian.co.uk/.

Guardian. (February 22, 2010). Gordon Brown: Brought to Book.*Guardian Website*. Retrieved February 22,2010,from http://www.guardian.co.uk/commentisfree/2010/feb/22/andrew-rawnsley-gordon-brown-temper.

Guardian. (August 24, 2012). Who Is Julian Assange? By the People Who Know Him Best. *Guardian Website*. Retrieved August 29, 2012, from http://www.guardian.co.uk/media/2012/aug/24/who-is-julian-assange.

Gulati, G. J. (2010). No Laughing Matter: The Role of New Media in the 2008 Election. In L. J. Sabato (Ed.), *The Year of Obama: How Barack Obama Won the White House* (pp. 187-203).London:Longman.

Guru-Murthy, K. (February 21, 2010). been looking into "National Bullying Helpline" aft er their Downing Street claim. they have 2 Tory Patrons and Cameron quote on website.*Twitter.com/krishgm*. Retrieved February 21, 2010, from http://twitter.com/krishgm/statuses/9437279195.

Habermas, J. (1989). *The Structural Transformation of the Public Sphere*. Cambridge, MA:MIT Press.

Hallin, D. C., & Mancini, P. (2004).*Comparing Media Systems: Three Models of Media and Politics*. New York:Cambridge University Press.

Heeks, R., & Stanforth, C. (2007). Understanding E-Government Project Trajectories From an Actor-Network Perspective. *European Journal of Information Systems*, 16 (2), 165-177.

Helm, T., & Asthana, A. (February 21, 2010a). Civil Service Chief Warned Gordon Brown Over Abusive Treatment of Staff. *Observer Website* . Retrieved February 21, 2010, from http://www.guardian.co.uk/politics/2010/feb/21/gordon-brown-abusive-treatment-staff.

Helm, T., & Asthana, A. (April 18, 2010b). Nick Clegg Appeals to Youth Vote and Liberal Democrats Maintain Poll Surge.*Guardian Website*. Retrieved April 18, 2010, from http://www.guardian. NOT co.uk/politics/2010/apr/18/election-liberal-democrat-surge-nick-clegg

Herbst, S. (1993). *Numbered Voices: How Opinion Polling Has Shaped American Politics*. Chicago:University of Chicago Press.

heyitsjoe. (April 20, 2007). MoveOn.org Ad Against McCain: "Bomb Iran" Song. *YouTube*. Retrieved February 9, 2012, from http://www.youtube.com/watch? v=U39zae4IxUA.

Hodgson, D. E. (2004). Project Work: The Legacy of Bureaucratic Control in the Post-Bureaucratic Organization.*Organization*, 11 (1), 81-100.

HollaAtYoDaddy. (April 22, 2008). Baracky The Movie.*YouTube* . Retrieved February 9, 2012, from http://www.youtube.com/watch? v=s4sDlVFlOfk.

Holton, R. J. (1998).*Globalization and the Nation-State*. Basingstoke, UK: Palgrave Macmillan.

Hoskins, A., & O'Loughlin, B. (2010).*War and Media: The Emergence of Diffused War* . Cambridge, UK:Polity Press.

Howard, P. N., & Chadwick, A. (2009). Conclusion: Political Omnivores and Wired States. In A. Chadwick & P. N. Howard (Eds.),*The Routledge Handbook of Internet Politics* (pp. 424-434).New York and London:Routledge.

Howe, J. (2008). *Crowdsourcing: How the Power of the Crowd is Driving the Future of Business*. New York:Crown.

Huffington, A. (March 28, 2007). News 2.0: The Hybrid Future is Kicking Down the Door.*Huffington Post Website*. Retrieved August 2, 2012, from http://www.huffingtonpost.com/arianna-huffi ngton/news-20-the-hybrid-future_b_44401.html?.

Humanitainment. (May 1, 2008). The Empire Strikes Barack. *YouTube*. Retrieved February9, 2012, from http://www. youtube. com/watch? v = a8lvcazCXY&feature=related.

Insight. (January 17, 2007). Hillary's Team Has Questions about Obama's Muslim Background. *Insight Website*. Retrieved November 30, 2011, from http://web.archive.org/web/20070121201523/http://www.insightmag.com/Media/MediaManager/Obama_2.htm.

International Telecommunication Union. (2011). *Measuring the Information Society*, 2011. Geneva:International Telecommunication Unit.

Ipsos MORI. (April 16, 2010). The Leaders' Debates: Immediate Public Reaction—Clegg Wins the First Round. *Ipsos MORI Website*. Retrieved April 20, 2010, from http://www. ipsos-mori. com/Assets/Docs/News/ipsos-mori-public-reaction-to-leaders-debate.pdf.

Irvine, C. (February 22, 2010). Gordon Brown under Pressure to Explain Anti-Bullying Chief's Allegations. *Daily Telegraph Website*. Retrieved February 22, 2010, from http://www.telegraph.co.uk/news/newstopics/politics/gordon-brown/7289856/Gordon-Brown-under-pressure-to-explain-anti-bullying-chiefs-allegations.html.

ITV, Sky, & BBC. (April 15, 2010). Programme Format Agreed by All Parties 1st March 2010. *ITV Website* . Retrieved April 29, 2010, from http://www.itv. com/utils/cached/common/ProgrammeFormat2. pdfITV News. (April 15, 2010a). The Election Debates.

ITV News Website. Retrieved April 15,2010,from http://www.itv.com/electiondebate/

ITV News. (2010b). ITV News at Ten, April 15.

ITV News. (2010c). ITV News, February 21. james1053. (November 12, 2007). Hillary's Ringer Winks After Planted Question. YouTube. Retrieved November 22, 2011, from http://www.youtube.com/watch? v=MGvRkeiX8G4&feature=related.

Jenkins, H. (2006). *Convergence Culture: Where Old and New Media Collide*. New York:New York University Press.

Johnson, D. W. (2009). An Election Like No Other? In D. W. Johnson (Ed.), *Campaigning for President* 2008: *Strategy and Tactics, New Voices and New Techniques* (pp. 1-28). Abingdon:Routledge.

johny boy. (September 28, 2008). SNL Tina Fey Sarah Palin interview with Katie Couric. *Metatube Website* . RetrievedDecember2, 2011, from http://www.metatube. com/en/videos/15750/SNL-Tina-Fey-Sarah-Palin-interview-with-Katie-Couric.

Jones, A. S. (2009). *Losing the News: the Future of the News That Feeds Democracy*. New York: Oxford NOT University Press.

Kantor, J. (January 9, 2008). A Show of Emotion That Reverberated Beyond the Campaign. *New York Times Website* . Retrieved November 30, 2011, from http://www. nytimes. com/2008/01/09/us/politics/09moment. html? pagewanted = print.

Karl, T. L. (1995). The Hybrid Regimes of Central America.*Journal of Democracy*, 6 (3), 72-86.

Karpf, D. (2012).*The Move On Effect: The Unexpected Transformation of American Political Advocacy* .New York: Oxford University Press.

Kaye, K. (2009). *Campaign ' 08: A Turning Point for Digital Media*. Jersey City, NJ: Virilion.

Keen, A. (2007).*The Cult of the Amateur: How Today's Internet Is Killing Our Culture and Assaulting Our Economy*. London: Nicholas Brealey.

Kenski, K., Hardy, B. W., & Jamieson, K. H. (2010).*The Obama Victory: How Media, Money, and Message Shaped the 2008 Election* . New York: Oxford University Press.

Keohane, R., & Nye, J. (1989). *Power and Interdependence: World Politics in Transition* (Second ed.).London: Scott, Foresman.

Khatchadourian, R. (June 7, 2010). No Secrets: Julian Assange's Mission for Total Transparency. *New Yorker Website*. Retrieved June 5, 2011, from http://www. newyorker. com/reporting/2010/06/07/100607fa _ fact _ khatchadourian? printable=true&currentPage=all.

Kickert, W. J. M. (1993). Autopoiesis and the Science of (Public) Administration: Essence, Sense and Nonsense. *Organization Studies* , 14 (2), 261-278.

Kilborn, R. (2003).*Staging the Real: Factual TV Programming in the Age of "Big Brother."* Manchester: Manchester University Press.

Kim, E.-G., & Hamilton, J. W. (2006). Capitulation to Capital? OhmyNews as Alternative Media.*Media, Culture and Society*, 28 (4), 541-560.

King, O. (February 20, 2010). Channel 4 News interview with Gordon Brown on his election launch. Tonight 1910. Only network TV interview he giving today. *Twitter.com/oliverjamesking* . Retrieved February 20, 2010, from http://twitt- er.

com/oliverjamesking/status/9381529327

Kitschelt, H. (1986). Political Opportunity Structures: Anti Nuclear Movements in Four Democracies. *British Journal of Political Science*, 1 (16), 57-85.

Klinenberg, E. (2005). Convergence: News Production in a Digital Age. *Annals of the American Academy of Political and Social Science*, 597, 48-64.

Kovach, B., & Rosenstiel, T. (1999). *Warp Speed: America in the Age of Mixed Media*. New York: Century Foundation Press.

Kraidy, M. (2005). *Hybridity, or the Cultural Logic of Globalization*. Philadelphia: Temple University Press.

Kreiss, D. (2012). *Taking Our Country Back: The Crafting of Networked Politics From Howard Dean to Barack Obama*. New York: Oxford University Press.

Kress, G. (2010). *Multimodality: A Social Semiotic Approach to Contemporary Communication*. Abingdon: Routledge.

Kuenssberg, L. (February 22, 2010a). David Cameron calls for an inquiry into no 10 bullying allegations. *Twitter.com/BBCLauraK*. Retrieved February 22, 2010, from http://twitter.com/BBCLauraK/status/9469476919.

Kuenssberg, L. (February 22, 2010b). Lord Mandelson tells me the bullying row has "acquired an odour" of a political operation directed at PM. Accuses Tories of directing jo... *Twitter.com/BBCLauraK*. Retrieved February 22, 2010, from http://twitter.com/BBCLauraK/statuses/9472417887.

Kuenssberg, L. (February 22, 2010c). One of the patrons of the bullying charity has just resigned. *Twitter.com/BBCLauraK*. Retrieved February 22, 2010, from http://twitter.com/BBCLauraK/status/9469476919.

Kuenssberg, L. (February 22, 2010d). PM's spokesman says Sir Gus O'Donnell has never raised concerns with Brown over bullying of staff. *Twitter.com/BBCLauraK*. Retrieved February 22, 2010, from http://twitter.com/BBCLauraK/statuses/9482433951.

Kuenssberg, L. (February 22, 2010e). Tory sources totally reject idea they had anything to do NOT with charity allegations—she contacted BBC direct not through tories yesterday. *Twittr.com/BBCLauraK*. Retrieved February 22, 2010, from http://twitter.com/BBCLauraK/statuses/9474573735.

Kuenssberg, L. (April 29, 2010f). Twitpic Photo. *Twitpic.com*. Retrieved May 18, 2010, from http://twitpic.com/1jghho.

Kurtz, H. (September 8, 2008). Palin & Press: A Testy Start. *Washington*

Post Website. Retrieved December 2, 2011, from http://www.washingtonpost.com/wp-dyn/content/article/2008/09/07/AR2008090702646.html.

Kwak, H., Lee, C., Park, H., & Moon, S. (2010). What is Twitter, a Social Network ora News Media? *Proceedings of the 19th International World Wide Web (WWW) Conference*, 19, 591-600.

Labourlist. (2010). Election 2010.*Labourlist Website*. Retrieved May 17, 2010, from http://www.labourlist.org/topics/Election2010/.

lanerobertlane. (May 8, 2010). Kay Burley Bullies a Protester in the Name of "Journalism." *YouTube*. Retrieved June 14, 2012, from http://www.youtube.com/watch? v=ELJh2bTK1ew&feature=plcp.

Langlois, R. N., & Garzarelli, G. (2008). Of Hackers and Hairdressers: Modularity and the Organizational Economics of Open-Source Collaboration. *Industry and Innovation*, 15 (2),125-143.

Latour, B. (1993).*We Have Never Been Modern*. Cambridge, MA:Harvard University Press.

Latour, B. (2005). *Reassembling the Social: An Introduction to Actor Network Th- eory*. Oxford:Oxford University Press.

Left Foot Forward. (2010). *Left Foot Forward Website*. Retrieved May 17, 2010, from http://www.left footforward.org/page/13.

Leigh, D. (December 3, 2010). Diplomatic Cables: Gaddafi Risked Nuclear Disaster Aft er UN Slight.*The Guardian*. Retrieved June 17, 2011, from http://www.guardian.co.uk/world/2010/dec/03/wikileaks-cables-libya-enriched-uranium.

Leigh, D., & Harding, L. (2011). *WikiLeaks*: Inside Julian Assange's War on Secrecy (Kindle ed.).London:Guardian Books.

Levine, E. (2008). Distinguishing Television: The Changing Meanings of Television Liveness.*Media, Culture and Society*, 30 (3), 393-409.

Levinson, P. (1998).*The Soft Edge: A Natural History and Future of the Information Revolution*. New York:Routledge.

Levitsky, S., & Way, L. (2010).*Competitive Authoritarianism: Hybrid Regimes aft er the Cold War*. New York:Cambridge University Press.

Libdemvoice. (April 22, 2010). Sky News Debate: Nick Clegg Opening Statement.*YouTube Website*. Retrieved April 22, 2010, from http://www.youtube.com/watch? v=5EFnJ_pQ2hI&feature=youtu.be&a.

Liberal Democrat Voice. (2010). Monthly Archives: April 2010. *Liberal Democrat Voice Website*. Retrieved May 17, 2010, from http://www. libdemvoice.

org/date/2010/04.

Livingstone, S., & Lunt, P. (1994). *Talk on Television: Audience Participation and Public Debate*. London: Routledge.

Lockwood, M., & Davidson, J. (2010). Environmental Governance and the Hybrid Regime of Australian Natural Resource Management. *Geoforum*, 41 (3), 388-398.

Lukes, S. (2004). *Power: A Radical View* (Second ed.). Basingstoke, UK: Palgrave Macmillan.

Lulka, D. (2009). The Residual Humanism of Hybridity: Retaining a Sense of the Earth. *Transactions of the Institute of British Geographers*, 34 (3), 378-393.

Luntz, F. (April 16, 2010). U.S. Pollster Uses Instant Response Method to Rate Politicians Debate. *Sun Website*. Retrieved April 16, 2010, from http://www.thesun. co. uk/sol/homepage/news/election2010/2934852/US-pollster-uses-Instant-Response-method-torate-politicians-debate.html.

Luvaas, B. (2009). Dislocating Sounds: The Deterritorialization of Indonesian Indie Pop. *Cultural Anthropology*, 24 (2), 246-279.

Lyons, J., & Beatt ie, J. (April 19, 2010). Crush Clegg: Desperate Tories Fightback Panic. *Daily NOT Mirror* , pp. 10-11.

Ma3lst0rm. (2008). The Sound of Freedom. *YouTube* . Retrieved August 6, 2012, from http://www.youtube.com/watch? v=6-lDEEs9ipw.

Macdonald, T. (2008). What's So Special About States? Liberal Legitimacy in a Globalising World. *Political Studies*, 56 (3), 544-565.

Maguire, K. (April 22, 2010). So bad for the Cons spinner Paul Stephenson's trying to brief hacks in the Bristol centre while debate's on. Poor form. *Twitter.com/Kevin_Maguire*. Retrieved April 22, 2010, from http://twitter.com/Kevin_Maguire/status/12658132770.

Malbin, M. (November 24, 2008). Reality Check: Obama Received about the Same Percentage from Small Donors in 2008 as Bush in 2004. *Campaign Finance Institute Website*. Retrieved December 13, 2011, from http://www.cfi nst.org/Press/PReleases/08-11-24/Realty_Check_-_Obama_Small_Donors.aspx.

Mann, M. (1986). *The Sources of Social Power, Volume 1: A History fr om the Beginning to 1760 AD* .Cambridge: Cambridge University Press.

Manning, L. (February 21, 2010). National Bullying Helpline tells ITV News they have had several calls from staff at Downing Street complaining about bullying culture. *Twitter.com/lucymanning*. Retrieved February 21, 2010, from http://twitter.com/lucymanning/status/9435675183.

Manovich, L. (2001). *The Language of New Media*. Cambridge, MA: MIT Press.

Margolis, J. (2009). Comments on Advertising. In K. H. Jamieson (Ed.), *E-lecting the President* 2008: *The Insiders' View* (pp. 108-134). Philadelphia: University of Pennsylvania Press.

Marvin, C. (1988). *When Old Technologies Were New* . New York: Oxford University Press.

Massanari, A. L., & Howard, P. N. (2011). Information Technologies and Omnivorous News Diets Over Three U.S. Presidential Elections. *Journal of Information Technology and Politics*, 8 (2), 177-198.

Mast, J. (2009). New Directions in Hybrid Popular Television: A Reassessment of Television Mock-Documentary. *Media, Culture and Society*, 31 (2), 231-250.

May, A. L. (2009). The Preacher and the Press: How the Jeremiah Wright Story Became the First Feeding Frenzy in the Digital Age. In D. W. Johnson (Ed.), *Campaigning for President* 2008: *Strategy and Tactics, New Voices and New Techniques* (pp. 78-101). Abingdon: Routledge.

Mazzett i, M. (November 28, 2010). U. S. Expands Role of Diplomats in Spying. *New York Times Website*. Retrieved June 20, 2011, from http://www.nytimes.com/2010/11/29/world/29spy.html

Mazzoleni, G., & Schultz, W. (1999). "Mediatization" of Politics: A Challenge forDemocracy? *Political Communication*, 16 (3), 247-261.

McCarthy, K. (February 21, 2010a). RT @AdamBienkov New Post: Who are the National Bullying Helpline? http://bit.ly/cd8hYJ < incl link to this http://bit.ly/92bpMy.*Twitter.com/KerryMP* . Retrieved February 21, 2010, from htt- p://twitter.com/KerryMP/status/9450210148.

McCarthy, K. (February 20, 2010b). RT @ mickswales: Getting sick of journos who made careers on back of links to Lab now trashing us to curry favour with Tories. < # rawnsleyrot. *Twitter. com/KerryMP*. Retrieved February 20, 2010, from http://twitter.com/KerryMP/status/9403106398.

Mckathomas. (April 19, 2007). Bomb Bomb Bomb, Bomb Bomb Iran. *YouTube*. Retrieved December 19, 2011, from http://www.youtube.com/watch? v =o-zoPgv_nYg.

McLuhan, M. (1964).*Understanding Media: The Extensions of Man*. New

York:McGraw-Hill.

McNair, B. (2006). *Cultural Chaos: Journalism, News and Power in a Globalized World*. London:Routledge.

McQuail, D. (1992). *Media Performance: Mass Communication in the Public Interest*. London:Sage.

Messner, M., & DiStaso, M. W. (2008). The Source Cycle: How Traditional Media and Weblogs Use Each Other as Sources. *Journalism Studies*, 9 (3), 447-463.

Metcalfe, N. (April 15, 2010). Leaders' Debate—As It Happened. *MSN UK Website*. Retrieved April 15, 2010, from http://msnuknews. spaces. live. com/Blog/cns! 93FC6ECA7DF64076! 17170. entry

Mey, S. (January 4, 2010). Leak-o-nomy: The Economy of Wikileaks*Medien Ö-konomie Blog*. Retrieved July 22, 2011, from http://stefan-mey.com/2010/01/04/leak-onomy-the-economy-of-wikileaks

Miller, C. R., & Shepherd, D. (2004). Blogging as Social Action: A Genre Analysis of the Weblog. In L. Gurak, S. Antonijevic, L. Johnson, C. Ratliff & J. Reyman (Eds.), *Into the Blogosphere: Rhetoric, Community, and Culture of Weblogs*. St. Paul:University of Minnesota. Retrieved October 21, 2012, from http://blog.lib.umn.edu/blogosphere/.

Miller, L. S. (May 16, 2008). Obama Girl Directors Get Feature Gig. *Gigaom Website*. Retrieved December 14, 2011, from http://gigaom.com/video/obama-girl-directors-get-feature-gig.

Mitchell, G. (2011). *The Age of Wikileaks: From Collateral Murder to Cablegate (and Beyond)* (Kindle ed.). New York:Sinclair Books.

Molotch, H., & Lester, M. (1974). News as Purposive Behavior: On the Strategic Use of Routine Events, Accidents, and Scandals. *American Sociological Review*, 39 (1), 101-112.

Montgomerie, T. (February 20, 2010a). Andrew Rawnsley's Revelations About Gordon Brown. *Conservative Home Website*. Retrieved February 20, 2010, from http://conservativehome. blogs. com/left watch/2010/02/andrew-rawnsleys-revelations-about-gordon-brown.html.

Montgomerie, T. (February 22, 2010b). BREAKING: Cameron suggests Sir Philip Mawer, custodian of ministerial code, runs an inquiry to get to bott om of bullying allegations # pbage. *Twitter.com/TimMontgomerie*. Retrieved February 22, 2010, from http://twitter.com/TimMontgomerie/status/9471176686.

Montgomerie, T. (January 30, 2010c). Brown Accused of Violence Against

Staff in Damaging New Revelations. *Conservative Home Website*. Retrieved June 15, 2010, from http://conservativehome. blogs. com/left watch/2010/01/brown-accused-of-violence-against-staff -in-damagingnew-revelations.html.

Montgomerie, T. (2010). Twitpic photo. *Twitpic.com*. Retrieved May 18, 2010, from http://twitpic.com/1jgg15.

Moreno, J. (December 9, 2010). WikiLeaks Cables Had a Huge Impact in Spain, SaysEl Pais Editor-in-Chief. *Guardian Website*. RetrievedDecember9, 2010, from http://www. guardian. co. uk/world/2010/dec/09/wikileaks-cables-huge-impact-spain/print.

Mottola, C. (2009). Comments on Advertising. In K. H. Jamieson (Ed.), *Electing the President* 2008: *The Insiders' View* (pp. 108-134). Philadelphia: University of Pennsylvania Press.

Nagourney, A. (September 2, 2008a). In Political Realm, "Family Problem" Emerges as Test.*New York Times Website*. Retrieved November 30, 2011, from http://www. nytimes. com/2008/09/02/us/politics/02assess. html? pagewanted = print.

Nagourney, A. (January 4, 2008b). Obama Takes Iowa in a Big Turnout as Clinton Falters; Huckabee Victor. *New York Times Website*. Retrieved February 10, 2012, from http://www. nytimes. com/2008/01/04/us/politics/04elect. html? pagewanted=all.

Nederveen Pieterse, J. (2001). Hybridity, So What? The Anti-hybridity Backlash and the Riddles of Recognition. *Theory*, *Culture*, *and Society*, 18 (2-3), 219-245.

News of the World. (February 20, 2010). PM Denies He Hit Aide. *News of the World Website*. Retrieved February 20, 2010, from http://www.newsoft heworld. co.uk/news/735212/Brown-I-have-never-hit-anyone-in-my-life.html.

Nielsen.(March 22, 2010). Americans Using TV and Internet Together 35% More Than A Year Ago.*Nielsen Website*.Retrieved May 30,2012,from http://blog. nielsen.com/nielsenwire/online_mobile/three-screen-report-q409.

Nielsen. (2011a). The Cross-Platform Report, Quarter 1, 2011. *Nielsen Website*. Retrieved March 2, 2012, from http://www.nielsen.com/us/en/insights/reports-downloads/2011/cross-platform-report-q1-2011.html.

Nielsen. (2011b). The Cross-Platform Report, Quarter 3, 2011. *Nielsen Website*. Retrieved March 2, 2012, from http://www.nielsen.com/us/en/insights/reports-downloads/2012/cross-platform-report-q3-2011.html.

Nielsen. (2012). The Cross-Platform Report, Quarter 4, 2011. *Nielsen Website*. Retrieved May 30, 2012, from http://nielsen.com/us/en/insights/reports-downloads/2012/the-cross-platform-report-q4-2011.html

Nielsen, R. K. (2011). Mundane Internet Tools, Mobilizing Practices, and the Coproduction of Citizenship in Political Campaigns. *New Media and Society* , 13 (5), 755-771.

Nielsen, R. K. (2012). *Ground Wars: Personalized Political Communication in Political Campaigns*. Princeton: Princeton University Press.

Nord, L. W. (2006). Still the Middle Way: A Study of Political Communication Practices in Swedish Election Campaigns. *Harvard International Journal of Press/Politics*, 11 (1), 64-76.

Nutt all, S. (February 21, 2010). Oh dear & the Patron of the National Bullying Helpline is...wait for it...Ann Widdecombe. Be afraid. Be very afraid Mr Brown! *Twitter.com/sarahcopywriter* . Retrieved February 21, 2010, from http://twitter.com/sarahcopywriter/statuses/9436865337.

O'Carroll, L. (February 15, 2012). Times Digital Subscribers Rise to Just under 120,000. *Guardian Website*. Retrieved March 7, 2012, from http://www.guardian.co.uk/media/2012/feb/15/times-digital-subscribers-rise.

O'Loughlin, B. (April 20, 2010). TV Debate: Initial Twitter Analysis Shows Level of Support for Party Leaders and Winners by Topic. *New Political Communication Unit Website*. Retrieved April 20, 2010, from http://newpolcom.rhul.ac.uk/npcu-blog/2010/4/20/tv-debate-initialtwitter-analysis-shows-level-of-support-fo. html.

Oakeshott, I. (February 21, 2010). Gordon Brown Forced To Deny Hitt ing Staff. *Sunday Times Website*. Retrieved February 21, 2010, from http://www.timesonline.co.uk/tol/news/politics/article7034938.ece#cid=OTC-RSS&att r=797084.

Oborne, P. (April 22, 2010). Dirty Tricks of the REAL Nasty Party. *Daily Mail Website*. Retrieved April 22, 2010, from http://www.dailymail.co.uk/debate/article-1267912/General-Election2010-Liberal-Democrats-dirty-tricks-real-nasty-party.html.

Operation Leakspin. (2010). Crowdsourcing WikiLeaks Content. *Reddit Website*. Retrieved July 27, 2011, from http://www.reddit.com/r/leakspin.

Ostrom, E. (1990). *Governing the Commons: The Evolution of Institutions for Collective Action*. Cambridge: Cambridge University Press.

Owen, D. (2010). Media in the 2008 Election: 21st Century Campaign, Same

Old Story. In L. J. Sabato (Ed.), *The Year of Obama: How Barack Obama Won the White House* (pp. 167-186).London:Longman.

Oxford Internet Survey. (2007).*The Internet in Britain*: 2007. Oxford:Oxford Internet Institute.

Oxford Internet Survey. (2009). *The Internet in Britain*: 2009. Oxford:Oxford Internet Institute.

Oxford Internet Survey. (2011). *Next Generation Users: the Internet in Britain*, 2011. Oxford:Oxford Internet Institute.

Pack, M. (April 22, 2010). I liked a YouTube video—Sky News Debate: Nick Clegg opening statement http://youtu.be/5EFnJ_pQ2hI? a.*Twitter.com/markpack*. Retrieved April 22, 2010, from http://twitter. com/markpack/status/12661723684.

Packer, G. (2010). The Right to Secrecy. *The New Yorker Website*. Retrieved November29, 2010, from http://www. newyorker. com/online/blogs/georgepacker/2010/11/the-right-to-secrecy.html.

Pappas, A. (2010). Die-Hard "West Wing" Fans Keep Show Going by Assuming Characters' Identities on Twitter.*Daily Caller Website*. Retrieved December 2, 2010, from http://dailycaller. com/2010/11/29/die-hard-' west-wing '-fans-keep-show-going-by-assuming-characters-identities-on-twitter/print/.

Parsons, T. (1951).*The Social System*. New York:Free Press.Patterson, T. E. (1993). Out of Order. New York:Knopf.

Patterson, T. E. (1998). Time and News: The Media's Limitations as an Instrument of Democracy.*International Political Science Review* , 19 (1), 55-67.

Pedersen, J. S., & Dobbin, F. (2006). In Search of Identity and Legitimation: Bridging Organizational Culture and Neoinstitutionalism. *American Behavioral Scientist* , 49 (7), 897-907.

Pew Research Center. (November 13, 2008a). High Marks for the Campaign, a High Bar for Obama.*Pew Research Center for the People and the Press Website*. Retrieved December 13, 2011, from NOT http://www.people-press.org/2008/11/13/section-5-the-press-and-campaign-2008/

Pew Research Center. (2008b). Many Say Press Has Been Too Tough on Palin, Positive Ratings for Coverage of Financial Crisis.*Pew Research Center for the People and the Press Website*. Retrieved February 28, 2012, from http://www. people-press.org/2008/10/09/many-say-press-has-been-too-tough-on-palin.

Pew Research Center. (March 27, 2008c). Obama and Wright Controversy

Dominate News Cycle. *Pew Research Center for the People and the Press Website*. Retrieved December 6, 2011, from http://www.peoplepress.org/2008/03/27/obama-and-wright-controversy-dominate-news-cycle/.

Pew Research Center. (October 11, 2012). One-in-Ten "Dual-Screened" the Presidential Debate. *Pew Research Center for the People and the Press Website*. Retrieved October 12, 2012, from http://www.people-press.org/2012/10/11/one-in-ten-dual-screened-the-presidential-debate.

Phillips, K. (July 26, 2007). Clinton-Obama Commander Duel: Part 4. *New York Times Website*. Retrieved December 14, 2011, from http://thecaucus.blogs.nytimes.com/2007/07/26/clinton-obama-commander-duel-part-4/.

Pierce, A. (April 19, 2010). Who's to Blame for Cameron's TV Nightmare? *Daily Mail* .

Pitney, N. (September 25, 2008). Palin Talks Russia With Katie Couric (VIDEO). *Huffi ngton Post Website* . Retrieved December 2, 2011, from http://www.huffi ngtonpost.com/2008/09/25/palin-talks-russia-with-k_n_129318.html.

Plasser, F., & Plasser, G. (2002). Global Political Campaigning: A Worldwide Analysis of Campaign Professionals and Their Practices. Westport, CT: Praeger.

Plouff e, D. (2010). *The Audacity To Win: How Obama Won and How We Can Beat the Party of Limbaugh, Beck, and Palin* (Second ed.). London: Penguin.

Political Scrapbook. (March 6, 2010). Macrory Meltdown: Tory Head of Press Proves David Cameron Right With Bizarre Twitter Tirade. *Political Scrapbook Website*. Retrieved May 28, 2012, from http://politicalscrapbook.net/2010/03/macrory-meltdown-tory-head-ofpress-proves-david-cameron-right-with-bizarre-twitter-tirade/.

Pool, I. d. S. (1983a). *Forecasting the Telephone: A Retrospective Technology Assessment* . Norwood, NJ: Ablex Publishing Corporation.

Pool, I. d. S. (1983b). *Technologies of Freedom* . Cambridge, MA: Harvard University Press.

Popkin, S. L. (2006). Changing Media, Changing Politics. *Perspectives on Politics*, 4 (2), 327-341.

Populus. (2010). Post Debate Poll—April 15, 2010. *Populus Website*. Retrieved April 20, 2010, from http://www.populuslimited.com/the-times-post-debate-poll-april-15-2010-150410.html.

Porter, A., Hope, C., & Prince, R. (April 19, 2010). Cameron Thinks Positive to Counter Threat From Clegg. *Daily Telegraph* , p. 1.

Powell, L. (2010). Obama and Obama Girl: YouTube, Viral Videos, and the

2008 Presidential Campaign. In J. A. Hendricks & R. E. Denton Jr (Eds.), *Communicator-in-Chief: How Barack Obama Used New Media Technology to Win the White House* (pp. 83-104). Plymouth, UK: Lexington Books.

Powell, M. (June 4, 2008). Barack Obama: Calm in the Swirl of History. *New York Times Website*. Retrieved December 6, 2011, from http://www.nytimes.com/2008/06/04/us/politics/04obama.html? _r=1&oref=slogin&pagewanted=all.

Prior, M. (2007). *Post-Broadcast Democracy: How Media Choice Increases Inequality in Political Involvement and Polarizes Elections* . New York: Cambridge University Press.

Ranerup, A. (2007). Electronic Government as a Combination of Human and Technological Agency: Testing the Principle of Symmetry. *Information Polity: The International Journal of Government and Democracy in the Information Age* , 12 (3), 153-167.

Rasiej, A., & Sifry, M. L. (November 12, 2008). The Web: 2008's Winning Ticket.*Politico.com Website* . Retrieved December 13, 2011, from http://www.politico.com/news/stories/1108/15520.html

Rawnsley, A. (2010a).*The End of the Party: The Rise and Fall of New Labour*. London: Viking.

Rawnsley, A. (February 21, 2010b). RT @lucymanning: National Bullying Helpline tells ITV News NOT they have had several calls from staff at Downing Street complaining about bu... *Twitter.com/andrewrawnsley*. Retrieved February 21, 2010, from http://twitter.com/andrewrawnsley/status/9435705626.

Rawnsley, A. (February 22, 2010c). @TimMontgomerie Sir Gus O'Donnell spoke to the Prime Minister about his behaviour. My source for that could not be better. *Twitter.com/andrewrawnsley* . Retrieved February 22, 2010, from http://twitter.com/andrewrawnsley/statuses/9483015813

Redden, J., & Witshge, T. (2010). A New News Order? Online News Content Examined. In N. Fenton (Ed.), *New Media, Old News: Journalism and Democracy in the Digital Age* (pp. 171-186). London: Sage.

Reese, S. D. (1991). Sett ing the Media's Agenda: A Power Balance Perspective.*Communication Yearbook*, 14, 309-340.

Richardson, K., Parry, K., & Corner, J. (2012).*Political Culture and Media Genre: Beyond the News*.Basingstoke, UK: Palgrave Macmillan.

Rifk in, J. (1987). *Time Wars: The Primary Conflict in Human History* . New York: Henry Holt.

Risse, T. (2004). Global Governance and Communicative Action. *Government and Opposition*, 39 (2), 288-313.

Rizzo, T. (2008). YouTube: The New Cinema of Att ractions.*Scan: Journal of Media Arts Culture* , 5 (1). Retrieved July 10, 2012, from http://scan.net.au/scan/journal/display.php? journal_id=109

Robinson, N. (February 21, 2010a). Brown's Behaviour. *Nick Robinson's Newslog*. Retrieved February 21, 2010, from http://www. bbc. co. uk/blogs/nickrobinson/2010/02/browns_behaviou.html.

Robinson, N. (February 21, 2010b). Mandelson Comments Backfi re.*Nick Robinson's Newslog* .Retrieved February 21,2010,from http://www.bbc.co.uk/blogs/nickrobinson/2010/02/mandelson_comme.html.

Robinson, N. (February 21, 2010c). No 10 Questions Helpline in Brown "Bullying" Row.*Nick Robinson's Newslog* . Retrieved February 21, 2010, from http://www.bbc.co.uk/blogs/nickrobinson/2010/02/helplines_invol.html.

Robinson, N. (April 15, 2010). Queasy Feeling. *Nick Robinson's Newslog* . Retrieved April 15, 2010, from http://www. bbc. co. uk/blogs/nickrobinson/2010/04/queasy_feeling.html.

Rogers, P. (April 16, 2010). Finally, the Leaders' Debate.*The Times Election Blog*. Retrieved April 30, 2010, from http://timesonline. typepad. com/election10/2010/04/fi nally-the-leaders-debate.html.

Rosenberg, H., & Feldman, C. S. (2008).*No Time to Think: The Menace of Media Speed and the 24-Hour News Cycle* . New York:Continuum.

Roshco, B. (1975).*Newsmaking* . Chicago:University of Chicago Press.

Rusbridger, A. (January 28, 2011). WikiLeaks: The Guardian's Role in the Biggest Leak in the History of the World. *Guardian Website*. Retrieved June 10, 2011, from http://www. guardian. co. uk/media/2011/jan/28/wikileaks-julian-assange-alan-rusbridger.

Rutenberg, J. (September 3, 2008). THE CAUCUS; Fallout for Larry King. *New York Times Website* . Retrieved December 3, 2011, from http://query.nytimes.com/gst/fullpage.html? res=940CE7DF1331F930A3575AC0A96E9C8B63.

Sabato, L. J. (2010). The Election of Our Lifetime. In L. J. Sabato (Ed.),*The Year of Obama: How Barack Obama Won the White House* (pp. 31-74). London: Longman.

Said, E. (1994).*Culture and Imperialism*. New York:Knopf.

Saldhana, A. (2003). Review Essay: Actor Network Theory and Critical Sociology.*Critical Sociology*,29 (3), 419-432.

Sampson, R. J., MacIndoe, H., McAdam, D., & Weffer-Elizondo, S. (2005). Civil Society Reconsidered: The Durable Nature and Community Structure of Collective Civic Action.*American Journal of Sociology*, 111 (3), 673-714.

Sandler, T. (2010). Common-Property Resources: Privatization, Centralization, and Hybrid Arrangements.*Public Choice*, 143 (3-4), 317-324.

Sanger, D. E., Glanz, J., & Becker, J. (November 28, 2010). Around the World, Distress Over Iran. *New York Times Website* . Retrieved June 20, 2011, from http://www. nytimes. com/2010/11/29/world/middleeast/29iran. html? pagewanted=all

SaveOurSovereignty2. (September 11, 2008). Sarah Palin ABC Interview with Charlie Gibson Part 1. *YouTube* . Retrieved December 2, 2011, from http://www. youtube.com/watch? v=3ALsjhDDdaA.

Schlesinger, P. (1977). Newsmen and Their Time-Machine. *British Journal of Sociology*, 28 (3),336-350.

Schlesinger, P. (1978).*Putting "Reality" Together*: *BBC News*. London:Constable.

Schmidt, S. (2009). Comments on Campaign Organization and Strategy. In K. H. Jamieson (Ed.),*Electing the President* 2008: *The Insiders' View* (pp. 55-83). Philadelphia:University of Pennsylvania Press.

Scott, D., & Barnett, C. (2009). Something in the Air: Civic Science and Contentious Environmental Politics in Post-Apartheid South Africa.*Geoforum*, 40 (3), 373-382.

Scott, J., & Marshall, G. (2009). Ontology. In J. Scott & G. Marshall (Eds.), *Oxford Dictionary of Sociology*. Online version. Oxford:Oxford University Press. Retrieved November 21, 211, from http://www. oxfordreference. com/view/10. 1093/acref/9780199533008. 001. 0001/acref-9780199533008-e-1610? rskey = dExJRo&result=6&q=Ontology.

Seidman, S. A. (2010). Barack Obama's 2008 Campaign for the U. S. Presidency and Visual Design. *Journal of Visual Literacy* , 29 (1), 1-27.

Sellers, P. (2010).*Cycles of Spin*: *Strategic Communication in the U.S. Congress*. New York:Cambridge University Press.

Shah, S. K. (2006). Motivation, Governance, and the Viability of Hybrid Forms in Open Source Soft ware Development. *Management Science*, 52 (7), 1000-1014.

Shane, S. (January 15, 2011). Cables From American Diplomats Portray U.S. Ambivalence on Tunisia. *New York Times Website*. Retrieved July 18, 2011, from http://www.nytimes.com/2011/01/16/world/africa/16cables.html.

Shane, S., & Lehren, A. W. (November 28, 2010). Leaked Cables Offer Raw Look at U.S. Diplomacy. *New York Times Website*. Retrieved July 18, 2011, from http://www.nytimes.com/2010/11/29/world/29cables.html.

Shapira, I., & Warrick, J. (December 12, 2010). WikiLeaks' Advocates are Wreaking "Hacktivism." *Washington Post Website*. Retrieved December 12, from http://www. washingtonpost. com/wp-dyn/content/article/2010/12/11/AR2010121103152.html.

Shearman, S. (June 23, 2011). MailOnline Closes Gap on NYT. *Media Week Website*. Retrieved March 5, 2012, from http://www. mediaweek. co. uk/news/1076525/MailOnline-closes-gapNYT.

Shim, D. (2006). Hybridity and the Rise of Korean Popular Culture in Asia. *Media, Culture and Society*, 28 (1), 25-44.

Shipman, T. (April 22, 2010). Nick Clegg's Nazi Slur on Britain. *Daily Mail Website*. Retrieved April 22, 2010, from http://www.dailymail.co.uk/news/election/article-1267921/GENERA L-ELECTION-2010-Nick-Clegg-Nazi-slur-Britain.html.

Shome, R. (2006). Thinking Through the Diaspora: Call Centers, India, and a New Politics of Hybridity. *International Journal of Cultural Studies*, 9 (1), 105-124.

Siebert, F. S., Peterson, T., & Schramm, W. (1956). *Four Theories of the Press: The Authoritarian, Libertarian, Social Responsibility, and Soviet Communist Concepts of What the Press Should Be and Do*. Urbana: University of Illinois Press.

Sifry, M. L. (May 1, 2007). The Battle to Control Obama's MySpace. *Tech President Web site*. Retrieved December 13, 2011, from http://techpresident.com/blog-entry/batt le-control-obamas-myspace.

Sifry, M. L. (December 31, 2009). The Obama Disconnect: What Happens When Myth Meets Reality. *Tech President Website*. Retrieved December 23, 2011, from http://techpresident.com/blog-entry/the-obama-disconnect.

Singel, R. (February 18, 2009). WikiLeaks Forced to Leak Its Own Secret Info—Update. *Wired Website*. Retrieved June 22, 2011, from http://www.wired.com/threatlevel/2009/02/wikileaks-force/.

Sklar, R. (1987). Developmental Democracy. *Comparative Studies in Society and History* , 29 (4), 686-714.

Sky News. (April 12, 2010a). Sky News to Capture Instant Reaction to Leaders' Debates via Text Polling. *Sky News Website*. Retrieved April 16, 2010, from http://www. skypressoffi ce. co. uk/SkyNews/Resources/showarticle. asp? id=2952

Sky News. (2010b). Sky News, February 22.

Sky News. (2010c). Sunday Live with Adam Bolton, February 21.

Slack, J. (April 21, 2010). How the LibDems Would Release 60,000 Convicts. *Daily Mail Website* . Retrieved April 21, 2010, from http://www.dailymail.co.uk/debate/article-1267658/General-Election-2010-How-Lib-Dems-release-60-000-convicts.html.

Slajda, R. (December 1, 2010). How Lieberman Got Amazon to Drop Wikileaks. *Talking Points Memo Website* . Retrieved July 26, 2011, from http://tpmmuckraker.talkingpointsmemo. com/2010/12/how_lieberman_got_amazon_to_drop_wikileaks.php.

Smith, D. (December 8, 2010). Wikieaks Cables: Shell's Grip on Nigerian State Revealed. *Guardian Website*. Retrieved July 18, 2011, from http://www. guardian.co.uk/business/2010/dec/08/wikileaks-cables-shell-nigeria-spying.

Smith, R. L. (1972). *The Wired Nation: Cable TV: The Electronic Communications Highway*. New York: Harper & Row.

Snider, M. (October 30, 2008). Late-night Laughs Capture the Online Vote. *ABC News Website* . Retrieved December 9, 2011, from http://abcnews. go. com/Technology/story? id=6145335&page=1#.TuHv-yM9Ww4.

Socialbakers. (June 27, 2012). Facebook Statistics by Country. *Socialbakers Website*. Retrieved June 27, 2012, from http://www. socialbakers. com/facebook-statistics/.

Sparrow, A. (April 15, 2010). Leaders' Debate Live Blog. *Guardian Website* . Retrieved April 15, 2010, from http://www. guardian. co. uk/politics/blog/2010/apr/15/leaders-debate-live-blog.

Spinuzzi, C. (2003). *Tracing Genres Through Organizations: A Sociocultural Approach to Information Design* . Cambridge, MA: MIT Press.

Stacey, K., & Pickard, J. (April 15, 2010). Cameron Warns of "Sluggish" TV Debate. *Financial Times Website* . Retrieved April 29, 2010, from http://www.ft. com/cms/s/0/ed6f0ab4-4860-11df-9a5d-00144feab49a.html.

Stanyer, J. (2001). *The Creation of Political News: Television and British*

Party Political Conferences.Brighton:Sussex Academic Press.

Star, A., & New York Times Staff (Eds.). (2011). *Open Secrets: Wikieaks, War, and American Diplomacy* (Kindle ed.). New York:New York Times.

Stelter, B. (March 27, 2008). Finding Political News Online, the Young Pass it On.*New York Times Website* . Retrieved November 24, 2011, from http://www.nytimes.com/2008/03/27/us/politics/27voters.html? _r = 2&hp = &adxnnl = 1&oref=slogin&adxnnlx=1206666163-YpoMNe/u2DIXJ6Q+JgPlLQ.

Sun. (February 21, 2010). Brown Denies Bully Allegations.*Sun Website*. Retrieved February 21, 2010, from http://www.thesun.co.uk/sol/homepage/news/2862173/Brown-denies-bully-allegations.html.

Sunday Mirror. (February 21, 2010). PM staff "Called Bully Helpline." *Sunday Mirror Website* . Retrieved February 21, 2010, from http://www.mirror.co.uk/news/latest/2010/02/21/pm-staff -called-bullying-helpline-115875-22059901/.

Sunday Telegraph. (February 21, 2010a). Gordon Brown Attacked by Anti-Bullying Chief.*Sunday Telegraph Website* . Retrieved February 21, 2010, from http://www.telegraph.co.uk/news/newstopics/politics/gordon-brown/7286800/Gordon-Brown-attacked-byanti-bullying-chief.html.

Sunday Telegraph. (February 21, 2010b). Gordon Brown Criticised by Anti-BullyingHead.*Sunday Telegraph Website* . Retrieved February 21, 2010, from http://www.telegraph.co.uk/news/newstopics/politics/gordon-brown/7286639/Gordon-Brown-criticised-byanti-bullying-head.html.

Sunday Telegraph. (February 21, 2010c). Gordon Brown Denies "Malicious" Claim He Mistreated Staff. *Sunday Telegraph Website*. Retrieved February 21, 2010, from http://www.telegraph.co.uk/news/newstopics/politics/gordon-brown/7283579/Gordon-Brown-denies-malicious-claim-he-mistreated-staff.html

Sunday Telegraph. (February 21, 2010d). Lord Mandelson Defends Gordon Brown Against Bullying Claims.*Sunday Telegraph Website* . Retrieved February 21, 2010, from http://www.telegraph.co.uk/news/newstopics/politics/gordon-brown/7284679/Lord-Mandelson-defends-Gordon-Brown-against-bullying-claims.html.

Surowiecki, J. (2004). *The Wisdom of Crowds*. London:Little, Brown.

Sweney, M. (April 28, 2010). Leaders' Debate: Nearly 700 Complain to OFCOM Over Treatment of Nick Clegg. *Guardian Website* . Retrieved May 13, 2010, from http://www.guardian.co.uk/media/2010/apr/28/leaders-debate-complaints.

Sweney, M. (October 5, 2011). U.K. Web Ad Spend Defi es Slowdown.*Guardian Website* .RetrievedFebruary28, 2012, from http://www.guardian.co.uk/media/

2011/oct/05/uk-web-adspend.

Tapper, J. (December 8, 2010). Exclusive: Sarah Palin Under Cyber-Att ack from Wikileaks Supporters in "Operation Payback. "*ABC News Website* . Retrieved June 20, 2011, from http://blogs.abcnews.com/politicalpunch/2010/12/exclusive-palin-under-cyber-att ack-from-wikileaks-supporters-in-operation-payback.html? loc =interstitialskip.

Taylor, T. D. (1997).*Global Pop: World Music, World Markets*. London: Routledge.

Teachout, Z. (October 10, 2007). You Don't Have the Power. TechPresident Website. Retrieved December 23, 2011, from http://techpresident.com/blog-entry/you-don%E2%80%99t-have-power

The Colbert Report. (July 24, 2008). The Colbert Report.*TV.com Website*. Retrieved December 6, 2011, from http://www.tv.com/shows/the-colbert-report/garrett -reisman-1218292/.

The Labour Party. (April 16, 2010). The Leaders' Debate. *Labour Party Website* . Retrieved April 16, 2010, from http://www2.labour.org.uk/the-leaders-debate.

Thompson, L., & Cupples, J. (2008). Seen and not Heard? Text Messaging and Digital Sociality.*Social and Cultural Geography* , 9 (1), 95-108.

Times. (April 15, 2010). Leaders' Debate Live Blog.*Times Website* . Retrieved April 15, 2010, from http://www. timesonline. co. uk/tol/news/politics/article7098806.ece.

Tindall, A. (2010). just spent an hour listening to the scaremongering of a corrupt, paranoid homophobe—Julian Lewis, New Forest East CON MP/PPC. *Twitter.com/andrewtindall* . Retrieved May 21, 2012, from http://twitter.com/#! /andrewtindall/statuses/12454732789.

Toner, M. E. (2010). The Impact of Federal Election Laws on the 2008 Presidential Election. In L. J. Sabato (Ed.),*The Year of Obama: How Barack Obama Won the White House* (pp. 149-165).London:Longman.

Tuchman, G. (1978). *Making News: A Study in the Construction of Reality* . New York:Free Press.

Twapperkeeper. (2010a). Twitter Hashtag Archive for # nickcleggsfault. *Twapperkeeper.com* . Retrieved May 14, 2010, *from http://twapperkeeper.com/allnotebooks.php.*

Twapperkeeper. (2010b). Twitter Hashtag Archives for # ukelection, # ge2010, and # ge10. *Twapperkeeper.com*. Retrieved May 14, 2010, from http://

twapperkeeper.com/allnotebooks.php.

U.K. Charity Commission. (February 25, 2010). Charity Commission Opens Inquiry into National Bullying Helpline. *Charity Commission Website*. Retrieved February 25, 2010, from http://www.charitycommission.gov.uk/RSS/News/pr_national_bullying.aspx.

U.K. Office for National Statistics. (2009). *Internet Access 2008: Households and Individuals*. Cardiff: Office for National Statistics.

U.K. Office of Communications. (2008). *The Communications Market 2008*. London: HMSO.

U.K. Office of Communications. (June 30, 2010). Halt in Decline of Flagship TV News Programmes. *U.K. Office of Communications Website*. Retrieved March 2, 2012, from http://media.ofcom.org.uk/2010/06/30/halt-in-decline-of-fl agship-tv-news-programmes/.

U.K. Office of Fair Trading. (2008). *Newspaper and Magazine Distribution in the United Kingdom*. London: HMSO.

U.K. Offi ce of Fair Trading. (2009). *Review of the Local and Regional Media Merger Regime: Final Report*. London: HMSO.

U.S. Department of Justice. (July 19, 2011). Sixteen Individuals Arrested in the United States for Alleged Roles in Cyber Att acks. *U.S. Department of Justice Website*. RetrievedJuly19, 2011, from http://www.justice.gov/opa/pr/2011/July/11-opa-944.html

United States Army Counterintelligence Center. (2008). WikiLeaks.org—An Online Reference to Foreign Intelligence Services, Insurgents, or Terrorist Groups? *WikiLeaksWebsite*. RetrievedJune10, 2011, from http://mirror.wikileaks.info/leak/us-intel-wikileaks.pdf.

Vaccari, C. (2010). "Technology Is a Commodity": The Internet in the 2008 United States Presidential Election. *Journal of Information Technology and Politics*, 7 (4), 318-339.

Valenzuela, J. S. (1992). Democratic Consolidation in Post-Transitional Sett ings: Notion, Process, and Facilitating Conditions. In S. Mainwaring, G. O'Donnell & J. S. Valenzuela (Eds.), *Issues in Democratic Consolidation: The New South American Democracies in Comparative Perspective* (pp.64-66). Notre Dame: University of Notre Dame Press.

Vargas, J. A. (November 20, 2008). Obama Raised Half a Billion Online. *Washington Post Website*. Retrieved December 14, 2011, from http://voices.washingtonpost.com/44/2008/11/obama-raised-half-a-billion-on.html.

Wade, P. (2005). Hybridity Theory and Kinship Thinking. *Cultural Studies* , 19 (5), 602-621.

Wadensj ö, C. (2008). The Shaping of Gorbachev: On Framing in an Interpreter-Mediated Talk-Show Interview. *Text and Talk* , 28 (1), 119-146.

Waghorne, R. (April 21, 2010). The LibDems are a Party Full of Shadow Lobbyists. *Daily Mail Website*. Retrieved April 21, 2010, from http://www.dailymail.co. uk/debate/article-1267633/GENERA L-ELECTION-2010-The-Lib-Dems-party-shadow-lobbyists.html.

Wallace, N. (2009). Comments on the Vice Presidential Campaign. In K. H. Jamieson (Ed.), *Electing the President* 2008: *The Insiders' View* (pp. 13-33). Philadelphia: University of Pennsylvania Press.

Wallenstein, A. (September 19, 2008). NBC's Websites See Surge in Traffic. *Adweek Website* . Retrieved December 2, 2011, from http://www. adweek. com/news/technology/nbcu-web-sites-see-surge-traffi c-109765.

Wallsten, K. (2010). "Yes We Can": How Online Viewership, Blog Discussion, Campaign Statements, and Mainstream Media Coverage Produced a Viral Video Phenomenon. *Journal of Information Technology and Politics*, 7 (2-3), 163-181.

Walters, S. (January 31, 2010a). Angry Gordon Brown "Hit Out at Aide and Yanked Secretary From Her Chair. "*Mail on Sunday Website*. Retrieved June 15, 2010, from http://www. dailymail. co. uk/news/article-1247357/Angry-Gordon-Brown-hit-aide-yanked-secretary-chair.html.

Walters, S. (February 21, 2010b). Gordon Is Not a Bully, Claims Mandelson as PM is Accused of Abusing Downing Street Staff. *Mail on Sunday Website*. Retrieved February 21, 2010, from http://www.dailymail.co.uk/news/article-1252584/Gordon-bully-claims-Mandelson-PM-accused-abusing-Downing-Street-staff.html.

Wang, G., & Yeh, E. Y.-Y. (2005). Globalization and Hybridization in Cultural Products: The Cases of Mulan and Crouching Tiger, Hidden Dragon. *International Journal of Cultural Studies* , 8 (2), 175-193.

Warren, M. (1884). On the Etymology of Hybrid (Lat. Hybrida). *American Journal of Philology* , 5 (4), 501-502.

Watson, R., & Coates, S. (April 19, 2010). Rivals Set Their Sights on "Churchill" Clegg. *Times*, pp.4-5. Watt, N., & Wintour, P. (April 19, 2010). Conservatives: Tories Not for Turning Despite Lib Dem Surge, Says Cameron. Guardian, p. 12.

Wau-Holland-Stift ung. (April 16, 2011). Project 04: Enduring Freedom of Information: Preliminary Transparency Report 2010.. Retrieved July 20, 2011,from http://www.wauland.de/*Wau-Holland-Stift ung Website* files/2010_Transparenzbericht-Projekt04_en.pdfWe Got Rage Against the Machine to Number 1... (2010).

We Got Rage Against the Machine to #1, We Can Get the Lib Dems into Offi ce Facebook Group. Retrieved May 7, 2010, from http://www.facebook.com/group.php? gid=113749985304255.

Weaver, E. (2009). QCon Presentation. *Evan Weaver's Website*. Retrieved April 30, 2010, from http://blog.evanweaver.com/articles/2009/03/13/qcon-presentation/.

Weinberger, D. (2007).*Everything is Miscellaneous: The Power of the New Digital Disorder* . New York:Henry Holt and Company.

Whatmore, S. (2002). *Hybrid Geographies: Natures, Cultures, Spaces* . London:Sage.

Whitlock, C. (April 8, 2011). U.S. Was Told of Yemen Leader's Vulnerability. *Washington Post Website* . Retrieved July 27, 2011, from http://www.washington-post. com/world/us-was-told-ofplot-to-overthrow-yemen-leader/2011/04/07/AFB-CY7xC_story.html.

WikiLeaks. (May 15, 2009a,). Draft: The Most Wanted Leaks of 2009. *WikiLeaks Website* . Retrieved June 24, 2011, from http://mirror.wikileaks.info/wiki/Draft _The_Most_Wanted_Leaks_of_2009.

WikiLeaks. (June 2, 2009b). WikiLeaks wins Amnesty International 2009 Media Award.*WikiLeaks Website*. Retrieved July 22, 2011, from http://mirror.wikileaks.info/wiki/WikiLeaks_wins_Amnesty_International_2009_Media_Award.

WikiLeaks. (September 1, 2011). Global: Guardian Journalist Negligently Disclosed Cablegate Passwords.*WikiLeaks Website*. Retrieved June 8, 2012, from http://www.wikileaks.org/Guardian-journalist-negligently.html.

WikiLeaks. (February 27, 2012). WikiLeaks: the GIFiles. *WikiLeaks Website* . Retrieved February 27, 2012, from http://wikileaks.org/the-gifi les.html.

Williams, B. A., & Delli Carpini, M. X. (2011).*After Broadcast News: Media Regimes, Democracy, and the New Information Environment*. Cambridge: Cambridge University Press.

Winnett, R., & Swaine, J. (April 22, 2010). Nick Clegg, the Lib Dem Donors and Payments into His Private Account; Exclusive Donor Cash Mystery. *Daily Telegraph* , p. 1.

Wintour, P. (March 3, 2010). Party Leaders Agree TV Election Debate Rules.

Guardian Website . Retrieved April 29, 2010, from http://www.guardian.co.uk/tv-and-radio/2010/mar/03/tv-debates-party-leaders-politics.

Wood, B. (2004). A World in Retreat: The Reconfi guration of Hybridity in 20th-Century New Zealand Television. *Media, Culture and Society*, 26 (1), 45-62.

Wu, T. (2010).*The Master Switch: The Rise and Fall of Information Empires*. New York:Knopf.

Ye, S., & Wu, F. (2010). Measuring Message Propagation and Social Influence on Twitter. com. *Paper to The Second International Conference on Social Informatics* (*SocInfo*'10) . Retrieved August 30, 2010, from http://sites.google.com/site/yeshao/mj.pdf.

Yelland, D. (April 19, 2010). The Rise of Clegg Could Lock Murdoch and the Media Elite Out of UK Politics.*Guardian*, p. 28.

YouGov. (April 15, 2010). Instant Reactions: The Great Debate.*You Gov Website* . Retrieved April 15, 2010, from http://today.yougov.co.uk/politics/instant-reactions-great-debate.

Young, D. G. (2011). Political Entertainment and the Press' Construction of Sarah Feylin.*Popular Communication*, 9 (4), 251-265.

Young, S. (2009). Sky News Australia: The Impact of Local 24-hour News on Political Reporting in Australia.*Journalism Studies* , 10 (3), 401-416.

Young, T. (April 19, 2010). Tonight's Polls: Lib Dem Surge Holds Up. *Daily Telegraph Website* . Retrieved April 19, 2010, from http://blogs.telegraph.co.uk/news/tobyyoung/100035455/tonights-polls-lib-dem-surge-holds-up

YouTube. (2010). Search: UK Election. *YouTube Website* . Retrieved May 4, 2010, from http://www.youtube.com/results? search_query=uk+election&aq=f.

Ytreberg, E. (2009). Extended Liveness and Eventfulness in Multi-Platform Reality Formats.*New Media and Society*, 11 (4), 467-485.

Zarb, S. (February 21, 2010). The National Bullying Helpline says "Your call is confi dential to us and you will be treated with dignity and respect at all times." hmmmm. *Twitter. com/sachazarb*. Retrieved February 21, 2010, from http://twitter.com/sachazarb/statuses/9437424123.

Zaret, D. (2000).*Origins of Democratic Culture: Printing, Petitions, and the Public Sphere in Early-Modern England*. Princeton:Princeton University Press.

Zeleny, J. (July 13, 2008). Political Satire, but Obama Isn't Laughing. *New York Times Website* .Retrieved November 30,2011,from http://thecaucus.blogs.nytimes.com/2008/07/13/NOT political-satire-but-obama-is-not-laughing/.

索 引

图书在版编目(CIP)数据

混合媒介系统:政治与权力:第一版 / (英) 安德鲁・查德威克(Andrew Chadwick)著;武闽译.--北京 :中国传媒大学出版社,2021.9
(互联网政治社会学译丛 / 任孟山主编)
ISBN 978-7-5657-2982-9

Ⅰ.①混… Ⅱ.①安…②武… Ⅲ.①政治传播学—研究—美国、英国 Ⅳ.①D771.2 ②D756.1

中国版本图书馆 CIP 数据核字(2021)第 142823 号

(互联网政治社会学译丛)

混合媒介系统:政治与权力(第一版)

HUNHE MEIJIE XITONG:ZHENGZHI YU QUANLI(DI-YI BAN)

著　　者　[英]安德鲁・查德威克(Andrew Chadwick)
译　　者　武　闽
责任编辑　张莉莉
特约编辑　沈刘红
封面设计　闰江文化
责任印制　李志鹏

出版发行　中国传媒大学出版社
社　　址　北京市朝阳区定福庄东街 1 号　　邮　　编　100024
电　　话　86-10-65450528　65450532　　传　　真　65779405
网　　址　http://cucp. cuc. edu. cn
经　　销　全国新华书店

印　　刷　艺堂印刷(天津)有限公司
开　　本　787mm×1092mm　1/16
印　　张　17.5
字　　数　353 千字
版　　次　2021 年 9 月第 1 版
印　　次　2021 年 9 月第 1 次印刷

书　　号　ISBN 978-7-5657-2982-9/D・2982　　定　　价　86.00 元

本社法律顾问:北京李伟斌律师事务所　郭建平